Henkel
Das Internet als Herausforderung für Verlage

GABLER EDITION WISSENSCHAFT

Christiane Henkel

Das Internet als Herausforderung für Verlage

Online-Produkte im Zeitungs- und Zeitschriftenmarkt

Mit einem Geleitwort
von Prof. Dr. Torsten Tomczak

Springer Fachmedien Wiesbaden GmbH

Die Deutsche Bibliothek - CIP-Einheitsaufnahme

Henkel, Christiane:
Das Internet als Herausforderung für Verlage : Online-Produkte im Zeitungs- und Zeitschriftenmarkt / Christiane Henkel. Mit einem Geleitw. von Torsten Tomczak
- Wiesbaden : Dt. Univ.-Verl. ; Wiesbaden : Gabler, 2000
(Gabler Edition Wissenschaft)
Zugl.: St. Gallen, Univ., Diss., 1999
ISBN 978-3-8244-7199-7 ISBN 978-3-322-89638-4 (eBook)
DOI 10.1007/978-3-322-89638-4

Ursprünglich erschienen bei Betriebswirtschaftlicher Verlag Dr . Th. Gabler GmbH, Wiesbaden, und Deutscher Universitäts-Verlag GmbH, Wiesbaden, 2000.
Lektorat: Brigitte Siegel / Jutta Hinrichsen

http://www.gabler.de
http://www.duv.de

Meiner Mutter

GELEITWORT

Seit Mitte der neunziger Jahre entwickelt sich die Informations- und Kommunikationsstruktur des Internets äusserst dynamisch. Beobachter sprechen bereits von der „Internet-Revolution“ und postulieren weitreichende Veränderungen für die Medienbranche. Von diesen Entwicklungen sind insbesondere Verlagsunternehmen herausgefordert. Sie gehen zumindest mittelfristig von einer potentiellen Substitution ihrer bisherigen Unternehmensleistungen - Zeitungen und Zeitschriften - aus. Dementsprechend sind geeignete Strategien zu formulieren, wie sich das Internet erfolgreich für die eigenen Aktivitäten nutzen lässt.

In der Wissenschaft existieren bisher nur wenige Quellen, die sich konkret mit dem Online-Marketing für Verlagsunternehmen beschäftigen. Demgegenüber ergiesst sich eine wahre Quellenflut zu den möglichen Veränderungen, die das Internet mit sich bringen wird. Allerdings nur selten wird ein konkreter Bezug hergestellt zwischen den Herausforderungen für einen Verlag sowie den Chancen und Risiken des Internets auf der einen Seite und den potentiellen Handlungsalternativen auf der anderen Seite.

Die vorliegende Arbeit widmet sich einem praxisrelevanten Thema, dessen wissenschaftliche Behandlung gerade für den Bereich des Verlagswesens noch massgebliche Defizite aufweist. Aufbauend auf einer Analyse der Schlüsselentwicklungen in den Märkten für Print- und Onlineleistungen führt Christiane Henkel in ihrer Arbeit bestehende wissenschaftliche Erkenntnisse in den Bereichen Internet-, Verlags- und strategisches Marketing kompetent und systematisch zusammen und leitet situationsadäquate Handlungs- und Gestaltungsempfehlungen im Bereich internetbasierter Informationsleistungen für Verlage ab.

Der Autorin ist es gelungen, eine Arbeit vorzulegen, die sowohl in der Praxis als auch in der Wissenschaft auf grosses Interesse stossen wird.

Prof. Dr. Torsten Tomczak

VORWORT

An dieser Stelle möchte ich mich bei allen bedanken, die mich während meiner Doktoratszeit unterstützend begleitet und damit zum Gelingen der vorliegenden Arbeit beigetragen haben.

Mein besonderer Dank gilt meinem Referenten Professor Dr. Torsten Tomczak – nicht zuletzt für die grosse akademische Freiheit, die er mir eingeräumt hat. Professor Dr. Louis Bosshart danke ich für die freundliche Übernahme des Korreferates.

Des weiteren danke ich der Fazit-Stiftung, vertreten durch Herrn Dr. Klaus Peter Krause, für die finanzielle Unterstützung im Rahmen eines Promotionsstipendiums. Meinen Gesprächspartnern aus der betrieblichen Praxis danke ich für den umfassenden Einblick in das Vorgehen der Verlage im Internet.

Mein herzlicher Dank gilt meinem Bruder Carsten Henkel, der mir während meiner Ausbildungszeit mit Rat und Tat zur Seite gestanden hat. Er hat mir gezeigt, dass es sich lohnt, hinter den Horizont zu schauen. Danken möchte ich auch meinem lieben Freund Oliver Lipke, der mit mir den Entstehungsprozess der Arbeit durchlebt hat. Für die vielen kritischen Diskussionen, den unermüdlichen Einsatz in der Schlussphase und vor allem den liebevollen Zuspruch bin ich ihm sehr dankbar.

Schliesslich danke ich von Herzen meiner Mutter Ingrid Henkel. Sie hat mich während meiner Studien- und Doktoratszeit grossartig und bedingungslos unterstützt. Ihr habe ich es zu verdanken, dass ich einen spannenden Weg gehen konnte. Diese Arbeit widme ich meiner Mutter.

Christiane Henkel

Gliederung

Abbildungsverzeichnis

Abkürzungsverzeichnis

AG	Aktiengesellschaft
bzw.	beziehungsweise
DBW	Die Betriebswirtschaft
DM	Deutsche Mark
etc.	et cetera
F.A.Z.	Frankfurter Allgemeine Zeitung
Hrsg.	Herausgeber
i.e.S.	im engeren Sinne
i.d.R.	in der Regel
IVW	Informationsgemeinschaft zur Feststellung der Verbreitung von Werbeträgern
i.w.S.	im weiteren Sinne
k.A.	keine Angaben
m.a.W.	mit anderen Worten
Mio.	Millionen
Mrd.	Milliarden
NRW	Nordrhein-Westfalen (Bundesland in der Bundesrepublik Deutschland)
o.V.	ohne Verfasser
SGF	Strategisches Geschäftsfeld
u.a.	unter anderem/unter anderen
usw.	und so weiter
WiSt	Wirtschaftswissenschaftliches Studium
z.B.	zum Beispiel
ZfB	Zeitschrift für Betriebswirtschaft
zfbf	Schmalenbachs Zeitschrift für betriebswirtschaftliche Forschung
zfo	Zeitschrift für Organisation
ZFP	Zeitschrift für Forschung und Praxis

A Einleitung

1. Problemstellung

„... threatened firms in the established industry often „colored" their perceptions of how to compete effectively in the emerging young industry. ... these firms were often among the earliest entrants in the young industries. But they rarely took the lead in developing new product concepts or ways of competing that might have allowed them to better capitalize upon the new technology´s potential. Rather, they intended to use the same basic approaches that had been successful in the established industry."[1]

1.1. Internet als Herausforderung für Verlage

Die Entwicklung des Internets von einem Netzzusammenschluss für militärische Zwecke zu einem weltumspannenden Markt und Medium stellt insbesondere Verlage vor neue Herausforderungen:

- Zum einen ermöglicht diese Entwicklung aus der Perspektive eines Zeitungs- und Zeitschriftenverlages die Übertragung seiner Funktion des Informationsvermittlers auf das neue Medium und damit eine logische Erweiterung seines Tätigkeitsfeldes (*Das Internet als Basis neuer Geschäftsfelder*).
- Zum anderen hat diese Entwicklung weitreichende Konsequenzen für den bestehenden Geschäftsbereich Zeitungen/Zeitschriften (*Das Internet und seine Implikationen für bestehende Geschäftsfelder*).

Das Internet als Basis neuer Geschäftsfelder. Für Medienunternehmen als Vermittler von Informationen ermöglicht das Internet als Trägermedium Informationsleistungen zu verbreiten und diese im Internet als elektronischem Markt anzubieten. Bei der Entwicklung neuer Leistungen für das Internet stehen die Bedürfnisse der Nutzer und die durch die medialen Eigenschaften (Interaktivität, Hyper- und Multimedialität) geprägten Gestaltungsmöglichkeiten im Vordergrund. Aus verlagsinterner Sichtweise besteht die Herausforderung in der Übertragung bestehender Ressourcen auf kaufmännischer und technischer Ebene, insbesondere aber auf journalistischer/redaktioneller Ebene, dem Erwerb

[1] Cooper, A. C.; Smith, C. G. (1992), S. 66

nicht vorhandener aber benötigter Ressourcen und deren medien- und kundengerechter Anwendung im Internet. Aus einer wettbewerbsorientierten Sichtweise stehen Verlage vor der Herausforderung, sich in einem dynamischen Markt mit neuen Wettbewerbsstrukturen als bevorzugter Vermittler von Informationen zu positionieren. Verlage treffen hier aufgrund relativ niedriger Markteintrittsbarrieren und der technologiebedingten Verschmelzung von Computer-, Unterhaltungs- und Telekommunikationstechnologie bzw. deren Anbietern auf neue Konkurrenten, die sich in ursprünglich verlagstypischen Tätigkeitsfeldern, insbesondere im Bereich der Vermittlung von Inhalten etablieren. Ein verändertes Konkurrenzumfeld mit neuen Spielregeln zwingt Verlage dazu, bestehendes marketingstrategisches Vorgehen zu überdenken und neue Leistungskonzeptionen zu entwickeln.

Das Internet und seine Implikationen für bestehende Geschäftsfelder. Im Bereich der Vermittlung von Informationen hat die Entwicklung des Internets insbesondere Auswirkungen auf bestehende Zeitungen und Zeitschriften. Aufgrund der traditionellen Verwurzelung im Zeitschriften- und Zeitungsgeschäft als Keimzelle der meisten Verlage bzw. Medienunternehmen, der bisher guten Ertragslage dieses Geschäftsbereiches und damit der Bedeutung als wirtschaftliche Basis, des Imagegewinns durch das Verlegen hochwertiger Titel und der gesellschaftspolitischen Funktion von Presseprodukten besetzt der Geschäftsbereich Print eine Schlüsselstellung innerhalb von Medienunternehmen. Insbesondere die wirtschaftliche Basis der Zeitungen/Zeitschriften läuft Gefahr, durch neue Angebote im Internet erodiert zu werden. Diese Bedrohung besteht zum einen für die Erlöse im Werbe- bzw. Anzeigenmarkt (Tätigkeit als Vermittler von Werbekontakten) und zum anderen für die Erlöse im Rezipientenmarkt (Tätigkeit als Vermittler von Informationen).

Im *Anzeigenmarkt* bieten Verlage Werbekontakte an. Diese Leistung besteht aus der Generierung einer Leserschaft bzw. Zielgruppe durch den redaktionellen Teil einer Zeitung, dem Angebot von Anzeigenraum (Druck) und dem Transport der Anzeigen zu den Lesern (Distribution). Aufgrund niedriger Eintrittsbarrieren im Internet, bedingt durch den Wegfall der Druck- und geringer Distributionskosten, läuft die Leistung der Verlage im Werbemarkt Gefahr, teilweise substituiert zu werden. Erstens umgehen Werbetreibende Intermediäre bzw. Werbeträger wie Zeitungen/Zeitschriften, indem sie direkt das Internet als Kommunikationskanal nutzen und ihre gewerblichen Inhalte z.B. über eigene Homepages verbreiten. Zweitens generieren neue, oft branchenfremde Konkurrenten im Internet, wie z.B. Suchdienste, über kommerzielle Angebote Nutzer und damit potentielle Werbekontakte für Werbetreibende. Und drittens positionieren sich neue Anbieter als Intermediäre (z.B. Immobilienmakler) für die direkte Online-Distribution von gewerblichen Inhalten (z.B. über elektronische Immobilienmärkte). Während in Deutschland noch immer von einer potentiellen Bedrohung, insbesondere für das Geschäft mit Rubrikenanzeigen, gesprochen wird, manifestiert sich diese in den USA bereits in sinkenden Anzeigenerlösen und Gewinnrückgängen einiger Tageszeitungen.[2]

Im *Rezipientenmarkt* übernehmen Zeitungen/Zeitschriften die Vermittlung von Informationen zwischen denen, die sie besitzen bzw. herstellen und denen, die sie nachfragen (Leser). Die vermittelnde Tätigkeit geht dabei in der Regel über ein simples Weiterreichen der Informationen hinaus und schliesst die journalistische Informationsarbeit ein. Im Internet können aufgrund der geringen Eintrittsbarrieren Informationsbesitzer bzw. -hersteller Intermediäre wie Zeitungen/Zeitschriften umgehen und direkt publizieren. Auch besteht die Gefahr, dass sich dort neue, professionelle und eventuell branchenfremde Wettbewerber mit Informationsangeboten etablieren.

Die Verschärfung der Wettbewerbssituation der Zeitungen/Zeitschriften durch die Entwicklung des Internets zu einem massenhaft verbreiteten Markt/Medium gewinnt vor dem Hintergrund weitgehend stagnierender Auflagen und Werbeumsätze der Zeitungen/Zeitschriften zusätzlich an Gewicht. Neben diesen Risiken eröffnet das Internet auch Chancen für die bestehenden Geschäftsfelder. So kann dieses Medium im Rahmen der strategischen Markenführung als Kommunikations- und/oder Distributionskanal eingesetzt werden, um Ziele auf der Geschäftsfeldebene Print zu erreichen.

Zusammenfassend stellt die Entwicklung des Internets zu einem Massenmedium Verlage vor die Chance, Leistungen für das Internet zu entwickeln, sich dort als hervorragender Vermittler von Informationen zu positionieren und über die Entwicklung neuer Produktkonzepte Wachstumschancen zu realisieren. Zum anderen besteht die Notwendigkeit, bestehende, durch das Internet bedrohte Geschäftsfelder zu verteidigen.

1.2. Antworten der Marketing-Praxis und -Theorie

Auf die Herausforderungen des Internets haben mittlerweile fast alle Verlage mit einem Engagement im Internet reagiert. Betrachtet man die von der IVW erstellten Ranglisten, so sind dort vor allem Publikationen von Verlagen zu finden und nur sehr selten Engagements branchenfremder Anbieter.[3] Dies lässt zunächst einmal darauf schliessen, dass der Einstieg der Verlage in das neue Medium als gelungen bezeichnet werden kann. Dennoch fehlt es in der Praxis an einem konzeptionellen und strukturierten Vorgehen im Rahmen der Planung und Entwicklung neuer Leistungen. In der Branche ist vielfach ein

---

[2] vgl. o.V. (1998 Lokalpresse)

[3] Die IVW (Informationsgemeinschaft zur Feststellung der Verbreitung von Werbeträgern e.V.) - eine neutrale Einrichtung, getragen von den Medien, den Werbungtreibenden und den Werbeagenturen - kontrolliert und publiziert neben den Auflagen- und Verbreitungsdaten periodischer Druckerzeugnisse seit 1997 auch die Nutzungsdaten von Online-Medien. (vgl. Zentralverband der deutschen Werbewirtschaft (Hrsg.) (1998), S. 11) Diese Daten können über die IVW-Web-Seite (www.ivw.de) abgerufen werden.

inkrementelles, von der Intuition geleitetes und vom Prinzip Learning-by-doing geprägtes Vorgehen zu beobachten. Insbesondere in den Anfängen (bis 1997/1998) war und ist zum grossen Teil auch noch heute zu beobachten, dass Verlage das Internet nur selten aus einer strategischen Perspektive, d.h. als neu zu erschliessenden Markt, betrachten. Es herrschte eine instrumentelle Sichtweise auf das Internet: Das Online-Engagement sollte vor allem dazu beitragen, bestehende Zeitungen und Zeitschriften zu stärken.[4] Das Internet wurde als Trägermedium für kommunikationspolitische Massnahmen im Rahmen der strategischen Markenführung der bestehenden Zeitungen und Zeitschriften gesehen und dementsprechend aus dem Werbeetat finanziert. Damit kann von einer *instrumentellen Sichtweise* des Internets gesprochen werden, im Rahmen derer das Internet zur Unterstützung internetunabhängiger Geschäftsfelder eingesetzt wurde.[5] Diese Reaktion ist vor allem aus der Bedrohungssituation, der einige Titel ausgesetzt sind, zu sehen. Durch diese sahen sich viele Verleger gezwungen, im Internet aktiv zu werden. Vor einem konsequenten Engagement sahen viele aber ab, weil sie vor allem Bedenken hatten, sich selbst zu konkurrenzieren. Zudem konnten interne Kulturbarrieren nicht überwunden werden.

Mittlerweile ist ein Umdenken und ein Perspektivenwechsel von einer printgeprägten, instrumentellen hin zu einer internetgeprägten, *strategischen Sichtweise* zu beobachten. Die Online-Aktivitäten werden in eigene Geschäftseinheiten überführt, deren Basis das Internet ist.[6] Das Online-Engagement wird weniger als Instrument gesehen, um das Print-Produkt zu stärken, sondern als eigenständige neue Leistung. Dieser Perspektivenwechsel manifestiert sich auch in einer zunehmenden Nutzung der Gestaltungspotentiale, die das Internet für die Konzeption neuer Produkte bietet. Das Engagement der Verlage zeichnet sich vor allem durch zwei Merkmale aus.

- Zum einen sind am Markt sehr unterschiedliche Leistungskonzeptionen zu beobachten. Die Verlage tasten diverse Ansätze im Hinblick auf die Gestaltung und Positionierung der neuen Informationsleistungen ab.
- Zum anderen ist ein in sich geschlossenes, konzeptionelles Vorgehen von der Zielsetzung bis zur eigentlichen Konzeption, das die Ausgangssituation der Verlage berücksichtigt, i.d.R. nicht zu beobachten.

Es kann zusammengefasst werden, dass sich aus der Praxis lediglich punktuelle aber dennoch wertvolle Erkenntnisse für diese Arbeit ableiten lassen.

Die Entwicklung von Leistungen für das Internet aus Verlagssicht ist ein Problem der Praxis, welches in der Marketing-Literatur bisher kaum behandelt worden ist. Dennoch

4 vgl. Schickling, T. (1997), S. 116-117

5 vgl. Alpar, P. (1998), S. 155-158

6 vgl. Alpar, P. (1998), S. 158-160

kann sich diese Arbeit auf ein breites Feld an Forschungsergebnissen in den Bereichen Internet-Marketing, Verlags-Marketing und strategisches Marketing/Entwicklung neuer Produkte stützen (siehe Abbildung 1).

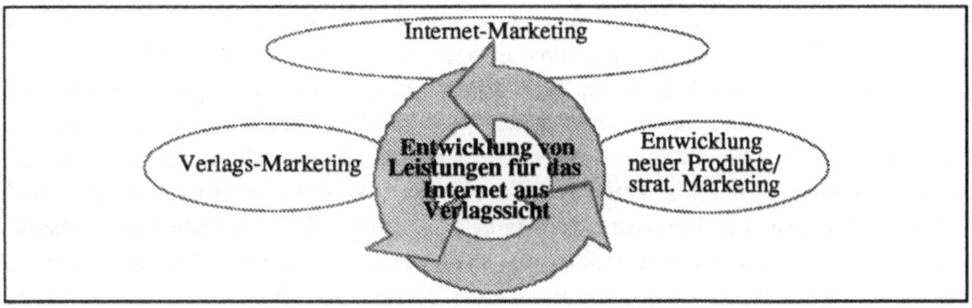

Abbildung 1 Thema der Arbeit und angrenzende Bereiche[7]

Internet-Marketing. Mit der Entwicklung des Internets ist eine Reihe von Studien und Untersuchungen zum Thema Marketing und Internet erschienen. Neben Literatur, die sich mit dem Internet als Basis elektronischer Märkte beschäftigt,[8] zeigt andere Literatur auf, wie das Internet als Kommunikations- und Distributionskanal eingesetzt werden kann.[9] Dort wird der Schwerpunkt meist auf das Marketing für bereits bestehende Leistungen gelegt, so dass sich für die Entwicklung neuer Leistungen für das Internet nur wenig Hinweise ergeben.

Verlags-Marketing. Die Erkenntnisse über das Marketing im Mediensektor bzw. speziell über das Verlagsmarketing sind im Vergleich zu Betrachtungen aus Marketingsicht anderer Branchen (z.B. Automobilindustrie, Konsumgüter) als relativ gering zu beurteilen. Dennoch werden in der Literatur die wesentlichen Besonderheiten der Verlage und des Verlagsmarketings aufgezeigt.[10] Die Betrachtungen konzentrieren sich aber i.d.R. auf die Ebene des Marketing-Mixes; die Strategie-Ebene wird weitestgehend vernachlässigt.

---

7 eigene Darstellung

8 vgl. u.a.: McKnight, L. W.; Bailey, J. P. (Hrsg.) (1997); Whinston, A. B.; Stahl, D. O.; Choi, S.-Y. (1997); Schmidt, B. (1993)

9 vgl. u.a.: Alpar, P. (1998); Canter, L. A. (1995); Cronin, M. J. (1994); Emery, V. (1996); Griese, J.; Sieber, P. (1996); Hagel, J.; Armstrong, A. G. (1997); Hansen, H. R. (1996); Hoffman, D. L.; Novak, T. P. (1996); Huly, H.-R.; Raake, S. (1995); Hünerberg, R.; Heise, G. (Hrsg.) (1995); Hünerberg, R.; Heise, G.; Mann, A. (1996); Oenicke, J. (1996); Pispers R.; Riehl, S. (1997); Shapiro, C.; Varian, H. R. (1998); Silberer, G. (Hrsg.) (1997); Strangelove, M. (1994); Werner, A.; Stephan, R. (1997)

10 vgl.: Hensmann, J. (1980), S. 239-249; Hensmann, J. (1975), S. 391-420; Althans, J. (1989), S. 759-776; Antoni, M. (1995), S. 2574-2588; Wehrli, H. P. (1994), S. 62-70; Wehrli, H. P. (1991), S. 165-171; Wolf, M.; Wehrli, H. P. (1990); Melcher-Smejkal, I. (1992); Wolf, M. (1983); Lavine, J. M.; Wackman, D. B. (1988); Goslich, L. (1987); Schwaninger, B. (1983); Bruck, P. A. (1993) (Hrsg.)

Einige Autoren beschäftigen sich mit der Entwicklung der eigentlichen Konzeption von Zeitungen/Zeitschriften auf einer eher operativen Ebene.[11]

Die geringe wissenschaftliche Auseinandersetzung mit dem Themenbereich Marketing in Verlagen, insbesondere mit der Entwicklung von Leistungen, dürfte auch die geringe Verankerung des Marketinggedankens in der Verlagspraxis widerspiegeln. Dies wiederum ist darauf zurückzuführen, dass Zeitungen/Zeitschriften Ergebnisse kreativer Denkprozesse sind und zum anderen darauf, dass Zeitungen/Zeitschriften und insbesondere deren Entwicklung aufgrund ihres speziellen Charakters und vor allem ihrer gesellschaftspolitischen Funktion, lange dem Zugriff des Marketings entzogen worden sind: Die Produktpolitik, das Herzstück des Marketings, bleibt i.d.R. der Redaktion vorbehalten. Eine markt- und damit leserbezogene Denkweise wird insbesondere innerhalb der Redaktionen oft als kontraproduktiv und mit Hinweis auf eben diese Besonderheiten von publizistischen Leistungen zurückgewiesen. Der Gedanke eines redaktionelles Marketings und einer damit verbundenen Markt- bzw. Leserorientierung gewinnt aber zunehmend an Akzeptanz.

Strategisches Marketing/Entwicklung neuer Produkte. Wissenschaftliche Publikationen im Bereich des strategischen Marketings[12] bilden die Basis des konzeptionellen Rahmens dieser Arbeit und sind, neben den aus der Beobachtung der Praxis (Expertengespräche etc.) gewonnenen Erkenntnissen, die wesentliche Grundlage für diese Arbeit.

---

11 vgl. u.a.: Jacob, W. (1986); Goslich, L. (1987); Ruf, W. (1991); Wharton, J. (1992); Woolf, G. (1991); Page, G. ; Campbell, R.; Meadows, J. (1987); Wolf, M. (1986), S. 184-203; Althans, J. (1994), S. 1539-1547

12 vgl. u.a.: Becker, J. (1998); Kreilkamp, E. (1987); Haedrich, G.; Tomczak, T. (1990); Kuss, A.; Tomczak, T. (1998); Meffert, H; Bruhn, M. (1997); Haedrich, G.; Tomczak, T. (1996); Kotler, P.; Bliemel, F. W. (1993)

2. Zielsetzung

Ziel der Arbeit ist es zum einen, bestehende wissenschaftliche Erkenntnisse in den Bereichen Internet-Marketing, Verlags-Marketing und strategisches Marketing im Hinblick auf die Entwicklung von Informationsleistungen für das Internet aus Verlagssicht zusammenzuführen.

Ziel der Arbeit ist es zum anderen, für Verlage situationsadäquate und konkret verwertbare Handlungs- und Gestaltungsempfehlungen für die Entwicklung internetbasierter Informationsleistungen abzuleiten. Es soll ein situatives Entscheidungsmodell entwickelt werden, welches die relevanten Entscheidungsebenen und -optionen aufzeigt. Soweit notwendig und im Rahmen der Arbeit sinnvoll, sollen bestehende Geschäftsfelder (Zeitungen/Zeitschriften) mit einbezogen (*integrierende Sichtweise*) und somit der speziellen Ausgangssituation der Verlage Rechnung getragen werden. Die Konzeption bzw. die eigentliche Gestaltung von Leistungen für den Rezipientenmarkt soll im Mittelpunkt stehen. Folgende Subziele werden verfolgt:

- Die Entwicklung von Handlungsempfehlungen setzt eine Analyse der Ausgangssituation voraus: Es sollen relevante Rahmenbedingungen sowohl im Online-Markt als auch im Print-Markt sowie die Ressourcen eines Verlages analysiert werden. Es soll ein konzeptionelles Vorgehen für die Entwicklung neuer Leistungen für das Internet entworfen werden: Die einzelnen Entscheidungsebenen müssen beschrieben und Entscheidungsoptionen aufgezeigt werden.
- Das konzeptionelle Vorgehen soll für typische Ausgangssituationen beschrieben werden. Dazu müssen typische Ausgangssituation gebildet werden, für die dann auf den einzelnen Entscheidungsebenen jeweils konkrete, situationsgerechte Handlungs- und Gestaltungsempfehlungen abgeleitet werden sollen.

3. Ansatz und Methodik

3.1. Ansatz der Arbeit

Die Arbeit folgt dem Ansatz des konzeptionellen Marketings, in dessen Zentrum die Marketingkonzeption „... als ein schlüssiger, ganzheitlicher Handlungsplan („Fahrplan“), der sich an angestrebten Zielen („Wunschorten“) orientiert, für ihre Realisierung geeignete Strategien („Route“) wählt und auf ihrer Grundlage die adäquaten Marketinginstrumente („Beförderungsmittel“) festlegt“.[13] Erst der Ansatz eines strategischen Marketings, welcher das Marketing mit anderen Unternehmensfunktionen verzahnt und neben einer Kunden- auch eine Wettbewerbsorientierung impliziert, stellt sicher, dass nicht auf der Ebene des einzusetzenden Marketinginstrumentariums verharrt wird, sondern Entscheidungen aus einer Gesamtunternehmenssicht heraus getroffen werden.[14]

Die Zielsetzung (Abschnitt A 2.) verdeutlicht, dass im Rahmen dieser Arbeit für konkrete Situationen Handlungs- und Gestaltungsempfehlungen abgeleitet werden sollen. Die Ergebnisse müssen sich an dem Kriterium der Praxisrelevanz im Sinne der Einsetzbarkeit und dem Nutzen für reale Marketingentscheidungen messen lassen.[15] Daraus ergibt sich die Notwendigkeit eines realitätsorientierten Forschungsansatzes: „Realitätsorientierte Forschung ist situativ orientiert: Empfehlungen sind nur für bestimmte Situationen gültig.“[16] Da die Einflussfaktoren auf die Entwicklung von Leistungen für das Internet zahlreich und untereinander verwoben sind, greifen generelle Empfehlungen auf hohem Abstraktionsniveau zu kurz.[17] Die zentrale These situativer Ansätze hingegen lautet: „Es gibt nicht eine generell gültige, optimale Handlungsalternative, sondern mehrere situationsbezogene angemessene.“[18]

Die Aufgabenstellung situativer Ansätze besteht damit in der Entwicklung situativer Entscheidungsmodelle, in die alternative Handlungen eingebracht werden „ ... und aus der Fülle der logisch denkbaren Alternativen diejenigen auszuwählen, die unter genau zu

---

13 Becker, J. (1998), S. 5

14 vgl. Kuss, A.; Tomczak, T. (1988), S. 7-10

15 vgl. Simon, H. (1986), S. 205; Ulrich spricht von der Anwendbarkeit/Praxisbezug als für alle angewandten Wissenschaften konstitutiv. (vgl. Ulrich, H. (1981), S. 10)

16 Belz, C. (1989), S. 8. Zu einer ausführlichen Darstellung des realitätsorientierten Forschungsansatzes vgl.: Belz, C. (1989), S. 7-11; Tomczak, T. (1992), S. 83-84

17 vgl. Tomczak, T. (1991). S. 32

18 Staehle, W. H. (1979), S. 218; Für ausführliche Darstellungen situativer Ansätze vgl.: Staehle, W. H. (1979), S. 218-222; Staehle, W. H. (1994), S. 47-58; Weinhold-Stünzi, H. (1985), S. 1-2; Gussek, F. (1992), S. 42-52; Tomczak, T. (1989), S. 8-18

spezifizierenden Bedingungen (Situationen) z.B. erfolgreicher (effizienter) sind als andere."[19] Ziel ist es damit nicht, allgemeingültige, generalisierende Aussagen zu machen, sondern auf einem mittleren Abstraktionsniveau situative.[20]

3.2. Methoden der Arbeit

Die spezifische Aufgabenstellung der Entwicklung von Leistungen für das Internet aus Verlagssicht und insbesondere die Entwicklung von Leistungskonzeptionen für das neue Medium ist weitgehend unerforscht. Aufgrund des explorativen Charakters des Forschungsgegenstandes werden qualitative Forschungsmethoden angewandt.[21] Der qualitative Forschungsansatz zeichnet sich dadurch aus, dass die Realität die Forschungsfragen prägt und diese dann die Methodenwahl beeinflussen.[22] Im Rahmen qualitativer Forschung werden verschiedene Methoden (Desk-research, Expertengespräche, Analogien, Fallforschung etc.) zur Gewinnung von Erkenntnissen eingesetzt, die Stichproben klein aber umfassend in der Sache gewählt und die erhobenen Informationen beschreibend und strukturierend ausgewertet.[23]

Folgende Forschungsmethoden wurden im Rahmen eines iterativen (sich wiederholenden) und explorativen Forschungsprozesses eingesetzt:[24]

Expertengespräche. Expertengespräche mit Vertretern aus der verlegerischen Praxis waren eine grundlegende Erkenntnisquelle. Die Gespräche wurden zum einen mit „Spezialisten" geführt, meist verantwortliche Projekt- und Produktmanager in den Verlagen und zum anderen mit „Generalisten", wie Projektleitern hierarchisch vorgestellte Verlagsvertreter (Geschäftsführer etc.), Verbandsvertreter und Unternehmensberater.[25] Grundlage der Gespräche war ein Gesprächsleitfaden, der in Teilen je nach Tätigkeit des Experten modifiziert wurde.[26] Ziel der Gespräche war, das Vorverständnis für die Problematik zu vertiefen, die Ausgangssituation der Verlage besser durchdringen zu können

---

19 Staehle, W. H. (1979), S. 218

20 vgl. Knoblich, H. (1972), S. 142

21 vgl. Flick, U. (1996), S. 13-14

22 Tomczak, T. (1991), S. 32

23 vgl. Tomczak, T. (1992), S. 81-82

24 Der iterative Forschungsprozess ist als ein Zusammenwirken von empirischer Analyse und theoretischer Verarbeitung zu verstehen. Es werden theoriegeleitete Fragen an die Realität gestellt, die Erkenntnisse kritisch reflektiert und durch Perspektivenwechsel, Differenzierung, Abstraktion etc. vorangetrieben. Dieser Zyklus wird so lange durchlaufen, bis ein heuristischer Bezugsrahmen vorliegt, der eine genauere Definition des Problems und Hinweise auf mögliche Lösungen enthält. (vgl.: Tomczak, T. (1992), S. 84; Kubicek, H. (1977), S. 3-36, insbesondere S. 17-24)

25 Die Liste der befragten Experten ist im Anhang aufgeführt.

26 Der Gesprächsleitfaden ist im Anhang aufgeführt.

und Grundlagen für die Ableitung von Handlungs- und Gestaltungsempfehlungen auf grundsatzstrategischem Niveau und auch für die Entwicklung von Leistungskonzeptionen zu bilden. Die Expertengespräche, die zum überwiegenden Teil direkt mit den Experten geführt worden sind, wurden transkribiert.[27]

Fallforschung. Fallforschung eignet sich für den vorliegenden Forschungsgegenstand, weil dieser vielschichtig ist, Ursache-Wirkungs-Zusammenhänge weitgehend unbekannt sind und einen stark praxisorientierten Charakter hat.[28] Fallstudien werden im Rahmen dieser Arbeit eingesetzt, um typische Ausgangssituationen von Verlagen abzuleiten und schliesslich in Form von Mini-Cases zu beschreiben. Die entwickelten typischen Ausgangssituationen insgesamt geben dabei einen guten Einblick in die Problematik der Verlage angesichts der Entwicklung des Internets. Es werden alle relevanten Ausgangssituationen erfasst, ohne dass ein Anspruch auf Vollständigkeit erhoben werden soll. Weiterhin wurden diese Fallstudien eingesetzt, um - soweit bereits in der Praxis konkretisiertes - marketingstrategisches Vorgehen und Leistungskonzepte zu studieren. Damit trugen sie zur Bildung der Entscheidungsebenen und -optionen sowie zu deren situationsadäquaten Ausprägungen bei. Im Rahmen der Handlungs- und Gestaltungsempfehlungen wurden zudem Beispiele aus der Praxis eingesetzt, um die Argumentation zu verdeutlichen.

Analogien. Über Analogien sollen bereits bestehende Kenntnisse in bestimmten Bereichen auf eine zu bearbeitende Problemstellung in ähnlichen Bereichen übertragen werden.[29] Im Rahmen dieser Arbeit konnten vor allem Ergebnisse des Konsumgüter- und Dienstleistungsmarketings transferiert werden.

Desk-research. Da die Forschung im Bereich Internet noch sehr jung ist, wurden zusätzlich im Rahmen des Desk-research Zeitungen und Zeitschriften der Wirtschaftspresse, Publikationen von Verbänden, Forschungsinstituten, Unternehmensberatungen und Verlagen/Medienunternehmen ausgewertet. Auch war das Internet und die dort bereits existierenden telematischen Informationsleistungen eine wichtige Quelle.

Die Anwendung der Forschungsmethoden wurde durch Erfahrungen des Verfassers in der journalistischen und kaufmännischen Verlagspraxis unterstützt. Das Vorverständnis erleichterte das Erarbeiten von branchenbezogenen Handlungsempfehlungen.[30] Zudem konnte auf Kontakte und Informationsmaterialien zurückgegriffen werden.

---

27 Die per Telefon geführten Interviews wurden zusammengefasst.

28 vgl.: Bonoma, T. V. (1985), S. 202; Eisenhardt, K. M. (1989), S. 523; Yin, R. K. (1994), S. 11-14

29 vgl. Belz, C. (1985), S. 8-10

30 vgl. Schanz, G. (1977), S. 4-10

4. Aufbau der Arbeit und Begriffe

4.1. Aufbau der Arbeit

Der Aufbau der Arbeit vollzieht die Entscheidungen innerhalb eines Handlungsplanes für die Entwicklung von Leistungen bzw. die Phasen des Prozesses der Planung neuer Produkte nach (siehe Kapitel mit Grossbuchstaben in Abbildung 2).[31]

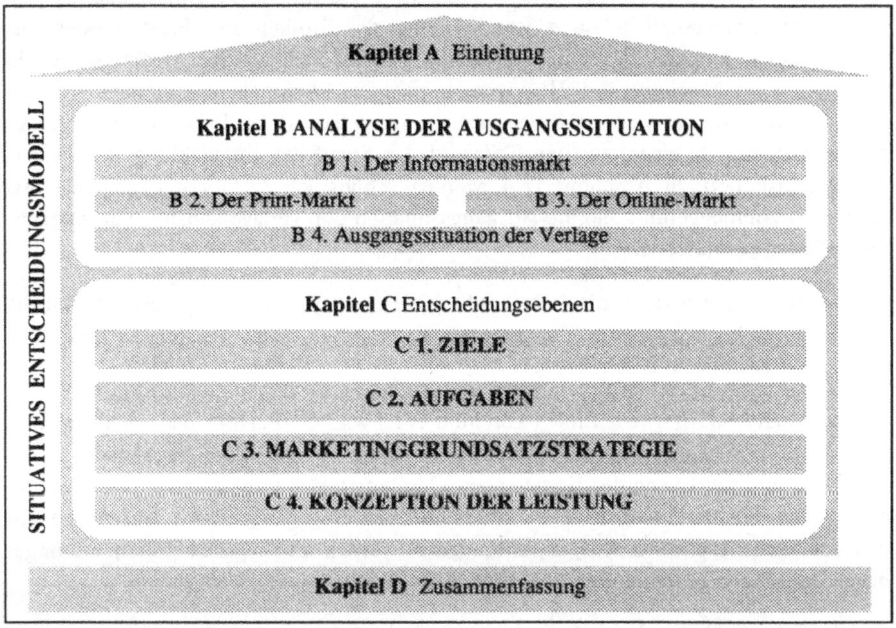

Abbildung 2 Aufbau der Arbeit[32]

Anknüpfend an die Einleitung (Kapitel A) wird die Ausgangssituation der Verlage analysiert. Die Ausgangssituation eines Verlages wird dabei zunächst bestimmt durch seine Ausgangssituation im Print-Markt (Ressourcen und Position im Wettbewerb). Erst wenn diese Ausgangssituation den Eigenschaften und Entwicklungen im Online-Markt gegenübergestellt wird, lassen sich Entwicklungen und Eigenschaften als *Chance/Risiko*

[31] Für den Aufbau der einzelnen Abschnitte siehe jeweils die Einleitungen (B 1.1., B 2.1., B 3.1., B 4.1., C 1.1., C 2.1., C 3.1., C 4.1.), die den Abschnitten vorangestellt sind.

[32] eigene Darstellung

sowie Ressourcen und Position im Wettbewerb als *Stärke/Schwäche* interpretieren. Um zu einem solchen Profil zu gelangen, wird wie folgt vorgegangen:

Zunächst werden Besonderheiten und Schlüsselentwicklungen im Medienmarkt (Abschnitt B 1.) beschrieben. Sie stellen allgemeine Rahmenbedingungen für die Entwicklung publizistischer Leistungen aber auch für die Entwicklung des Online-Marktes dar. Bei der Analyse des Teilmarktes Print (Abschnitt B 2.) wird zunächst eine ressourcenorientierte Sichtweise eingenommen, aus der heraus vor allem spezielle Fähigkeiten sowie die Wertaktivitäten von Verlagen aufgezeigt werden. Eine marktorientierte Sichtweise führt schliesslich zu einer Beschreibung der Struktur des Print-Marktes und Schlüsselentwicklungen. Der Online-Markt als weiterer Teilmarkt des Medienmarktes ist Gegenstand des Abschnitts B 3. Hier werden zunächst Merkmale des Internets als Basis elektronischer Märkte und als Trägermedium für telematische Informationsleistungen herausgearbeitet. In einem zweiten Teil wird der Stand der Entwicklung des Online-Marktes diskutiert. In Abschnitt B 4. werden schliesslich die vorangegangenen Abschnitte zusammengeführt und die Ausgangssituation der Verlage anhand von vier typischen Fällen beschrieben.

In Kapitel C werden dann die Entscheidungsebenen und deren -optionen entwickelt und damit ein konzeptionelles Vorgehen zur Entwicklung neuer Leistungen für das Internet aus Verlagssicht beschrieben.

Auf der *Entscheidungsebene Ziele* (Abschnitt C 1.) wird die Position der neuen Leistung festgelegt. Die Positionierungsziele werden in bezug zu den Marketingzielen auf Verlagsebene und auf Ebene des bestehenden Geschäftsfeldes Print gesetzt, bevor auf die eigentlichen Positionierungsziele der neuen Leistung eingegangen wird. Ausgehend von den gebildeten typischen Ausgangssituationen werden vier typische Positionierungen neuer Leistungen beschrieben.

Auf der *Entscheidungsebene Aufgaben* (Abschnitt C 2.) werden die Aufgaben herausgearbeitet, mit denen die Ziele umgesetzt werden können. Die Aufgabe der Leistungsinnovation steht aufgrund der Problemstellung der Arbeit im Vordergrund. Diese wird zu den sich anschliessenden und damit zeitlich nachgelagerten, aber in ihrer generellen Bedeutung nicht geringeren Aufgaben (Leistungspflege, Nutzerbindung und -akquisition) in bezug gesetzt (geschäftsfeldinterne Integration). Mit einer Betrachtung der Aufgabenstellung des angestammten Geschäftsfeldes Print und deren Integration mit der Aufgabenstellung des neuen Geschäftsfeldes Online (geschäftsfeldübergreifende Integration) wird der Zielsetzung einer integrierenden Sichtweise Rechnung getragen.[33]

---

[33] siehe Abschnitt A 2., S. 7

Die *Entscheidungsebene Marketinggrundsatzstrategie* (Abschnitt C 3.) knüpft an die Entscheidungen auf der Ebene Ziele an und legt fest, wie die Aufgabe Leistungsinnovation auf grundsatzstrategischer Ebene umgesetzt werden soll. Mit der Festlegung eines marketingstrategischen Vorgehens wird somit der kreative Prozess der Konzeption publizistischer Leistungen gelenkt. Es werden die relevanten Entscheidungsdimensionen sowie deren jeweilige Entscheidungsoptionen herausgearbeitet und in einen Grundsatzstrategie-Chip eingebracht. Dieser bildet die Grundlage für die Bildung von vier situationsspezifischen Strategierastern, die an die gebildeten typischen Ausgangssituationen bzw. Zielspektren anknüpfen.

Abschnitt C.4 widmet sich der *Entscheidungsebene Konzeption der Leistung.* Es wird die Frage beantwortet, wie grundsatzstrategische Entscheidungen auf instrumenteller Ebene bzw. Aufgabenebene in telematische Informationsleistungen umgesetzt werden können. Grundlegende Teilleistungen werden entwickelt, in eine Systematik eingebracht und ein Vorgehen zu der Integration der Teilleistungen zu einer geschlossenen Problemlösung vorgestellt. Anknüpfend an die situationsspezifischen Strategie-Chips werden vier situationsgerechte Leistungskonzeptionen vorgestellt. Im nächsten Schritt werden Ansatzpunkte zur Realisierung der geschäftsfeldinternen und der -übergreifenden Integration vorgestellt und damit direkt an die Entscheidungsebene Aufgaben angeknüpft.

Die Arbeit schliesst in Abschnitt D mit einer zusammenfassenden Darstellung und Anmerkungen zu weiteren Forschungsfeldern.

4.2. Begriffe

(1) Informationsleistungen

Informationsleistung.[34] Informationsleistungen dienen nach einer *funktionalen* Sichtweise zum einen dazu, Kommunikatoren (Schriftstellern, Journalisten, Werbungtreibenden etc.) ein Publikum und zum anderen dazu, Rezipienten geeignete Kommunikator-

[34] Im folgenden soll von Informationsleistungen gesprochen werden, da es weder im allgemeinen Sprachgebrauch noch in der Wissenschaft ein einheitliches Verständnis des Begriffes Medium/Medien gibt. So wird im allgemeinen Sprachgebrauch Medium im Singular im Sinne von „Mittleres" oder „Vermittelndes" gebraucht. Im Plural wird umgangssprachlich mit „Medien" meist auf die *Massenmedien* wie Fernsehen, Hörfunk oder Presse Bezug genommen. Je nach wissenschaftlicher Disziplin (z.B. Informationstheorie/Kybernetik, Kommunikationssoziologie/Publizistik, Medienwissenschaft, Systemtheorie) wird der Begriff Medien unterschiedlich definiert und in unterschiedlichen Kontexten verwendet. (vgl. Faulstich, W. (1991), S. 15-17) Sehr unterschiedliche Auffassungen von Medien bestehen auch in Disziplinen, die sich nicht schwerpunktmässig mit Medien beschäftigen, wie etwa die Psychologie/Parapsychologie oder die Pädagogik. In der Psychologie/Parapsychologie wird beispielsweise ein Mensch mit medialen, d.h. paranormalen bzw. übersinnlichen Fähigkeiten als Medium bezeichnet. In der Pädagogik werden unter Medien Instrumente der Bildungsvermittlung gesehen, wie z.B. Bücher. (vgl. Faulstich, W. (1991), S. 9-14)

darbietungen zu vermitteln.[35] Die Funktion kann neben dem Vermitteln von Kommunikatordarbietungen von einem Sender an viele Empfänger (unidirektionale Massenkommunikation) auch Kommunikatordarbietungen im Rahmen bidirektionaler Individual- und Massenkommunikation umfassen: Der Empfänger kann die Rolle des Senders übernehmen und mit einem oder aber mehreren Empfängern kommunizieren.

In dieser funktionalen Sichtweise wird die Rolle von Informationsleistungen als Vermittler von Kommunikatordarbietungen in den Vordergrund gestellt im Sinne der Tätigkeit des Informierens, der „ ... „Weitergabe" von Sachverhalten, „Darstellung" oder „Schilderung"".[36] Kommunikatordarbietungen sollen im folgenden als Informationen bezeichnet werden. Informationen sind handlungsrelevantes Wissen, welches durch die journalistischen Wertaktivitäten (Informationsarbeit) generiert wird.[37] Je nachdem, über welches Trägermedium die Informationen vermittelt werden, kann z.B. von printbasierten (Zeitungen etc.) oder rundfunkbasierten Informationsleistungen (Fernsehen) gesprochen werden. Über das Internet vermittelte Angebote werden im folgenden als *telematische Informationsleistungen* bezeichnet.[38] Damit wird Bezug genommen auf den Begriff Telematik, der die Verschmelzung von Telekommunikation und Informatik beschreibt. Telematik ist die Basis interaktiver und multimedialer Informationsträger wie z.B. das Internet.[39]

(2) Internet

Das Internet ist ein weltweiter Zusammenschluss verschiedenster lokaler Computernetzwerke, die über gemeinsame Protokolle untereinander kommunizieren können.[40] Dieses weltumspannende Netzwerk ist Basis für diverse Dienste, die unterschiedliche Arten von Informationsvermittlungen ermöglichen.[41] Einer der meist genutzten Dienste ist das

---

35 vgl. Presse- und Informationsamt der Bundesregierung (Hrsg.) (1994), S. 60. Da zu Kommunikatoren auch Werbungtreibende gezählt werden können, trägt diese funktionale Sichtweise der Tatsache Rechnung, dass Informationsleistungen neben journalistischer auch werbliche Kommunikation vermitteln können und damit auf zwei Märkten angeboten werden: als Information den Rezipienten im Informationsmarkt und als Werbeträger den Werbungtreibenden im Werbemarkt.

36 Fleissner, P.; Hofkircher, W.; Müller, H.; Pohl, M.; Stary, C. (1997), S. 4

37 vgl. Kuhlen, R. (1995), S. 82; vgl. für eine ausführliche Darstellung des Informationsbegriffs Fleissner, P.; Hofkircher, W.; Müller, H.; Pohl, M.; Stary, C. (1997), S. 3-19

Wenn im folgenden der Begriff Information verwendet wird, so soll dieser auch andere Kommunikatordarbietungen wie z.B. Unterhaltung umfassen.

38 Der Begriff internetbasierte Informationsleistung wird als Synonym verwendet.

39 vgl. Schmid, B. (1995), S. 18-19. Da in dieser Arbeit der Informationsträger bzw. das Trägermedium Internet schwerpunktmässig betrachtet wird, sind unter telematischen Informationsleistungen in erster Linie über dieses Medium verbreitete Angebote zu verstehen.

40 vgl. Alpar, P. (1998), S. 13

41 zu den verschiedenen Diensten vgl. Alpar, P. (1998), S. 57-128

World Wide Web (WWW). Sein Erfolg ist auf die einfache Benutzeroberfläche und die Möglichkeit, über eine einzige Schnittstelle weitere Dienste (z.B. E-Mail) zu nutzen, zurückzuführen. Wichtigster Grund ist jedoch die Hyertextualität, die über Verbindungen einzelne Informationen im Internet in einen Zusammenhang setzt und es somit ermöglicht, dass die Informationsfülle im Internet effizient und effektiv genutzt werden kann.[42] Das Internet wird in dieser Arbeit als Beispiel für weitere telematische Netzwerke bzw. Infrastrukturen angeführt. Ergebnisse sind daher z.B. auch auf Online-Dienste - die auf geschlossenen Netzen basieren - bzw. auf die Entwicklung telematischer Informationsleistungen innerhalb dieser Online-Dienste übertragbar.

(3) Verlage und Zeitungen/Zeitschriften

Verlage. In der Arbeit wird die Sicht von Zeitungs- und Zeitschriftenverlagen eingenommen, weil sich diese angesichts des Internets in einer sehr speziellen Situation befinden.[43] Der Begriff Verlag wird generell mit dem Vermitteln von Informationen über das Trägermedium Papier (Buch, Zeitung, Zeitschrift) verbunden. Dies ist auf die historische Rolle der Verlage zurückzuführen.[44] Mittels Diversifizierung in den Fernseh- und Hörfunkbereich, Internationalisierung und Akquisitionen haben sich aber die meisten nationalen Zeitungs- und Zeitschriftenverlage zu international und vor allem multimedial ausgerichteten Medienunternehmen entwickelt. Von Verlagen im klassischen Sinn als Vermittler printbasierter Informationsleistungen kann daher nur noch in Einzelfällen gesprochen werden, etwa bei kleineren regionalen Zeitungsverlagen. Im Folgenden sollen unter dem Begriff Verlag klassische Zeitungs- und Zeitschriftenverlage oder die entsprechenden Geschäftsbereiche innerhalb von multimedial ausgerichteten Medienunternehmen verstanden werden, deren Geschäftszweck die Herstellung von Zeitungen und Zeitschriften ist.

Zeitungen sind publizistische Produkte, die mindestens zweimal in der Woche erscheinen, sich durch hohe Aktualität auszeichnen und in ihrer Berichterstattung universell angelegt sind.[45] Eine Klassifizierung von Zeitungen kann anhand der Kriterien Erscheinungshäufigkeit, Verbreitungsgebiet und Vertriebsart vorgenommen werden. Demnach kann zwischen Tageszeitungen (z.B. „Neue Zürcher Zeitung") und Wochenzeitungen (z.B. „Die Zeit") in lokale, regionale und überregionale Zeitungen sowie in Kaufzeitun-

---

[42] vgl. Alpar, P. (1998), S. 98-99

[43] siehe Abschnitt A 1.

[44] Diese bestand in der vorindustriellen Zeit in einer Ausgleichsfunktion zwischen den kleinen, dezentralen Handwerksbetrieben und den schlecht erschlossenen Absatzgebieten. Der Verleger als Mittler stellte die Finanzmittel für die Produktion bereit und übernahm den Verkauf der Produkte auf eigenes Risiko. Später verengte sich die Bedeutung des Verlages auf die Vermittlung von Informationen, die zunächst auf dem Papier gedruckt wurden. (vgl. Antoni, M. (1993), S. 4559)

[45] vgl. Presse- und Informationsamt der Bundesregierung (Hrsg.) (1994, S. 78

gen (z.B. „Bild") und Abonnementzeitungen (i.d.R. alle Tages- und Wochenzeitungen) unterschieden werden.[46]

Die Bestimmung des Begriffes *Zeitschrift* kann entweder durch eine Abgrenzung zur Zeitung oder aber über die Funktion erfolgen.[47] Im Vergleich zu Zeitungen, die i.d.R. tagesaktuelle Informationen beinhalten und auch im Tagesrhythmus erscheinen, zeichnen sich Zeitschriften dadurch aus, dass sie Ereignisse der Woche in Hintergrundberichten verarbeiten und im Wochen- oder Monatsrhythmus erscheinen. Inhaltlich sind Zeitschriften als Gattung universell ausgelegt; dies gilt aber nicht für die einzelne Zeitschrift. Betrachtet man die Funktionen einer Zeitschrift, so zeichnet sie sich dadurch aus, „... dass sie nach eigenem Programm einem umgrenzten Aufgabenbereich oder einer gesonderten Stoffdarbietung dient und dabei ihre Adressanten, ihr Publikum, ihre Öffentlichkeit jeweils selbst bestimmt".[48] Sie kann demnach (allgemein oder fachlich) informieren, unterhalten oder bilden. Bei Zeitschriften hat sich eine grobe Einteilung in Publikumszeitschriften, Fachzeitschriften, Standes-, Berufs- und Verbandszeitschriften sowie Kunden-, Anzeigen-, Haus- und Werkszeitschriften durchgesetzt.[49] Den letzten drei ist gemein, dass sie sich in der Regel mit einem sehr eingegrenzten Themenspektrum an einen kleinen Leserkreis wenden und somit in nur geringer Auflage erscheinen. Publikumszeitschriften, die Gegenstand dieser Arbeit sind und in bezug auf die Auflage den weitaus grössten Teil der Zeitschriften ausmachen, wenden sich an ein breites Publikum, welches in der Regel nicht durch Beruf, Stand oder Mitgliedschaft begrenzt wird.[50]

---

[46] vgl. Faulstich, W. (1994), S. 363

[47] hierzu und zu den folgenden Ausführungen vgl. Faulstich, W. (1994), S. 355-356

[48] Faulstich, W. (1994), S. 355-356

[49] vgl. Faulstich, W. (1994), S. 356

[50] vgl. Noelle-Neumann, E.; Schulz, W.; Wilke, J. (1997) (Hrsg.), S. 403

B Ausgangssituation

1. Der Markt für Informationsleistungen

1.1. Einleitung

Ziel dieses Abschnittes B 1 ist es, Besonderheiten und Schlüsselentwicklungen im Medienmarkt bzw. im Markt für Informationsleistungen zu beschreiben. Dieser ist ein sehr heterogener Markt, der neben den Teilmärkten Print und Online aus weiteren Teilmärkten besteht (siehe Abbildung 3).[51]

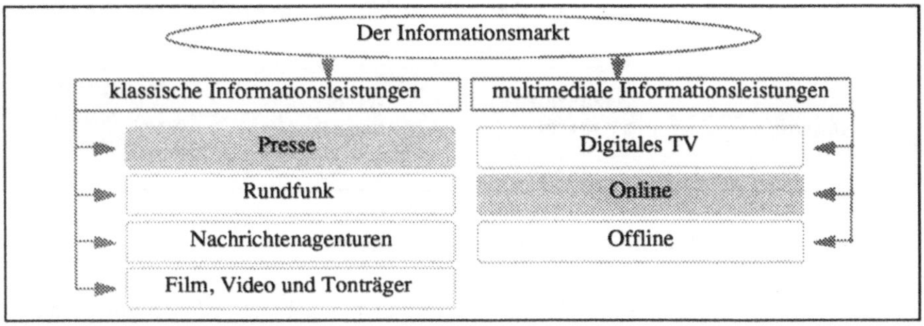

Abbildung 3 Teilmärkte des Informationsmarktes[52]

Erst ein vertieftes Verständnis über das Wesen von Informationsleistungen, den Besonderheiten und generellen Entwicklungen in den vergangenen Jahren schafft die Basis dafür, die Entwicklung des neuen Mediums Internet in einem Gesamtzusammenhang zu sehen und damit die Ausgangslage der Verlage besser zu verstehen. In diesem Abschnitt soll ein Grundverständnis für die Entwicklung neuer telematischer Informationsleistungen geweckt werden. Dies ist insofern von Bedeutung, als dass in dieser Arbeit zwei Welten miteinander verknüpft werden, die in der Praxis oft als gegensätzlich empfunden werden: Die Welt des *Journalismus* mit Informationsleistungen als geistige Güter, die durch kreative Prozesse entstehen und mit denen publizistische Ziele verfolgt werden,[53] und die Welt des (Verlags-) *Marketings* mit Informationsleistungen als Markenartikel, die

[51] Der Online-Markt und der Print-Markt werden in Abschnitt B 2. bzw. B 3. analysiert.

[52] eigene Darstellung

[53] vgl. Wolf, M. (1986), S. 186-187

in einem strukturierten Entscheidungsprozess geplant werden und die leser- bzw. werbekundenbezogene Ziele verfolgen.

Wenn vom Informationsmarkt gesprochen wird, so umfasst dieser alle Unternehmen, die ihren Schwerpunkt in der Herstellung und Distribution von Informationsleistungen haben, unabhängig in welchen Teilmärkten sie hauptsächlich tätig sind. Der Aufbau des Abschnittes B 1. orientiert sich an der in Abbildung 4 dargestellten generellen Struktur des Marktes für Informationsleistungen. Medienunternehmen sind i.d.R. auf zwei Märkten tätig: Im Rezipientenmarkt bieten sie Informationen an und im Werbemarkt vermitteln sie Kontakte der Werbungtreibenden zu den Rezipienten.[54]

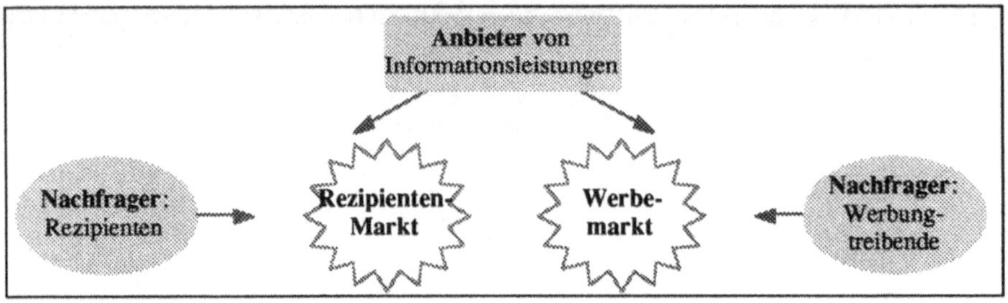

Abbildung 4 Der Markt für Informationsleistungen[55]

Rezipientenmarkt. Hier werden Informationsleistungen angeboten. Medienunternehmen sind hier als Vermittler von im wesentlichen durch die journalistische Informationsarbeit generierten Informationen tätig. Die Informationsleistungen werden in erster Linie von privaten Haushalten nachgefragt. Unternehmen und staatliche Einrichtungen spielen in kleineren Segmenten (z.B. Fachzeitschriften) eine Rolle.

Werbemarkt. Werbeeinnahmen stellen für die Medienunternehmen i.d.R. die wirtschaftliche Basis dar. Damit sind die Werbungtreibenden neben den Rezipienten die zweite wichtige Kundengruppe. Ein Grossteil der Nachfrage im Werbemarkt wird durch Unternehmen und zum kleineren Teil durch staatliche Einrichtungen generiert. Private Haushalte sind als Nachfrager in Teilsegmenten, wie dem Kleinanzeigenmarkt zu finden. Aus Sicht der Werbungtreibenden sind die Werbeträger in erster Linie ein Transportmittel ihrer werblichen Botschaften. Werbung kann dabei verstanden werden als „... versuchte Einstellungs- und Verhaltensbeeinflussung mittels besonderer Kommunikationsmittel."[56] Werbung wird im Rahmen der Kommunikationspolitik neben anderen Instrumenten (z.B.

[54] vgl. Albarran, A. B. (1996), S. 27-28

[55] eigene Darstellung

[56] Kroeber-Riel, W.; Weinberg, P. (1996), S. 580

Verkaufsförderung) eingesetzt.[57] Im Werbemarkt sind zudem Anbieter vertreten, die ausschliesslich im Werbemarkt und damit nicht im Rezipientenmarkt tätig sind (z.B. Werbemöglichkeiten des Direktmarketings).[58] Anknüpfend an diese Grundstruktur des Medienmarktes wird wie folgt vorgegangen (siehe Abbildung 5):

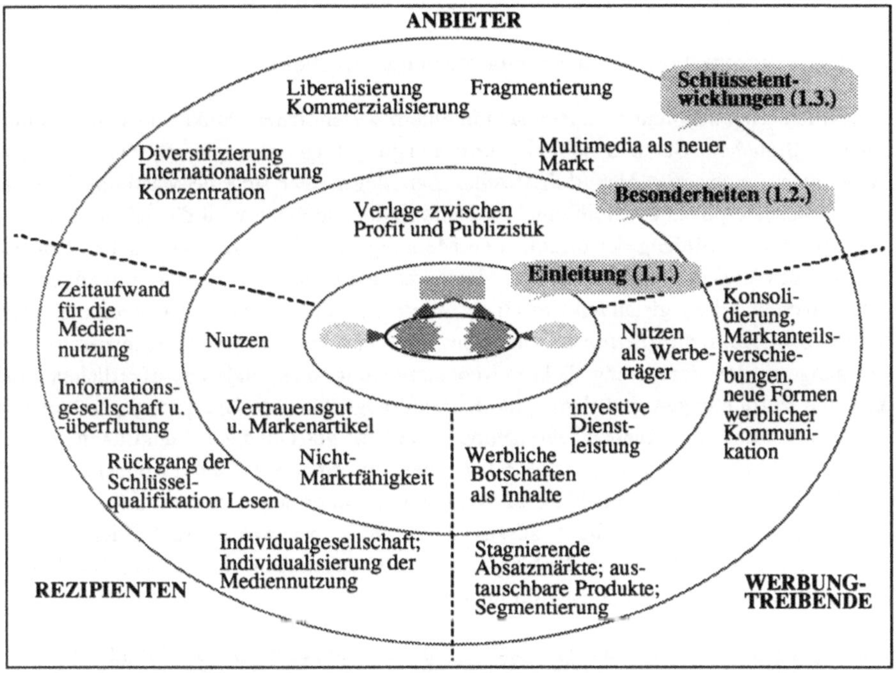

Abbildung 5 Aufbau von Abschnitt B 1.[59]

In Abschnitt B 1.2. werden Besonderheiten von Informationsleistungen jeweils aus Sicht der Anbieter, Rezipienten und der Werbungtreibenden beschrieben. In Abschnitt B 1.3.

---

57 Im Rahmen der Kommunikationspolitik (als Teil des Marketing-Mix, neben Angebots- und Distributionspolitik) werden die anvisierten Zielgruppen über Unternehmen und seine Angebote informiert und damit das Image festgelegt (vgl. Haedrich, G.; Tomczak, T. (1990), S. 138). Verkaufsförderung hat die Aufgabe, direkt am Point-of-sale durch Promotions- und Merchandising-Massnahmen den Absatz zu unterstützen. Public-relations hingegen zielt auf die Positionierung des Unternehmens ab und soll die Beziehung des Unternehmens zur Umwelt gestalten. (vgl. Becker, J. (1993) S. 469)

58 Der Zentralverband der deutschen Werbewirtschaft rechnet daher zum Werbemarkt neben allen kommerziellen Einschaltungen in den klassischen Mediengattungen wie Rundfunk und Print auch Werbeträger wie Werbung per Post, Kino, Aussenwerbung, Filmtheater und Adressbücher. (vgl. Zentralverband der deutschen Werbewirtschaft (Hrsg.) (1997), S. 15)

59 eigene Darstellung

werden dann Schlüsselentwicklung des Medienmarktes auf Anbieter- und Kundenebene (Rezipienten, Werbungtreibende) dargestellt.

1.2. Besonderheiten von Informationsleistungen

1.2.1. Informationsleistungen und Medienunternehmen

Medienunternehmen unterscheiden sich in einem wesentlichen Punkt von Unternehmen anderer Branchen: Sie sind publizistischer Leistungsträger und gewinnorientiertes Unternehmen gleichzeitig. Als *publizistischer Leistungsträger* sind die Massenmedien unentbehrliches Element der freiheitlichen Demokratie, und ihnen wird die gesellschaftliche Aufgabe der „... Bildung der öffentlichen Meinung und einer freien politischen Willensbildung des Volkes“[60] zugeschrieben. Massenmedien werden neben der judikativen, der exekutiven und der legislativen Gewalt als Vierte Gewalt bezeichnet, da sie eine gewisse *Kritik- bzw. Kontrollfunktion* übernehmen: Sie schaffen eine gewisse Transparenz über Vorgänge in der Verwaltung, Politik, Rechtsprechung oder anderen öffentlichen oder privaten Einrichtungen und damit eine Kontrollmöglichkeit des Bürgers gegenüber diesen Einrichtungen. Daneben übernehmen Medien verschiedene Funktionen in der Gesellschaft, beispielsweise „.... die Funktionen, Informationen und Phantasie zu speichern, ..., „Welt“ und Wirklichkeit zu vermitteln, zu informieren und zu unterhalten, dabei aus den möglichen „Welten“ auszuwählen und sie zu strukturieren, Orientierungen zu geben, sozial zu integrieren, Kritik und Kontrolle auszuüben und soziales Handeln zu bewerkstelligen oder zumindest zu transportieren.“[61]

Auf der anderen Seite sind die Medienunternehmen, mit Ausnahme des öffentlich-rechtlichen Rundfunks, privat organisiert und arbeiten *gewinnorientiert.* Damit offenbart sich der Widerspruch zwischen Ökonomie und Publizistik: „Funktionelle Erwartungen an Medien fordern steuernde Regelungen zur Durchsetzung der Meinungsvielfalt geradezu heraus, die Einbindung der Medien in wirtschaftliche Zusammenhänge steht Steuerungsabsichten entgegen.“[62] Dieser Widerspruch wird auch auf Unternehmensebene sichtbar. So sind die Zielsetzungen der Medienunternehmen i.d.R. nicht nur zweigeteilt in nicht-

---

[60] Presse- und Informationsamt der Bundesregierung (Hrsg.) (1994), S. 227. Grundlage der freien Presse und Rundfunks ist in der Bundesrepublik Deutschland die in Art. 5 Abs. 1 des Grundgesetzes verankerte Informations- und Pressefreiheit sowie Rundfunkfreiheit: „Jeder hat das Recht, seine Meinung in Wort, Schrift und Bild frei zu äussern und zu verbreiten und sich aus allgemein zugänglichen Quellen ungehindert zu unterrichten. Die Pressefreiheit und die Freiheit der Berichterstattung durch Rundfunk und Film werden gewährleistet. Eine Zensur findet nicht statt.“ (Bundeszentrale für politische Bildung (Hrsg.) (1996), S. 14)

[61] Kübler, H.-D. (1994), S. 73; für eine detaillierte Darstellung der verschiedenen Medienfunktionen vgl.: Kübler, H.-D. (1994), S. 73-105; Ronneberger, F. (1990), S. 158-164; Silbermann, A.; Hänseroth, A. (1989), S. 34-35

[62] Altmeppen, K.-D. (1996), S. 13

publizistische (Gewinn, Positionierung etc.) und publizistische, sondern auch unabhängig voneinander. Es ist insbesondere in der Presse der Redaktion vorbehalten, die publizistischen Ziele zu verfolgen, und das unabhängig von Zielsetzungen des Vertriebs- oder Anzeigenmarketings. In der Frage, ob Redaktionen nicht stärker auch wirtschaftliche Zielsetzungen berücksichtigen sollten oder aber zumindest im journalistischen Arbeiten eine stärkere (Leser-) Marktbezogenheit im Rahmen eines redaktionellen Marketings annehmen sollten, manifestiert sich der Konflikt zwischen Ökonomie und Publizistik.[63]

1.2.2. Informationsleistungen im Rezipientenmarkt

(1) Nutzen von Informationsleistungen

Informationsleistungen unterscheiden sich im Gegensatz zu vielen Konsumgütern in den zur ihrer Nutzung führenden Bedürfnissen und damit auch in dem Nutzen, den sie stiften.[64] Nutzen kann als Grad der Befriedigung von Bedürfnissen bezeichnet werden, den ein Konsument aus dem Konsum eines Gutes zieht.[65] Nutzen in bezug auf Informationsleistungen können auch als informationelle Mehrwerte beschrieben werden; diese entstehen durch die Informationsarbeit, bei der in verschiedenen Arbeitsschritten Wissen in Information und damit in informationelle Mehrwerte umgewandelt wird.[66] Es können die folgenden informationellen Mehrwerte unterschieden werden: Mehrwerte mit Effektivitätswirkung, Mehrwerte mit Effizienzwirkung, ästhetische-emotionale Mehrwerte und Mehrwerte durch Flexibilität.[67]

Wird die Informationsarbeit derart ausgestaltet, dass der Rezipient seine Bedürfnisse befriedigen kann, entstehen dadurch *Mehrwerte mit Effektivitätswirkung*. Hier lassen sich drei verschiedene Nutzen unterscheiden:[68]

---

[63] vgl. Weischenberg, S. (1995), S. 303-342 für eine Diskussion des „Marketing-Journalismus" und der „McDonaldisierung der Medien". Vgl. Russ-Mohl, S. (1995), S. 103-138 zum redaktionellen Marketing.

[64] Dahinter steht die Auffassung, dass Medien von einem aktiven Publikum bewusst genutzt werden, um eigene Bedürfnisse zu befriedigen. Diese Auffassung geht auf den Uses-and-gratification-Ansatz (Nutzungs- und Belohnungsansatz) zurück, bei dem der Schwerpunkt auf der Frage liegt, zu welchem Zweck und zur Befriedigung welcher Bedürfnisse die Rezipienten Medien nutzen. (vgl. Noelle-Neumann, E.; Schulz, W.; Wilke, J. (Hrsg.) (1997), S. 535-536 zum Ursprung und Entwicklung dieses Ansatzes) Dieser Ansatz kann als Gegenstück zur klassischen Medienwirkungsforschung gesehen werden, indem er deren Frage „Was machen die Medien mit den Menschen?" umdreht zur Fragestellung „Was machen die Menschen mit den Medien?". (vgl. Donsbach, W. (1995), S. 51-74 für eine kurze Einführung in die Medienwirkungsforschung)

[65] vgl. Oberender, P. (1994 Nutzen), S. 1541

[66] vgl. Kuhlen, R. (1995), S. 82-83; zu einer ausführlichen Darstellung der Informationsarbeit siehe Abschnitt B 2.2.2.2.

[67] vgl. Kuhlen, R. (1995), S. 91

[68] vgl.: Bosshart, L. (1990), S. 57; Kroeber-Riel, W.; Weinberg, P. (1996), S. 576-578; Noelle-Neumann, E.; Schulz, W.; Wilke, J. (Hrsg.) (1997), S. 164-165

- Unterhaltung und Entspannung (z.B. Wirklichkeitsflucht, Zeit füllen, kulturelle Erbauung),[69]
- Information und Bildung (z.B. Orientierung über Ereignisse, Suche nach Hilfestellungen, allgemeines Interesse),
- Normen, Verhaltensmuster und Integration/soziale Interaktion (z.B. Suche nach Verhaltensvorbildern, Selbstfindung, Grundlage für Gespräche mit anderen).

Diese Nutzen zeigen die Heterogenität der Bedürfnisse der Rezipienten. Dies eröffnet den Medienunternehmen zum einen ein breites Spektrum an möglichen Betätigungsfeldern. Es wird aber auch deutlich, dass Informationsleistungen genutzt werden, um höhere, psychisch bedingte Bedürfnisse zu befriedigen. Diesen Bedürfnissen stehen die biogenen bzw. physiologischen gegenüber, wie beispielsweise Hunger oder Durst.[70] *Mehrwerte mit Effizienzwirkung* entstehen dann, wenn der Umgang mit den generierten Informationen für den Nutzer beispielsweise schneller, kostengünstiger oder umweltschonender ist als bei Konkurrenzprodukten. *Ästhetische, emotionale Komfortwerte* beziehen sich auf den Prozess der Nutzung der Informationsleistung. So bietet das Medium Papier ein anderes Erleben (z.B. beim Durchblättern einer Zeitschrift) als das Medium Online. *Mehrwert durch Flexibilität* entstehen dann, wenn der Rezipient die Informationen flexibel nutzen kann. So können Zeitungen/Zeitschriften an fast jedem Ort und zu einer von dem Rezipienten bestimmten Zeit genutzt werden, während er beim Fernsehen örtlich gebunden ist und die Nutzung quasi durch das Sendeprogramm vorgegeben ist.

Die beschriebenen informationellen Mehrwerte sind abhängig von der Ausgestaltung der Informationsarbeit. Die Ausgestaltung der Informationsarbeit wiederum hängt von zwei Faktoren ab. Zunächst bestimmt die *Philosophie* einer Informationsleistung, die Informationsarbeit und damit auch die informationellen Mehrwerte. Als Beispiel kann hier das Nachrichtenmagazin Focus angeführt werden, dessen Philosophie sich in dem Werbespruch „Fakten, Fakten, Fakten" ausdrückt und sich durch kurze Artikel und Infografiken als Ergebnis der Informationsarbeit manifestiert.

Zum anderen bestimmen die *Eigenschaften des Trägermediums* (mediale Eigenschaften) die Ausgestaltung der Informationsarbeit und damit die informationellen Mehrwerte. So unterscheidet sich die Zeitschrift Focus und die Fernsehsendung Focus TV weniger in der Philosophie sondern vielmehr durch die von den jeweiligen Trägermedien vorgegebenen Rahmenbedingungen: Da z.B. das Medium Fernsehen eher zur emotionalen Ansprache geeignet ist, enthält Focus TV stärker als die Zeitschrift Unterhaltungselemente (Mehrwerte mit Effektivitätswirkungen).

---

69 zu Unterhaltung vgl. Bosshart, L. (1994), S. 28-40

70 vgl.: Kotler, P.; Bliemel, F. W. (1993), S. 263; Kroeber-Riel, W.; Weinberg, P. (1996), S. 145-147

(2) Informationsleistungen als Vertrauensgut und Markenartikel

Nach Überprüfbarkeit der Qualität durch die Rezipienten können Informationsleistungen Such-, Erfahrungs- und Vertrauenseigenschaften besitzen.[71]

- *Sucheigenschaften* sind Eigenschaften eines Angebotes, die sich bereits vor dem Kauf durch einfache Inspektion beurteilen lassen.
- *Erfahrungseigenschaften* können erst während des Verbrauchs des Gutes oder danach beurteilt werden.
- *Vertrauenseigenschaften* kann der Käufer weder durch Inspektion, also vor dem Kauf, noch nach dem Kauf, also durch Ge- oder Verbrauch überprüfen.

Informationsleistungen besitzen i.d.R. überwiegend Eigenschaften, die in die letzteren Kategorien fallen.[72] Zwar kann der Rezipient vor dem Kauf Eigenschaften wie Papierqualität, Layout oder auch Umfang des Angebots beurteilen. Ob die dargebotenen Informationen aber seinen Bedürfnissen und Ansprüchen entsprechen, kann er teilweise erst nach dem Lesen beurteilen.[73] Nicht oder nur sehr schwer zu beurteilende Eigenschaften können beispielsweise die fachliche Kompetenz der Berichterstattung (Führt der Journalist in einer Analyse die richtigen Gründe für die Krise in Asien an?) oder auch die Sorgfalt in der Recherche (Stimmen die einzelnen Fakten, Zahlen in der Asienanalyse) sein.

Zum Kauf wird sich der potentielle Rezipient erst dann entscheiden können, wenn er die von ihm verlangten Sucheigenschaften nach einem Prüfprozess als bestätigt ansieht, eine Beurteilung seiner erforderten Erfahrungseigenschaften auf die Zeit nach dem Kauf verlagert wurde und die Beurteilung von Vertrauenseigenschaften durch Vertrauen ersetzt wird.[74] Vertrauen bzw. Glaubwürdigkeit spielt folglich beim Kauf bzw. bei der Nutzung einer grossen Zahl von Informationsleistungen eine wichtige Rolle.

Daraus lässt sich auch die Rolle der Marke für eine Informationsleistung ableiten. Sie kann nicht nur die Such- und Erfahrungseigenschaften abbilden, sondern vor allem die Vertrauenseigenschaften und übernimmt damit eine wichtige Informationsfunktion für

---

71 vgl. Kaas, K. P. (1995 Marketing zwischen Markt und Hierarchie), S. 28

72 vgl. Schröder, G. (1997), S. 18-19

73 Dabei ist anzumerken, dass Informationsgüter, dass auch Erfahrungseigenschaften nach jedem Kauf wieder geprüft werden müssen: „But information is an experience good *every* time it´s consumed. How do you know whether today´s *Wall Street Journal* is worth 75 cents until you´ve read it? Answer: you don´t". (Shapiro, C.; Varian, H. R. (1998), S. 5).

74 vgl. Weiber, R.; Adler, J. (1995), S. 60; dieser Beurteilungsprozess wird bei Impulskäufen (die Kaufentscheidung wird durch Reize gesteuert; der Konsument kauft, ohne lange nachzudenken) und bei habitualisierten Käufen (hier beruht die Kaufentscheidung auf bereits vorgefertigten Entscheidungen) i.d.R. nicht durchlaufen (vgl. Kroeber-Riel, W.; Weinberg, P. (1996), S. 386-398 zu habitualisierten Kaufentscheidungen und S. 398-405 zu impulsivem Entscheidungsverhalten.)

den Rezipienten.[75] Informationsleistungen sind damit nicht nur Ergebnisse kreativer Prozesse und geistige Güter sondern auch Ergebnisse strategischer Markenführung bzw. Marketingentscheidungen und damit Markenartikel.[76]

(3) Informationsleistungen als nichtmarktfähiges Gut

Die Ware Information kann i.d.R. im Rezipientenmarkt nicht zu einem Preis abgesetzt werden, der die Kosten für die Herstellung der Leistungen deckt und kann daher als nichtmarktfähig bezeichnet werden.[77] Erst die Erlöse im Werbemarkt sichern das wirtschaftliche Überleben eines Informationsanbieters.

Die Nichtmarktfähigkeit zeigt sich insbesondere im Markt für Rundfunkangebote, wo der überwiegende Teil gegen eine geringe Rundfunkgebühr (öffentlich-rechtliches Fernsehen) oder gar gratis (privates Fernsehen, mit Ausnahme des Bezahlfernsehens) im Rezipientenmarkt angeboten wird. Dies hängt im Fall des Fernsehens sicherlich auch mit dem Charakter des Angebots als öffentliches Gut zusammen, d.h. Rezipienten können aufgrund technischer Gegebenheiten schlichtweg nicht vom Konsum ausgeschlossen werden.[78] Aber auch bei einem Grossteil der Zeitungen und Zeitschriften, die solchen Restriktionen nicht unterliegen, zeigt sich, dass Rezipienten nicht den Preis bezahlen, der kostendeckend ist.

Dass der Rezipient nicht bereit ist, für allgemein zugängliche Informationen, wie er sie kostenlos über Nachrichtensendungen im Rundfunk bekommt, zu bezahlen, ist eingängig. Dass die Rezipienten jedoch einem Informationsbündel, welches auf die Bedürfnisse einer bestimmten Zielgruppe zugeschnitten ist, nicht einen solchen Wert beimessen, als dass sie bereit wären, einen kostendeckenden Preis zu bezahlen, muss als Besonderheit des Rezipientenmarktes bzw. des Nachfrageverhaltens gewertet werden.[79] Diese ist um so bemerkenswerter, als im Informationsmarkt, speziell im Subsegment Print die Produktdifferenzierung sehr hoch ist, was im Idealfall zu einer geringeren Preiselastizität der Nachfrage führen sollte.

---

[75] vgl. Irmscher, M. (1997), S. 31

[76] vgl.: Wickmann, R. (1996), S. 360; Stolte, D. (1996), S. 357-358; Mohaupt, M. (1998), S. 1777-1787; Schaefer-Dieterle, S. (1997), S. 17-32; Rosenfeld, K. (1998), S. 96-111

[77] vgl. Ludwig, J. (1994), S. 161-162

[78] vgl. Ospel, S. (1988), S. 26-30 zu Kollektivgutmerkmalen bei elektronischen Massenmedien

[79] Hier ist natürlich auch zu erwähnen, dass diese eher als gering einzustufenden Zahlungsbereitschaft für die Verlage solange kein Problem darstellt, wie sie sich über den Werbemarkt finanzieren können. So kann ein niedriger Verkaufspreis über eine Auflagensteigerung, die die Anzeigen-Auflage-Spirale in eine Aufwärtsbewegung setzt, sogar zur Verbesserung der Erlös- und Gewinnsituation beitragen. (vgl. Ludwig, J, (1996 Preise, Gewinne), S. 91 und Ludwig, J. (1994), S. 168-169)

1.2.3. Informationsleistungen im Werbemarkt

(1) Nutzen für die Werbungtreibenden

Werbung kann als die versuchte Beeinflussung von Verhalten und Einstellungen unter dem Einsatz von Kommunikationsmitteln beschrieben werden.[80] Mit Werbung können unterschiedliche Ziele verfolgt werden (z.B. Unterstützung der Einführung neuer Produkte, Erhaltung des Kundenstammes, die Veränderung des Images eines Produktes). Im folgenden sollen die Mechanismen, die hinter dem Prozess der Wirkung von Werbung auf den Rezipienten stehen, kurz erläutert werden (siehe Abbildung 6).[81] Erst mit diesem Verständnis kann dann auf den Nutzen von Informationsleistungen als Werbeträger eingegangen werden.

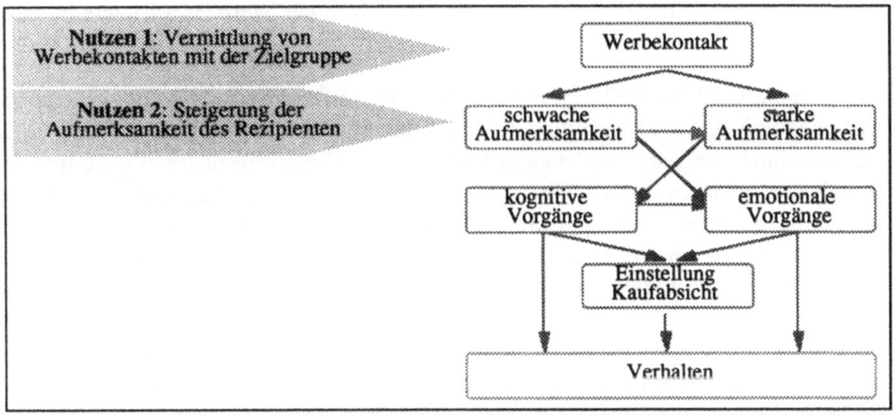

Abbildung 6 Modell der Wirkungspfade[82] und Nutzen von Informationsleistungen als Werbeträger[83]

Am Anfang der Wirkungskette steht der *Werbekontakt* des Rezipienten. Dieser wird i.d.R. durch die Aufnahme der Werbung in einem Werbeträger (z.B. Informationsleistung) durch den Rezipienten hergestellt. Dabei kann die Werbung auf eine *starke* oder *schwache Aufmerksamkeit* seitens des Empfängers stossen. Schwache Aufmerksamkeit zeigt an, dass die Werbung auf einen passiven, wenig involvierten Empfänger trifft; starke Aufmerksamkeit bedeutet, dass der Empfänger involviert ist. Das Involvement

---

80 siehe Fussnote 56

81 vgl. Kroeber-Riel, W.; Weinberg, P. (1996), S. 586-604 zu den folgenden Ausführungen und für eine ausführliche Darstellung des Werbewirkungsmodell von Kroeber-Riel

82 Kroeber-Riel, W.; Weinberg, P. (1996), S. 587

83 eigene Darstellung

kann als das Engagement oder als Ich-Beteiligung des Rezipienten beschrieben werden.[84] Es hängt ab von personenspezifischen Faktoren wie beispielsweise Bedürfnisse, Werte und Normen, von situationsspezifischen Faktoren und stimulusspezifischen Faktoren wie beispielsweise das beworbene Produkt und die Kommunikationsform, die wiederum in Werbeträger und Werbemittelinvolvement unterteilt werden kann.[85]

Werbung kann unterschiedliche Auswirkungen auf die gedankliche Steuerung des Verhaltens haben. Sie kann auf Emotionen und Motivationen des Empfängers wirken und damit *emotionale Vorgänge* auslösen oder aber auf die *Kognition* wirken, d.h. die Informationen in der Werbung werden verarbeitet und können die von der Werbung angesprochenen Emotionen/Motivationen in rationale Gedankengänge überführen. Die emotionalen und kognitiven Prozesse prägen u.a. folglich die *Einstellung* zum Angebot bzw. führen zu einer *Kaufabsicht*. Das *Verhalten* ist die von der Werbung verfolgte Endgrösse.

Hinter dem Modell von KROEBER-RIEL steht die Auffassung, dass Werbung nicht auf eine bestimmte Art und Weise auf den Rezipienten einwirkt, sondern dass die Wirkungen von verschiedenen Faktoren hauptsächlich von dem Involvement (schwach/stark) des Rezipienten sowie der Art der Werbung (emotional, informativ) abhängen.[86] Auf die Art der Werbung hat der Anbieter von Informationsleistungen i.d.R. keinen Einfluss. Über die Ansatzpunkte *Werbekontakt* und *Aufmerksamkeit* verfügt der Informationsleistungsanbieter jedoch über zwei Stellschrauben, über dessen Regelung er zu einer erfolgreichen Werbung beitragen kann. Es können nun zwei Nutzen von Informationsleistungen als Werbeträger beschrieben werden (siehe linke Seite der Abbildung 6): Die Vermittlung von Werbekontakten und die Steigerung der Qualität der Werbekontakte.

Vermittlung von Werbekontakten. Informationsleistungen bieten Kontakte mit ihrer Leserschaft als Leistung am Werbemarkt an. Informationsleistungen werden dabei an ihrer Reichweite gemessen.[87] Die quantitative Reichweite gibt Aufschluss über die Anzahl der Personen/Haushalte, die die Informationsleistung nutzen. Die qualitative Reichweite ergibt sich aus der Zusammensetzung der Rezipienten. Dieses Publikumsprofil sollte möglichst mit dem Zielgruppenprofil der Werbungtreibenden übereinstimmen.

Steigerung der Qualität der Werbekontakte. Der zweite Anknüpfpunkt bietet die Aufmerksamkeit bzw. das Involvement, das wie oben beschrieben auch durch den Werbeträger und das Werbeträgerinvolvement beeinflusst wird. So verkaufen Informationslei-

---

84 vgl. Kroeber-Riel, W.; Weinberg, P. (1996), S. 594

85 vgl. Kroeber-Riel, W.; Weinberg, P. (1996), S. 360-363 hierzu und zu einer ausführlichen Betrachtung des Konstruktes Involvement.

86 vgl. Kroeber-Riel, W.; Weinberg, P. (1996), S. 595-604 für die daraus entstehenden Wirkungsmuster

87 vgl. Kroeber-Riel, W.; Weinberg, P. (1996), S. 604-609

stungen nicht nur Werbekontakte mit einem bestimmten Publikum, sondern auch mit einem durch den Werbeträger positiv beeinflussten Publikum. Dies wird als die werbliche Eignung des Werbeträgers bezeichnet, die sich beispielsweise durch die Anmutungsqualität des Mediums (Prestige oder Glaubwürdigkeit des Mediums) oder durch die äussere Gestaltung des Mediums (beispielsweise das redaktionelle Umfeld, Papierqualität) ergibt.[88]

(2) Investive Dienstleistungen

Medienunternehmen bieten potentielle Werbekontakte (z.B. in Form von Anzeigenplatz oder Sendezeit) an. Dies kann als investive Dienstleistung charakterisiert werden, da die Werbung als Faktor in dem Produktionsprozess der werbungtreibenden Unternehmen eingesetzt wird.[89] Medienunternehmen stehen damit im Werbemarkt Organisationen als Käufern gegenüber. Organisationales Kaufverhalten unterscheidet sich in folgenden Punkten wesentlich vom Kaufverhalten von Endkonsumenten:[90]

- *direkte Marktkontakte/professionelle Verhandlungspartner.* Medienunternehmen verkaufen ihre Leistung entweder direkt oder über professionelle Werbe- bzw. Mediaagenturen an die Werbungtreibenden.
- *feste Geschäftsbeziehungen.* Oft bestehen die Beziehungen zwischen Werbeanbieter und -nachfrager bereits über einen längeren Zeitraum, so dass dort von dauerhaften Geschäftsbeziehungen gesprochen werden kann.
- *fundierte, formalisierte Kaufentscheidungen.* Bei der Verteilung des Werbebudgets, zunächst auf die einzelnen Medien (Festlegung des Media-Mix) und dann auf die einzelnen Objekte innerhalb der verschiedenen Mediengattungen (Mediaselektion), handelt es sich um sehr komplexe Entscheidungen, im Rahmen derer verschiedenartige Modelle und Verfahren angewandt werden.[91] Es kann also von professionellen Entscheidern gesprochen werden, die ihre Entscheidungen weitestgehend nach rationalen Kriterien fällen.[92]

(3) Werbliche Botschaften als Inhalte

Werbliche Botschaften können für die Rezipienten einen Nutzen generieren und zu einer Kaufentscheidung führen. Als Beispiel seien hier die Kleinanzeigenmärkte genannt

---

[88] vgl.: Meffert, H. (1998), S. 755-759; Kroeber-Riel, W.; Weinberg, P. (1996), S. 609-611

[89] vgl. Meffert, H.; Bruhn, M. (1997), S. 38

[90] vgl. Kuss, A. (1991), S. 160-163. Vgl. Hensmann, J. (1975) S. 414-415 zur Beziehung von Werbungtreibenden und Medienanbietern

[91] vgl. Behrens, G. (1996), S. 226-247 zu Mediaselektion und S. 247-251 zur Festlegung des Media-Mix

[92] Dennoch scheinen in der Praxis auch irrationale Faktoren (z.B. persönliche Vorlieben für bestimmte Zeitschriften, Bauchgefühl) eine gewisse Rolle zu spielen. (vgl. Hensmann, J. (1975) S. 414-415)

oder aber der Stellenmarkt in grossen überregionalen Tageszeitungen. KROEBER-RIEL/WEINBERG nennen vier Funktionen, welche die Werbung für den Konsumenten erfüllen kann:[93]

- Zeitvertreib und Unterhaltung,
- emotionale Konsumerlebnisse,
- Information für Konsumentscheidungen,
- Normen und Modell für das Konsumentenverhalten.

Werbliche Inhalte können folglich aus Sicht des Käufers einer Informationsleistung beachtenswerte Inhalte darstellen. Dies kann zu einer Aufwertung der Bedeutung bestimmter Werbekunden führen: Über den Kauf von Werbefläche oder -zeit tragen sie nicht nur zum Umsatz, sondern auch zum Inhalt und damit zum Rezipientennutzen bei.

1.3. Schlüsselentwicklungen

1.3.1. Medienunternehmen

(1) Diversifizierung, Internationalisierung und Konzentration

Medienunternehmen haben in den vergangenen Jahren durch Diversifizierung und Internationalisierung ihr Wesen stark verändert.[94] Heute kann in den meisten Fällen daher nicht mehr von national tätigen Verlagen gesprochen werden, sondern von international, in verschiedenen Bereichen des Marktes für Informationsleistungen tätigen Medienkonzernen.[95] Dabei wurde in starkem Masse durch externes Wachstum ins Ausland expandiert, was zu einer verstärkten Konzentration auf den internationalen Medienmärkten geführt hat mit einigen grossen Medienkonzernen.[96] Aber auch im Inland sind durch den Einstieg in den privaten Rundfunk und in multimediale Geschäftsfelder (z.B. CD-ROM) grosse Medienverbunde entstanden.[97] Verstärkt werden insbesondere im Bereich des digitalen Fernsehens, des Pay-TV und des in der Entstehung begriffenen Web-TV neue Al-

---

93 vgl. Kroeber-Riel, W.; Weinberg, P. (1996), S. 582-585

94 vgl. z.B.: Luyken, G.-M. (1990), S. 621-628; Sjurts, I. (1996), S. 1-2; Harnischfeger, M. (1990), S. 31-37; Tartler, J. (1996); Schulz, F.; Faltin, C. (1996)

95 für eine detaillierte Beschreibung der Unternehmensentwicklung und Strategien der grössten deutschen Medienkonzerne vgl.. Röper, H. (1997), S. 226-255; Sjurts, I. (1996); Hachmeister, L.; Rager, G. (1997)

96 vgl. z.B. Schulz, W. (1994), S. 122-124

97 vgl. Röper, H. (1994), S. 534-541 für multimediale Anbieterstrukturen; vgl. Herrgesell, O. (1996) zur Konzentration im deutschen Fernsehmarkt; vgl. beispielsweise Riedel, D. (1996, Nur wenige Player) zu Fusionen im Fernsehsektor; vgl. Hanfeld, M. (1997) und Branegan, J. (1996) für die Fusion von der Bertelsmann Tochtergesellschaft Ufa mit der Compagnie Luxembourgeoise de Télédiffusion (CLT) zu der neuen Fernsehgesellschaft CLT-Ufa, dem grössten Fernsehunternehmen Europas mit 19 Fernseh- und 23 Radiostationen.

lianzen und Akquisitionen vereinbart.[98] Trotz der Diversifikation in andere Bereiche des Informationsleistungsmarktes bildet Print als das ehemalige Kerngeschäft in den meisten Grossverlagen einen wichtigen Teil der ökonomischen aber auch publizistischen Grundlage des Unternehmens. Nicht zuletzt wurde und wird ein Grossteil des Wachstums aus Profiten aus dem Print-Geschäft bewerkstelligt.

Die Diversifizierungstendenzen sind insbesondere auf eine Veränderung der rechtlichen aber auch technischen Rahmenbedingungen zurückzuführen, die im Rundfunkbereich zu einer dualen Anbieterstruktur mit öffentlichen und privaten Anbietern geführt hat.[99] Damit konnten die Medienunternehmen ein völlig neues Geschäftsfeld erschliessen.[100]

(2) Liberalisierung und Kommerzialisierung

Waren bis zu Beginn der 80er Jahre aufgrund technischer Möglichkeiten die Übertragungsmöglichkeiten des Rundfunks noch sehr begrenzt, fielen im folgenden diese Restriktionen durch neue Übertragungsmöglichkeiten wie Breitbandkabel und Satellit sowie eine bessere Ausnutzung der terrestrischen Frequenzen weitgehendst weg. Die Möglichkeit der Ausstrahlung von Rundfunkprogrammen war somit aus technischer Sicht stark ausgeweitet und von privaten Medienunternehmen als potentielles Betätigungsfeld entdeckt worden. Damit wurde auch der juristische Rahmen angepasst, der bisher den Rundfunk als Betätigungsfeld öffentlich-rechtlicher Anbieter monopolisiert hatte.[101]

Mit dem Einstieg der privaten Medienunternehmen in den Rundfunkmarkt wird oft vom Beginn der Kommerzialisierung der Medienlandschaft der Bundesrepublik Deutschland gesprochen.[102] Kommerzialisierung ist aber auch an weiteren Merkmalen ablesbar:[103] Zum einen an einer stärkeren Herausbildung von Institutionen wie Werbevermarkter, Werbeagenturen und Marktforschung, die in erster Linie nach ökonomischen und nicht nach journalistischen Kriterien handeln; zum anderen aber auch an zunehmenden Kapitalinve-

---

98 vgl. Gapper, J. (1998)

99 vgl. Seufert, W. (1992), S. 43-73 für eine ausführliche Beschreibung der Entwicklung des Wettbewerbs im Rundfunkbereich in der Bundesrepublik Deutschland.

100 vgl. Seufert, W. (1996), S. 165-178

101 Der juristische Rahmen für den Rundfunk wird neben dem Grundgesetz durch Urteile des Bundesverfassungsgerichts, die Rundfunkstaatsverträge und die Landesmediengesetze gebildet. Wenn auch schon vorher einige Pilotprojekte auf Bundesländerebene und Urteile des Bundesverfassungsgerichtes den Weg zum dualen Rundfunkmarkt geebnet hatten, so haben im Rundfunkstaatsvertrag von 1./3. April 1987 erstmals alle Bundesländer eine gemeinsame Regelung zur Einführung des bundesweit verbreiteten Rundfunks getroffen. (vgl. Presse- und Informationsamt der Bundesregierung (Hrsg.) (1994), S. 143-170 hierzu und für eine Beschreibung der Entwicklung sowie den Stand der dualen Rundfunkordnung)

102 vgl. z.B. Weischenberg, S. (1992), S. 147-154.

103 vgl. Altmeppen, K.-D. (1996 Märkte der Medienkommunikation), S. 256-260

stitionen branchenfremder Unternehmen in die Medien,[104] die damit aufgrund der allgemeinen Einschätzung, dass in der Informationsgesellschaft Medienunternehmen hohe Ertragschancen haben, vornehmlich profitorientierte Zielsetzungen verfolgen.

Kommerzialisierung kann dabei aus zwei Blickwinkeln heraus betrachtet werden. Ökonomisch betrachtet bedeutet sie eine stärkere Deregulierung bzw. Liberalisierung mit einer folgenden zunehmenden marktwirtschaftlichen Orientierung des Medienmarktes und der Medienanbieter und als Folge des Wettbewerbs, einer Zunahme des Medienangebots und damit einer Steigerung des Nutzens der Rezipienten und Werbungtreibenden. Aus dem Blickwinkel der Kommunikationswissenschaft werden eher negative Folgen der Liberalisierung wie die „Monopolisierung der Medienproduktion, Gewissenlosigkeit der Medienproduzenten, Geschmacklosigkeit der Medienprodukte"[105] hervorgehoben. Eine Folge des gestiegenen Wettbewerbs ist in vielen Medienhäusern eine Verlagerung der Priorität vom Rezipienten- auf den Werbemarkt: „Ein Verleger - so heisst es brancheninтern - verkauft ein demoskopisch erkundetes und publizistisch, d.h. von einem Medienprodukt gestiftetes Publikumssegment an potentielle Inserenten, indem er ihnen Bindung, Aufmerksamkeit und Aufnahmebereitschaft des Publikums für die Inserate verspricht. Diese Aufnahmebereitschaft erzeugt der Verleger durch ein bestimmtes redaktionelles Umfeld."[106]

(3) Fragmentierung der Medienangebote

Die Anzahl der Fernseh- und Hörfunksender und Zeitschriften hat sich in den vergangenen Jahren vervielfacht.[107] Während speziell im Rundfunkbereich dies eine Folge der Liberalisierung der Rundfunkmärkte war, hat generell das Wachstum des Werbemarktes diese Vervielfachung unterstützt. Mittlerweile kann der Medienkonsument nicht nur auf eine hohe Anzahl, sondern auch auf eine grosse Vielfalt an Medienangeboten zurückgreifen: Spartenkanäle und Special-interest-Zeitschriften werden auf immer kleinere Zielgruppen zugeschnitten. Es kann somit auch von einer gestiegenen Wettbewerbsintensität im Rezipientenmarkt gesprochen werden, denn die gestiegenen Wahlmöglichkeiten führen zu einer verstärkten Fragmentierung der Publika: „... die Zeiten, wo die halbe Nation am Abend vor dem Fernseher versammelt ist und dieselbe Sendung verfolgt, gehören der Vergangenheit an."[108]

---

104 vgl. Elsner, F. (1996)

105 Weischenberg, S. (1992), S. 147

106 Kübler, H.-D. (1994); S. 121

107 1995 konnten in einem durchschnittlichen, bundesdeutschen Haushalt 30 Fernsehprogramme empfangen werden; das entspricht dem vier- bis fünffachen von dem, was 1990 möglich war. (vgl. Kiefer, M. L. (1995), S. 235)

108 Schulz, W. (1994), S. 128

(4) Multimedia als neuer Markt

In dieser Arbeit soll Multimedia als Oberbegriff für verschiedene neuartige Medienträger und den darauf basierenden Informationsleistungen verstanden werden. Multimediale Medienträger und deren Applikationen haben i.d.R. drei gemeinsame Merkmale:[109]

- *Interaktivität.* Sie erlaubt es dem Nutzer, nicht nur dargebotene Inhalte passiv zu konsumieren, sondern aktiv mit dem Medium oder aber anderen Nutzern zu kommunizieren. Dadurch ergeben sich neue Möglichkeiten in der Nutzung wie beispielsweise das Hinzufügen oder Verändern von Inhalten oder die aktive, auf Hypertext basierende Navigation durch das Angebot.
- *Integration verschiedener Medientypen.* Dynamische (Video- und Audiosequenzen) und statische (Text, Bild) Medien werden kombiniert. Dies ist allerdings nicht als eine blosse Aneinanderreihung der verschiedenen Medien zu verstehen, sondern diese werden integriert und damit parallel verarbeitet und präsentiert.
- *Digitalisierung.* In diesem Vorgang werden analoge Informationen in digitale Daten umgewandelt. Damit liegen die Informationen, ob sie nun zu einer Videosequenz oder aber zu einem Bild gehören, in einem einheitlichen Format vor. Erst das ermöglicht die Multimedialität, also die Nutzung und Bearbeitung aller gespeicherten Informationen sowie grosser Informationsmengen.

Auf Basis dieser Medienträger sind eine Vielzahl von Produkten und Dienstleistungen entwickelt worden oder aber denkbar, z.B. Pay-TV, Multimedia PC, Home-shopping, Point-of-sale, Video-on-demand, Video-Spiele, Bildtelefone.[110] Dabei darf Multimedia nicht als eine vollkommen neue Technologie gesehen werden, sondern vielmehr als Kombination bereits bestehender Technologien und Anwendungen: Computertechnologie, Unterhaltungselektronik bzw. audiovisuelle Technologie und Telekommunikation.[111] Diese Kombination der verschiedenen Techniken ist längst noch nicht abgeschlossen.[112] Bisher existieren vor allem Lösungen, die nur auf einer der drei genannten Technologien basieren.[113] Aus technischer Sicht können zur Zeit drei Bereiche unterschieden werden (siehe Abbildung 7). Unter *Consumer-stand-alone* sind Anwendungen zu verstehen, die nicht mit anderen Anwendungen vernetzt sind, wie beispielsweise Videospiele auf CD-

---

109 vgl. Booz, Allen & Hamilton (Hrsg.) (1997), S. 29; zu einer ausführlichen Betrachtung der medialen Eigenschaften des Internets siehe Abschnitt B 3.2.2.1.

110 vgl. Drewes, D. (1997) für eine Beschreibung, wo solche Produkte schon heute angewendet werden (z.B. Schule, Arbeitswelt, Medizin, Freizeit etc.) und wie sich dadurch die Gesellschaft in soziologischen, ökonomischen und psychologischen Aspekten verändert

111 vgl. Pispers, R.; Riehl, S. (1997), S. 64

112 vgl. z.B. Fehr, B. (1998)

113 als Beispiel sei hier die Entwicklung von PC's zu interaktiven Multimedia-Systemen genannt. (vgl. Pispers, R.; Riehl, S. (1997), S. 67-68)

ROM oder aber im Geschäftskundensegment Kataloge auf CD-ROM oder Kiosksysteme. *Internet/Online-Dienste* und *Interaktives TV/Digital TV* hingegen sind netzorientierte Anwendungen. Während im Online-Markt die Anwendungen per Internet über den Computer empfangen werden, ist beim Digital TV der Fernseher das Empfangsgerät. Langfristig kann es auch hier zu einer Konvergenz kommen, so dass internetbasierte Dienste und Anwendungen über den Fernseher als Endgerät empfangen werden können.

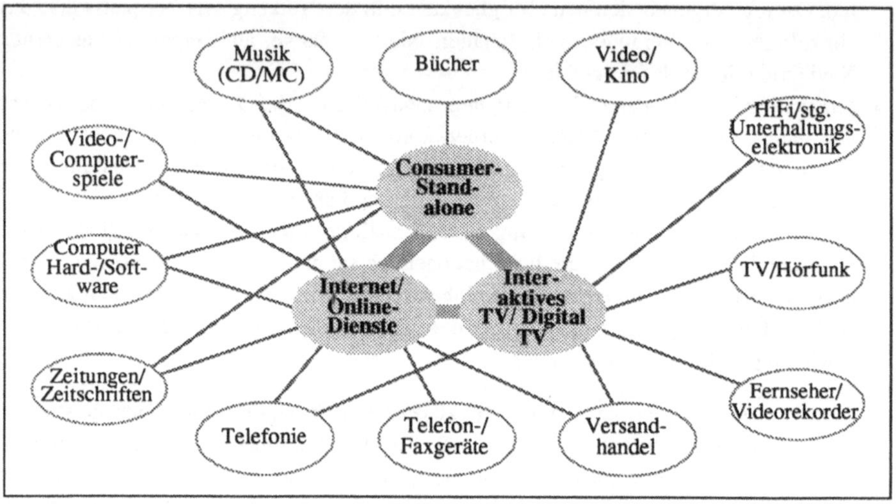

Abbildung 7 Konvergenz der Märkte/Medien[114]

Mit der Konvergenz der einzelnen Medien zu Multimedia verschwimmen auch die Grenzen zwischen den einzelnen Branchen wie Computer-, Unterhaltungselektronik und Telekommunikation. Diese Entwicklung ist zum einen auf den Anspruch der Endkonsumenten zurückzuführen, die komplette Lösungen fordern und immer weniger bereit sind, sich mit technischen Grundlagen der Produkte und Dienstleistungen auseinanderzusetzen. Zum anderen bietet der Multimediamarkt interessante neue Geschäftsfelder (siehe Abbildung 8). Diese werden traditionell von unterschiedlichen Industrien belegt. Konvergieren nun die einzelnen Produkte/Dienstleistungen, führt das zu einer stärkeren Annäherung der einzelnen Anbieter in Form von Kooperationen etc. oder aber zu einer Ausweitung der traditionellen Geschäftsbereiche eines Anbieters in neue Multimedia-Wertaktivitäten.[115]

---

[114] in Anlehnung Booz, Allen & Hamilton (Hrsg.) (1997), S. 51

[115] vgl. Heuser, U. J. (1994), S. 62-66

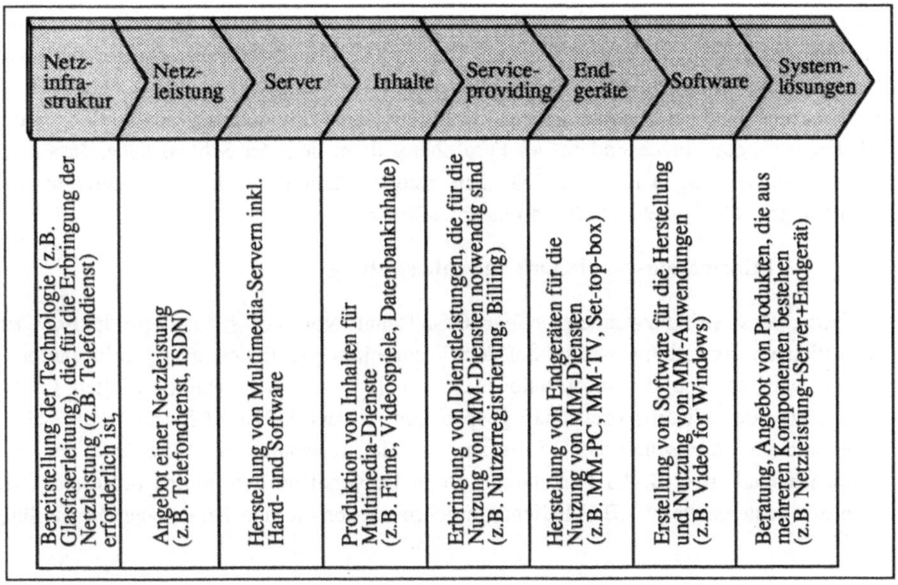

Abbildung 8 Wertaktivitäten Multimedia[116]

Aus Sicht der Anbieter ist folgende Konsequenz von Multimedia bemerkenswert, die sich insbesondere im Internet zeigt: Ihre Applikationen, seien es publizistische Angebote von Verlagen, virtuelle Verkaufsstände, Unternehmensbroschüren oder Angebote von Hörfunksendern, verlieren ihre sonst durch die traditionellen Trägermedien geprägten Merkmale. So unterscheidet sich im klassischen Markt für Informationsleistungen eine Zeitung sehr stark von einem Fernsehsender. Im Internet gleichen sich die Angebote schon allein über das Trägermedium in ihrer Art der Informationsdarbietung (digital, multimedial) an. Hier kann folglich von einer durch das Übertragungsmedium bedingten Konvergenz der Applikationen gesprochen werden.

1.3.2. Rezipientenmarkt

(1) Zeitaufwand für Mediennutzung

1995 hat der Bundesbürger im Durchschnitt fast 6 Stunden am Tag Medien genutzt.[117] Im Vergleich zu 1985 hat sich der Zeitaufwand der Mediennutzung um rund acht Pro-

---

116 in Anlehnung an Booz, Allen & Hamilton (Hrsg.) (1997), S. 47

117 Von der Mediennutzungszeit von insgesamt 5,37 Std. entfielen, 2,38 Std. auf das Fernsehen, 2,42 auf den Rundfunk und 30 Minuten auf die Tageszeitung. (vgl. Presse- und Informationsamt der Bundesregierung (Hrsg.) (1998), S. 199)

zent erhöht. Die Veränderung der Mediennutzung begünstigte das Fernsehen und ging vor allem zu Lasten der Tageszeitungen. Dies gilt insbesondere für lokale und regionale Abonnementszeitungen, deren Reichweite deutlich zurückgegangen ist. Setzt man diese Entwicklung der Mediennutzungszeit in Relation zur Entwicklung des Umfanges des Medienangebotes, insbesondere des Fernsehens, dann liegt der Schluss nahe, dass neue Informationsleistungen nur zum Teil auch eine zusätzliche Nachfrage generieren und zum anderen Teil bestehende Nachfrage substituieren.

(2) Informationsgesellschaft und -überflutung

Aufgrund des Strukturwandels in der Gesellschaft von der Industrieproduktion zur Dienstleistungserstellung, welche auf dem Verarbeiten und Erstellen von Informationen basiert, wird oft von der Informationsgesellschaft[118] oder der postindustriellen Gesellschaft bzw. der Wissensgesellschaft gesprochen.[119] Nach DRUCKER entwickelt sich in einer solchen Gesellschaft das Wissen zur zentralen Ressource der Wirtschaft, und den Wissensherstellern (z.B. der Forschung an den Universitäten) sowie den professionellen Informationsherstellern (z.B. Medienunternehmen) kommt eine herausragende Stellung zu.[120]

In einer immer komplexer werdenden Gesellschaft nehmen Informationen auch als Orientierungshilfe einen immer grösseren Stellenwert ein. „Die gesellschaftliche Konstruktion von Wirklichkeit(en), sozialer Wandel und die Proliferation normativer Orientierungen ... hängen heute entscheidend ab von medienvermittelter Kommunikation."[121] Der Mensch als Arbeitnehmer, Arbeitgeber oder aber als Bürger ist gezwungen, seinen Informationsbedarf zu definieren und zu befriedigen. Dabei kann davon ausgegangen werden, dass er das effizient (mühelos und schnell) und effektiv (selektiv) erledigen möchte. In bezug auf Medien ist dies nur dann möglich, wenn dort die gesuchten Informationen angeboten werden und der Rezipient die nötige Medienkompetenz besitzt, diese zu finden und zu rezipieren.

Paradoxerweise erschwert die durch die Medienunternehmen ausgelöste Informationsüberflutung deren publizistische Kommunikation. So ist das Angebot an Medien um ein Vielfaches höher als die Verarbeitungskapazität des Individuums.[122] Der Rezipient ist somit leicht einem Informationsstress ausgesetzt: „Ungebremst stürzen relevante und ir-

---

[118] vgl. z.B. Bell, D. (1975), S. 353. Für eine Übersicht über die verschiedenen Inhalte des Begriffs Informationsgesellschaft vgl. Tauss, J.; Kollbeck, J.; Mönikes, J. (1996), S. 17-31

[119] vgl. Drucker, P. F. (1989), S. 207-224

[120] vgl. Drucker, P. F. (1989), S. 207-224

[121] Schmidt, S. J. (1996), S. 195

[122] So werden nur zwei Prozent der durch die Medien angebotenen Informationen aufgenommen. Bei der werblichen Kommunikation sind es fünf Prozent. (Kroeber-Riel, W.; Weinberg, P. (1996), S. 90)

relevante, kommerzielle und nichtkommerzielle, objektive und subjektive, wahre und unwahre, politische und unpolitische, wissenschaftliche und unwissenschaftliche Informationen auf den Mediennutzer ein, ohne dass dieser die Unterschiede nachvollziehen könnte."[123] Allerdings ist der Mensch in der Lage, sein - zwar begrenztes - sensorisches und kognitives Sensorium nach den jeweiligen Anforderungen einzusetzen und durch eine flexible Ressourcenallokation auch mit grossen Informationsmengen umzugehen.[124] Doch allein eine aktive Selektion der aufzunehmenden Informationen aus dem grossen Informationsangebot bedeutet eine Anstrengung für den Rezipienten.[125] „Die Erfordernisse der Informationsgesellschaft, ihre medialen Realitäten, verlangen nach dem geübten Leser, mit entwickeltem Sprachbewusstsein und (angesichts der Informationsvielfalt) der ausgeprägten Befähigung zu begrifflichem Verstehen: dem medienkompetenten Menschen."[126]

Auf eine Überforderung kann das Individuum auf verschiedene Arten und Weisen reagieren, z.B. mit Abstumpfung, wobei das Interesse an Informationen nachlässt, der Empfänger einfach „abschaltet", mit Aggressionen, wobei es zu Protesteinstellungen und -handlungen kommt oder aber mit einem Sich-Entziehen, indem man die Mediennutzung reduziert oder aber Information zu Unterhaltung degradiert.[127] Die zunehmende Informationsüberflutung beeinflusst auch konkret die Mediennutzung. So wird Fernsehen z.B. oft nicht mehr gezielt konsumiert, sondern läuft als Begleitmedium während des ganzes Tages. Fernsehen als Hauptbeschäftigung ist gekennzeichnet durch Switching, Channelhopping und Zapping.[128] Unterhaltend präsentierten Beiträgen wird der Vorzug gegeben.[129] Ähnliches gilt auch für die Print-Medien. Ein klar strukturiertes Layout, Grafik- und Bildelemente und kurze Artikel sollen die Rezeption der Inhalte erleichtern.

In der Informationsgesellschaft verändern sich auch die Funktionen journalistischer Leistungen. Zu den traditionellen Funktionen wie Information und Unterhaltung, deren Trennung schon heute durch das sogenannte Infotainment teilweise aufgehoben ist, kommt die Funktion der Orientierung hinzu: „Journalistisch produzierte Medienangebote sollen die Konstruktion von Orientierungswissen ermöglichen, das die Rezipienten

---

123 Berg, K. (1995), S. 50

124 vgl. Winterhoff-Spurk, P. (1994), S. 202-203

125 Als Beispiel ist hier die Entscheidung über die Wahl des Senders bzw. des Spielfilms etc., aus einer Fernsehzeitschrift zu denken, die über 30 Sender aufführt.

126 Lahr, H. von der (1996), S. 2

127 Berg, K. (1995), S. 60-62

128 Switching bedeutet das Durchschalten der Kanäle auf der Suche nach einem ansprechenden Programm, Channelhopping das Schauen von mehreren Programmen gleichzeitig und Zapping das Wegschalten von Werbung. (vgl. Wirtz, B. W. (1994), S. 83)

129 vgl. Berens, H.; Kiefer, M.-L.; Meder, A. (1997), S. 82-84

befähigt, in individuellen und sozialen Situationen adäquat zu reagieren."[130] Gebrauchs- und Handlungswissen gewinnt an Stellenwert.[131] Neben zahlreichen Informationsleistungen, die durch ihre journalistisch-inhaltliche Konzeption auf Nutzwert ausgelegt sind, nimmt der Nutzwertjournalismus auch in journalistischen Leistungen eine grössere Stellung ein, wo er nicht prägend für das Konzept ist.

(3) Individualgesellschaft und Individualisierung der Mediennutzung

In der Gesellschaft ist eine starke Ausprägung verschiedener Lebensstile zu beobachten.[132] Der Bundesbürger richtet sich beispielsweise bei der Gestaltung seiner Freizeit oder beim Kauf von Gütern weit weniger nach gesellschaftlichen Normen, wie das noch in den 60er und 70er Jahren der Fall war. Individuelle Normen und Vorstellungen bilden den Rahmen für seinen Lebensstil und damit für die Verwendung seines Geld- und Zeitbudgets. Darauf reagiert die Freizeitindustrie mit immer zielgruppenspezifischeren Angeboten. Die Medienbranche hat sich darauf mit veränderten Formen und Inhalten,[133] insbesondere mit zielgruppengenauen Angeboten eingestellt und segmentiert in immer kleinere Zielgruppen. So gewinnen Special-interest Zeitschriften mit kleiner Auflage, die sich an eine sehr eingegrenzte Zielgruppe wenden, an Marktanteilen. Auch erste Spartensender im Fernsehen konnten sich etablieren. Aufgrund der hohen Fixkosten in der Produktion klassischer Informationsleistungen sind dieser Marktsegmentierung mit der zunehmenden Individualisierung klare Grenzen gesetzt. Für die Anbieter von Informationsleistungen stellt die Individualisierung eine grosse Herausforderung dar: „...diese Fragmentierung der Wertorientierungen und Informationsbedürfnisse (hat A.d.V.) die Konsequenz, dass erfolgreiches Kommunizieren immer schwieriger wird bzw. umgekehrt eine verstärkte Berücksichtigung und Einbeziehung der Kunden erfordert."[134]

(4) Rückgang der Schlüsselqualifikation Lesen[135]

Informationsleistungen können auf unterschiedliche Art und Weise rezipiert werden. Beim Fernsehen/Hörfunk übernimmt der Rezipient eine passive Rolle. Bücher, Zeitungen und Zeitschriften müssen erst gelesen werden, bevor die Informationen verarbeitet werden können. Lesen erfordert somit einen aktiven Rezipienten. Alle Anzeichen deuten

---

130 Löffelholz, M.; Altmeppen, K. D. (1994), S. 585

131 vgl. Löffelholz, M.; Altmeppen, K. D. (1994), S. 585-587 zum funktionalen Wandel und auch strukturellen Wandel des Journalismus

132 vgl. z.B. Berger, P. A. (1997), S. 85-90

133 vgl. Stark, S. (1992), S. 56-69 zum Wandel von Form und Inhalt in der Massenkommunikation.

134 Schrape, K. (1995), S. 4

135 Als Schlüsselqualifikation wird Lesen deswegen bezeichnet, weil Lesen wesentlich zur Bildung von Abstraktionsfähigkeit, Kreativität, Sprachfähigkeit und Phantasie beiträgt. (vgl. Lahr, H. von der (1996), S. 6 und S. 2)

darauf hin, dass Mediennutzer den eher leicht/passiv zu rezipierenden Informationsleistungen den Vorzug vor lesend/aktiv zu rezipierenden Informationsleistungen geben.[136] Dies steht im Zusammenhang mit einer zurückgehenden Lesefähigkeit und Lesebereitschaft, insbesondere bei jüngeren Bevölkerungsschichten: So lesen immer weniger Schüler Bücher und das Lesen bereitet ihnen zunehmend Schwierigkeiten.[137] Der Fernsehkonsum in dieser Gruppe ist bisher kontinuierlich angestiegen und liegt höher als bei älteren Teilen der Bevölkerung.[138]

1.3.3. Werbemarkt

(1) Konsolidierung, Marktanteilsverschiebungen und neue Formen werblicher Kommunikation

Mit einem Volumen von 38,7 Mrd. DM (1997)[139] gehört der Werbemarkt in der Bundesrepublik Deutschland zu den grössten Werbemärkten weltweit und ist mit Abstand der grösste in Europa.[140]

---

136 Befragt nach den Verhinderungsgründen zum Lesen, gaben in der repräsentativen Studie „Leseverhalten in Deutschland 1992/93", die von der Stiftung Lesen in Zusammenarbeit mit dem Börsenverein des Deutschen Buchhandels, dem Deutschen Bibliotheksinstitut und dem Zentrum für Kulturforschung entwickelt wurde, die Befragten Freizeitkonkurrenz (wachsendes Unterhaltungs- und Freizeitangebot) und schnellere Informationsmöglichkeiten durch Hörfunk und Fernsehen als Hauptgründe an. (vgl. Franzmann, B.; Löffler, D. (1993), S. 458)

137 vgl. Lahr, H. von der (1996), S. 2-7

138 vgl. Kiefer, M.-L. (1996 Schwindende Chancen), S. 590

139 vgl. Zentralverband der deutschen Werbewirtschaft (Hrsg.) (1998), S. 9. Für Werbung wurden 1997 insgesamt 55,6 Mrd. DM ausgegeben. Gut zwei Drittel (38, 7 Mrd. DM) entfielen auf die Werbeträger, der Rest auf Honorare und Werbemittelproduktionen.

140 vgl. Zentralverband der deutschen Werbewirtschaft (Hrsg.) (1998), S. 29-31. Weltweit liegt Deutschland (gemessen in absoluten Zahlen) auf Platz 3 (nach USA und Japan, vor Grossbritannien und Frankreich) und in Europa auf Platz 1 mit einem Marktanteil von ca. 28 Prozent.

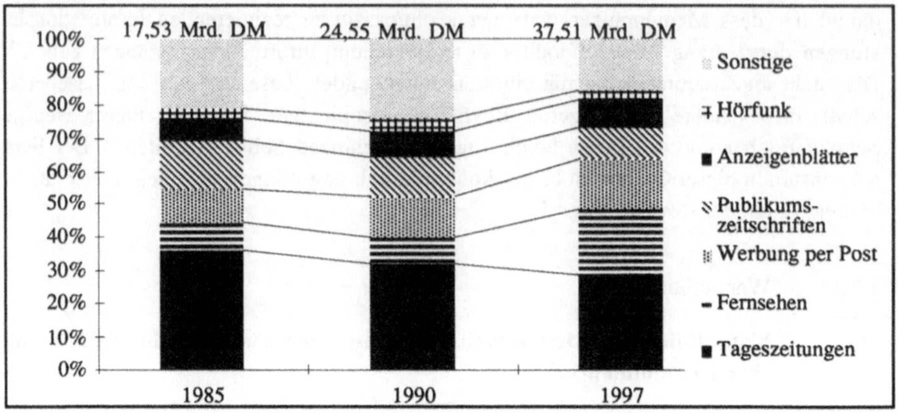

Abbildung 9 Entwicklung der Netto-Werbeeinnahmen[141] erfassbarer Werbeträger von 1985 bis 1997 in der Bundesrepublik Deutschland nach Sparten in Prozent und absolutem Volumen[142]

Der Werbemarkt ist in den 80er Jahren bis Anfang der 90er Jahre zweistellig gewachsen. Das Wachstum der Netto-Werbeeinnahmen wurde vor allem von steigender Fernsehwerbung getragen.[143] Seit Mitte der 90er Jahre zeigt sich ein deutlich niedrigeres Wachstum, und der Markt scheint nun in eine Konsolidierungsphase einzutreten.[144] Obwohl in absoluten Zahlen gesehen fast alle Werbeträger vom Wachstum des Werbemarktes profitiert haben, ist es in der Vergangenheit zu erheblichen Verschiebungen der Anteile innerhalb des Werbemarktes gekommen: Lag der Anteil des Fernsehens 1985 noch bei sieben Prozent, ist er bis 1997 auf 19 Prozent gestiegen; der Marktanteil der Direktwerbung erhöhte sich im gleichen Zeitraum von ca. 11 Prozent auf ca. 15 Prozent.

141 Nettowerbeeinnahmen sind die Erlöse aus dem Anzeigengeschäft nach Abzug von Mengen- und Malrabatten sowie Mittelprovisionen. (vgl. Zentralverband der deutschen Werbewirtschaft (Hrsg.) (1996), S. 15)

142 In Anlehnung an Keller, D. (1998), S. 78 und Zentralverband der deutschen Werbewirtschaft (Hrsg.) (1998), S. 14. Unter „Sonstige" fallen Fachzeitschriften, Adressbücher, Aussenwerbung, Wochen- und Sonntagszeitungen, Filmtheater und Zeitungssupplements.

143 So wuchsen die Werbeeinnahmen der TV-Sender von 1988 bis 1995 mit zweistelligen Raten, z.B. 1989 mit 23 Prozent, 1990 mit 22,5 Prozent und 1991 mit einem Rekordsatz von 34 Prozent. (vgl. Zentralverband der deutschen Werbewirtschaft (Hrsg.) (1997), S. 17)

144 vgl.: Waschek, J. (1997); Glabus, W. (1997b); Weissenberg, P. (1997); o.V. (1997 Werbemarkt); Heffler, M. (1996); Bruck, P. A.; Selhofer, H. (1996), S. 182.

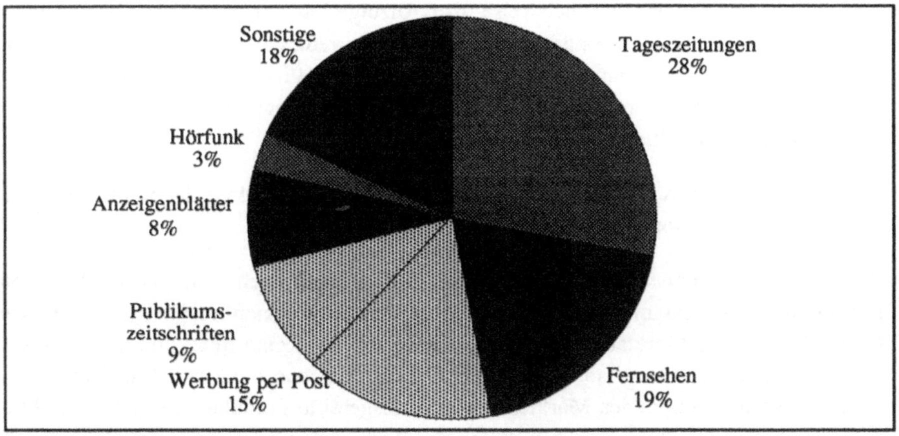

Abbildung 10 Marktanteile der Werbeträger am Werbemarkt 1997[145]

Verlierer dieser Entwicklung sind die Print-Medien. Zwar sind auch deren Werbeumsätze in absoluten Zahlen gewachsen, der Marktanteil aber innert 12 Jahren von 61 Prozent auf 47 Prozent in 1997 gefallen.[146] Neben dem Fernsehen stellen neue Kommunikationsformen wie Direktmarketing, Verkaufsförderungm Public-relations und Product-placement/Sponsoring/Licensing eine neue Komponente im Wettbewerb dar.[147] Der Deutsche Direkt Marketing Verband schätzt, dass 1996 ca. 30 Mrd. DM für Direktmarketing ausgegeben wurden und damit fast jede zweite Werbemark in Deutschland in das Direktmarketing ging.[148] Obwohl vom Direktmarketing teilweise auch die

---

145 eigene Darstellung auf Basis von Zahlen in: Zentralverband der deutschen Werbewirtschaft (Hrsg.) (1998), S. 20

146 vgl. Keller, D. (1998), S. 78. Unter Print-Medien werden Tageszeitungen, Wochen- u. Sonntagszeitungen, Anzeigenblätter sowie Publikumszeitschriften subsumiert.

Am stärksten betroffen sind die Publikumszeitschriften, deren Marktanteil von 15 Prozent auf neun Prozent gesunken ist. Auch Tageszeitungen konnten im gleichen Zeitraum ihren Marktanteil von ca. 37 Prozent nicht halten und sanken auf ca. knapp 30 Prozent. Anzumerken ist allerdings, dass in absoluten Zahlen die Werbeeinnahmen von Publikumszeitschriften und Zeitungen gestiegen sind, so dass auch sie von dem wachsenden Werbemarkt profitiert haben und es sich damit in keinem Fall um ein Nullsummenspiel handelt, bei dem das Wachstum der Werbeeinnahmen des Fernsehens zu Lasten der Print-Medien gegangen wäre.

147 vgl. Auer, M.; Diederichs, F. A. (1993), S. 11-13. Die Autoren nennen diese neuen Kommunikationsformen auch Werbung-below-the-line, was den Gegensatz zu den klassischen Werbeformen (TV-Spot und Anzeige) verdeutlichen soll.

148 vgl. Deutscher Direkt Marketing Verband e.V. (1997). Der DDV definiert Direktmarketing als diejenigen Marketingaktivitäten, „... bei denen Medien mit der Absicht eingesetzt werden, eine interaktive Beziehung zu Zielpersonen herzustellen, um sie zu einer individuellen, messbaren Reaktion (Response) zu veranlassen." Dazu zählen adressierte Werbesendungen, Haushaltswerbung und Postwurfsendungen, Telefonmarketing, Interaktive Dienste, Anzeigen und Beilagen mit Response-Element, Plakat- u. Aussenwerbung sowie Funk- und Fernsehwerbung mit Response-Element.

Print-Medien profitieren (beispielsweise über Anzeigen mit Antwortmöglichkeit), stellen diese Aktivitäten eine immer stärker werdende Konkurrenz dar. Da print- und rundfunkbasierte Informationsleistungen nur eine einseitig vom Produkt zum Leser gerichtete Massenkommunikation ermöglichen, ist der Spielraum, um sich auch auf dieses Segment einzurichten denkbar klein.

(2) Stagnierende Absatzmärkte, austauschbare Produkte, Segmentierung und Informationsüberlastung

Sehr viele Unternehmen im Konsumgüterbereich befinden sich heute in der Situation, ihre Produkte auf stagnierenden bzw. schrumpfenden Märkten verkaufen zu müssen. Eine Erhöhung des Marktanteils ist oft nur zu Lasten der Konkurrenz und unter erheblichen Anstrengungen insbesondere in der Kommunikationspolitik möglich. Kennzeichnend für dieses Stadium des Marktes sind u.a. ausgereifte Produkte, die sich in funktionaler und objektiver Qualität in den Augen der Verbraucher kaum noch unterscheiden.[149] „Unter diesen Marktbedingungen können sich die verschiedenen Anbieter kaum noch auf objektive Produkt- und Leistungsvorteile gegenüber der Konkurrenz berufen."[150] Die Austauschbarkeit der angebotenen Produkte hat dazu geführt, dass Verbraucher sich kaum noch für Informationen über solche Produkte interessieren. Kroeber-Riel spricht hier vom Versagen der informativen Werbung.[151] Als Antwort auf diese Herausforderung bewegt sich die inhaltliche Gestaltung der Werbung in Richtung Emotionalität und Bildsprache. Sachverhalte, aber auch zu vermittelnde Inhalte kann der Rezipient schneller aufnehmen sowie verarbeiten und dieses mit geringerer Anstrengung als bei sprachlicher Informationsverarbeitung.[152] Die Rezipienten haben sich bereits zum grossen Teil an diese Art der Informationsaufnahme gewöhnt, so dass es wiederum zu einer stärkeren Aktivierungskonkurrenz mit immer stärker auffallenden Informationsdarbietungen kommt.[153]

Dieser Entwicklung steht eine wachsende Anzahl von Produkten und Dienstleistungen gegenüber, die beworben werden. Auch werden in diesen Märkten die Produkte auf immer kleinere Zielgruppen zugeschnitten, um die Bedürfnisse der Verbraucher zielgenauer befriedigen zu können und sich somit im Bereich mit schwächer ausgeprägtem Wettbewerb positionieren zu können. Diese Marktsegmente werden wiederum mit zielgruppenspezifischer Werbung über zielgruppenspezifische Medien, wie z.B. Special-interest Magazine, angesprochen. Doch nicht nur aufgrund austauschbarer Produkte, einer wach-

---

[149] vgl. Behrens, G. (1996), S. 20

[150] Kroeber-Riel, W. (1993), S. 20

[151] Bei der informativen Werbung werden dem Empfänger sachliche Informationen, z.B. über Preis, Design, Angebotsbedingungen übermittelt. (vgl. Kroeber-Riel, W.; Weinberg, P. (1996), S. 590)

[152] vgl. Kroeber-Riel (1993), S. 16-17

[153] vgl. Kroeber-Riel (1987), S. 262

senden Anzahl von beworbenen Produkten und einer stärkeren Segmentierung haben sich die Rahmenbedingungen für eine erfolgreiche gewerbliche Kommunikation verschärft, auch die Fragmentierung des Medienmarktes hat zu einer Verteuerung der Werbung geführt: Um eine bestimmte Reichweite zu erzielen, muss immer mehr in Werbung investiert werden.[154]

Paradoxerweise haben u.a. die Anstrengungen der Werbungtreibenden dazu geführt, dass Werbung immer weniger rezipiert wird: „... diese Entwicklung (trägt A.d.V.) erheblich zur Informationsüberlastung auf den Märkten bei, denn das Informationsangebot wächst aufgrund der mit der Marktsegmentierung verbundenen Flut von zusätzlichen Werbebotschaften und von zusätzlichen Medien erheblich stärker als der Informationskonsum."[155] Die Informationsüberlastung (Anteil der nicht-beachteten Informationen an den insgesamt angebotenen Informationen) durch Werbung in gedruckten Medien liegt bei 95 Prozent.[156] KROEBER-RIEL leitet folgende Herausforderung aus der steigenden Informationskonkurrenz an die Werbung ab: „Die Werbung steht vor der Aufgabe, in dieser Informationsflut zu überleben und auch dann wirksam zu werden, wenn sie flüchtig und bruchstückhaft wahrgenommen wird".[157]

---

154 So ist Hörfunkwerbung 1996 bei gleicher Reichweite 3,5 mal so teuer gewesen, wie vor zehn Jahren. Die Gfk errechnete, dass wer 1990 sechs Millionen DM für Werbung ausgab, 1993 neun Millionen DM für die gleiche Kommunikationsleistung aufbringen musste. Damit ist die Werbung innert drei Jahren um 25 bis 30 Prozent uneffektiver geworden. (vgl. Haller, P. (1996), S. 349)

155 Kroeber-Riel (1993), S. 24

156 vgl. Kroeber-Riel (1993) S. 11-15

157 Kroeber-Riel (1993) S. 16

2. Der Print-Markt: ressourcen- und marktorientierte Betrachtung von Verlagen

2.1. Einleitung

Ziel dieses Abschnittes ist es, die Ausgangssituation der Verlage im Print-Markt und damit in ihrem angestammten Geschäft (Zeitungen/Zeitschriften) zu beschreiben. Diese Ausgangssituation beschreibt die Startposition, aus der heraus Verlage sich im Internet engagieren. In Abschnitt B 4. wird die Ausgangssituation im Print-Markt mit der Analyse des Online-Marktes verzahnt, um zielstrategische Ansatzpunkte im Rahmen der Entwicklung neuer Produkte ableiten zu können.

Bei der Analyse der Ausgangssituation der Verlage im Print-Markt wird eine ressourcen- und eine marktorientierte Sichtweise eingenommen.

Im Rahmen der *ressourcenorientierten Sichtweise* (Resource-based View) werden in Abschnitt B 2.2. die Ressourcen eines Unternehmens als Quelle nachhaltiger Wettbewerbsvorteile in den Mittelpunkt der Betrachtung gestellt.[158] Ressourcen (z.B. Kapitalausstattung, Patente, Marken, Kenntnisse von Mitarbeitern etc.) sind die Basis von Tätigkeiten:[159] „Resources are not valuable in and of themselves, but because they allow firms to perform activities that create advantages in particular markets."[160] Dieser Kausalkette folgend werden in Abschnitt B 2.2. zunächst die Ressourcen (B 2.2.1.)[161] und dann die darauf basierenden Wertaktivitäten (B 2.2.2.) beschrieben.[162]

---

158 Der Begriff Resource-based View wurde geprägt von Wernerfelt, B. (1984), S. 171-180

159 vgl. Grant, R. M. (1991), S. 118-119; HAMEL/PRAHALD sprechen hier von Kernkompetenzen als der Grundlage von Kernprodukten, die wiederum die Basis von Endprodukten oder Geschäftsfeldern als Zusammenfassung von Endprodukten bilden. Kernkompetenzen sind i.d.R. nicht auf Einzelfähigkeiten zurückzuführen, sondern auf die Integration verschiedener Fähigkeiten: „Eine Kernkompetenz stellt die Summe des über einzelne Fähigkeitsbereiche und einzelne Organisationseinheiten hinweg Erlernten dar." (Hamel, G.; Prahalad, C. K. (1995), S. 307) Um von Fähigkeiten als Kernkompetenzen sprechen zu können, müssen drei Voraussetzungen erfüllt werden: Die Fähigkeit muss zu einem *Kundennutzen* führen, im Wettbewerb *einzigartig* sowie schwer reproduzierbar sein und drittens *ausbaufähig* sein, d.h. Zugang zu potentiellen Märkten verschaffen können. (vgl.: Prahalad, C. K.; Hamel, G. (1990), S. 83-84; Hinterhuber, H. H. (1996), S. 11)

160 Porter, M. E. (1991), S. 108

161 In der neueren Forschung zum Thema Ressourcen wird eine Unterteilung in Prozesse, Positionen und Pfade vorgeschlagen und damit ein umfassendes Konzept zur Einordnung von Ressourcen vorgestellt. (vgl. Teece, D. J.; Pisano, G.; Shuen, A. (1997), S. 509-533) Da die Entwicklung neuer Leistungen im Zentrum dieser Arbeit steht, sollen jedoch die an dieser Entwicklung hauptsächlich Beteiligten betrachtet werden. Daher werden in Abschnitt B 2.2.1. die Ressourcen bezogen auf Funktionen (Redaktion, Marketing, Technik) beschrieben.

162 Wenn in diesem Kapitel Ressourcen von Verlagen beschrieben werden, so dürfen diese nicht gleichgesetzt werden mit Stärken: Ob eine Ressource in bezug auf den Online-Markt eine Stärke oder Schwäche darstellt, kann erst vor dem Hintergrund der Herausforderungen des Online-Marktes beurteilt werden. (siehe hierzu

Die *marktorientierte Sichtweise* (Abschnitt B 2.3.) betrachtet die Verlagsbranche, die Wettbewerbssituation (Abschnitt B 2.3.1.) sowie Schlüsselentwicklungen (Abschnitt B 2.3.2.) im Print-Markt.[163] Die Wettbewerbsposition eines Verlages im Print-Markt lässt natürlich nicht auf die Wettbewerbsposition schliessen, die der Verlag im Online-Markt einnehmen wird. Die Stellung im Print-Markt gibt jedoch Aufschluss über das Bedrohungspotential des Internets in bezug auf das Print-Produkt und damit über mögliche Missionen der neu zu entwickelnden Leistung in bezug auf den Verlag und das Print-Produkt.[164]

Die Struktur des Print-Marktes ist ein wichtiges Datum für das Verhalten der Unternehmen im Print-Markt bzw. für die strategische Markenführung.[165] Die Wettbewerbsstruktur/-intensität ergibt sich vor allem aus der Anzahl der Anbieter sowie der den Anbietern gegenüberstehenden Nachfragestruktur, der Profilierung der Leistungen und dem Rivalitätsgrad unter den Wettbewerbern.[166]

Die beiden Sichtweisen ergänzen sich. Die ressourcenorientierte Sichtweise beschreibt Ressourcen zum einen als Basis der Entwicklung neuer Leistungen im Internet und zum anderen als Basis für den Aufbau neuer Ressourcen. Die marktorientierte Sichtweise stellt die Position eines Verlages und damit bestehende Produkte in den Vordergrund. Durch diese beiden Perspektiven wird der besonderen Lage von Verlagen Rechnung getragen, bei der Entwicklung neuer Leistungen auf Bestehendes zurückgreifen zu können und gleichzeitig die Belange bestehender Leistungen miteinzubeziehen.

2.2. Ressourcenorientierte Betrachtung

2.2.1. Ressourcen

2.2.1.1. Journalistische Ressourcen

Handwerkliches Know-how und intrinsische Motivation. Die Informationsarbeit setzt journalistische Begabungen (z.B. Sprachgefühl), erlernbare journalistische Fähigkeiten (z.B. Redigieren, Beherrschen der Stilformen (Nachricht, Reportage etc.)) und fachliche

ausführlich Abschnitt B 4.) So können Ressourcen, die zwar die Basis von Wettbewerbsvorteilen eines Unternehmens in seinem angestammten Geschäft sind, das Unternehmen bei neuen Aktivitäten behindern. LEONARD-BARTON spricht hier von Core Rigidities. (vgl. Leonard-Barton, D. (1992), S. 111-125)

163 Diese marktorientierte Sichtweise liegt z.B. dem Branchenanalyse-Rahmen von Porter zugrunde, der die Position eines Unternehmens im Wettbewerb untersucht. (vgl. Porter, M. E. (1980))

164 Zu den Missionen der neuen telematischen Informationsleistung siehe Abschnitt C 1.2.

165 vgl.: Kreilkamp, E. (1987), S. 84; Albarran, A. B. (1996), S. 29-30

166 vgl. Haedrich, G.; Tomczak, T. (1990), S. 55

Fähigkeiten voraus.[167] Hier kann i.w.S. von einem Handwerk gesprochen werden, welches erlernt werden kann. Hochwertiger Journalismus entsteht aber erst durch die Anwendung dieser Fähigkeiten im Rahmen eines publizistischen Konzeptes einer Zeitung/Zeitschrift. Eine weitere wichtige, allen journalistischen Wertaktivitäten zugrunde liegende Ressource, ist die meist starke intrinsische Motivation von Journalisten. Diese zeigt sich nicht zuletzt darin, dass Journalisten trotz meist guter Ausbildung (Studium, Volontariat) bereit sind, einen hohen Arbeitseinsatz zu leisten bei eher unterdurchschnittlicher Bezahlung. Diese intrinsische Motivation ist der Motor für exzellente journalistische Leistungen und damit Basis dauerhafter Wettbewerbsvorteile.

Beziehungen zum Ereignismarkt. Journalisten sind Vermittler zwischen dem Ort, an dem Informationen entstehen bzw. angeboten werden (Ereignismarkt) und den Lesern. Beziehungen zu diesem Ereignismarkt sind somit eine wichtige Voraussetzung für diese Vermittlerrolle. Journalisten bauen ein Geflecht von Informationsquellen und langjährige Kontakte zu Informationslieferanten auf. Im Idealfall entwickelt sich ein Vertrauensverhältnis vom Informanten zum Journalisten. Dies ist eine wesentliche Voraussetzung für die Informationsqualität. Zudem werten Verlage systematisch im Pressemarkt erscheinende Publikationen aus und legen in Form von Archiven grosse Wissens-Poole an.

Koordination des Produktionsprozesses. Die Redaktion unter der Führung der Chefredaktion ist mit der inhaltlichen Ausgestaltung des redaktionellen Konzeptes einer Zeitung/Zeitschrift betraut. Im Rahmen des journalistischen Produktionsprozesses wird aus Wissen Information hergestellt. Dies erfordert die Fähigkeit zur Koordination dieses journalistischen, kreativen und nur ansatzweise standardisierbaren Produktionsprozesses. Themen müssen ausgewählt, Aufgaben innerhalb der Redaktion vergeben, die Zusammenarbeit mit freien Journalisten koordiniert, die Bildredaktion eingebunden werden, und schliesslich muss der inhaltliche Produktionsprozess mit der technischen Abteilung (Druck etc.) abgestimmt werden. „Core competencies are the collective learning in the organization, especially how to coordinate diverse production skills and integrate multiple streams of technologies.“[168]

Kultur. Die Erstellung journalistischer Inhalte ist ein kreativer Prozess, der im Spannungsfeld zwischen der Anforderung einer gleichbleibenden Qualität einer Zeitung/Zeitschrift und der Entfaltung sowie Nutzung der Kreativität der Journalisten steht. Dieser Prozess kann nur schwer durch feste Regeln und Arbeitsabläufe geregelt werden. Vielmehr ist hier die Kultur eines Verlages entscheidend. Diese kann zudem aus Sicht der Journalisten erheblich die Attraktivität eines Verlages als Arbeitgeber prägen.

---

[167] zur Informationsarbeit siehe Abschnitt B 2.2.2.2.

[168] Prahalad, C. K.; Hamel. G. (1990), S. 82

Inhalte. Verlage verfügen über einen grossen Informationsbestand, der sich aus archivierten Inhalten bereits verkaufter Zeitungen/Zeitschriften zusammensetzt. Diese Inhalte wiederum bilden oft die Basis weiterer Leistungen, wie z.B. Archivleistungen für Dritte.

2.2.1.2. Marketingressourcen

Branding von Inhalten und Bestand an Marken. Verlage verfügen meist über sehr bekannte und seit langer Zeit etablierte Marken. Darüber hinaus besitzen Verlagshäuser die Kompetenz, solche Marken aufzubauen und zu pflegen.[169] So wurden beispielsweise Marken wie der Stern auf weitere Print-Produkte (z.B. Konrad) und andere Trägermedien (z.B. Stern TV) übertragen. Über solche Medienverbunde können Synergieeffekte genutzt werden.

Beziehungen zu Lesern/Leserblattbindung. Verlage haben über ihre Informationsleistungen einen festen Kundenstamm im Lesermarkt aufgebaut, der je grösser ist, desto höher der Absatz per Abonnement in Relation zum Absatz per Freiverkauf ist. Dieser Kundenstamm kann immer auch als potentieller Kundenkreis für neue Transferprodukte gesehen werden, da dort die Marke bereits bekannt ist, und der Verlag über wertvolle Kundeninformationen verfügt. Die Bindung an die Marke ist jedoch je nach Segment unterschiedlich:

- *Überregionale Zeitungen.* Käufer von überregionalen Zeitungen sind i.d.R. stark an die Marke gebunden. Die Präferenz für eine Zeitung ergibt sich aus der politischen Ausrichtung und einer bestimmten Weltanschauung, die in der Berichterstattung zum Ausdruck kommt.[170] Für eine starke Markentreue spricht auch die hohe Abonnementsquote von rund 70 Prozent.[171]
- *Regional- und Lokalzeitungen.* Bei der Einschätzung der Leserblattbindung in diesem Segment muss beachtet werden, dass diese Zeitungen i.d.R. eine Monopolstellung im regionalen Markt haben. Da der Konsument keine Wahl hat, ist es schwer zu beurteilen, ob er eine echte Markenbindung hat, oder aber wegen mangelnder Wahl eine aufgezwungene. Lokal- und Regionalzeitungen sind aber meist fester Bestandteil im Tagesablauf und eine wichtige Informationsquelle über das Geschehen im unmittelbaren Lebensumfeld. Auf eine hohe Bindung zur jeweiligen Zeitung deuten auch die

---

169 siehe Abschnitt B 1. zu Informationsleistungen als Markenartikel

170 vgl. Sjurts, I. (1996), S. 15. Bei der „Frankfurter Allgemeinen Zeitung" kommt beispielsweise im Wirtschaftsteil die folgende Ausrichtung zum Ausdruck: „Entsprechend den Grundsätzen der Frankfurter Allgemeinen Zeitung wird an dieser Stelle vor allem für eine freiheitliche und soziale Gesellschafts- und Wirtschaftsordnung gefochten, für mehr Markt und weniger Staat. Dies geschieht in der Überzeugung, dass eine liberale Ordnung besser als andere Wirtschaftssysteme jedermanns Freiheit und Wohlergehen sichern kann." (Verlag Frankfurter Allgemeine Zeitung GmbH (1994) (Hrsg.), S. 60)

171 vgl. Keller, D. (1996), S. 73

hohen Abonnementsverkäufe hin: 90 Prozent der Auflage wird im Abonnement verkauft.[172]

- *Zeitschriften.* Die Leserblattbindung im Segment Zeitschrift ist wesentlich geringer als bei Zeitungen; Zeitschriftenkäufer neigen stark zu Impulskäufen.[173] Für eine geringe Bindung sprechen auch die starken Auflagenschwankungen einzelner Titel[174] sowie der geringe Verkauf über Abonnements.[175]

Beziehungen zu Anzeigenkunden/Werbeagenturen. Zwischen Verlag und Anzeigenkunden/Werbeagenturen haben sich oft aufgrund langjähriger Geschäftsbeziehungen stabile Beziehungen entwickelt. Dies gilt insbesondere für Regional-/Lokalzeitungen, die in den jeweiligen geographischen Märkten verankert sind und dort ein festes Beziehungsnetz geknüpft haben. Grossverlage haben zudem insbesondere im Zeitschriftensektor für die Anzeigenkunden einen aufwendigen Betreuungsapparat errichtet, der zahlreiche Dienstleistungen rund um das eigentliche Produkt meist gratis zur Verfügung stellt (z.B. die Studie „Typologie der Wünsche“ vom Burda Verlag).

Für Werbungtreibende bedeutet der Einkauf von Werbeleistungen die Ausgabe beträchtlicher Summen, verbunden mit vorhergehenden komplexen Entscheidungen. Es kann davon ausgegangen werden, dass es sich dabei um eine rationale, meist auf Selektionsprogramme gestützte Entscheidung handelt. Jedoch werden teilweise emotional begründete Entscheidungen im nachhinein rationalisiert.[176]

2.2.1.3. Technische Ressourcen

Logistik. Im Vertrieb liegt ein wesentlicher Kompetenzbereich der Verlage. Dies gilt insbesondere für Zeitungsverlage, die ihre Produkte nahezu täglich an eine grosse Abonnentenschaft mittels eines eigenen Logistiksystems (Wagenflotte und Austräger) distribuieren.[177] Aber auch Zeitschriften und Zeitungen im freien Verkauf gelangen erst über ein organisiertes und regelgeleitetes Distributionssystem an den Endverbraucher.[178] Zum anderen bildet der Vertrieb u.a. die wirtschaftliche Basis von Presseerzeugnissen, denn die Distribution erfüllt im Anzeigenmarkt eine wichtige Funktion: Sie stellt für die Wer-

---

172 vgl. Keller, D. (1996), S. 73

173 vgl. Sjurts. I. (1996), S. 71

174 vgl. o.V. (1997 Grosse Auflagenschwankungen)

175 Im Durchschnitt wird 36 Prozent der Auflage von Publikumszeitschriften über Abonnements verkauft und 64 Prozent über den Einzelverkauf. (vgl. Verband Deutscher Zeitschriftenverleger e.V. (Hrsg.) (1996), S. 6)

176 vgl. Hensmann, J. (1975), S. 415

177 für eine genauere Beschreibung der Distribution in Zeitungsverlagen vgl. Geretschlaeger, E; Leinschitz, A. (1993), S. 513-541

178 Dabei zeichnet sich dieses Distributionssystem durch Besonderheiten wie beispielsweise die Wahrung der Vertriebsfreiheit, Preisbindung oder Remission aus. (vgl. Geretschlaeger, E; Leinschitz, A. (1993), S. 508)

bungtreibenden eine Transportleistung für ihre Anzeigen/Beilagen dar. Zwar ist natürlich auch das Potential von Werbekontakten, welches die Zeitungen ihren Inserenten verschaffen, von grosser Bedeutung, aber auch die oben erwähnte Transportleistung ist ein wesentlicher Teil der Wertschöpfung für die Werbekunden.[179]

Informationstechnologie. Eine wichtige Ressource ist die Ausstattung der Verlage mit Informationstechnologie. Dieses bezieht sich zum einen auf den redaktionellen Bereich, wo die Inhaltserstellung (Text und auch Bilder/Grafiken) komplett über Informationstechnologie (Redaktionssysteme) abgewickelt wird. Zum anderen haben die Verlage aufgrund der Vielzahl von Kunden im Lesermarkt, die zum grossen Teil direkt beim Verlag kaufen, aufwendige informatisierte Kundenbetreuungs- und Abrechnungssysteme aufgebaut.

2.2.2. Wertaktivitäten

2.2.2.1. Die Wertaktivitäten im Verlag

Der innerbetriebliche Herstellungsprozess einer printbasierten Informationsleistung lässt sich in Anlehnung an das Konzept der Wertkette von PORTER darstellen.[180] Die Wertkette kann als ein analytisches Instrument verstanden werden, mit dessen Hilfe ein Unternehmen in strategisch relevante Tätigkeitsbereiche gegliedert werden kann. Wert wird dabei als derjenige Betrag verstanden, den die Kunden für die angebotene Leistung bereit sind, zu zahlen. Er entsteht durch die einzelnen Wertaktivitäten. In Abbildung 11 sind die Wertaktivitäten innerhalb eines Verlages dargestellt.[181]

Charakteristisch für die Wertkette in Verlagen ist zum einen die Zweiteilung in rezipienten- und werbekundenbezogene Wertaktivitäten. So wird der Tatsache Ausdruck verliehen, dass eine Informationsleistung zwei Leistungen beinhaltet, die auf zwei verschiedenen Märkten (Rezipienten- und Werbemarkt) angeboten werden. Charakteristisch ist zum anderen, dass die Wertketten miteinander verbunden sind (siehe gestrichelten Pfeil in Abbildung 11) und somit eine Abhängigkeit der werbekundenbezogenen von leserbezogenen Wertaktivitäten besteht.

---

179 So spricht Zimmermann vom Print als ein Lastwagengeschäft: „Ohne die Lastwagen, welche die Zeitungen und damit die Anzeigen jeden Morgen in Briefkästen und an die Kioske bringen, fehlt den Zeitungen die Existenzgrundlage." (Zimmermann, K. W. (1997) NZZ)

180 vgl. Porter, M. E. (1989), S. 59-92 zum Konzept der Wertkette

181 Abbildung 11 beschränkt sich auf die Darstellung primärer Aktivitäten (Herstellung des Produktes, dessen Verkauf bzw. Übermittlung an den Kunden). Auf die Darstellung unterstützender Aktivitäten (vgl. Porter, M. E. (1989), S. 67-71), wie sie die Portersche Wertkette vorsieht, wird verzichtet, da sie nicht unmittelbar marktgerichtet sind und zum Verständnis der Tätigkeit eines Verlages nicht notwendig sind.

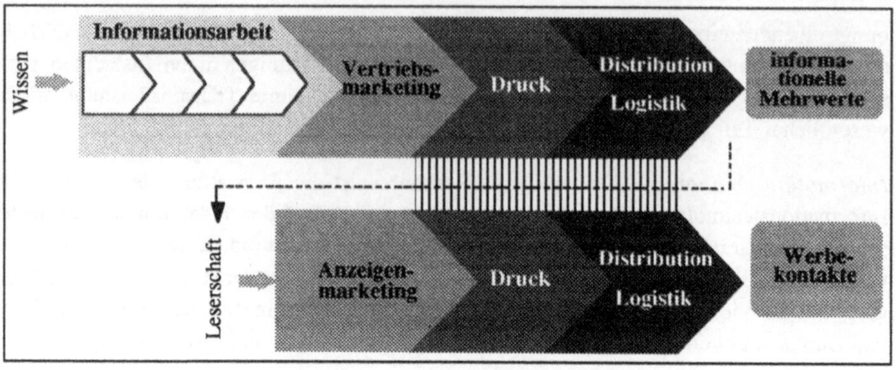

Abbildung 11 Wertschöpfung im Leser- und im Werbemarkt[182]

Die erste Wertkette ist auf den Rezipientenmarkt gerichtet, auf dem Informationen angeboten werden. Diese Leistung wird im wesentlichen innerhalb der Redaktion hergestellt. Dieser *journalistische Produktionsprozess* kann wiederum in einzelne Wertaktivitäten aufgeteilt werden (siehe Abschnitt 2.2.2.2.). Das Vertriebsmarketing übernimmt die Vermarktung dieser journalistischen Leistung (siehe Abschnitt 2.2.2.3.). Über den Druck wird die Informationsleistung vervielfältigt und die Distribution schliesslich sorgt für die physische Verfügbarkeit.

Zum anderen wird aber auch eine zweite, innerbetrieblich weiterzuverarbeitende Leistung erbracht, nämlich die über die Informationsleistung im Rezipientenmarkt generierte Leserschaft. Hier zeigt sich, dass die auf den Werbemarkt gerichtete Wertkette von der ersten abhängig ist. Denn diese Leserschaft wird über das *Anzeigenmarketing* im Werbemarkt vermarktet (siehe Abschnitt 2.2.2.3.). Somit besteht die zweite Wertkette zunächst aus einer reinen Vermarktungstätigkeit, an deren Ende (potentielle) Werbekontakte als im Werbemarkt angebotene Leistungen stehen. Druck bzw. Distribution/Logistik stellen für jeden Markt eine eigene Leistung her: die Verfügbarkeit der Information für den Rezipientenmarkt und den Transport der werblichen Inhalte (Anzeigen, Beihefter etc.) für den Werbemarkt. Diese beiden Leistungen werden aber nicht durch getrennte Aktivitäten generiert. Dies wird in Abbildung 11 über die grau schraffierte Verbindung verdeutlicht.

Anzumerken ist, dass Verlage meist die gesamten Glieder der Wertkette selbst besetzen. Das beginnt mit der Herstellung der Inhalte, im Rahmen derer nur in geringem Masse auf externe Inhaltelieferanten zurückgegriffen wird, geht über den Druck, den die Verlage

---

[182] eigene Darstellung

unter einem hohen finanziellen Aufwand für die dazu benötigte Maschinerie bewerkstelligen, bis hin zur Distribution.

2.2.2.2. Wertaktivitäten Informationsarbeit

Im journalistischen Produktionsprozess, der sogenannten Informationsarbeit, wird Wissen in Information mit Mehrwerteigenschaften transformiert.[183] Dabei kann Information als handlungsrelevantes und zweckorientiertes Wissen beschrieben werden.[184] Somit entsteht der Mehrwert aus Nutzersicht dadurch, dass durch die Informationsarbeit dem Wissen eine pragmatische, eben handlungsbezogene Ausrichtung gegeben wird.[185] Die Informationsarbeit kann in vier Aktivitäten unterteilt werden (siehe Abbildung 12):[186]

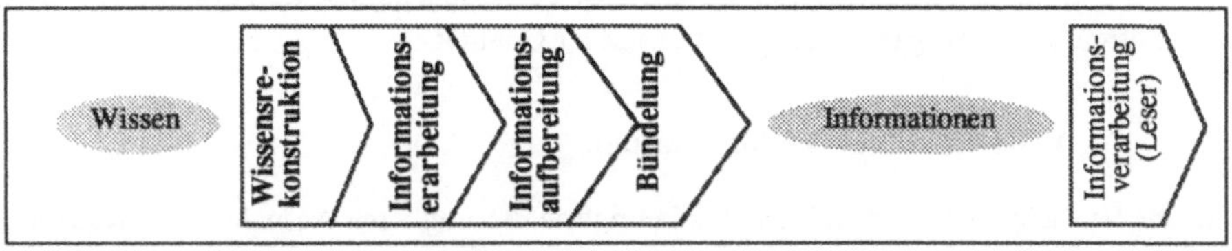

Abbildung 12 Die Wertaktivitäten der Informationsarbeit[187]

Wissensrekonstruktion. Im Rahmen der Recherchetätigkeit wird Wissen nach allgemeinen und produktbezogenen Kriterien gesammelt. Zum Teil wird dieses Wissen auch angeliefert, also fremdbezogen (z.B. von Nachrichtenagenturen).

Informationserarbeitung. Aus diesem Fundus an Wissen werden relevante Informationen herausgefiltert. Relevant bedeutet in diesem Zusammenhang, dass sie zur Lösung der Problemstellung beitragen, mit der sich der Artikel befasst.

Informationsaufbereitung. Dieser Schritt ist der eigentliche Schreibprozess, durch den ein Artikel entsteht. Der Journalist stellt durch die Aufbereitung der Informationen sicher, dass diese auch rezipiert werden können. Hier können oft erhebliche Mehrwerte generiert werden, indem z.B. unübersichtliche amtliche Statistiken oder aber komplexe Sachverhalte in wissenschaftlichen Abhandlungen für den Leser verständlich aufbereitet werden.

---

183 vgl. Kuhlen, R. (1995), S. 82-83

184 vgl.: Kuhlen, R. (1995), S. 34-43; Corsten, H. (1990), S. 155

185 siehe auch Abschnitt A 4.2.

186 vgl. hierzu und zu den folgenden Ausführungen Kuhlen, R. (1995), S. 83-90

187 eigene Darstellung

Bündelung. Während sich die ersten drei Aktivitäten auf das Aggregationsniveau Artikel als kleinste sinnvolle Informationseinheit beziehen, bezieht sich die Bündelung auf die Aggregationsebene Informationsleistung (z.B. Zeitung). Hier werden die verschiedenen Artikel nochmals gewichtet, eventuell gekürzt oder verlängert und entsprechend plaziert.

Die wesentliche Aufgabe einer Zeitung/Zeitschrift liegt damit in der Vermittlungsfunktion von Informationen zwischen dem Ereignismarkt und den Rezipienten. Die Informationsarbeit im Rahmen dieser Vermittlungsfunktion kann dabei sehr unterschiedlich ausgestaltet werden. Die Informationsarbeit der Redaktion wird durch das redaktionelle Konzept (Aufbau der Zeitung/Zeitschrift, Ressorts, Sparten etc.) gesteuert. Dieses wird im wesentlichen durch die publizistischen Zielsetzungen geprägt, die den geistigen Gehalt bestimmen und generelle Richtlinien enthalten, z.B. bezüglich politischer Ausrichtung, Erfüllung öffentlicher Aufgaben oder journalistischer Qualität.

2.2.2.3. Wertaktivitäten Verlagsmarketing

In der Verlagspraxis setzt sich die Marketingorientierung - mit Ausnahme der Redaktionen - seit Anfang der 70er Jahre zunehmend durch.[188] Dabei war nicht die Orientierung am Markt neu, sondern vielmehr „... der bewusste und planvolle, zeitlich und inhaltlich abgestimmte Einsatz der absatzpolitischen Instrumente gegenüber den Zielgruppen."[189] Das Marketing im Verlag steht aufgrund bestimmter Besonderheiten des Produktes Zeitung/Zeitschrift vor einer speziellen Ausgangslage, die im folgenden in drei Punkten beschrieben werden soll.[190]

1) Ein Produkt auf zwei Märkten

Ein Verlag bietet seine Informationsleistungen auf zwei Märkten an: dem Leser- und dem Werbemarkt. Der Leser allerdings nimmt die formal in redaktionellen und werblichen Teil zweigeteilte Zeitung/Zeitschrift als eine Einheit wahr. Für die Leistungserstellung ist die Redaktion unter Leitung der Chefredaktion zuständig. Die Vermarktung im eigentlichen Sinne übernimmt das *Vertriebsmarketing*. Auf dem Werbemarkt hingegen wird die Zeitschrift als Werbeträger bzw. als Vermittler von Werbekontakten verkauft und durch das *Anzeigenmarketing* vermarktet. Die Kernleistung für die Werbungtreibenden besteht darin, dass sie über diesen Werbeträger potentielle Käufer ihrer Leistungen ansprechen können. Hier wird deutlich, dass das Anzeigenmarketing sich nicht direkt mit der Erstellung einer Leistung befasst. Die auf dem Werbemarkt angebotene Leistung wird durch

---

[188] vgl.: Hensmann, J. (1980), S. 239; Grimm, R. (1972), S. 1846; o.V. (1969 Marketing der Presse), S. 17-25; Ebeling, W. E. (1969), S. 9-14; Gassdorf, D. (1997), S. 120-121

[189] Althans, J. (1989), S. 761

[190] vgl. hierzu und zu den folgenden Ausführungen: Hensmann, J. (1980), S. 239-249; Hensmann, J. (1975), S. 394-397; Althans, J. (1994), S. 1540-1541

die Redaktion bzw. das Lesermarketing generiert: Erst wenn ein Titel am Markt verkauft wird, bildet sich eine Leserschaft, die auch zugleich potentieller Adressat von Werbebotschaften ist. Leser- und Anzeigenmarketing sind folglich eng miteinander verbunden und können nicht getrennt voneinander betrachtet werden oder in der Praxis agieren.

Die auf dem Anzeigenmarkt angebotene immaterielle Leistung ist erklärungsbedürftig. Reichweite, Struktur der Leserschaft, Leserblattbindung und redaktionelles Umfeld sind Bestandteile der Qualität eines Werbeträgers und müssen den Werbungtreibenden oder den sie vertretenden Werbeagenturen erläutert werden. Hierzu haben Verlage spezielle Marketingservices eingerichtet, die für das Anzeigenmarketing Argumentationshilfen gegenüber den Inserenten bereitstellen.

2) Produktpolitik

Die *Produktpolitik* im Rezipientenmarkt ist dem Gestaltungsbereich des Marketings entzogen. Sie obliegt der Redaktion unter Leitung der Chefredaktion. Dieser Sachverhalt lässt sich aus der Besonderheit des Produktes Zeitung/Zeitschrift erklären. Zum einen ist die Zeitung/Zeitschrift Ergebnis eines kreativen Prozesses, der je nach Erscheinungsweise täglich oder wöchentlich von neuem von der Redaktion durchlaufen wird. Folglich unterscheidet sich jede Ausgabe von der nächsten; formales und inhaltliches Konzept bilden lediglich den Gestaltungsrahmen.[191] Zum anderen werden mit den Zeitungen/Zeitschriften neben den ökonomischen auch publizistische Ziele verfolgt. Diese leiten sich aus der gesellschaftlichen Funktion der Presse ab, die verfassungsrechtlich geschützt ist. Ein Eingreifen des Verlagsmarketings in die Meinungsfreiheit der Redaktion und damit auch in die tägliche Produktgestaltung ist daher nicht üblich.[192]

Die Produktpolitik im Anzeigenmarkt muss zunächst von den Gegebenheiten des bestehenden Produktes ausgehen. Reichweite, Leserschaftsstruktur und -merkmale, Auflage, redaktionelles Umfeld und Leserblattbindung sind der Kern des Angebotes und können als Daten gesehen werden.[193] Dabei kann in quantitative und qualitative Kriterien unterschieden werden.[194] *Quantitative Kriterien* umfassen zum einen die Reichweite des Print-Objektes, also die Anzahl der Personen, die vom Werbeträger erreicht werden (Werbeträgerkontaktchance). Ein weiteres Kriterium ist die Werbemittelkontaktchance, d.h. die Leser, die auch tatsächlich mit der Anzeige in Kontakt kommen. *Qualitative Kriterien* leisten einen Beitrag zur Wirkung des Werbemittels (z.B. Anzeige). Hierzu zählen

---

[191] vgl. Althans, J. (1989), S. 761

[192] Die Unabhängigkeit der Redaktion wird allerdings auch in Frage gestellt, und es wird diskutiert, inwiefern die Redaktionen im Rahmen eines „redaktionellen Marketings" Marketingziele verfolgen sollten z.B. mittels einer stärkeren Orientierung an Leserwünschen. (vgl. Rager, G. (1994), S. 7-38)

[193] vgl.: Althans, J. (1989), S. 767

[194] siehe auch Abschnitt B 1.2.3.; vgl. Meffert, H. (1998), S. 755-759

vor allem das redaktionelle und werbliche Umfeld (Image des Werbeträgers, Affinität zwischen redaktionellen Inhalten und Anzeigen etc.).

Gestaltungsparameter der Leistung im Anzeigenmarkt sind die Preispolitik, die Verfügbarkeit von Anzeigenraum, technische Kriterien (z.B. Sonderformen, wie Beilagen, Beihefter) und die Dienstleistungen zur Mediaplanung, wobei letztere als wichtiges Profilierungsinstrument gewertet werden.[195]

3) Interdependenzen in den ökonomischen Zielsetzungen im Rezipienten- und im Anzeigenmarkt

Die Interdependenzen zwischen den beiden Absatzmärkten zeigt die folgende Betrachtung der ökonomischen Vertriebs- und Anzeigenziele. Dies soll am Beispiel einer hochwertigen Zeitschrift bzw. Abonnementszeitung erklärt werden.[196] Diese Zeitschriften/Zeitungen generieren im allgemeinen ein Drittel der Gesamterlöse im Lesermarkt und zwei Drittel im Anzeigenmarkt.[197] Dabei ist der Vertriebserlös pro Stück (Copy- bzw. Verkaufspreis) kleiner als die variablen Stückkosten für Druck und Vertrieb. Kostendekkung oder Gewinn sind nur über Erlöse im Anzeigenmarkt zu erreichen.[198] Folglich ist eine Auflagenoptimierung und nicht eine Auflagenmaximierung Ziel des Vertriebsmarketings: „Optimal ist die Auflage, die gerade ausreicht, um den Zielen des Anzeigengeschäftes zu genügen. Jede Steigerung darüber hinaus wirkt gewinnmindernd und ist deshalb unwirtschaftlich."[199] Die Vertriebsziele sind somit abhängig von den Anzeigenzielen. Dies gilt nicht, wenn der Verkaufspreis die variablen Stückkosten übersteigt, wie bei Zeitschriften mit niedrigem Produktionsaufwand (z.B. Yellow-press). Hier ist das Ziel des Vertriebsmarketings die Auflagenmaximierung und ist unabhängig vom Anzeigenmarketing.[200]

---

195 vgl. Althans, J. (1989), S. 767-768

196 vgl. Hensmann, J. (1975); S. 398-402

197 siehe hierzu Abschnitt B 2.3.1.3.

198 vgl. Hensmann, J. (1975), S. 399-400. Um auch ohne Werbung die Produktionskosten decken zu können, müsste der Abonnementspreis einer Zeitung 3-4 mal so hoch sein. (vgl. Lanzrath, H. (1987), S. 189)

199 Hensmann, J. (1975), S. 400

200 Es ist allerdings einzuwenden, dass es sich hier um eine statische Betrachtung handelt. Dynamisch betrachtet stehen Auflage/Käuferschaft bzw. Reichweite/Leserschaft und Anzeigenaufkommen durch die sogenannte Anzeigenauflagespirale sehr wohl in positiver Beziehung. (vgl. Zohlnhöfer, W. (1987), S. 60-62) Dies gilt insbesondere dann, wenn die Entscheidung für eine Zeitung/Zeitschrift als Werbeträger aufgrund quantitativer Kriterien, also aufgrund des Tausender-Preises gefällt wird. Der Tausender-Preis gibt den Preis einer Anzeige pro tausend Leser wieder. Je höher die Auflage ist, desto mehr Leser können potentiell von einer Anzeige erreicht werden, desto niedriger ist der Tausender-Preis. Durch eine höhere Auflage kann somit der Tausender-Preis für den Anzeigenkunden faktisch fallen, obwohl der Anzeigenpreis sich nicht verändert. Somit kann die Attraktivität der Zeitung/Zeitschrift als Werbeträger erhöht und die Anzeigenerlöse über eine erhöhte Anzeigennachfrage gesteigert werden. Dies führt zu einer Erhöhung der Gesamterlöse, die zur Verbesserung der

2.3. Marktorientierte Betrachtung

2.3.1. Marktstruktur

2.3.1.1. Anbieter: Zahl und Struktur

Zeitungsmarkt. Die Betrachtung der Konzentration im Zeitungsmarkt ist aus zweierlei Gründen interessant. So gibt der *ökonomische Konzentrationsgrad* Aufschluss über die Intensität des Wettbewerbs und die Machtverteilung zwischen den Marktteilnehmern. Die drei umsatzstärksten Zeitungsverlage erwirtschafteten 1991 rund 23 Prozent des Branchenumsatzes.[201] Der ökonomische Konzentrationsgrad ist damit mässig und seit Jahren stabil. Die *publizistische Konzentration* hingegegen ist Gradmesser, inwiefern die Presse ihre im Grundgesetz verankerte Aufgabe der Willens- und Entscheidungsbildung wahrnehmen kann und somit Gradmesser für die Meinungsvielfalt. Die publizistische Konzentration ist erheblich. So hatten im Tageszeitungsbereich die fünf grössten Verlage 1997 einen Anteil an der Gesamtauflage von 42 Prozent (siehe Abbildung 13).

Rang	Verlagsgruppe	Auflage in %
1.	Axel-Springer Verlag AG	23,7
2.	Verlagsgruppe WAZ	5,9
3.	Stuttgarter Zeitung / Die Rheinpfalz / Südwest Presse	5,0
4.	Verlagsgruppe DuMont Schauberg	4,0
5.	Gruner + Jahr	3,4
	Marktanteil der fünf grössten Verlagsgruppen	*42,0*
6.	Verlagsgruppe Süddeutsche Zeitung/Friedmann Erben	3,2
7.	Verlagsgruppe Frankfurter Allgemeine Zeitung	3,0
8.	Verlagsgruppe Ippen	2,7
9.	Verlagsgruppe Holtzbrinck	2,5
10.	Verlagsgruppe Madsack/Gerstenberg	2,3
	Marktanteil der zehn grössten Verlagsgruppen	*55,7*

Abbildung 13 Marktanteile der Verlage im Tageszeitungsmarkt 1997[202]

redaktionellen Qualität genutzt werden können. Das wiederum trägt dazu bei, dass die Verkaufsauflage gesteigert werden kann. (vgl. Müller von Blumencron, O. (1994), S. 124)

201 vgl. Sjurts, I. (1996), S. 10

Über die publizistische Konzentration gibt auch die Abonnementszeitungsdichte Aufschluss. So waren 1993 ca. 55 Prozent der kreisfreien Städte sogenannte Ein-Zeitungs-Kreise, in denen die verlegte Zeitung im intermedialem Wettbewerb eine Monopolstellung hatte; in nur gut einem Drittel der kreisfreien Städte wurden zwei lokale Abonnementszeitungen verlegt.[203] Es kann daher von monopolartigen Marktstrukturen gesprochen werden. Der Markt für überregionale Zeitungen hingegen kann als Oligopol bezeichnet werden. Dort konkurrieren „Frankfurter Allgemeine Zeitung", „Frankfurter Rundschau", „Süddeutsche Zeitung" und „Welt" miteinander.

Zeitschriftenmarkt. Der Zeitschriftenmarkt ist durch stabile oligopolistische Anbieterstrukturen gekennzeichnet. Vier Grossverlage vereinigen rund 63 Prozent der Auflage der Publikumszeitschriften auf sich (siehe Abbildung 14).

	Bauer	**Springer**	**Burda**	**Gruner + Jahr**
Konzernumsatz (in Mio. DM)	3024 (1997)	4599 (1997)	1727 (1996)	4819 (1996/97)
Zeitschriftenumsatz	k.A.	1245	1384	2955
Auflage (1998 in Mio. Stück)	20	11	10	11
Marktanteil (1998)[204]	28	16	11	8
Marktanteil insgesamt	63			

Abbildung 14 Rahmendaten: Verlage im Markt für Publikumszeitschriften[205]

Hier muss jedoch beachtet werden, dass sich die Auflage pro Verlag auf eine Vielzahl von Zeitschriften verteilt. Diese stehen nicht nur mit einer Vielzahl von Objekten im Markt in Konkurrenz, sondern auch innerhalb des Verlages werden sie als eigenständige und damit untereinander konkurrierende Objekte betrachtet.

2.3.1.2. Markteintrittsbarrieren

Die Eintrittsbarrieren im Zeitungs-/Zeitschriftenmarkt können als sehr hoch eingestuft werden. Für Branchenfremde bleibt der Zutritt weitgehend versperrt. Auch gab es im Zeitungsmarkt nur wenige Neugründungen, selten waren sie erfolgreich.[206] Ein hoher Fi-

---

202 Röper, H. (1997 Zeitungsmarkt), S. 368

203 vgl. Sjurts, I. (1996), S. 13

204 Marktanteil (inklusive der Beteiligungsunternehmen) in bezug auf die Gesamtauflage der Publikumszeitschriften, umgerechnet auf wöchentliche Erscheinungsweise

205 vgl. Röper, H. (1998), S.338-339

206 vgl. Presse- und Informationsamt der Bundesregierung (Hrsg.) (1994), S. 80. Von 1954 bis 1992 gab es rund zwei Dutzend Versuche der Neugründung von Zeitungen, von denen nur sechs erfolgreich waren. (vgl. Weber, B. (1992), S. 257)

nanzbedarf bei gleichzeitig hohem unternehmerischen Risiko hat bisher den Markteintritt neuer Wettbewerber auch im Zeitschriftenmarkt i.d.R. verhindert.[207] Die Gründe für die hohen Markteintrittsbarrieren werden im folgenden beschrieben.

Hoher Fixkostenanteil. Die Gesamtkosten haben vorwiegend fixen Charakter, d.h. die Kosten fallen weitgehend unabhängig von der verkauften Auflage an („first-copy-cost-Effekt"). Nur mit einer hohen Auflage können die Durchschnittskosten gesenkt werden (Fixkostendegression).[208] Neueinsteiger müssen somit mit einem hohen und auch absetzbaren Produktionsvolumen einsteigen oder hohe Stückkosten akzeptieren bzw. hohe Einzelverkaufspreise am Markt durchsetzen. Eine hohe Auflage ist zudem aufgrund der Anzeigenauflagespirale notwendig, um auch im Anzeigenmarkt marktgerechte Preise anbieten zu können.[209]

Journalistische, Marketing- und technische Ressourcen.[210] Eine neue Redaktion aufzubauen, die mit einer bereits etablierten Zeitung konkurrieren kann, ist ein zeitaufwendiges und teures Vorhaben. Eine hohe Eintrittsbarriere stellen zudem Druck und Distribution dar, die sehr hohe Investitionen erfordern. Auch die Markentreue kann eine Eintrittsbarriere darstellen. Insbesondere Leser lokaler/regionaler Zeitungen sind mit „ihrer" Zeitung meist eng verbunden.

Quasi-institutionelle Barrieren. Der Eintritt in den Zeitschriftenmarkt wird zudem dadurch erschwert, dass nur Zeitschriften, die bereits zwei Jahre im Markt sind und eine Mindestauflage erreicht haben, in die Berichte der MA (Media Analyse) und AWA (Allensbacher-Werbeträger-Analyse) aufgenommen werden. Diese wiederum sind wichtige Informations- und Planungsgrundlagen für die werbungtreibende Wirtschaft. Damit ist die Aufnahme in diese Analysen eine grundlegende Voraussetzung für die Tätigkeit im Werbemarkt.[211]

---

207 Die Einführung eines neuen Titels ist aufgrund der Marktsituation sehr teuer. Angesichts der hohen Flopraten, jede zweite Neueinführung muss nach kurzer Zeit wieder eingestellt werden, und eines späten Break-even können nur finanzkräftige Grossverlage dieses Risiko eingehen. (vgl. Funk, A. (1996))

208 vgl. Altmeppen, K.-D. (1996 Märkte der Medienkommunikation), S. 265. Über die Vervielfältigung, also den Druck, welcher nicht nur einen erheblichen Kostenblock darstellt und auch hohe Investitionen erfordert, haben sich Verlage lange Zeit als Druckunternehmen identifiziert. Die Rolle des Drucks spiegelt sich auch im dem Wort Presse wider, welches von Druckerpresse abgeleitet worden ist.

209 vgl. Weber, B. (1992), S. 261

210 siehe hierzu Abschnitt B 2.2.1.

211 vgl. Sjurts, I. (1996), S. 72

2.3.1.3. Kosten- und Erlösstrukturen

Zeitungen. Die Kostenstruktur von Abonnementszeitungen (siehe Abbildung 15) zeigt, dass die eigentliche Wertschöpfung für den Lesermarkt, bzw. die Erstellung des redaktionellen Teils als das Kerngeschäft eines Zeitungshauses, lediglich rund ein Fünftel der Kosten verursacht. Auf die Herstellung (insbesondere Druck) und den Vertrieb entfallen hingegen 56 Prozent der Kosten.

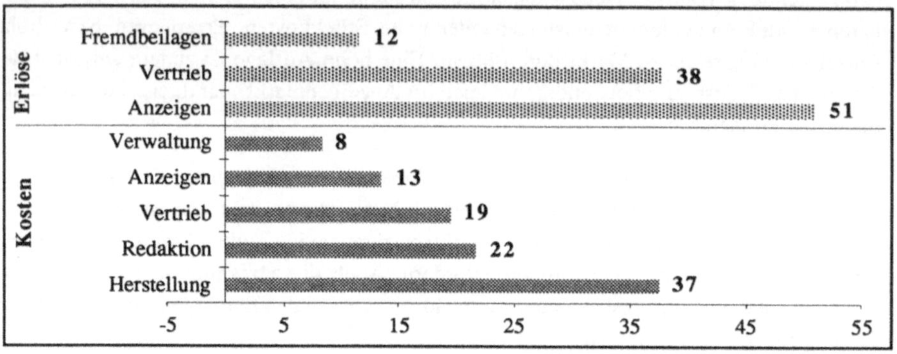

Abbildung 15 Erlöse und Kosten der Abonnementszeitungen 1997 in Prozent[212]

Diese Kostenstruktur hat sich in den vergangenen Jahren kaum verändert. Die Kosten insgesamt sind aber stärker gestiegen als die Erlöse. Als Folge sind die Gewinne von Zeitungen mit kleineren Auflagen gesunken; Kostensenkungsmassnahmen sind verstärkt in den Vordergrund gerückt.[213] Dennoch kann davon ausgegangen werden, dass ein Grossteil der Zeitungen im Vergleich zum produzierenden Gewerbe auch heute noch hohe Umsatzrenditen aufweisen kann.[214]

Die wirtschaftliche Basis der Abonnementszeitungen ist der Werbemarkt: Über Fremdbeilagen und Anzeigen generieren sie 63 Prozent ihrer Erlöse. Da diesen Erlösen aber nur relativ geringe Kosten für die Produktion der Anzeigenseiten gegenüberstehen, kann das Anzeigen- bzw. Beilagengeschäft als für den Verlag sehr profitabel bezeichnet werden. Besondere Bedeutung erlangen die Werbeeinnahmen aber dadurch, dass sie zur Quer-

---

212 vgl. Keller, D. (1998), S. 49

213 vgl.: Keller, D, (1996), S. 54; Glabus, W. (1997c)

214 1990 lag der Anteil des Betriebsergebnisses an der Gesamtleistung (= Umsatz minus/plus Bestandsveränderungen) bei 5,8 Prozent. Damit ist der Anteil fast dreimal so hoch wie im produzierenden Gewerbe (2,1 Prozent). (vgl. Presse- und Informationsamt der Bundesregierung (Hrsg.) (1994), S. 91)

subvention der Preise im Rezipientenmarkt herangezogen werden.[215] Ohne diese Quersubventionierung wäre der Zeitungspreis für den Leser um ein Vielfaches höher.[216]

Bemerkenswert im Hinblick auf Regional-/Lokalzeitungen ist deren starke Verankerung im lokalen Werbemarkt. Nur acht Prozent der Werbeeinnahmen erzielen diese Zeitungen mit überregionalen Kunden (siehe Abbildung 16). Etwa ein Drittel der Anzeigeneinnahmen generieren sie mit lokalen Geschäftsanzeigen. Auch die verbleibenden kleinflächigen Anzeigen, die sogenannten rubrizierten Anzeigen (Stellen-, Immobilien-, Kfz-Anzeigen etc.), sind lokal- bzw. regionalzentriert, d.h. von Bewohnern oder Geschäftsleuten der Region aufgegeben worden. Diese Anzeigen stellen für das Gros der Leser interessanten Lesestoff dar und begründen u.a. die Stellung der Tageszeitung als regionale Informationsplattform.

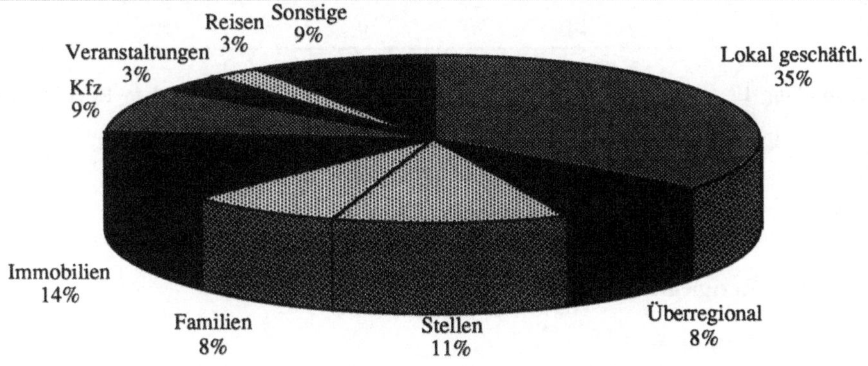

Abbildung 16 Anteile der einzelnen Rubriken am Anzeigengeschäft der regionalen Abonnementszeitungen 1997[217]

Zeitschriften. Zeitschriften erwirtschaften rund 40 Prozent ihres Umsatzes im Vertriebsmarkt und knapp 60 Prozent im Werbemarkt. Hier muss jedoch je nach Titel stark differenziert werden. So erlösen Zeitschriften im hochpreisigen Lesermarktsegment wie z.B. „Elle", oder „Voque" oft wesentlich mehr als 60 Prozent im Anzeigenmarkt, während

[215] Dies kann an einer Beispielsrechnung für die „Zeit" demonstriert werden. Die Werbe-Nettoerlöse betragen pro Exemplar 3,39 DM, die Kosten für die technische Herstellung der Anzeigenseiten lediglich 0,97 DM. So kann bei der „Zeit" mit den Erlösen für eine Seite Werbung nicht nur deren Aufwand, sondern auch der publizistische und der technische Aufwand für 1,1 redaktionelle Seiten gedeckt werden. Betrachtet man nur den redaktionellen Aufwand, sind es sogar 2 Seiten. (vgl. Ludwig, J. (1996 publizistische Hochkultur), S. 282-283)

[216] vgl. Lanzrath, H. (1987), S. 189

[217] Keller, D. (1998), S. 41

niedrigpreisige Zeitschriften (z.B. „Neue Post“ oder „Das Goldene Blatt“) sich eher über hohe Auflagen im Lesermarkt finanzieren.[218]

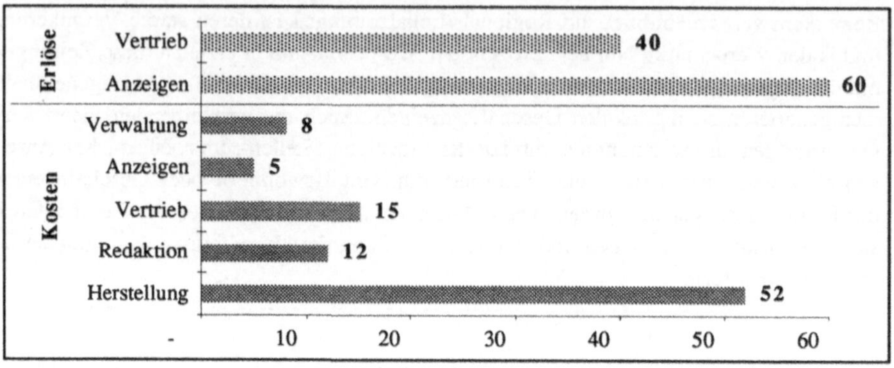

Abbildung 17 Kosten und Erlöse bei Zeitschriften (in Prozent und in Relation zum Umsatz)[219]

2.3.2. Marktdynamik: Schlüsselentwicklungen

2.3.2.1. Rezipientenmarkt

(1) Zeitungen

Stagnation der Auflagen auf hohem Niveau. Rund 80 Prozent der Bevölkerung lesen täglich eine Zeitung.[220] Die Tageszeitung ist ein von fast allen Gesellschaftsschichten und Altersgruppen genutztes Medium. Doch der Markt ist weitgehend gesättigt. Seit dem Beginn der 90er Jahre stagnieren die Auflagen der Tageszeitungen bei ca. 30 Mio.[221] Reichweite und Nutzungsdauer (ca. 30 Minuten) nehmen ab.[222]

Die Ursachen für diese Marktsituation sind vielfältig. Zum einen steht dem begrenzten Medienbudget (in bezug auf Zeit und Medienausgaben) eine wachsende Anzahl von Medienangeboten gegenüber. Es scheint eine gewisse Substitutionsbeziehung zwischen

---

218 vgl. o.V. (1996 Erlösstruktur), S. 22 zu Erlösstrukturen einzelner Zeitschriften

219 vgl. Presse- und Informationsamt der Bundesregierung (1994), S. 111 für Zahlen zu Vertriebs- und Anzeigenerlösen (bei Zeitschriften allgemein); vgl. Wolf, M.; Wehrli, H. P. (1990), S. 86 zur Kostenstruktur

220 vgl. Bauer, I. (1998), S. 128

221 vgl. Zentralverband der deutschen Werbewirtschaft (Hrsg.) (1998), S. 197

222 zur Entwicklung der Reichweite vgl. Bauer, I. (1998), S. 136; zur Nutzungsdauer vgl. Kiefer, M.-L. (1996), S. 235

Zeitung und Fernsehen zu bestehen. Insbesondere Nutzer privater Fernsehprogramme gelten als unregelmässige Zeitungsleser und ersetzen ihre Zeitungslektüre zunehmend durch Fernsehschauen.[223] Zum anderen ist es längst nicht mehr selbstverständlich die Zeitung der Region zu abonnieren. So wird in Single-Haushalten und in Haushalten in Grossstädten weniger häufig eine Lokal-/Regionalzeitung gelesen als im Durchschnitt der Bevölkerung.[224] Insbesondere die jüngeren Bevölkerungsschichten interessieren sich immer weniger für die Lokal- oder Regionalzeitung ihrer Heimat.

Abnehmende Reichweite in jüngeren Bevölkerungsschichten. Die Attraktivität des Mediums Tageszeitung hat insbesondere unter den Jugendlichen abgenommen.[225] Es kann davon ausgegangen werden, dass Jugendliche, die heute keine Zeitung lesen, auch später kaum noch zur Zeitung finden werden:[226] „Setzte sich der Trend wie bei der vorherigen Jugendgeneration fort, dann bedeutete der aktuelle Rückgang der Reichweite bei den heute Jugendlichen einen „automatischen“ Schwund von zukünftig erwachsenen Lesern.“[227] Die Gründe für die abnehmende Akzeptanz der Tageszeitung bei Jugendlichen sind vielfältig. Beeinflusst wird die Regelmässigkeit der Zeitungsnutzung vornehmlich vom Elternhaus, der Schule und dem Interesse an Politik.[228] Insbesondere Politik findet bei vielen Jugendlichen kein Interesse oder stösst sogar auf Ablehnung:[229] „Die Zeitung als Informationsmedium trifft somit auch auf einen psychologischen Widerstand, denn der Negativismus der Berichterstattung schreckt ab, und die Jugendlichen ziehen sich in ihre Nahwelt zurück.“[230]

Dies sind zum grossen Teil Faktoren, die Verlage kaum beeinflussen können. Zudem geraten Tageszeitungen leicht in eine Spagatposition: Die jüngeren Leser sollen angesprochen werden, ohne die Kernleserschaft zu verlieren.[231] Eine Ansprache von Jugendlichen ist überdies aufgrund der Heterogenität der Einstellungen und Mediennutzungsgewohnheiten schwierig.[232] Viele Verlage haben seit den 80er Jahren ein ganzes Massnah-

---

[223] vgl. Kiefer, M.-L. (1996), S. 237

[224] vgl. Bauer, I. (1996 b), S. 336

[225] 1988 lasen ca. 72 Prozent der 14- bis 19jährigen regelmässig eine Tageszeitung, 1998 rund 56 Prozent. (vgl. Bauer, I. (1998), S. 136)

[226] vgl. Bauer, I. (1996 a), S. 10

[227] Institut für qualitative Markt- und Wirkungsanalysen (1996), S. 9

[228] vgl. Bauer, I. (1996 a), S. 10

[229] vgl. Institut für qualitative Markt- und Wirkungsanalysen (1996), S. 38-39

[230] Bauer, I. (1996 a), S. 11

[231] vgl. Neidhart, T. (1996)

[232] vgl. Institut für qualitative Markt- und Wirkungsanalysen (1996 a)

menbündel zur Gewinnung junger Zielgruppen eingesetzt.[233] Allerdings konnte die Reichweite bei den Jugendlichen nicht gesteigert werden, sondern nahm weiter ab.[234]

Zeitungslayout im Wandel: Vorbild Fernsehen. Zeitungen stehen vor der Frage, wie sie im Lesermarkt auf den zunehmenden Konkurrenzdruck insbesondere des Fernsehens reagieren sollen. Dabei können sie den Erfolg in einer Imitation des Fernsehens bzw. der Publikumszeitschriften suchen oder aber in einer Kontrastierung, d.h. in einer Betonung der Vorteile bzw. Andersartigkeit der Zeitung gegenüber anderen Medien.[235] In einer Untersuchung wurde dieser Frage nachgegangen und die eingesetzten Massnahmen sowie deren Erfolgswirkung untersucht:[236] „Anfang der 90er war die formale Gestaltung oft ein wenig wichtiger für den Zeitungserfolg als Veränderungen des inhaltlichen Angebots und als die Werbe- und Marketinganstrengungen der Tageszeitungen ausserhalb des Blattes selbst."[237] Auch scheint eine stärkere lokale Orientierung wichtig gewesen zu sein, während die Leser eine stärkere Ausrichtung auf Emotionalität und unterhaltend dargebotene Informationen (Infotainment) nicht honorierten. Als Erfolgsstrategie spricht SCHÖNBACH von einer Mischstrategie. Demnach solle das Gewicht zwar auf dem Kontrastierungsprinzip liegen, d.h. Besinnung auf lokale Aufgaben und Sachlichkeit in der Informationsgebung. Elemente der Konkurrenzmedien, wie leichtere Rezipierbarkeit durch verändertes Layout, könnten aber auch zum Erfolg beitragen.[238]

Die strategische Ausgangssituation für Zeitungen kann folgendermassen zusammengefasst werden: „Nahezu alle Faktoren, die in der Vergangenheit den Auflagen- und Reichweitenerfolg (und die wirtschaftliche Stabilität) der Tageszeitung verbürgt haben, unterliegen einem Prozess der langsamen Erosion. Die Tageszeitung verliert mehr und mehr ihre historisch entstandene ... privilegierte Position im Vergleich zu anderen Medienangeboten."[239]

(2) Zeitschriften

Der Markt für Publikumszeitschriften kann als reifer Markt beschrieben werden mit sehr geringen Auflagenzuwächsen.[240] Doch im Vergleich zur Tagespresse ist der Zeitschrif-

---

233 vgl.: Martini, B.-J. (1996), S. 137-138; Bauer, I. (1996 a), S. 8-9; Noelle-Neumann, E. (1997), S. 53-62; Uphaus-Wehmeier, A. (1997), S. 208-217

234 vgl. Bauer, I. (1998), S. 136

235 vgl. Schönbach, K. (1997), S. 136-137

236 vgl.: Schönbach. K. (Hrsg.) (1997); Schönbach, K. (1997), S. 136-149

237 vgl. Schönbach, K. (1997), S. 146

238 vgl. Schönbach, K. (1997), S. 148-149

239 Schrape, K. (1995), S. 2

240 vgl. Zentralverband der deutschen Werbewirtschaft (Hrsg.) (1998), S. 212. Die verkaufte Auflage lag 1997 bei 127 Mio. Stück.

tenmarkt von hoher Dynamik gekennzeichnet, so dass sich einzelne Segmente gegen den Markttrend entwickelt haben.

Das Angebot im Zeitschriftenmarkt hat sich in den vergangenen Jahren stark ausdifferenziert. Die redaktionellen Konzepte wurden auf immer neue und teilweise sehr spezielle Leserinteressen zugeschnitten, so dass sich die Zahl der Publikumszeitschriften innerhalb der vergangenen zehn Jahre fast verdoppelt hat (siehe Abbildung 18). Diese Entwicklung scheint nicht abgeschlossen zu sein.[241] Da dieser immer grösser werdenden Anzahl an Titeln eine zumindest in den vergangenen Jahren nahezu gleichbleibende Nachfrage gegenüberstand, sind die Auflagen im Durchschnitt gesunken (siehe Abbildung 18).[242] Diese Entwicklung stellt insbesondere für Zeitschriften mit einem breiten Themenangebot eine Bedrohung dar. Sie sind auf eine hohe verkaufte Auflage angewiesen, um auch für die werbungtreibende Wirtschaft interessant zu sein.

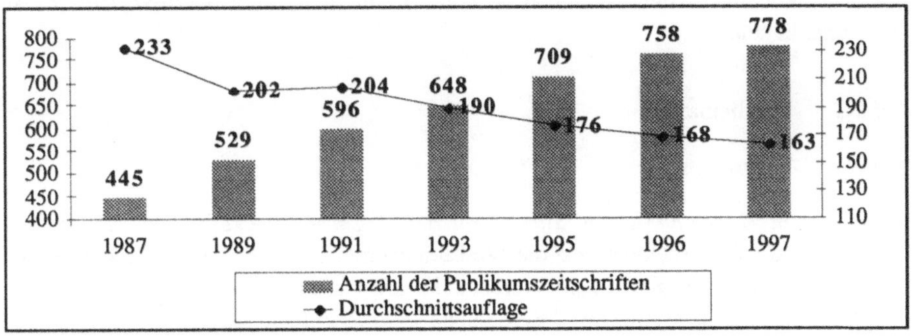

Abbildung 18 Entwicklung der Anzahl der Publikumszeitschriften sowie deren durchschnittliche, verkaufte Auflage (in Tausend)[243]

Es kann von einem Verdrängungswettbewerb gesprochen werden: „In keinem anderen Pressemarkt kämpft die Medienindustrie so hart um Leser und Inserenten, macht sie mit einzelnen Objekten so hohe Gewinne ..., aber auch Verluste ...“[244] Marktanteile können die Verlage nur mit erheblichen Marketingaufwendungen ausbauen oder halten. Durch Relaunches, Zeitschriftenakquisitionen oder aber Massnahmen zur Kundengewinnung und Stärkung der Leserblattbindung versuchen die Verlage immer neue Segmente im umkämpften Lesermarkt zu erschliessen bzw. bestehende Kunden zu binden.[245] Neben

---

241 vgl. o.V. (1998 Neugründungen)

242 So hat sich auch der Marktanteil (gemessen an der Auflage) der zehn auflagenstärksten Zeitschriften im Zeitraum von 1980 bis 1996 von rund 40 Prozent auf 30 Prozent verringert. (vgl. Röper, H. (1996), S. 312)

243 vgl. Zentralverband der deutschen Werbewirtschaft (Hrsg.) (1998), S. 212

244 Meyn, H. (1992), S. 77; vgl. auch Glabus, W. (1997a)

245 vgl.: o.V. (1996a); Ulmann, R. (1997); Koch, M. (1996)

der Angebotsdifferenzierung hat in einigen Segmenten ein Preiswettbewerb eingesetzt. Insbesondere im Programmzeitschriftenmarkt werden häufig Zeitschriften mit sehr niedrigen Verkaufspreisen in den Markt eingeführt.[246] Produktdifferenzierungen und Preissenkungen führen immer wieder zu entsprechenden Gegenreaktionen und dem Ausbrechen von Marktanteilskämpfen.[247]

Produktdifferenzierungen mit der Folge eines starken Anstiegs von Titeln sind nicht nur lesermarktgetrieben, sondern auch anzeigenmarktgetrieben.[248] Generell kann gesagt werden, dass Zeitschriftenverlage im Vergleich zu Zeitungsverlagen in ihrer Angebotspolitik sehr viel stärker auf die Nachfrage im Leser- als auch im Werbemarkt eingehen. Aufgrund der eher hohen Nachfrageelastizität im Lesermarkt lassen sich über zielgruppengenaue Zeitschriftenkonzepte Leser ansprechen, die wiederum potentielle Adressaten von Werbebotschaften einer bestimmten Kundengruppe im Anzeigenmarkt sind. Zeitschriftenverlage können folglich über den Lesermarkt Wettbewerbsvorteile im Anzeigenmarkt schaffen.

2.3.2.2. Werbemarkt

(1) Zeitungen

Abnehmende Marktanteile und Stagnation der Umsätze. Tageszeitungen sind mit Abstand der grösste Werbeträger. Da die Werbeeinnahmen der Tageszeitungen aber nur unterproportional im Vergleich zum Werbemarkt gewachsen sind, hat sich ihr Anteil am Werbekuchen stetig verringert.[249] Seit Beginn der 90er Jahre zeigen sich Stagnationstendenzen beim Werbeumsatz, der 1997 bei ca. 11 Mrd. DM lag.[250]

Seit der Einführung der Fernsehwerbung in den 70er Jahren und dem Markteintritt privater Fernsehanbieter Anfang der 80er Jahre mussten sich die Tageszeitungen einem intensiven Wettbewerb um überregionale Werbung stellen.[251] Der Wettbewerbsnachteil der Zeitungen war zunächst technischer Natur, da sie keine Vierfarbanzeigen anbieten konnten. Um die Attraktivität der Zeitung als Werbeträger zu erhöhen, lancierten die

---

246 vgl. Sjurts, I. (1996), S. 74-78

247 Sjurts. I. (1996), S. 74

248 vgl. Schnibben, C. (1994)

249 zu der Entwicklung des Werbemarktes siehe Abschnitt B 1.3.3.

250 vgl. Keller, D. (1998), S. 77

251 Regionale und lokale Tageszeitungen mussten seit der Einführung der Werbung im Fernsehen in den 70er Jahren erhebliche Einbussen ihres überregionalen Anzeigengeschäftes, vor allem im Bereich der Markenartikelwerbung, hinnehmen. Durch Erschliessen insbesondere neuer lokaler Märkte konnten diese Verluste aber wieder aufgeholt werden. (vgl. Lanzrath, H. (1987), S. 190)

überregionalen Zeitungen sogenannte Supplements.[252] Obwohl sie damit eine hohe Druckqualität bei gleichzeitig hoher Auflage erreichen konnten, waren diese Beilagen nicht dauerhaft erfolgreich, da mittlerweile auch in Zeitungen Vierfarbanzeigen geschaltet werden konnten. Lokal- und Regionalzeitungen haben einen grossen Teil der überregionalen Werbung abgeben müssen und erlösen lediglich knapp neun Prozent der Werbeeinnahmen mit überregionalen Anzeigenkunden.[253]

Intensivierung des Wettbewerbs im lokalen Werbemarkt. Regional- und Lokalzeitungen müssen sich heute verstärkt mit strukturellen Veränderungen der regionalen Werbemärkte durch den Eintritt neuer Wettbewerber auseinandersetzen. Hier sind insbesondere die überaus erfolgreichen Gratisanzeiger/Anzeigenblätter zu nennen.[254] Sie stehen in direkter Konkurrenz zu den etablierten Regional- und Lokalzeitungen, da sie sich über das lokale/regionale Rubrikengeschäft finanzieren. Aufgrund ihrer hohen Reichweite - sie werden gratis verteilt - stellen sie zudem einen attraktiven Werbeträger dar.

(2) Zeitschriften

Zeitschriften haben vom starken Wachstum des Werbemarktes nur wenig profitiert und an Marktanteilen verloren.[255] Die Werbeeinnahmen stagnieren seit Beginn der 90er Jahre und lagen 1997 bei rund 3,5 Mrd. DM.[256] Stagnierende Werbeeinkommen bei gleichzeitigen Neulancierungen führen auch hier zu einem Verdrängungswettbewerb. Verlage haben auf diesen Wettbewerb zum einen mit Produktdifferenzierungen reagiert. Verstärkte Nachahmung erfolgreicher Konzepte haben dann wiederum zum Verdrängungswettbewerb geführt.[257] Zum anderen sind aber auch verstärkt Preiskämpfe im Lesermarkt zu beobachten, wobei niedrige Preise vor allem die Anzeigenauflagespirale in Bewegung setzen sollen. Denn neben der Zielgruppengenauigkeit entscheidet im jeweiligen Segment oft die Reichweite, da nur die Segmentführer, nicht aber die Zeitschriften auf den nachrangigen Plätzen, in die Mediapläne aufgenommen werden.

---

252 Supplements sind i.d.R. redaktionell gestaltete Zeitschriften, die den Zeitungen gratis beiliegen.

253 vgl. Keller, D. (1996), S. 39; siehe zu Kosten- und Erlösstrukturen Abschnitt B 2.3.1.3.

254 vgl. Müller, S. (1983), S. 161-164

255 Während sich das Gesamtvolumen des Werbemarktes von 1985 bis 1995 mehr als verdoppelt hat, sich die Werbeeinnahmen des Fernsehens mehr als verdreifacht haben, Zeitungen um 65 Prozent zulegen konnten, stiegen die Werbeeinnahmen der Zeitschriften lediglich um 33 Prozent. (vgl. Keller, D. (1996), S. 80)

256 vgl. Keller, D. (1998), S. 77

257 vgl. Presse- und Informationsamt der Bundesregierung (Hrsg.) (1994), S. 118

3. Der Online-Markt: Internet als Markt und Medium für telematische Informationsleistungen

3.1. Einleitung

Dieser Abschnitt bildet zusammen mit Abschnitt B 2. (Print-Markt) die Grundlage für die Analyse der Ausgangssituation der Verlage (Abschnitt B 4.). Die Analyse des Online-Marktes wird dabei in zwei Schritten vorgenommen. Während in Abschnitt B 3.2. die strukturellen Grundzüge und Besonderheiten des Internets als Markt und Medium beschrieben werden, wird in Abschnitt B 3.3. die Entwicklung des Online-Marktes betrachtet und damit eine Momentaufnahme der Nutzung des Internets als Markt und Medium für telematische Informationsleistungen gezeigt.

Internet als Markt und Medium. Das Internet hat insbesondere für professionelle Informationsvermittler eine zweifache Bedeutung. Es stellt zum einen die Basis für einen *elektronischen Marktplatz* dar, auf dem telematische Informationsleistungen angeboten und nachgefragt werden. Zum anderen ist das Internet ein *Trägermedium* für telematische Informationsleistungen. Diese Doppelfunktion des Internets führt dazu, dass sich Anbieter von telematischen Informationsleistungen gleichzeitig mit zwei neuen Aspekten beschäftigen müssen:

- Welches sind die Eigenschaften eines elektronischen Marktes (Abschnitt B 3.2.1.)? Welchen Einfluss haben diese auf die Entwicklung neuer Leistungen und insbesondere auf die Neuproduktstrategie?
- Welches sind die Eigenschaften des Trägermediums (Abschnitt B 3.2.2.)? Welchen Einfluss haben diese auf die Entwicklung und insbesondere auf die Konzeption neuer Leistungen?

Entwicklungen im Online-Markt. Während diese beiden Aspekte grundlegende und dauerhafte Rahmenbedingungen für die Entwicklung neuer Leistungen darstellen, muss die Darstellung des Marktstadiums und damit der derzeitigen Nutzung des Internets als Momentaufnahme gesehen werden. Bei der Analyse der strategischen Ausgangssituation ist das Marktstadium jedoch eine wichtige Grösse, da in jedem Marktstadium „... jeweils andere strukturelle Elemente die Wettbewerbssituation prägen und die Handlungsmöglichkeiten der Unternehmen beeinflussen."[258] In Abschnitt B 3.3.1. wird zunächst generell auf Eigenschaften des Online-Marktes als Markt in der Entstehung eingegangen. Anschliessend wird der Stand der Entwicklung bezüglich Informationsleistungen als Informationsvermittler (Abschnitt B 3.3.2.) und als Vermittler von Werbekontakten (Abschnitt B 3.3.3.) geschildert.

---

[258] Kreilkamp, E. (1987), S. 152

Der Markt für printbasierte Informationsleistungen konnte über das Trägermedium Papier klar von anderen Teilmärkten des Medienmarktes abgegrenzt werden. Der Online-Markt als weiterer Teilmarkt des Medienmarktes kann ebenfalls wie im Print-Markt über das Trägermedium von anderen Teilmärkten unterschieden werden: Damit wird der *Online-Markt* durch die über das Trägermedium Internet angebotenen Informationsleistungen abgegrenzt.

3.2. Das Internet als Markt und Medium

3.2.1. Das Internet als Basis eines elektronischen Marktes

(1) Das Grundmodell

Ein Markt entsteht dann, wenn Anbieter und Nachfrager aufeinandertreffen und in den *Prozess der Leistungskoordination* treten. Die Leistungskoordination kann in die Informations-, die Vereinbarungs- und die Abwicklungsphase eingeteilt werden. Während in der ersten Phase grundlegende und meist transaktionsrelevante Informationen über die angebotenen Leistungen ausgetauscht werden, treten die Teilnehmer in der zweiten Phase in Verhandlungen über die Konditionen des Austausches, der dann in der Abwicklungsphase vollzogen wird.[259]

Elektronische Märkte zeichnen sich durch die Besonderheit aus, dass der Prozess der Leistungskoordination oder zumindest einzelne Phasen durch telematische Strukturen unterstützt werden. Elektronische Märkte sind somit „... informationstechnische Systeme zur Unterstützung aller oder einzelner Phasen und Funktionen der marktmässig organisierten Leistungskoordination ...“.[260] Im Hinblick auf diese Definition kann der Netzverbund Internet als informationstechnisches System bezeichnet werden, welches die Bildung eines oder mehrerer elektronischer Märkte erst ermöglicht. Dabei sind Märkte, die auf dem Internet basieren, i.d.R. offene Marktplätze, an denen jeder teilnehmen kann.[261] Neben dem Begriff Elektronischer Markt werden auch Bezeichnungen wie Online-Markt, elektronischer oder virtueller Marktplatz verwendet, die als Synonyme gelten.[262]

Elektronische Märkte sind nicht erst mit der Entwicklung des Internets entstanden, sondern sind z.B. bereits fester Bestandteil der Finanzmärkte. So werden derivate Finanz-

---

259 vgl. Schmid, B. (1993), S. 467

260 Schmid, B. (1993), S. 468

261 Im Gegensatz dazu basieren geschlossene elektronische Märkte wie beispielsweise CompuServe oder T-Online auf geschlossenen Netzen, deren Zugang ein Betreiber als zentrale Autorität reglementiert. (vgl. Pernul, G.; Röhm, A. W. (1997), S. 345-346)

262 vgl. Schmid. B. (1993), S. 465

produkte seit 1988 an der elektronischen Börse Soffex (Swiss Options and Financial Future Exchange) gehandelt.[263] Im Vergleich zu solchen textbasierten elektronischen Märkten zeichnet sich das Internet bzw. das WWW durch eine hohe Benutzerfreundlichkeit aus, die im wesentlichen aus der graphischen Benutzeroberfläche resultiert. Die hohe Akzeptanz liegt auch in dem Potential des Internets begründet, welches eine Vielzahl von Anwendungen ermöglicht. So können an die eigentliche Transaktion diverse Dienstleistungen angebunden werden, so dass sich neuartige Leistungsbündel zusammenstellen lassen, die auf die speziellen Kundenwünsche zugeschnitten werden können.[264]

Auf dem informationstechnischen System Internet können sich folglich die verschiedensten Märkte mit jeweils unterschiedlichen Akteuren und angebotenen Leistungen herausbilden. Abbildung 19 zeigt ein Marktmodell für elektronische Teilmärkte im Bereich Wissen/Informationen. Das Modell ist zweistufig aufgebaut: Auf dem elektronischen Markt für Basisleistungen wird Wissen gehandelt und auf dem elektronischen Markt für Vermittlungsleistungen werden u.a. Informationsleistungen angeboten.

Die *Vermittlungsleistungen* enthalten kommerzielle aber auch nichtkommerzielle Informationsleistungen.[265] Diese Vermittlungsleistungen entstehen durch Wertaktivitäten im Rahmen der Informationsarbeit der jeweiligen Anbieter (Verlage, private Anbieter etc.): Auf elektronischen Märkten aber auch auf nichtelektronischen Märkten für Basisleistungen erworbenes Wissen wird verarbeitet.[266] Damit unterscheidet sich die journalistische Informationsarbeit zunächst kaum von der in realen Märkten: Auch dort wird Wissen gesammelt bzw. eingekauft, verarbeitet, gebündelt und damit vermittelt. Die Implikationen, die elektronische Märkte für die Tätigkeit von Verlagen und vor allem für ihre Rolle als Vermittler haben können, werden erst deutlich, wenn man die Eigenschaften solcher Märkte betrachtet.

---

263 vgl. hierzu und für weitere Beispiele elektronischer Märkte Schmid, B. (1993), S. 469-474; für eine Darstellung elektronischer Märkte im Tourismus vgl. Schmid, B. (1994), S. 506-513

264 vgl.: Schmid, B. (1995), S. 20; Zimmermann, H.-D.; Kuhn, C. (1995), S. 33-94; vgl. Dratva, R. (1995), S. 95-179 für mögliche Applikationen im Bankenbereich

265 Unterschiedliche Vermittlungsleistungen werden in Abschnitt B 3.3.2.2. beschrieben.

266 Damit bezeichnen Vermittlungsleistungen nicht ausschliesslich Tätigkeiten des reinen Vermittelns bzw. des Weiterreichens, sondern auch des Verarbeitens. Mit dem Begriff Vermittlungsleistungen wird an die generelle Tätigkeit von Verlagen als Vermittler von Informationen angeknüpft.

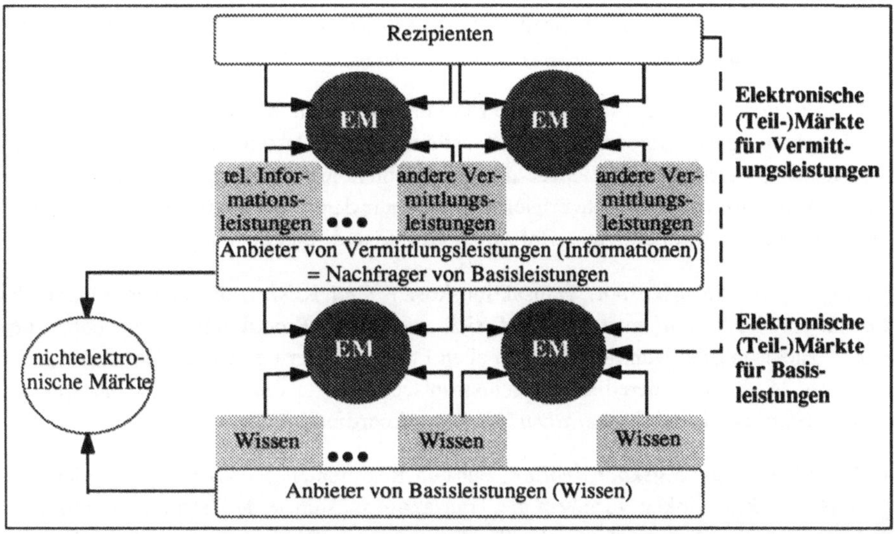

Abbildung 19 Architektur eines elektronischen Marktes mit Teilmärkten für Vermittlungsleistungen und Basisleistungen[267]

Basisleistungen zeichnen sich vor allem dadurch aus, dass sie als Vorprodukt in den Herstellungsprozess einfliessen. Basisleistungen können marktfähige Leistungen sein (z.B. Nachrichten von Agenturen wie Reuters). So ist es denkbar, dass Vermittlungsleistungen wiederum als Basisleistungen angeboten werden und damit in den Wertschöpfungsprozess neuer Leistungen eingehen. Basisleistungen können aber auch nichtmarktfähige Leistungen sein, die einer zusätzlichen Wertschöpfung bedürfen, um am Markt angeboten werden zu können. Als Anbieter von Basisleistungen können wiederum Medienunternehmen auftreten. Weitere Anbieter von Basisleistungen sind beispielsweise öffentliche (z.B. Verwaltung, Parteien und Behörden) und gemeinnützige Institutionen (z.B. Vereine) sowie Privatpersonen.

(2) Eigenschaften elektronischer Märkte

Elektronische Märkte unterscheiden sich von physischen Marktplätzen vor allem in folgenden Eigenschaften:[268]

Ortslosigkeit und Zeitunabhängigkeit. Da der elektronische Markt auf Datennetzen basiert, ist er physisch nicht existent. Jeder Teilnehmer kann, vorausgesetzt er verfügt über

[267] in Anlehnung an Göldi, A. (1996), S. 21-23 und Schmid, B. (1995), S. 23-25

[268] vgl. u.a. : Schmid, B. (1993), S. 468; Brandtweiner, R.; Greimel, B. (1998), S. 38

die technischen Zugangsmöglichkeiten, von (fast) jedem Ort der Welt zu jeder Zeit auf diesen Markt zugreifen.

Hohe Markttransparenz. Elektronische Märkte erhöhen die Markttransparenz, indem sie die Beschaffung von Informationen erleichtern. Folglich lassen sich die Angebote verschiedener Unternehmen aus Sicht des Rezipienten leichter vergleichen als in realen Märkten. Elektronische Märkte erleichtern nicht nur den Zugang zu Informationen, sondern ermöglichen auch ein grosse Informationstiefe und -breite.

Geringe Transaktionskosten. Transaktionskosten sind Kosten, die in den Phasen der Leistungskoordination entstehen und sich somit von Produktionskosten unterscheiden.[269] Elektronische Märkte führen in allen Phasen zu geringeren Kosten im Vergleich zu realen Märkten. Generell können elektronische Märkte die Kosten der *marktlichen, innerbetrieblichen* und *kooperativen* Leistungskoordination senken:

- *Marktliche Leistungskoordination.* Für den Rezipienten als Nachfrager in elektronischen Märkten sinken vor allem die Transaktionskosten in der Informationsphase: Im Internet kann er wesentlich schneller Leistungen auffinden, diese und die Bezugskonditionen (Preise, Abonnementsmöglichkeiten etc.) vergleichen. Um beispielsweise eine telematische Informationsleistung zu erwerben, muss er nicht einen Kiosk aufsuchen und sich auch nicht nach dessen Öffnungszeiten richten. Aus Sicht des Anbieters von Informationsleistungen sinken vor allem die Distributionskosten, da das elektronische Versenden digitalisierter Informationen wesentlich günstiger ist als das Ausliefern von z.B. Zeitungen per LKW. Dies wiederum hat den Nebeneffekt, dass auch die Produktionskosten sinken, weil die Distribution nicht eine physische Form voraussetzt und damit Kosten für den Druck (Papier, Farbe etc.) entfallen. Das bedeutet aber im Umkehrschluss, dass die Distribution im Sinne eines simplen Weiterreichens von Informationen u.U. keinen Wert generiert: Alle, die im Besitz einer Information sind, können diese selbständig über das Internet distribuieren. Der Nutzen der Zugänglichkeit, generiert durch Druck und Distribution, stellt somit keinen Mehrwert dar.
- *Innerbetriebliche und kooperative Leistungskoordination.* Die Produktion von Informationsleistungen erfordert den Bezug von Wissen auf Ereignismärkten. Im Rahmen dieses Bezuges können wieder die drei Phasen der Leistungskoordination durchlaufen werden, in denen jeweils Transaktionskosten anfallen. Elektronische Märkte für Basisleistungen können die Kosten dieses Informationsbezuges wesentlich verringern: Wissen und deren Anbieter im Internet können schneller lokalisiert werden, und die Ware Wissen kann günstiger geliefert werden, da Kosten für Druck und Papier entfallen.[270] Elektronische Märkte können zudem die Transaktionskosten sen-

[269] vgl. Schmid, B. (1993), S. 467-468

[270] Das Internet stellt für Journalisten einen grossen Wissensfundus dar und kann die Recherche wesentlich erleichtern. (vgl. Meier, K. (1998d) S. 167-213)

ken, die im Rahmen von Kooperationen entstehen und somit die Zusammenarbeit mit anderen Anbietern (z.B. Informationsvermittler) erleichtern.[271]

(3) Implikationen

Elektronische Märkte stellen einen wesentlichen Schritt in Richtung eines vollkommenen Marktes dar, wo es keine Transaktionskosten gibt und jeder Marktteilnehmer Zugang zu allen Informationen hat.[272] Dies kann für Verlage als Informationsvermittler folgende Implikationen haben:

Bedrohung der Vermittlungsfunktion. Die elektronischen Märkte im Bereich Wissen/Informationen unterscheiden sich auf den ersten Blick lediglich in einem Punkt von realen Märkten: Die Rezipienten verfügen im Internet über einen direkten Zugang zu Basisleistungen. Dieses wird in Abbildung 19 durch die gestrichelte Linie von den Rezipienten zum elektronischen Markt für Basisleistungen dargestellt. Auch in den klassischen Informationsmärkten kann der Rezipient direkt Basisleistungen beziehen (z.B. Bezug von Informationen direkt bei der Stadtverwaltung). Er muss dafür jedoch erhebliche Transaktionskosten in Kauf nehmen. Daher übernehmen dort Vermittler die Funktion der Informationsvermittlung. Im Internet ist der Bezug von Basisleistungen jedoch mit sehr geringen Transaktionskosten verbunden: Daher wird der Nutzer die Vermittler immer dann umgehen, wenn die Kostennutzenrelation des Bezuges über einen Vermittler höher ist als die Kostennutzenrelation eines direkten Bezuges im elektronischen Markt für Basisleistungen.[273]

Druck auf die Margen. Aufgrund ökonomischer Besonderheiten des Internets ergibt sich im Vergleich zum Print-Markt eine völlig neuartige Kostenstruktur bei der Herstellung und Distribution von Informationsleistungen. Die Kosten für die Herstellung eines ersten Exemplars sind sehr hoch, während die Kosten für Herstellung und Distribution jedes weiteren Exemplars nahezu bei null liegen. Es fallen folglich keine Vervielfältigungs- und Verbreitungskosten an, wie sie im Print Markt in beträchtlicher Höhe entstehen. Damit liegen die Grenzkosten bei konstant nahezu null.[274]

In der Mikroökonomie wird argumentiert, dass der Preis eines Produktes in einem vollkommenen Markt im Gleichgewicht den Grenzkosten, also den Kosten für die Produktion einer zusätzlichen Einheit, entspricht. Dies wird unter anderem damit begründet, dass aufgrund der Markttransparenz alle Angebote miteinander verglichen werden können, und sich dann bei gleicher Produktqualität die Wettbewerber mit dem geringsten, für sie

---

[271] vgl. Schmid, B. (1993), S. 466

[272] vgl. Schmid, B. (1997), S. 30

[273] zur Situation von Vermittlern in elektronischen Märkten vgl. Benjamin, R.; Wigand, R. (1995), S. 67-70

[274] vgl.: Göldi, A. (1996), S. S. 23-24; Day, C. (1994)

akzeptablen Preis, also einem Preis in Höhe der Grenzkosten, durchsetzen und die anderen Wettbewerber zu Senkung des Preises auf Grenzkostenniveau zwingen. Damit läge der Preis bei nahezu null und angefallene Fixkosten könnten nicht gedeckt werden. Für Anbieter wäre somit ein Engagement im Markt nicht interessant.

Elektronische Märkte sind „... ein Schritt zur Realisierung des idealen ökonomischen Marktes als abstraktem Ort des Tausches, wo vollkommene Information herrscht und Transaktionskosten entfallen ...".[275] Damit laufen Informationsanbieter im Internet immer dann Gefahr, ihre hohen fixen Kosten nicht decken zu können, wenn die angebotenen Leistungen und die ihrer Konkurrenten die gleichen Eigenschaften aufweisen.[276] Daraus ergeben sich zum einen Implikationen für die Preispolitik. Denkbar sind Konzepte, bei denen eine relativ hohe Grundgebühr mit niedrigen Gebühren für die Nutzung einzelner Leistungen angeboten wird oder aber die Preisdiskriminierung, bei der die unterschiedliche Zahlungsbereitschaft potentieller Konsumenten als Segmentierungskriterium dient.[277] Zum anderen verstärkt sich der Druck, Leistungen anzubieten, die sich aufgrund ihrer Einzigartigkeit in einer Zone reaktionsfreier Konkurrenz bewegen. Je stärker sich die Produkte über Qualitätsvorteile differenzieren - beispielsweise durch Individualisierung oder aber Beratungsdienstleistungen - , desto geringer scheint die Gefahr eines Preiswettbewerbs.

Auch wenn elektronische Märkte ein Schritt zur Realisierung vollkommener Märkte sind, entsprechen sie nicht dem theoretischen Ideal.[278] Zunächst einmal besitzen Informationsleistungen hauptsächlich Vertrauenseigenschaften, so dass sie auch im Internet nicht ohne weiteres vom Nutzer verglichen werden können. Zusätzlich sind Informationsleistungen heterogene Güter, die sich über die Philosophie und die Marke differenzieren. Nicht zuletzt kann der elektronische Markt nur eingeschränkt als transparent bezeichnet werden: So sind dort nicht alle Informationen vorhanden, die zur Leistungskoordination notwendig sind, und die vorhandenen Informationen sind oft nur mit Mühe zu finden.

---

275 Schmid, B. (1993), S. 468

276 Das Generieren von Erträgen wird zusätzlich durch zwei Faktoren erschwert: Telematische Informationsleistungen werden durch den Konsum nicht vernichtet oder verbraucht (Nicht-Verbrauchbarkeit). (vgl. Day, C. (1993) Telematische Informationsleistungen können zudem sehr leicht kopiert und weitergeschickt werden, d.h. auch Nichtkäufer sind nicht vom Konsum der Informationsleistung ausgeschlossen (Nicht-Ausschliessbarkeit). (vgl. Müller, W.; Nickel, H. (1984), S. 737-738)

277 vgl.: Day, C. (1994); Varian, H. R. (1996)

278 vgl. hierzu und zu den folgenden Ausführungen Brandtweiner, R.; Greimel, B. (1998), S. 40-41

3.2.2. Das Internet als Medium

3.2.2.1. Mediale Eigenschaften

3.2.2.1.1. Grundmodell der Kommunikation im Internet

Kommunikation kann als eine intentionale Informationsübertragung bezeichnet werden.[279] Die Vermittlung von Informationen und damit die Kommunikation ist aus dieser funktionalen Sicht die Hauptaufgabe von Medienunternehmen bzw. von allen möglichen Formen von Informationsleistungen und deren Anbietern. Die Möglichkeiten zur Kommunikation werden im wesentlichen durch das Trägermedium beeinflusst. Damit sind die medialen Eigenschaften des Internets eine entscheidende Rahmenbedingung für die Gestaltung von Informationsleistungen.

In Abbildung 20 ist das Kommunikationsmodell aufgezeigt, welches die Kommunikation über Massenmedien (z.B. Rundfunk, Zeitungen/Zeitschriften) wiedergibt. Demnach sendet der Sender Informationen (z.B. journalistische Inhalte), die von einem Medium an die Empfänger übertragen werden. Massenmedien sind durch ihre Einseitigkeit geprägt: Vom Medium wird in Richtung Rezipient kommuniziert, ohne dass dieser die Möglichkeit zu einer direkten Rückkopplung und damit zum Wechsel der Rolle vom Rezipienten zum Kommunikator hätte. Oder mit anderen Worten: Ihm bleibt nur die Wahl, die Inhalte zu rezipieren (bzw. zu kaufen) oder aber nicht.[280]

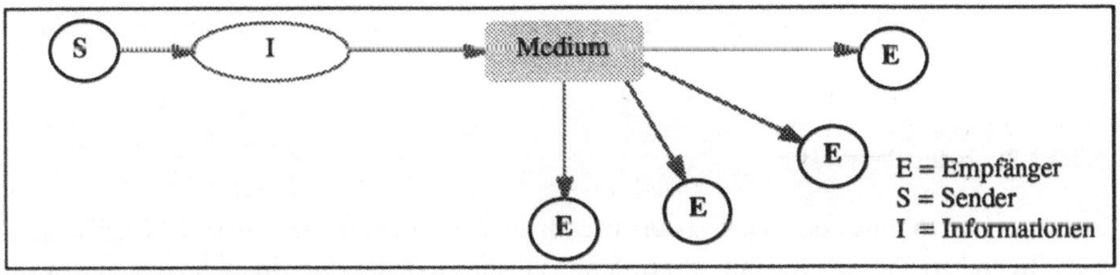

Abbildung 20 Modell für die Kommunikation in Massenmedien[281]

Ein Vergleich des Kommunikationsmodells für das Internet mit dem Modell für die Kommunikation in Massenmedien zeigt, dass das Online-Medium auch die klassische Kommunikation von Massenmedien ermöglicht und dennoch wesentlich darüber hinausgehen kann. Das Internet bietet dem Rezipienten diverse Möglichkeiten, den Medienkon-

279 vgl. Bentele, G.; Beck, K. (1994), S. 19-21

280 vgl. Höflich, J. R. (1994), S. 389-390

281 in Anlehnung an Shannon, C. E.; Weaver, W. (1972), S. 34

sum aktiv zu gestalten: Beispielsweise kann er Inhalte selbst zusammenstellen, Inhalte hinzufügen, mit anderen Rezipienten in Kontakt treten und folglich die Rolle des Empfängers mit der des Senders tauschen (siehe Abbildung 21).

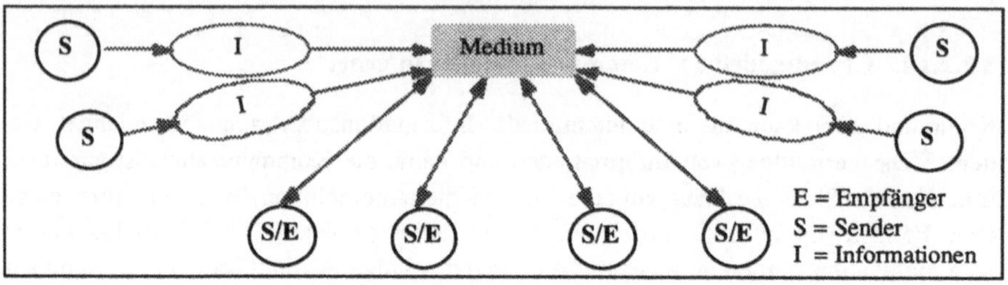

Abbildung 21 Modell für die Kommunikation im Internet[282]

Ein wichtiger Unterschied zwischen Massenmedien und dem Internet kann damit in der Aufwertung des Rezipienten gesehen werden bzw. in der Auflösung ungleicher Dominanzstrukturen.[283] Möglich wird dies durch die mediale Eigenschaft des Internets der *Interaktivität.* Weitere Merkmale, welche das Medium Internet von dem Medium Papier unterscheiden, sind die Darstellungsmöglichkeiten der übertragenden Informationen.[284] So können im Internet Informationen in Form von Text, Bild und Ton dargestellt (*Multimedialität*) und miteinander verbunden werden (*Hypertextualität*). *Interaktivität, Multimedialität* und *Hypertextualität* stellen damit drei wesentliche Eigenschaften des Mediums Internet dar und haben weitgehende Konsequenzen für die Entwicklung telematischer Informationsleistungen. Auf diese drei Eigenschaften wird im folgenden eingegangen.

3.2.2.1.2. Interaktivität

Interaktivität ist eines der wichtigsten Merkmale des Mediums Internet. RAFAELI definiert Interaktivität als „... an expression of the extent that in a given series of communication exchanges, any third (or later) transmission (or message) is related to the degree to which previous exchanges referred to even earlier transmissions".[285] Eine wesentliche Voraussetzung für Interaktivität ist, dass Sender und Empfänger jeweils die

---

[282] vgl. Hoffman, D. L.; Novak, T. P. (1996), S. 53

[283] vgl.: Höflich, J. R. (1994), S. 390; für einen ausführlichen Vergleich von Face-to-face-Kommunikation, Massenkommunikation und computer-vermittelter Kommunikation vgl. Ball-Rokeach, S. J.; Reardon, K. (1988), S. 135-161 (insbesondere Tabelle auf S. 141-142)

[284] vgl. Hoffman, D. L.; Novak, T. P. (1996), S. 54-57 für einen Vergleich des Mediums Internet mit anderen Medien

[285] Rafaeli, S. (1988), S. 111

Rollen tauschen können. Das wichtigste Merkmal von Interaktivität in diesem Sinne ist, dass im Kommunikationsprozess übertragene Inhalte sich auf Inhalte beziehen, welche in vorhergegangenen Kommunikationsprozessen übertragen worden sind. Je nach Grad dieser Bezugnahme auf vorangegangene Kommunikationsprozesse (Reaktionsfähigkeit), kann von *Zwei-Wege-*, *reaktiver bzw. quasi-interaktiver* oder *interaktiver Kommunikation* gesprochen werden (siehe Abbildung 22).[286]

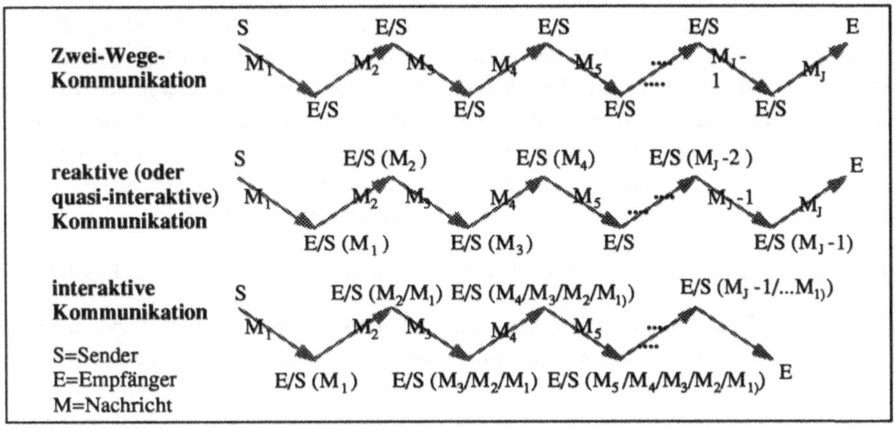

Abbildung 22 Zwei-Wege-, reaktive (quasi-interaktive) und interaktive Kommunikation[287]

Zwei-Wege-Kommunikation. Im Rahmen der Zwei-Wege-Kommunikation sendet ein Sender eine Information aus, die von dem Empfänger aufgenommen wird. Dieser Empfänger wechselt die Rolle und sendet in der Rolle als Sender wiederum Informationen, die sich aber nicht auf die Informationen des zuvor abgelaufenen Kommunikationsprozesses beziehen. Auch wenn diese im Internet mögliche Zwei-Wege-Kommunikation nicht als Interaktivität i.e.S. bezeichnet werden kann, ist sie im Vergleich zum Medium Print eine neue Kommunikationsmöglichkeit.

Reaktive (quasi-interaktive) Kommunikation. Im Rahmen reaktiver Kommunikation ist der Empfänger einer Nachricht in der Lage, auf diese zu reagieren und diese wiederum in seiner Handlungsweise bzw. Nachricht zu berücksichtigen.

Interaktive Kommunikation. Hier beziehen sich Sender/Empfänger nicht nur auf die vorangegangene Kommunikation sondern auch auf Kommunikationsprozesse, die diesen vorgelagert sind: „Full interactivity (responsiveness) differs from reaction in the

---

286 vgl. Rafaeli, S. (1988), S. 119

287 Rafaeli, S. (1988), S. 120

incorporation of reference to the content, natur, form, or just the presence of earlier reference."[288]

Wenn im folgenden von Interaktivität gesprochen wird, so sollen darunter alle drei Formen der Kommunikation subsumiert werden, denn alle drei Formen sind im Internet - und das ist einzigartig - möglich. Welchen Einfluss die Interaktivität auf die Entwicklung und insbesondere die Konzeption neuer Leistungen für das Internet hat, kann aus der Darstellung von Interaktivität in diesem Abschnitt nur erahnt werden: So ermöglicht erst diese mediale Eigenschaft, dass die im Internet vorhandene Fülle von Informationen für den Nutzer beherrschbar wird, dass er aktiv Inhalte hinzufügen, er im Rahmen von telematischen Informationsleistungen integriert werden und sein Nutzungsverhalten studiert werden kann, und dass er selbst das Internet als Medium für seine Kommunikationsanliegen nutzen kann.[289] Wichtig ist anzumerken, dass Interaktivität zunächst nur ein Potential darstellt, welches aktiv durch den Verlag ausgeschöpft werden muss.

Im folgenden soll unterschieden werden in maschinelle und personelle Interaktivität.[290]

Maschinelle Interaktivität. Diese kann als die Fähigkeit des Computers bzw. Internets beschrieben werden, flexibel auf den Input der Nutzer einzugehen, so dass der Nutzer Art, Dauer und Inhalte der Rezeption selbst bestimmen kann.[291] Das Medium Internet als „Kommunikationspartner" ist in seiner künstlichen Intelligenz längst nicht derart ausgereift, als es den Reaktionsfähigkeiten des Menschen gleichkommen würde. Dennoch übersteigt die Reaktionsfähigkeit des Internets die der meisten anderen Medien.

Personelle Interaktivität. Den höchsten Grad der Reaktionsfähigkeit besitzt die menschliche Kommunikation: Der Mensch kann in einer Konversation die Rollen tauschen (vom Sender zum Empfänger), und seine Aussagen können bezug nehmen auf vorhergehende Konversationen, die wiederum auf davor ausgeübten Konversationen basieren. Das Online-Medium bietet die Möglichkeit, dass die Nutzer des Online-Angebots miteinander kommunizieren und in unterschiedliche Beziehungen des Informationsaustausches treten können (Abbildung 23).[292]

---

288 Rafaeli, S. (1988), S. 119

289 vgl. Heeter, C. (1989), S. 221-225

290 vgl. Riedl, J.; Busch, M. (1997), S. 165

291 vgl. Booz, Allen & Hamilton (Hrsg.) (1997), S. 214

292 vgl. Dratva, R. (1995), S. 105-106

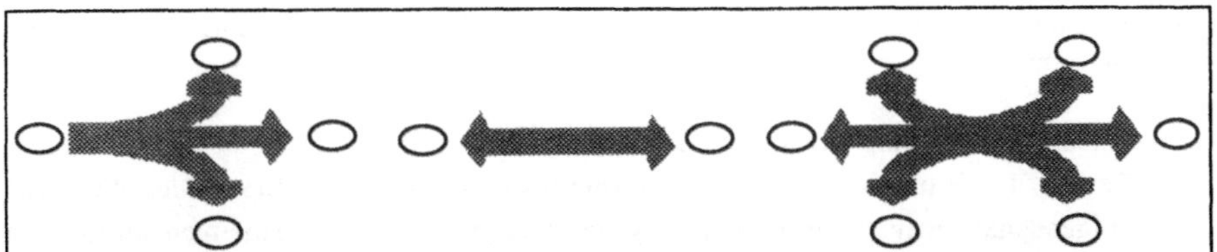

Abbildung 23 Beziehungen zwischen den Teilnehmern des Informationsaustausches[293]

Im Gegensatz dazu offerieren Zeitungen/Zeitschriften, Fernsehen und Radio als sogenannte Broadcast-Medien nur eine Form der Kommunikation: Eine einzige Quelle liefert Informationen an eine quasi unbegrenzte Anzahl von Rezipienten. Dies wird auch als *1:n-Kommunikation* bezeichnet. Diese Kommunikationsbeziehung kann auch im Online-Medium aufgebaut werden, indem z.B. im Rahmen eines Online-Angebotes Artikel plaziert werden, die sich an alle Rezipienten richten. Im Online-Medium können Teilnehmer des Informationsaustausches untereinander in weitere Beziehungen treten. In der *1:1-Kommunikation* steht ein Sender einem Empfänger gegenüber. Solche 1:1-Beziehungen sind z.B. gegeben, wenn Nutzer untereinander per E-Mail kommunizieren oder eine personalisierte Information dem Nutzer zugesendet wird. Kommunizieren mehrere Sender mit mehreren Empfängern, so wird dies als *m:n-Kommunikation* bezeichnet. Dies ist z.B. beim Multi-chatting der Fall, wo mehrere Teilnehmer synchron/gleichzeitig miteinander kommunizieren oder aber auch bei sogenannten Bulletin-board-systems (BBS), im Rahmen derer, ähnlich wie bei Schwarzen Brettern, die Teilnehmer ihre Nachrichten an eine virtuelle Pinwand anheften und somit asynchron/zeitversetzt miteinander kommunizieren

3.2.2.1.3. Hypermedialität

Hypermedialität bedeutet, dass die Informationseinheiten nicht linear organisiert sind, sondern die Möglichkeit besteht, Informationseinheiten an verschiedenen Stellen abzulegen. Diese Informationseinheiten sind über vom Nutzer aktivierbare Verknüpfungen (Links) verbunden.[294] Daraus ergibt sich die Möglichkeit, Texte zu erstellen, die nicht nur linear konsumierbar sind, d.h. von Anfang bis Ende, sondern auch nichtlinear rezipierbar sind, da sie aus verschiedenen Teilen bestehen, die miteinander verknüpft sind.[295] Der

[293] eigene Darstellung

[294] vgl. Wagner, M. (1995), S. 34-51 für eine ausführliche Beschreibung von Hypertexten

[295] vgl. Nielsen, J. (1990), S. 1-4

Nutzer kann somit assoziativ per Link von einem Teil des Textes zu einem anderen Teil vorgehen.[296]

Hypermedialität[297] ermöglicht somit eine aktive Nutzung aber auch neuartige Gestaltung von Texten. Hypermedialität hat für das Internet eine entscheidende Bedeutung: Erst diese Eigenschaft ermöglicht die Nutzung der riesigen Informationsmengen im Internet, indem die Informationen nicht isoliert und sich verlierend dargeboten werden, sondern mittels Links Pfade zwischen den einzelnen Informationen angelegt werden. „Durch die übergreifende Vernetzung durch Hyperlinks entsteht aus Sicht des Benutzers ein homogener, multimedialer Objektpool, auf den er von seiner Workstation aus beliebig zugreifen kann."[298]

Das assoziative Springen von einer Texteinheit zu einer nächsten, auch „Browsen" genannt, ist eine völlig andere Aufnahme von Informationen wie aus den linearen Medien gewohnt und kann aber dazu führen, dass sich der Nutzer in der Informationsvielfalt des Internets verliert.[299] Auch scheint der Nutzen von Verknüpfungstechniken von der Frageformulierung bzw. des Suchproblems abzuhängen: Diese Techniken eignen sich scheinbar besser für offene Fragesituationen, in denen nicht nach einer speziellen Information gesucht wird.[300] KUHLEN kommt zu folgendem Schluss: „... das für Hypertext konstitutive Verknüpfungskonzept ist jedoch der bislang konsequenteste Versuch, assoziativem Denken Rechnung zu tragen."[301]

Die Neuartigkeit des Mediums und dessen Nutzungsmöglichkeiten ermöglichen ein im Vergleich zu den klassischen Medien verändertes Nutzerverhalten. Um dieses Nutzerverhalten zu beschreiben, greifen HOFFMAN und NOVAK[302] auf das von Csikszentmihalyi[303] entwickelte Konstrukt des Flow zurück. Dahinter steht ein Modell, welches den Prozess der Navigation in computervermittelten Umgebungen[304] aufzeigt. Gelangt der Nutzer zu einer optimalen Nutzung oder Erfahrung des Mediums, erreicht er

---

296 Auch (printbasierte) Lexika sind ähnlich organisiert. Über Querverweise gelangt der Leser zu inhaltlich verwandten Themengebieten, wo dann wiederum Querverweise auf weitere Informationen hinweisen.

297 Für Hypermedialität wird oft auch Hypertext als Synonym genutzt. Hypermedia ist dabei ein umfassenderes Konzept, da es sich nicht - wie Hypertext - auf Texte und Grafiken als Informationseinheiten beschränkt, sondern auch Video- und Audiosequenzen umfasst.

298 Göldi, A. (1996), S. 15

299 vgl. Weinhold-Stünzi, H. (1996), S. 46-50

300 vgl. Kuhlen, R. (1991), S. 101-102

301 vgl. Kuhlen, R. (1991), S. 101

302 vgl. Hoffman, D. L.; Novak, T. P. (1996), S. 57-58

303 vgl. Csikszentmihalyi, M. (1998), S. 63-65

304 Hoffman und Novak sprechen hier von „hypermedia computer-mediated environments" (CMEs). Diese werden definiert als „... a distributed computer network used to access and provide hypermedia content". (Hoffman, D. L.; Novak, T. P. (1996), S. 50)

den Zustand des Flow. Diese Flow-Erfahrung kann definiert werden als „... the state occuring during network navigation, which is (1) characterized by a seamless sequence of responses facilitated by machine interactivity, (2) instrinsically enjoyable, (3) accompanied by a loss of self-consciousness, and (4) self-reinforcing."[305] Um in diesen Zustand gelangen zu können, müssen zwei Voraussetzungen erfüllt werden: Der Nutzer muss sich auf das Medium konzentrieren bzw. die Umwelt ausblenden („involvement"), und eine Übereinstimmung seiner Interaktionsfähigkeiten („skills") mit Anforderungen bezogen auf die Nutzung des Mediums/Inhalte („challenges") muss gegeben sein. Der Flow-Zustand führt zu erhöhtem Lernen, explorativem und partizipativem Verhalten sowie positiven subjektiven Erfahrungen.[306] Obwohl diese Aussagen noch als Thesen bewertet werden müssen,[307] zeigen sie tendenziell ein - im Vergleich zu den klassischen Medien - anderes Nutzerverhalten: Es führt zu eher involvierten und aktiven Nutzern, muss aber erst erlernt und durch die angebotenen Inhalte unterstützt werden.

3.2.2.1.4. Multimedialität

Das Internet ist ein Medium, in dem Inhalte multimedial wiedergegeben werden können. Es kann statische (Text, Bilder) und dynamische Inhalte (Video, Audio) transportieren. Ermöglicht wird Multimedialität dadurch, dass Informationen digitalisiert werden und somit in einem einheitlichen Format vorliegen, welches über das Medium Internet telematisch verbreitet werden kann. Damit ist zugleich eine wichtige Voraussetzung für Verlage, die im Internet publizieren, angesprochen: Die Inhalte - Text, Bild, Video oder Audiosequenzen - müssen digitalisiert sein. In einem Grossteil der Verlage liegen die Inhalte bereits in dieser Form vor, da schon heute die gleichen Inhalte in verschiedenen Medien oder aber in mehreren Print-Objekten verwendet werden.[308]

3.2.2.2. Ökonomische Eigenschaften

Telematische Informationsleistungen besitzen Eigenschaften von Netzeffektgütern.[309] Diese Art von Gütern zeichnet sich durch einen bestimmten Verlauf der Diffusion im Markt aus.[310] Ursache dafür sind sogenannte Netzeffekte, die mit positiven externen Er-

305 Hoffman, D. L.; Novak, T. P. (1996), S. 57

306 Hoffman, D. L.; Novak, T. P. (1996), S. 57-58

307 Für eine Weiterentwicklung und teilweise empirische Validierung des Konstruktes Flow vgl. Hoffman, D. L.; Novak, T. P.; Yung, Y.-F. (1997)

308 So hat der Bauer Verlag, Hamburg, alle Programminformationen für TV und Radio in digitaler Form abgespeichert. Diese werden dann für die verschiedenen Zeitschriften des Verlages im Rahmen des jeweiligen redaktionellen Konzeptes aufgearbeitet. (vgl. Expertengespräch Scheuch)

309 vgl. Whinston, A. B.; Stahl, D. O.; Choi, S.-Y. (1997), S. 66-68

310 vgl. Schoder, D. (1995), S. 18-28

trägen verbunden sind.[311] Unter Externalitäten oder externen Effekten sind „... Einflüsse einer Wirtschaftseinheit auf eine (oder mehrere) andere, die nicht der Steuerung eines Preismechanismus unterliegen ..."[312] zu verstehen. Externe Effekte können mit Kosten oder Nutzen verbunden sein, die sich eben nicht im Preis des Produktes niederschlagen.[313] Hier kann in indirekte-anbieterseitige und direkte-nachfrageseitige Anwender-Externalitäten unterschieden werden.[314]

Indirekte-anbieterseitige Externalitäten. Diese beruhen auf der Realisierung von Skalenerträgen. Der Grund für steigende Skalenerträge liegt vornehmlich in der Fixkostendegression: Bei steigendem Produktionsvolumen können fixe Kosten auf eine höhere Anzahl von Ausbringungseinheiten umgelegt werden, und damit sinken die Durchschnittskosten. Diese Kostenvorteile kann der Anbieter in Form verbesserter Qualität oder eines niedrigeren Preises an die Konsumenten weitergeben.

Im Print-Markt ist die Realisierung von Skaleneffekten über eine hohe Auflage ein wichtiger Faktor, um die fixen Kosten (Druck[315], Redaktion) zu decken. Jedes Exemplar, welches über die Ausbringungsmenge des Break-even-points verkauft wird, erwirtschaftet einen Gewinn, der sich aus dem Verkaufspreis abzüglich der variablen Stückkosten ergibt. Die Kostenstruktur einer printbasierten Informationsleistung unterscheidet sich jedoch stark von der einer telematischen Informationsleistung. Distributions- und Druckkosten fallen im Internet nicht an. Damit verbleiben lediglich Fixkosten in Höhe der Redaktionskosten. Da die Vervielfältigung ab dem ersten Exemplar keine zusätzlichen Kosten verursacht, sind die variablen und damit die Grenzkosten gleich null. Das bedeutet, dass zum einen eine geringere Ausbringungsmenge im Vergleich zum Print-Markt notwendig ist, um die Fixkosten zu decken und zum anderen, dass jedes über diese Ausbringungsmenge (Break-even) verkaufte Exemplar einen Gewinn in Höhe des Verkaufspreises erwirtschaftet. Aus den Ausführungen lässt sich lediglich der Schluss ziehen, dass die Produktion telematischer Informationsleistungen im Internet günstiger ist als im Print-Markt. Ob dies aber auch zu höheren Erträgen führt, hängt von den Preisen ab, die mit telematischen Informationsleistungen erzielt werden können.

Skaleneffekte und damit die Tendenz zu hohen Ausbringungsmengen beruhen zudem auf dem aus dem Print-Markt bekannten Effekt der Anzeigenauflagespirale. Sofern sich

---

311 vgl. Katz, M. L.; Shapiro, C. (1985), S. 424-440

312 Oberender, P. (1994 Externe Effekte), S. 642

313 So liegen beispielsweise in der Telefonie externe Effekte darin begründet, dass der Wert eines Telefons umso höher ist, desto mehr Anschlüsse es insgesamt gibt. Der Preis pro Gebühreneinheit oder pro Telefonapparat steigt aber nicht mit der Anzahl der Anschlüsse.

314 vgl. hierzu und zu den folgenden Ausführungen Schoder, D. (1995), S. 18-20

315 Die Druckkosten sind bei dem Fremdbezug von Druckleistungen variabel. Bei Beitreiben einer eigenen Druckerei sind sie aufgrund der Investitionen in Maschinen fix; lediglich Papier- und Farbkosten sind variabel.

telematische Informationsleistungen auch im Internet über Werbeeinnahmen finanzieren, werden diese Einnahmen mit steigender Reichweite bzw. verkauften Exemplaren steigen.

Im Vergleich zum Print-Markt können aber trotz Standardisierung kundenindividuelle Produkte hergestellt werden, ohne dass durch diese Individualisierung unverhältnismässig hohe Mehrkosten entstehen. Auch scheint eine gewisse Entkoppelung von Anzeigenerlösen und Auflage möglich, da im Internet eine zielgruppengenaue Plazierung von Werbung möglich ist und somit neben der Quantität die Qualität der Werbeträgerleistung in den Vordergrund rückt.

Direkte-nachfrageseitige Externalitäten. Diese Effekte ergeben einen unmittelbaren Nutzenzuwachs eines Produktes mit der Zunahme der Nutzer. Ein klassisches Netzeffektgut ist z.B. das Faxgerät. Dessen Nutzen wächst, wenn die Anzahl der Anwender steigt, und sich somit der Kreis, den der Anwender über dieses Kommunikationsmittel erreichen kann, erweitert.[316] Direkte-nachfrageseitige Externalitäten zeigen sich in geringem Ausmass auch bei Zeitungen/Zeitschriften. Erst wenn eine Zeitung/Zeitschrift eine gewisse Verbreitung hat, ist es möglich, mit anderen über die Inhalte zu diskutieren. Diese Art der Externalität tritt auch bei telematischen Informationsleistungen auf. Externalitäten gewinnen dort jedoch eine wesentlich grössere Bedeutung: Erst wenn bestimmte Teilleistungen innerhalb einer telematischen Informationsleistung, wie z.B. ein Chat, von genügend Nutzern frequentiert werden, kommen diese Teilleistungen zustande. Ihre Attraktivität steigt anschliessend mit der Anzahl der Nutzer.

Die beschriebenen Externalitäten lösen sogenannte *Rückkoppelungsprozesse* oder Positive-feedback aus, die einen bestimmten Wachstumsverlauf von Netzeffektgütern begründen.[317] Dieser Wachstumsverlauf folgt nicht der klassischen s-förmigen Wachstumskurve, sondern zeichnet sich durch eine anfangs flachere, dann aber ab einem bestimmten Punkt stark ansteigende Kurve aus (*akzeleratives Wachstum*).[318] In die Phase des beschleunigten Wachstums tritt die Kurve nur über, wenn eine *kritische Masse* an Nutzern generiert worden ist.[319] Positive Rückkoppelungseffekte führen so zu einem sich selbst verstärkenden Wachstum.[320]

316 Damit haben Netzeffektgüter neben dem originären Produktnutzen, der sich aus der Beschaffenheit und dem Verwendungszweck ergibt, noch einen sogenannten *Derivativnutzen*. (vgl. Schoder, D. (1995 Netzeffekte), S. 73)

317 vgl. Shapiro, C.; Varian, H. R. (1998), S. 175-179

318 vgl. Kubicek, H.; Reimers, K. (1996), S. 56-57

319 vgl. Weiber, R. (1995), S. 46

320 vgl. u.a. Arthur, W. B. (1996), S. 100-109

3.3. Entwicklungen im Online-Markt

3.3.1. Markt und Medium in der Entstehung

Die Entwicklung eines Marktes kann idealtypisch in vier Phasen unterteilt werden: Entstehung, Wachstum, Reife und Rückgang. Nach den von KREILKAMP aufgelisteten Kriterien (siehe Abbildung 24[321]) zur Abgrenzung der einzelnen Phasen des Marktlebenszyklus[322] und den Ausprägungen der Kriterien für die Phase der Marktentstehung, kann der Online-Markt als Markt in der Entstehung bezeichnet werden. Generell ist die Marktphase überwunden, in der an der Ausbreitung des Internets und der Sinnhaftigkeit des Internets als Basis elektronischer Märkte für die unterschiedlichsten Leistungen gezweifelt wurde. Das hat zur Folge, dass Unternehmen nun beginnen, bisherige Experimente in den verschiedenen Teilmärkten zu strategischen Investitionen auszubauen, Allianzen einzugehen und neue Geschäftsmodelle zu entwickeln. Die daraus resultierende Dynamik führt immer wieder zu Entwicklungen, die im vorhinein nicht abzuschätzen sind.

Bei der Betrachtung der Merkmale und deren Ausprägungen im entstehenden Markt wird deutlich, dass noch eine grosse Unsicherheit herrscht. Diesen Zustand beschreiben COOPER/SMITH für junge Märkte folgendermassen: „... these industries were characterized by high levels of uncertainty, new competitors that had been different ideas about how to compete, alternative and unproven technical approaches and product designs, rapid rates of change and, in some cases, by the obsolescence of established technical and marketing capablilities for the traditional product“.[323] Für Medienunternehmen und insbesondere Verlage, die bisher in einem Wettbewerbsumfeld agiert haben, dessen Spielregeln sie weitestgehend beherrschen und in dem stabile Wettbewerbsstrukturen herrschen und damit die Konkurrenten bekannt sind, ist nicht nur das Internet als Markt und Medium an sich neuartig, sondern vor allem der Faktor Unsicherheit.

---

321 in Anlehnung an Kreilkamp, E. (1987), S. 146-147

322 vgl. Kreilkamp, E. (1987), S. 156; vgl. hierzu auch Kotler, P. (1982), S. 313-316, der die Stadien der Marktkristallisierung, der Expansion, der Fragmentierung, der Rekonsolidierung und der Terminierung unterscheidet

323 Cooper, A. C.; Smith, C. G. (1992), S. 58

Kriterien	Ausprägung: Märkte in der Entstehung	trifft zu	Ausprägung: Online-Markt
Wachstum des Marktes	steigende Wachstumsrate	√	starkes Wachstum der Internet-Anschlüsse und der Umsätze im elektronischen Handel
Struktur und Stabilität der Abnehmer	keine Bindung an die Anbieter; vorwiegend Erstkäufer	√	bei telematischen Informationsleistungen, deren Marken aus dem Print-Bereich übertragen wurden, kann bei Print-Lesern von einer Markenbindung gesprochen werden
Markt-potential	nicht überschaubar; Erfüllung eines kleinen Teils der potentiellen Nachfrage	√	Nutzungsmöglichkeiten des Internets aus Sicht der Verlage und Bedürfnisse der Rezipienten und der Werbungtreibenden müssen noch ausgelotet werden
Anzahl der Wettbe-werber	Klein; zunächst temporäres Monopol	-	trifft auf den Online-Markt nicht zu; hohe Anzahl von Anbietern, auch Branchenfremde und Eigenpublizierer
Markt-anteile	Entwicklung nicht abschätzbar	√	Entwicklung der Marktanteile ist völlig offen
Eintritts-barrieren in den Markt	keine Eintrittsbarrieren, wenn kein Wettbewerber den Markt beherrscht	√	Markteintrittsbarrieren sind nicht nur aufgrund des Fehlens dominierender Wettbewerber gering, sondern vor allem aufgrund der ökonomischen Eigenschaften des Online-Marktes
dominie-rende Marketing-aktivitäten	Marktausdehnung; hohe Werbeausgaben	(√)	zwar versuchen viele Anbieter, ihre Marktanteile im Rezipientenmarkt auszudehnen, aber viele befinden sich noch in der Experimentierphase mit beschränktem Marketingbudget
Sortiment	flexibles Produkt-spektrum und grosse Dienstleistungsvielfalt	√	noch haben sich keine einheitlichen Formate herausgebildet; die Angebote werden noch häufig verändert
Produktion	anfänglich hohe Stückkosten, dann Kostenrückgang	√	hohe Fixkosten, geringe Nutzerzahlen und Einnahmen führen zu defizitären Online-Engagements

Abbildung 24 Merkmale des Online-Marktes als Markt in der Entstehung

In solchen jungen Märkten existieren oft Markteintrittsbarrieren, die PORTER als Mobilitätsbarrieren bezeichnet: „Die typischen frühen Barrieren rühren weniger aus dem Bedarf an massiven Mitteln als aus der Fähigkeit, Risiko zu übernehmen, technologisch kreativ zu sein und vorwärtsgerichtete Entscheidungen zu treffen ...“[324] So ist auch die Tatsache zu erklären, dass etablierte Konzerne selten zu den ersten Wettbewerbern gehören, obwohl gerade sie über wichtige Fähigkeiten verfügen. Dies trifft nur bedingt auf den Online-Markt zu. So gehören zu den führenden Wettbewerbern, die auch frühzeitig in den Markt eingetreten sind, in hohem Masse Verlags- und Medienhäuser. Gleichwohl

[324] Porter, M. E. (1992), S. 279

prägt in vielen Fällen eine traditionsbezogene Ausrichtung der Unternehmenskultur das Vorgehen im Online-Markt und führt zu einer eher defensiven Haltung.

Noch keine der Strategien der Online-Anbieter hat sich als langfristig erfolgreich erweisen können. „Die Unternehmen tasten unterschiedliche Ansätze im Blick auf die Positionierung des Produktes im Markt, in bezug auf den optimalen Einsatz der Marketinginstrumente ... ab ...“[325] Die strategische Unsicherheit der Anbieter im Online-Markt wird oft in einer fehlenden oder unklar definierten Zielsetzung des Engagements deutlich. Viele Verlage sind in den Markt eingetreten, weil aufgrund der Aktualität und der Präsenz des Themas „Internet“ sowie des Markteintritts vieler Wettbewerber eine Sogwirkung entstanden ist, der sie sich nicht entziehen konnten, oder weil sie eine Bedrohung ihrer Zeitungen/Zeitschriften sehen.[326]

In vielen Verlagen wird dem Online-Engagement nicht der Status eines neuen strategischen Geschäftsfeldes zugebilligt. Das Internet wird vorwiegend zur Unterstützung bestehender Zeitungen/Zeitschriften eingesetzt und das Online-Engagement hat den Status eines Aufmerksamkeitserregers (siehe Abbildung 25).[327] Die Ausgaben werden folglich als Marketingkosten verbucht. Konsequenterweise dürfte man von einem solchen Engagement auch keine Erlöse im Rezipienten- bzw. Werbemarkt erwarten. Da aber die Erreichung der Zielsetzung, bestehende Zeitungen/Zeitschriften zu unterstützen, schwer gemessen werden kann, gelangen die Online-Befürworter in den Verlagen schnell unter Rechtfertigungsdruck. Der hohe Aufwand, der mit der Bewältigung des Tagesgeschäftes verbunden ist, führt zudem dazu, dass „... Engpässe und Probleme eher nach der kurzfristigen Zweckmässigkeit bewältigt werden statt nach dem Ergebnis einer Analyse der zukünftigen Bedingungen.“[328]

325 Kreilkamp, E. (1987), S. 157

326 vgl. Neuberger, C.; Tonnemacher, J.; Biebl, M.; Duck, A. (1997), S. 655-656

327 vgl. Höflich, J. R. (1998), S. 114

328 Porter, M. E. (1992), S. 277-278

	Aufmerksam-keitserreger	Ergänzung	Erweiterung	Informations-leistung
Ziele	Unterstützung des Print-Produktes Imagebildung Nutzung als Kommunikationskanal	Übergang zur Errichtung eines neuen Geschäftsfeldes Sammeln von Erfahrungen	Aufbau eines eigenständigen Geschäftsfeldes Erschliessen printunabhängiger Zielgruppen	Ausbau des Geschäftsfeldes Erschliessen neuer Zielgruppen Nutzung des Internets als Medium
Intensität	geringer Aufwand keine Kosten für eine Redaktion, Finanzierung aus Werbeetat	geringer finanzieller Aufwand Anstellung einiger weniger Mitarbeiter	mittlerer finanzieller Aufwand Ausbau der Abteilung Electronic Publishing	finanzieller Aufwand steigert sich zu einer beträchtlichen Investition
Produktmerkmale	geringer Umfang Inhaltsverzeichnisse der Print-Produkte Bestellmöglichkeiten des Print-Produktes	geringer Umfang Inhalte werden 1:1 aus dem Print-Produkt übernommen starke Ähnlichkeit mit dem Print-Produkt	Umfang und Leistungen steigen mediengerechte Anpassung neue Angebotsformen im Ansatz	innovative telematische Informationsleistungen multimedial innovative Angebotsformen
Nutzen aus User-sicht	Service (Bestellen) und Produktinformationen	im Vergleich zum Print-Produkt nur geringer Nutzwert	Nutzen steigt mit nichtprint und mediengerechten Inhalten	eigenständiger Nutzen, generiert durch Inhalte u. mediengerechte Umsetzung

Abbildung 25 Entwicklung der Online-Engagements der Verlage[329]

Insbesondere in den Grossverlagen sind inzwischen internetbasierte strategische Geschäftsfelder aufgebaut worden. Die Entwicklung der Angebote vom einfachen „Aufmerksamkeitserreger" zur „eigenständigen, telematischen Informationsleistung" spiegelt zum einen die generelle Entdeckung des Internets als kommerzielles Medium sowie eine Veränderung des Experimentierfeldes Internet für Verlage hin zu einem tatsächlichen Markt wider. Zum anderen zeigt sie auch die Herangehensweise der Verlage an das Medium und den Markt: Zielsetzungen und Produktgestaltung haben sich mit der Entwicklung von der marketinginstrumentellen Sichtweise und Nutzung des Internets als Trägermedium für kommunikationspolitische Massnahmen hin zu einer marketingstrategischen Sichtweise stark verändert.

---

329 eigene Darstellung in Anlehnung an Baubin, T; Bruck, P. A. (Hrsg.) (1996), S. 291-295

3.3.2. Verlage im Internet als Informationsvermittler

3.3.2.1. Verlage und ihre Konkurrenten

Wie bereits in der Einleitung zu diesem Abschnitt B 3. beschrieben, lässt sich der Online-Markt für telematische Informationsleistungen über die angebotenen Leistungen abgrenzen. Als Anbieter können daher alle Unternehmen bezeichnet werden, deren Geschäftszweck die Herstellung dieser Leistungen ist. Zu den Anbietern zählen neben Verlagen, multimedial engagierte Medienunternehmen (z.B. Fernsehen, Hörfunk), branchenfremde Anbieter (z.B. Telekommunikationsunternehmen wie die Deutsche Telekom AG) oder aber solche Anbieter, die erst mit der Entwicklung des Internets gegründet worden sind (z.B. Lycos). Damit bewegen sich Verlage in diesem *direkten Konkurrenzumfeld* in einem sehr heterogenen Umfeld mit Konkurrenten unterschiedlichster Grössen, Zielsetzungen und Kulturen. Daher kann nicht von einer Branche gesprochen werden, die sich über eine gemeinsame Kultur, Vergangenheit und Verhaltensregeln definiert.

Neben diesem direkten kann ein *indirektes Konkurrenzumfeld* beschrieben werden. Zählt man solche Angebote zu den Konkurrenzangeboten, die ähnliche Nutzen stiften wie telematische Informationsleistungen, so erweitert sich das Konkurrenzumfeld um eine unüberschaubare Menge an Angeboten und Anbietern. Während das direkte Konkurrenzumfeld der Verlage durch Unternehmen geprägt wird, welche die Herstellung von Informationen als *Geschäftszweck* betreiben, können im indirekten Konkurrenzfeld Mitbewerber identifiziert werden, die Informationen nicht als Geschäftszweck, sondern aus anderen Motiven heraus anbieten:

- *Leistungskoordination*. Hierzu zählen Anbieter, die Informationen im Internet anbieten, um die *Leistungskoordination* in bestimmten Teilmärkten des elektronischen Marktes (z.B. Bücher, Finanzdienstleistungen) zu unterstützen. Die Verbreitung von Informationen ist folglich nicht Geschäftszweck, sondern hat eine das Hauptgeschäft unterstützende Funktion. Die Informationen können sich dabei direkt auf die angebotenen Leistungen beziehen (z.B. Produktinformationen) oder aber in einem indirekten Bezug stehen (z.B. Wirtschaftsnachrichten auf der Homepage einer Bank).
- *Öffentliche Aufgabe*. Öffentliche (z.B. Verwaltung, Parteien, Behörden) und gemeinnützige Institutionen (z.B. Vereine, Organisationen) nutzen das Internet als Plattform für die Verbreitung von Informationen, die hauptsächlich innerhalb der Institution erzeugt worden sind und kommen damit i.d.R. einer Informationspflicht gegenüber dem Bürger nach. Insbesondere die Kommunen engagieren sich verstärkt im Internet und bieten zunehmend Informationen an, die über ihre öffentliche Informationspflicht hinausgehen wie. z.B. Veranstaltungskalender.[330]

---

[330] vgl.: Bundesverband deutscher Zeitungsverleger (1998), S. 186-199; Wallraf, G. (1998), S. 202-211

- *Selbstzweck.* Dies sind meist Privatpersonen, die aus Interesse an einem Thema ohne kommerzielle Absichten Inhalte ins Internet stellen (z.B. private Homepages).

Bemerkenswert ist, dass Verlage nicht nur auf ein breites, heterogenes Feld von direkten und indirekten Konkurrenten treffen, sondern, dass sich darunter Anbieter finden, die im Print-Markt entweder Kunden der Zeitung/Zeitschrift oder aber wichtige Informationslieferanten sind. So sind Unternehmen, die Informationen zur Unterstützung der Leistungskoordination im Internet anbieten, im Print-Markt oftmals Werbekunden, die ihre Informationen über die Zeitung/Zeitschrift als Werbeträger distribuieren. Öffentliche und gemeinnützige Institutionen sind im Print-Markt wichtige Inhaltelieferanten (z.B. Lieferung amtlicher Mitteilungen).

3.3.2.2. Nutzer und Formate

(1) Nutzer

Das Internet entwickelt sich verstärkt in Richtung eines weit verbreiteten Mediums. So haben rund 12 Millionen Deutsche Zugang zum Internet. Jeder sechste (7,3 Mio.) nutzt das Internet regelmässig. Zwar weicht die Nutzerstruktur noch immer vom Bevölkerungsdurchschnitt ab. So stellen mit rund 4,3 Mio. die Online-Nutzer zwischen 20 bis 30 Jahren die grösste Gruppe dar. Der Anteil der Frauen liegt bei 30 Prozent. Auch sind Online-Nutzer überdurchschnittlich gebildet und verfügen über ein hohes Einkommen.[331] Ein Vergleich mit Daten aus früheren Erhebungen zeigt jedoch, dass die Internet-Gemeinde sich verstärkt dem Bevölkerungsdurchschnitt annähert.[332]

Die Nutzer der Online-Angebote sind sogenannte Erstkäufer. Sie haben meist noch keine Bindung an ein spezielles Online-Angebot entwickelt. Sie befinden sich in der Situation, nicht nur die Produkte sondern auch das Medium kennenlernen zu müssen. Sie testen verschiedene Angebote, experimentieren oder aber klicken ungezielt Angebote an. Dieses flexible Nachfrageverhalten wird begünstigt durch die geringen Transaktionskosten, die Möglichkeit, sehr schnell von einem Angebot zum nächsten zu wechseln und die Kostenlosigkeit der meisten Informationsleistungen. Anders als in Märkten, auf denen Produkte mit einem hohen Perfektionsgrad lanciert werden, sehen sich die Online-Nutzer mit Angeboten konfrontiert, die oft nicht ausgereift sind.

---

331 Dies sind die Ergebnisse einer Studie der Gesellschaft für Konsumforschung (GfK). (vgl. Schmidt, H. (1998 Nutzung))

332 zu früheren Erhebungen vgl.: Fittkau, S.; Maass, H. (1997); MC Informationssysteme/Target Group (1996); Stern Anzeigenabteilung (1996); Opaschowski, H. (1996); Institut für qualitative Markt- und Wirkungsanalysen (1996); Institut für Demoskopie Allensbach (1997); Will&Partner MarktForschung (1996). Kritisiert werden muss, dass aufgrund der Selbstselektion der Teilnehmer und aufgrund der Stichprobengrösse diese Studien nicht zu repräsentativen Ergebnissen führen. (vgl. Zimmer, J. (1996), S. 488) Damit lassen sich die Ergebnisse allenfalls als Tendenzaussagen interpretieren.

Differenziert man das *Nutzerverhalten* in aktive Informationssuche und passive Rezeption und die *Nutzungsbedürfnisse* in emotionale und rationale, lassen sich vier Typen von Mediennutzern unterscheiden (siehe Abbildung 26):[333]

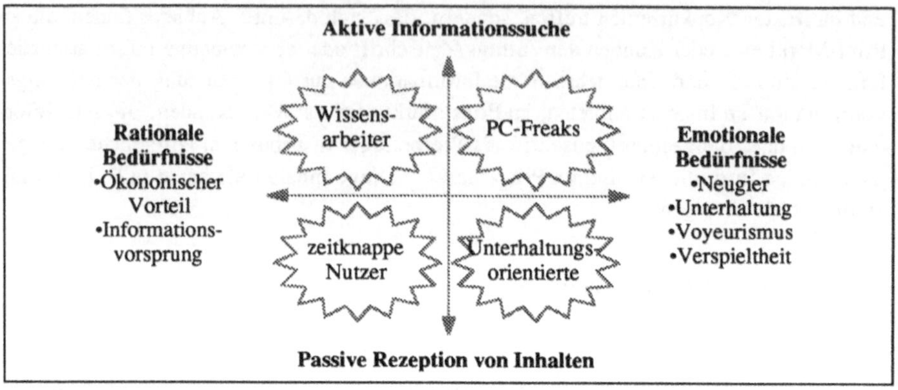

Abbildung 26 Medienbedürfnisse und -nutzung[334]

Die *Wissensarbeiter* sind professionelle Informationsverarbeiter. Zu dieser Gruppe gehören vor allem Forscher, Finanzberater, Journalisten etc. Sie nutzen die neuen Medien intensiv als Informationsquelle. Ihr Informationsbedarf besteht in einem breiten Spektrum fachspezifischer Informationen mit hoher inhaltlicher Qualität, die mit einfachen und effektiven Suchmechanismen auffindbar sind.

Die *PC-Freaks* (z.B. Computerfachleute, Studenten, Kinder und Jugendliche) können als Online-Pioniere bezeichnet werden, die sich schon frühzeitig aus privatem aber auch beruflichem Interesse mit den neuen Medien beschäftigt haben. Ein breites Spektrum an Unterhaltung und Informationen, Chats und Kommunikationsforen sowie Surfen und Browsen kennzeichnen den Informationsbedarf.

Die *zeitknappen Nutzer* (z.B. Unternehmensberater, Anwälte, Ärzte, leitende Angestellte) nutzen die neuen Medien, um schnell und gezielt Informationen aufnehmen zu können. Ihr Informationsbedarf besteht in vorselektierten Informationspaketen und personalisierten Informationen.

Die *Unterhaltungsorientierten* können sich aus den oben genannten Gruppen rekrutieren. Sie suchen vor allem Unterhaltung und die wichtigsten Nachrichten. Sie nutzen die neuen Medien nur dann, wenn sie leicht zu bedienen sind. Multimediale Formate, Unter-

---

333 vgl. Baubin, T; Bruck, P. A. (Hrsg.) (1996), S. 45-46

334 Baubin, T; Bruck, P. A. (Hrsg.) (1996), S. 236

haltungsorientierung und ein breites Spektrum an Basisinformationen und Inhalten kennzeichnen den Informationsbedarf dieser Gruppe.

Es kann davon ausgegangen werden, dass der gegenwärtige Markt für telematische Informationsleistungen zum Grossteil aus aktiven Nutzern besteht, die auch als Vorreiter der Internetnutzung gelten.[335] Diese Nutzergruppe hat neben dem Willen, sich aktiv im Internet zu bewegen, auch die Fähigkeiten dieses zu tun. Damit unterscheiden sich die Typen „PC-Freak" und „Wissensarbeiter" wesentlich von passiven Nutzern: Diese wollen sich nicht mit komplizierten Suchmechanismen sowie umständlicher Technik auseinandersetzen und beherrschen auch nicht die dazu notwendigen Fähigkeiten. Es kann damit die These aufgestellt werden, dass sich das Internet erst dann zum Massenmedium ausweiten wird, wenn auch die grosse Gruppe der „passiven Nutzer" als Zielgruppe entdeckt wird und die Angebote auch entsprechend ihrer Fähigkeiten und Informationsbedürfnisse gestaltet werden.

(2) Formate

Im folgenden sollen Formate telematischer Informationsleistungen vorgestellt werden. Dabei werden nur solche Leistungen berücksichtigt, die von Anbietern als Geschäftszweck angeboten werden. Unter Formaten sollen gängige Angebotsformen verstanden werden, wie beispielsweise im Fernsehmarkt die Formate Spielfilm, Talk-show, Nachrichtensendungen und Dokumentarfilm. Solche Formate sind im Online-Markt erst in der Entstehung. Unterscheidet man die Intensität der journalistischen Informationsarbeit und die damit generierten Werte für die Nutzer, so lassen sich zwei Formatekategorien identifizieren:

Informationsproduzenten. Formate dieser Kategorie sind Ergebnis einer journalistischen Informationsarbeit, bei der i.d.R. alle Wertaktivitäten durchlaufen werden. Hierzu zählen zum grossen Teil die Online-Engagements der Zeitungen, Zeitschriften (General- und Special-interest) und der Fernseh-/Hörfunksender.

Navigatoren. Diese Formate entstehen, indem Informationen gesucht und weitervermittelt werden. Damit wird nur die erste und die letzte Wertaktivität der Informationsarbeit übernommen. Als Navigatoren haben sie sich zu wichtigen Einstiegsstellen für Nutzer in das Internet entwickelt.[336] Hierzu zählen zum einen sogenannte *Meta-Medien*, die dem Nutzer ein Erschliessen des online-basierten Ereignismarktes ermöglichen und somit we-

---

[335] vgl. Baubin, T; Bruck, P. A. (Hrsg.) (1996), S. 46-47

[336] vgl. z.B. Schmidt, H. (1998 Zugang)

sentlich dazu beitragen, dass der Nutzer überhaupt von der Informationsmenge im Internet profitieren kann:[337]

- *Suchmaschinen* (z.B. Alta Vista, Excite, Fireball, Infoseek, Lycos) arbeiten mit Datenbanken, die maschinell mittels Suchsoftware erstellt werden. Die Suchprogramme durchforsten das Internet selbständig rund um die Uhr und speichern alle gefundenen Dokumente in Datenbanken ab. Diese kann der Nutzer dann nach eingegebenen Begriffen durchsuchen.
- *Verzeichnisse* (z.B. Dino, Yahoo!, WEB.DE) können als eine Art Adressverzeichnis für das Internet bezeichnet werden. Bei Anfragen des Nutzers werden nicht wie bei Suchmaschinen die Volltexte durchsucht, sondern lediglich die Adressen bzw. Überschriften von Dokumenten im Internet.[338]

Neben diesen Metamedien können auch *Online-Dienste* (z.B. America Online, CompuServe, Microsoft Networks, T-Online), die im Gegensatz zum Internet auf geschlossenen Netzen basieren, als Navigatoren bezeichnet werden.[339] Neben Transaktionsdiensten (z.B. elektronische Einkaufszentren, elektronische Bankdienste) bieten sie eine Reihe von Informationsleistungen an, die sie i.d.R. nicht selbst generieren, sondern von professionellen Informationsherstellern beziehen (z.B. Zeitungen, Zeitschriften, Datenbanken, Nachrichtendienste).[340]

3.3.3. Verlage im Internet als Werbekontaktvermittler

3.3.3.1. Verlage und ihre Konkurrenten

Im Vergleich zu Medieninvestitionen in die klassischen Werbeträger von rund 40 Mrd. DM ist der Online-Werbemarkt noch sehr klein: 1997 wurden 25 Mio. DM und 1998 ca. 50 Mio. DM für Schaltungen von Banner- und Button-Werbung in fremden Online-Angeboten ausgegeben.[341] 50 Prozent davon entfielen auf Angebote von Verlagen, 30 Prozent auf Betreiber von Suchmaschinen und die restlichen 20 Prozent auf andere Anbieter

---

337 Metamedien im Print-Markt sind beispielsweise Programmzeitschriften. Durch ihre Ordnungsfunktion z.B. nach Sender, Format oder Uhrzeit wird eine gezielte Nutzung des Mediums Fernsehen erst ermöglicht.

338 Für eine ausführliche Darstellung der Funktionsweise dieser Meta-Medien vgl.: Teuteberg, F. (1997), S. 373-383; Alpar, P. (1998), S. 107-112

339 vgl. Adamson, M.; Pearce, F. (1995), S. 19-35 für Ursprung und Beschreibung der frühen Entwicklung von Online-Diensten; vgl. Alpar, P. (1998) S. 315-329 für eine ausführliche Darstellung verschiedener Online-Dienste

340 vgl. Gerpott, T. J.; Heil, B. (1997), S. 297-301

341 vgl. Zentralverband der deutschen Werbewirtschaft (1998). Für 2000 wird mit Online-Werbeaufwendungen in Höhe von 350 Mio. DM gerechnet. (vgl. o.V. (1998 Das deutsche))

(z.B. Online-Angebote von Fernsehsendern und Branchenfremden).[342] Damit müssen sich Verlage auch im Online-Werbemarkt einer Vielzahl von Konkurrenten stellen, darunter einer Reihe branchenfremder Wettbewerber.[343] Zu den *direkten Wettbewerbern* können Anbieter gezählt werden, deren Anbieten von Werbekontakten Geschäftszweck ist. Dazu zählen Anbieter kommerzieller telematischer Informationsleistungen und Marktplatzorganisatoren:

Anbieter kommerzieller telematischer Informationsleistungen. Diese Anbieter sind sowohl im Rezipienten- als auch im Werbemarkt tätig. Die Tätigkeit im Rezipientenmarkt ist dabei die Voraussetzung, die Leistung für den Werbemarkt generieren zu können: Erst die erreichte Leserschaft und die Inhalte als werbliches Umfeld bilden die Grundlage für eine vermarktbare Werbekontaktleistung. In Abschnitt B 3.3.2.2. wurden zwei Formate von Informationsleistungen beschrieben: Die Informationsproduzenten und die Navigatoren.

- Die *Informationsproduzenten* setzen sich vornehmlich aus Unternehmen des klassischen Medienmarktes zusammen. Während sich im klassischen Werbemarkt die einzelnen Informationsleistungen (z.B. Zeitung, Fernsehen) in ihrer Werbeträgerleistung aufgrund der medialen Eigenschaften stark unterscheiden, ist dies im Internet kein Differenzierungskriterium: Generell sind eine Online-Zeitung und ein Online-Angebot eines Fernsehsenders gleichwertig. Während Zeitung und Fernsehen im klassischen Werbemarkt lediglich intermedial konkurriert haben, sind sie im Online-Markt intramediale und direkte Konkurrenten. Das bedeutet auch, dass z.B. Online-Angebote von Fernsehsendern in Teile des Werbemarktes, die ursprünglich von Zeitungen besetzt sind, expandieren können wie z.B. in Rubrikenmärkte. Für verlagseigene Online-Angebote besteht allerdings jetzt die Chance, verstärkt im Marktsegment der Geschäftsanzeigen tätig zu werden. Insbesondere Tageszeitungen, die bereits im Print-Markt einen grossen Teil ihrer Gewinne im Segment der Rubrikenanzeigen generieren, streben auch im Online-Markt das Segment der rubrizierten Anzeigen an. Da elektronische Marktplätze in direkter Substitutionskonkurrenz zu printbasierten Rubrikenmärkten stehen, hat das Engagement in diesem Bereich ein hohe strategische Bedeutung.[344]

---

342 vgl. Zentralverband der deutschen Werbewirtschaft (Hrsg.) (1998), S. 16. Diese Aufteilung bezieht sich auf die Zahlen von 1997.

343 Wenn im folgenden vom Online-Werbemarkt gesprochen wird, so umfasst der Begriff nicht nur die Werbeformen wie Banner, Button oder Sponsoring, sondern auch solche Formen, bei denen den Werbungtreibenden bzw. Transaktionskunden Plätze innerhalb des Werbeträgers angeboten werden, auf denen sie ihre Leistungen verkaufen können (virtuelle Geschäfte). Damit wird der Tatsache Rechnung getragen, dass Werbeträger im Internet den gesamten Prozess der Leistungskoordination unterstützen können, von der Information bis zum Kauf.

344 In den USA hat sich diese direkte Substitutionskonkurrenz für rubrizierte Anzeigen in Zeitungen bereits in deutlichen Rückgängen der Gewinne einiger Zeitungen manifestiert. (o.V. (1998 Lokalpresse))

- Die zweite Gruppe von Wettbewerbern sind die *Navigatoren*, also diejenigen Angebote, die sich vornehmlich auf das Sammeln und Weiterreichen von Informationen konzentrieren. Sie zeichnen sich dadurch aus, dass sie sehr hohe Page-impressions und Visits und somit eine grosse Reichweite haben. Trotzdem können sie geringe Streuverluste bieten: Intelligente Software ermöglicht es zunehmend, dass Werbung zielgruppengerecht plaziert werden kann. Aufgrund von Nutzerprofilen oder aber eingegebener Suchbegriffe, wird dem jeweiligen Nutzer ein bestimmter Banner eingeblendet. Zu diesen Navigatoren zählen die Anbieter von Suchmaschinen und Verzeichnissen sowie Online-Dienste. Insbesondere die Suchmaschinen sind mit einem Marktanteil von 30 Prozent bereits etablierte Konkurrenten der Verlage.[345]

Professionelle Marktplatzorganisatoren. Diese Anbieter sind i.d.R. lediglich im Werbemarkt tätig. Da gewerbliche Inhalte beachtenswerte Informationen für die Nutzer darstellen und somit eine eigenständige vermarktbare Leistung, ist es möglich, eine Werbeträgerleistung auch ohne journalistische Inhalte zu generieren. Folgende Anbieter, deren Geschäftszweck das Organisieren von elektronischen Marktplätzen ist (z.B. Organisatoren von Malls, Auktionen, Rubrikenmärkten), sind im Werbemarkt tätig:

- *Branchenfremde Anbieter.* Im Online-Markt haben sich bereits eine Reihe von branchenfremden Anbietern vor allem im Bereich der klassischen Rubrikenmärkte etabliert. So ist der Anbieter Jobs & Adverts mit seinem elektronischen Stellenmarkt zu einem der führenden Anbietern avanciert.[346] Auch Online-Dienste betreiben u.a. eine Reihe von Marktplätzen (z.B. elektronische Einkaufszentren, Bankdienste, Einzelhandelsgeschäfte).[347]
- *Anbieter, die ihre eigene Leistungskoordination unterstützen.* Verfolgt man den Gedanken, dass gewerbliche Informationen Inhalte darstellen, so stellt sich für Inhaber dieser Inhalte unweigerlich die Frage, warum sie diese über Absatzmittler z.B. Online-Zeitungen distribuieren sollten. Die Inhaber gewerblicher Informationen wie z.B. Gebrauchtwagenhändler, Immobilienmakler oder auch Personalvermittlungen können, wenn sie innerhalb der Branche kooperieren, bzw. wenn sie eine führende Marktposition besetzen, im Internet elektronische Märkte organisieren.
- *Der klassische Handel.* Die klassische Funktion des Handels in realen Märkten kann als Marktplatzorganisator beschrieben werden, wobei er nicht nur ermöglicht, das Nachfrage und Angebot zusammenkommen, sondern auch Zahlungs- und weitere

---

[345] Als Beispiel sei hier der Navigator Dino-Online (www.dino-online.de) aufgeführt, der rund 2 Mio. Visits (Februar 1999) aufweisen kann und damit eine ähnlich hohe Reichweite hat, wie die Online-Ausgabe der „Bild". (vgl. Online-Nutzungsdaten der IVW unter (www.ivw.de))

[346] Internet-Adresse: www.jobs.adverts.de

[347] vgl. Gerpott, T. J.; Berthold, H. (1997), S. 297-314

Funktionen für die Hersteller übernimmt. Der Handel ist bereits im Internet mit dem Betreiben von Marktplätzen tätig.

Neben diesen professionellen Marktplatzorganisatoren und den Anbietern kommerzieller telematischer Informationsleistungen plazieren sich auch solche Anbieter von Informationen im Online-Werbemarkt, die generell mit ihrem Online-Engagement im Rezipientenmarkt nicht kommerzielle Ziele verfolgen. So engagieren sich Kommunen verstärkt im Internet und positionieren ihre Online-Aktivitäten zudem als Werbeträger im Online-Werbemarkt.[348]

3.3.3.2. Werbungtreibende und Formate

(1) Werbungtreibende

Unternehmen bietet das Internet eine Plattform für eine Vielzahl von Marketingaktivitäten. Das Besondere des Mediums Internet liegt in der Möglichkeit, den Kunden von der Informationsphase bis zur Nachkaufphase innerhalb eines Mediums zu betreuen. So kann der Werbungtreibende das Internet als Kommunikationskanal nutzen, um vornehmlich transaktionsvorbereitende Ziele bzw. Imageziele zu verfolgen. Das Internet kann auch als Distributionskanal genutzt werden, über den die Transaktionen, bei digitalisierbaren Produkten der Transfer, abgewickelt werden können.[349]

Die Basis des Online-Engagements bildet die eigene Homepage. Diese kann als eine Art virtuelle Geschäftsstelle bezeichnet werden, in der Kunden betreut werden. Um potentielle Kunden auf die Homepage und die dort angebotenen Informationen und Leistungen aufmerksam zu machen, können Unternehmen diese in den klassischen Medien aber auch über Werbeträger im Internet bewerben. Die klassische Form der Werbung im Internet sind Banner und Button, die i.d.R. mit der Homepage des Unternehmens per Link verbunden sind. Als Werbeträger stehen die in Abschnitt B 3.3.2.2. aufgeführten telematischen Informationsleistungen zur Verfügung. Unternehmen können aber auch auf organisierten elektronischen Märkten ihre Leistungen anbieten.

Werbungtreibende sind Erstkäufer. Oft sind sie weder mit dem Medium noch mit den im Internet angebotenen telematischen Informationsleistungen vertraut[350] und messen dem Internet bzw. den Online-Werbeträgern keine grosse Bedeutung bei.[351] Zwischen Wer-

---

[348] vgl.: Peters, R.-H. (1997), S. 84-85; Bundesverband deutscher Zeitungsverleger (1998), S. 186-199; Wallraf, G. (1998), S. 202-211

[349] Nach Berechnungen der OECD wurde 1996/1997 weltweit im Internet ein Umsatz von 26 Mio. US $ erzielt. Für 2001/2002 wird mit einem Umsatz in Höhe von 330 Millionen gerechnet. (vgl. Delaney, K. J. (1999), S. 15)

[350] vgl. Reischauer, C.; Peters, R.-H. (1997), S. 164-169

[351] vg. Preissner, A. (1999), S. 188-1995

bungtreibenden und Verlagen bestehen jedoch bereits Geschäftsbeziehungen aus dem Print-Markt. Dennoch muss davon ausgegangen werden, dass die Werbungtreibenden zunächst ein flexibles Kaufverhalten zeigen. Schliesslich müssen sie die Möglichkeiten des Medium zunächst testen, das Online-Engagement dann gezielt gestalten sowie in ihre Marketing-Strategie integrieren. Erst dann wird eine grössere Anzahl der Werbungtreibenden ihre Online-Budgets erhöhen und dem Online-Engagement eventuell eine grössere strategische Bedeutung beimessen. 1998 gaben die im Internet vertretenen Unternehmen zwischen 5 000 und 25 000 DM pro Monat für ihr Online-Engagement aus (Homepage und Werbung in Online-Werbeträgern).[352] Verglichen mit den Gesamtwerbeetats und z.B. den Kosten von rund 70 000 DM für eine Vierfarbanzeige in einer Publikumszeitschrift muss damit das finanzielle Engagement als gering bezeichnet werden. Die Ausnahme bilden die Grossunternehmen, von denen rund die Hälfte im Internet engagiert ist: So haben 1998 beispielsweise IBM 4,5 Mio. DM und Siemens Nixdorf-Informationssysteme 4 Mio. DM investiert.[353]

(2) Formate

Telematische und printbasierte Informationsleistungen generieren einen ähnlichen Nutzen: Über den Verkauf telematischer Informationsleistungen im Rezipientenmarkt, wird eine Leserschaft generiert, mit der die Werbungtreibenden über die Informationsleistung in Kontakt treten können. Je nach Aggregationsgrad der werblichen Informationen lassen sich Banner und Märkte unterscheiden.

Banner. Banner, in Form von kleinen Werbeflächen, haben sich als gängiges Format durchgesetzt und einheitliche Standardgrössen als auch Messverfahren wurden definiert.[354] Sie werden einzeln innerhalb der Informationsleistung plaziert und sind meist über ein Link mit der Homepage des Werbungtreibenden verbunden.

Märkte. In elektronischen Märkten werden die gewerblichen Informationen der Werbungtreibenden strukturiert und aggregiert. Diese Märkte können in Form von recherchierbaren Datenbanken, in Form von Online-Malls, bei denen Werbungtreibende virtuelle Geschäfte innerhalb eines Einkaufszentrum beziehen, oder aber in Form von Online-Auktionen organisiert sein.[355] Diese Märkte sind mit rubrizierten Anzeigen in Zeitungen vergleichbar. Da sie aber auf einem informationstechnischen System basieren, sind es

---

[352] vgl. Schmidt, H. (1999)

[353] vgl. Schmidt, H. (1999)

[354] vgl. Breyer, T. (1998), S. 215-217

[355] vgl. Schinzer, H. (1998), S. 593-594; zur ausführlichen Darstellung des Konzeptes einer Mall vgl.: Zimmerman, H. D.; Kuhn, C. (1995), S. 33-94; Gräf, H.; Tomczak, T. (1997); als Beispiel für eine Online-Auktion kann das amerikanische Internet-Aukionshaus e-Bay aufgeführt werden (Internet-Adresse: www.ebay.com). (vgl. Müller von Blumencron, M. (1999), S. 100-101)

elektronische Märkte, die sich durch eine hohe Transparenz und geringe Transaktionskosten auszeichnen.[356]

Online-Werbeträger unterscheiden sich in zwei Punkten von printbasierten Werbeträgern. Zum einen lässt sich Werbung in internetbasierten Werbeträgern mit geringen *Streuverlusten* plazieren. Der Nutzer hinterlässt digitale Spuren. Unter dem Einsatz künstlicher Intelligenz gelingt es zunehmend, diese Spuren auszuwerten und Schlüsse auf sein Konsumverhalten zu ziehen.[357] Diese wertvollen Informationen ermöglichen eine zielgruppengenaue Werbeansprache. Neu ist zudem, dass über den Online-Werbeträger auch *Transaktionen* abgewickelt werden können. Damit ist der Werbeträger nicht auf seine Funktion als Kommunikationskanal beschränkt und wird um die Funktion als Distributionskanal erweitert.

---

[356] siehe Abschnitt B 3.2.1. für Eigenschaften elektronischer Märkte

[357] vgl.: Schindler, S. (1998); Breyer, T. (1998), S. 221-222

4. Ausgangssituation der Verlage

4.1. Einleitung

Ziel dieses Abschnittes ist es, die Ausgangssituation der Verlage angesichts des Internets zu beschreiben. Dazu werden generell die Analyse der Verlagsumwelt und die verlagsinterne Analyse zusammengeführt.[358] Aus dieser Verzahnung ergeben sich Ansatzpunkte zur Ableitung von Zielen.

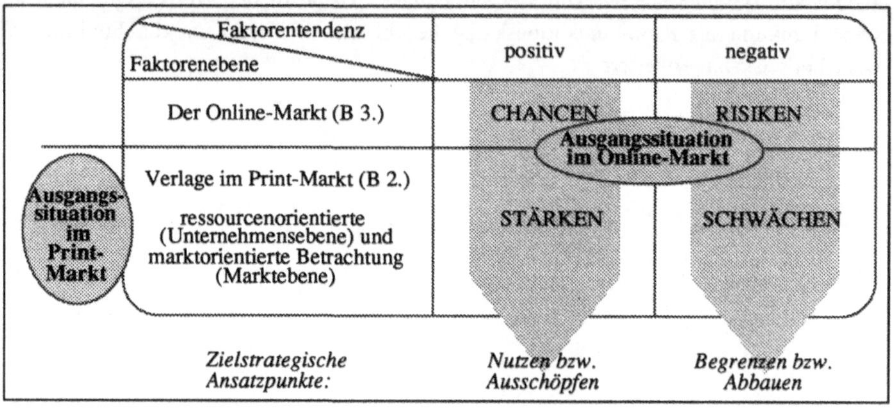

Abbildung 27 Verzahnung der Umwelt- und unternehmensinternen Analyse, um zielstrategische Ansatzpunkte abzuleiten[359]

Die Ausgangssituation eines Verlages im Online-Markt wird zunächst einmal bestimmt durch seine Ausgangssituation im Print-Markt. Die dort eingesetzten Ressourcen und die Position im Wettbewerb beschreiben quasi die Startposition aus der heraus er im Online-Markt antritt bzw. das Online-Engagement plant. Welche Chancen und Risiken das Internet für den Verlag darstellt, hängt nicht nur von den Ressourcen, sondern auch von der bisherigen Stellung im Markt und damit gesamthaft von der *Ausgangssituation im Print-Markt* ab. Erst wenn diese Ausgangssituation im Stammgeschäft mit den Anforderungen bzw. Entwicklungen im Online-Markt abgeglichen wird, können Stärken und Schwächen (in bezug auf den Online-Markt) und damit Chancen und Risiken abgeleitet werden und damit die *Ausgangssituation im Online-Markt* beschrieben werden.

---

358 vgl.: Becker, J. (1998), S. 103-107; Kreilkamp, E. (1987), S. 240-241

359 in Anlehnung an Becker, J. (1998), S. 103

Im folgenden wird die Ausgangssituation der Verlage anhand von vier Beispielen aus der Praxis beschrieben. Es kann hier auch von Typen gesprochen werden bzw. von typischen Ausgangssituationen, wobei jeder Typ ein Repräsentant für weitere Verlage ist, die sich in einer ähnlichen Ausgangssituation befinden.[360] Die vier gebildeten Typen vereinigen die wesentlichen, im Verlagsbereich anzutreffenden Ausgangssituationen; ein Anspruch auf Vollständigkeit kann und soll aber nicht erhoben werden.

Die Beschreibung der typischen Ausgangssituationen erfolgt anhand eines Kriterienkataloges (siehe Abbildung 28). Die ausgewählten Kriterien bauen im wesentlichen auf den in vorangegangenen Abschnitten dieses Kapitels analysierten allgemeinen Rahmenbedingungen der Verlagsbranche im Print- und im Online-Markt auf und wurden in den Expertengesprächen nochmals vertiefend untersucht.[361]

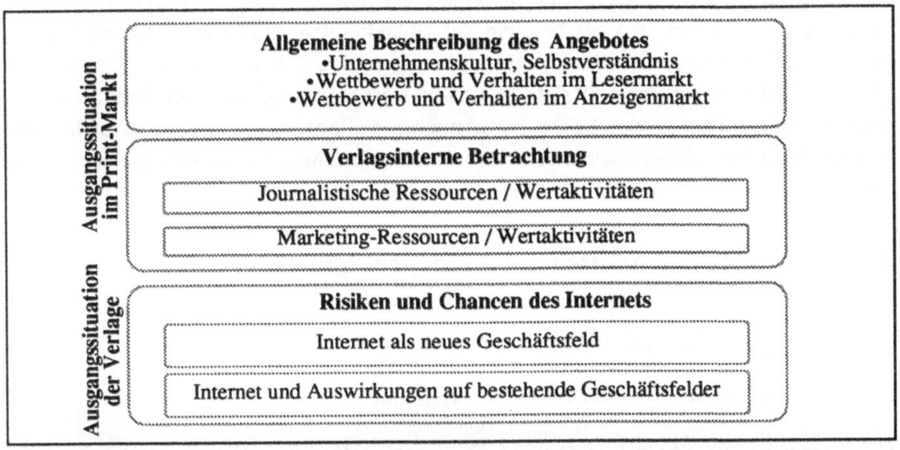

Abbildung 28 Kriterienkatalog als Grundlage zur Beschreibung der typischen Ausgangssituationen der Verlage[362]

Die *Allgemeine Beschreibung des Anbieters* knüpft dabei an die in Abschnitt B 1. bzw. B 2. vorgenommenen Analyse des Informationsmarktes bzw. des Print-Marktes an: Es werden die Kultur und das Selbstverständnis des Anbieters bzw. der Zeitung/Zeitschrift und seine Position sowie sein Verhalten im Wettbewerb im Leser- und im Anzeigenmarkt beschrieben. Die *verlagsinterne Betrachtung* knüpft an Abschnitt B 4. (Verlagsinterne Analyse) und beschreibt die Ressourcen des Anbieters. Vor dem Hintergrund der Beson-

360 Die Typen wurden auf der Basis der geführten Expertengespräche gebildet. (siehe Abschnitt A 3.2.) Zur typologischen Methode vgl. Knoblich, H. (1972), S. 141-147

361 siehe Abschnitt A 3.2.

362 eigene Darstellung

derheiten und Entwicklungen im Online-Markt/Internet werden dann die Ressourcen bzw. die Position/Verhalten im Wettbewerb im Print-Markt bewertet (Stärke/Schwäche) und Chancen/Risiken abgeleitet. Dabei wird unterschieden zwischen Chancen/Risiken in bezug auf das Internet als neues Geschäftsfeld bzw. in bezug auf die Entwicklung neuer telematischer Informationsleistungen (*Internet als neues Geschäftsfeld*) und in bezug auf das bestehende Geschäftsfeld Print (*Internet und Auswirkungen auf das bestehende Geschäftsfeld Print*).

Die vier typischen Ausgangssituationen bilden die Grundlage für die Ableitung von Zielen der neuen Leistungen. Auf den Entscheidungsebenen Zielen, Marketingstrategie und Konzeption der Leistung werden jeweils diese vier Typen wieder aufgegriffen. Während es sich bei den Ausgangstypen um sogenannte Realtypen, d.h. die wirtschaftliche Realität abbildende Typen handelt, sind die Typen auf den Entscheidungsebenen eher den Idealtypen zuzuordnen, d.h. sie beruhen auf gedanklichen Modellen.[363] Sie sind in der Form im Online-Markt nur ansatzweise vorhanden. Ihre Bildung wurde aufgrund von Plausibilitätsüberlegungen und der intensiven Beschäftigung mit dem Themenbereich (Fallstudien, Expertengespräche etc.) vorgenommen. Es wurden dabei insbesondere die Verlage betrachtet, deren telematische Informationsleistungen zu den erfolgreichen gehören.[364]

4.2. Darstellung typischer Ausgangssituationen

4.2.1. Typ 1: Das regionalzentrierte Angebot[365]

(1) Allgemeine Beschreibung des Angebotes

Unternehmenskultur/Selbstverständnis. Die Regionalzeitung „Rheinische Post" gehört zu dem mittelständischen Verlag Rheinisch-Bergische Druckerei und Verlagsgesellschaft, Düsseldorf (Umsatz ca. 660 Millionen DM). Mit einer Auflage von ca. 400.000 Exemplaren und einem Umsatz von rund 550 Millionen DM ist die „Rheinische Post" eine der grossen Regionalzeitungen in Deutschland. Sie versteht sich als Informationslieferant für die lokale/regionale Bevölkerung und als Marktplatzbetreiber für die lokale, werbungtreibende Wirtschaft. Der Verlag hat in den vergangenen Jahren in andere Medien diversifiziert. Die Kultur des Verlages ist aber nach wie vor sehr von der Zeitung geprägt.

---

363 vgl. Knoblich, H. (1972), S. 145

364 Der Erfolg wurde dabei vor allem an den Kriterien Visits (Besuche) und Page-impressions (aufgerufene Seiten) gemessen. (vgl. Ranking der IVW unter www.ivw.de)

365 vgl. u.a. Expertengespräch Krause; für Angebote gleichen Typs vgl.: Expertengespräche Haak/Theinert, Herrmanns, Wiesner und Zimmermann.

Wettbewerb und Verhalten im Lesermarkt. Im Lesermarkt nimmt die „Rheinische Post“ eine marktbeherrschende Stellung ein. Regionale Hörfunk- und TV-Programme sind keine bedeutsame Konkurrenz für den Anbieter. Damit ist die Zeitung auch im intermedialen Wettbewerb mit Abstand Marktführer in einer monopolartigen Stellung. Die „Rheinische Post“ erreicht einen grossen Teil der Haushalte im Verbreitungsgebiet. Der Markt ist damit weitgehend ausgeschöpft. Die Leserschaft ist sehr heterogen, da sie im wesentlichen durch das geographische Verbreitungsgebiet segmentiert wird. Generell kann von einem hohen Involvement und einer echten Markentreue gegenüber der Zeitung gesprochen werden. Die Leser haben diese i.d.R. abonniert und halten auch in Mehrzeitungskreisen an ihrer Marke fest. Eine Besonderheit bilden die jüngeren Bevölkerungsschichten. Zwar kann auch hier eine sehr hohe Bekanntheit der Marke vorausgesetzt werden, aber Sympathie und Verwendungsgrad sind nur gering. Sie haben noch keine Bindung an die Marke aufgebaut. Das Markenimage präsentiert sich in den Augen dieser Altersklasse oft als nicht zeitgemäss. Die Inhalte der Zeitung und das Layout entsprechen nicht den Informationsbedürfnissen und -gewohnheiten.

Wettbewerb und Verhalten im Anzeigenmarkt. Die „Rheinische Post“ generiert rund 70 Prozent des Umsatzes im Anzeigenmarkt. Davon entfällt jeweils die Hälfte auf Rubrikenanzeigen und auf Geschäftsanzeigen regionaler/lokaler Kunden. Da die Margen sehr hoch sind, ist das Anzeigengeschäft ihre wirtschaftliche Basis. Aufgrund der monopolähnlichen Stellung im Lesermarkt und der hohen Reichweite konnte sich die „Rheinische Post“ auch im regionalen Anzeigenmarkt als Marktführer etablieren. Im Gegensatz zum Lesermarkt muss sie sich im Anzeigenmarkt intermedialer Konkurrenz, z.B. durch Anzeigenblätter, stellen. In der werbungtreibenden regionalen/lokalen Wirtschaft ist die Zeitung als Werbeträger der wichtigste Ansprechpartner. Für die Werbungtreibenden liegt der Nutzen vornehmlich in der hohen Reichweite. Zudem stellt die Zeitung einen effizienten Distributionskanal für Anzeigen und Beilagen dar. Würde ein Unternehmen seine Anzeigen per Post oder Träger verteilen, wäre dies wirtschaftlich nicht tragbar.

(2) Verlagsinterne Betrachtung

Journalistische Ressourcen/Wertaktivitäten. Der journalistische Herstellungsprozess basiert vor allem auf Kenntnissen des regionalen Ereignismarktes sowie auf langjährigen Kontakten. Es kann hier von einer regionalen Verwurzelung gesprochen werden. Die Informationsarbeit ist weniger analytisch, verdichtend sondern mehr agglomerativ: Die Zeitung ist vor allem Vermittler zwischen dem Ereignismarkt und dem Leser, indem sie Informationen/Wissen zusammenträgt, verarbeitet und weiterleitet. Zwar sind auch analytisch verdichtende Artikel zu finden. Aber eine wichtige Funktion besteht im Angebot einer Informationsplattform für öffentliche Institutionen, Unternehmen, Veranstalter etc., bei der die Zeitung quasi nur eine Informationserarbeitungsleistung und nur eine geringe Aufbereitungsleistung bereitstellt. Der inhaltliche Nutzen liegt im Bereich Information, in erster Linie bezogen auf den lokalen, aber auch auf den überregionalen Bereich. Wichtig ist zudem der Bereich Normen/Werte/soziale Integration. Die „Rheinische Post" hilft dem Leser, sich in seiner Region zu orientieren, schafft Gesprächsstoff für Unterhaltung mit Nachbarn und spiegelt somit die regionale Gesellschaft wider.

Marketingressourcen/-wertaktivitäten. Eine wichtige Ressource ist die Marke „Rheinische Post", die im Verbreitungsgebiet der Zeitung einen Bekanntheitsgrad von nahezu 100 Prozent haben dürfte. Auch kann von einer hohen Leserblattbindung gesprochen werden. Dafür spricht zum einen, dass 85 Prozent der Auflage über Abonnements verkauft werden. Zum anderen ist die „Rheinische Post" fester Bestandteil der Region, so wie das Lesen fester Bestandteil im Tagesablauf der Bevölkerung ist. Die Aktivitäten des Lesermarketings wurden in den vergangenen Jahren intensiviert, insbesondere, um jüngere Leserschichten zu gewinnen. Gesamthaft kann hier aber nicht von einem professionellen Marketing gesprochen werden, wie es in den grossen Zeitschriftenverlagen zu beobachten ist.

Im Anzeigenmarkt verfügt die „Rheinische Post" über oft bereits seit Jahren bestehende Geschäftsbeziehungen zu den Werbungtreibenden in der Region. Diese basieren i.d.R. auf dem Wissen über die Bedürfnisse der regionalen Kunden und engen Verbindungen, die zum Teil auch in den privat-sozialen Bereich (Vereine etc.) hineinreichen.

(3) Risiken und Chancen des Internets

Internet als Basis eines neuen Geschäftsfeldes

Chancen. Aufgrund der hohen Bekanntheit der Marke, der hohen Leserblattbindung, der Fähigkeit, regionalzentrierte Informationen zu generieren, und der langjährigen Kontakte zu den Werbungtreibenden hat die „Rheinische Post" gute Markteintrittsvoraussetzungen. Dieses gilt auch für den Anzeigenbereich. Voraussetzung für einen erfolgreichen elektronischen Marktplatz ist seine Attraktivität für die Internetnutzer, die sich wiederum aus einer gewissen Vollständigkeit des werblichen Angebots (Klein- und Geschäftsanzeigen) ergibt.

Risiken. Der Anbieter steht vor dem Problem, dass aufgrund der niedrigen Markteintrittsbarrieren im Online-Markt seine Fähigkeiten, wie die Wissensrekonstruktion und Informationserarbeitung, Distribution und Logistik, Beziehung zu lokalen Inserenten, an relativer Bedeutung verlieren. Konnte der Verlag vorher mit Hilfe der hohen Markteintrittsbarrieren, aufgebaut durch Druckerei und Logistik, seine Leistung als Informationslieferant und Marktplatzanbieter monopolisieren und somit schützen, fällt dieser Schutz im Internet nun weg. Informationslieferanten des Print-Produktes, wie Vereine oder öffentliche Institutionen, können im Internet zu einer neuen Konkurrenz heranwachsen. Der Schwerpunkt in der Wertschöpfung liegt eher im Bereich der Wissensrekonstruktion und der Informationserarbeitung. Diese basieren zwar auf guten Kenntnissen des lokalen/regionalen Informationsmarktes und Kontakten zu diesem Markt, dennoch können diese von anderen Anbietern nachgeahmt werden.

Langfristig steht ein von ihm errichteter elektronischer Marktplatz in direkter Substitutionskonkurrenz zum Anzeigengeschäft seines Print-Produktes. Dies unterscheidet ihn wesentlich von branchenfremden Anbietern: Die „Rheinische Post“ ist gezwungen, sich im Internet zu engagieren und sich gleichzeitig selbst Konkurrenz zu machen. Risiken können sich für den Anbieter auch durch die bisherige monopolartige Stellung und die printgeprägte Kultur ergeben. Die Journalisten müssen sich im Online-Markt in einem wettbewerbsintensiven und damit ungewohnten Umfeld beweisen und zudem multimediale Fähigkeiten entwickeln.

Internet und seine Implikationen für bestehende Geschäftsfelder

Rezipientenmarkt. Für das Geschäft im Lesermarkt stellt der Online-Markt eine Bedrohung dar. Es kann zwischen einer indirekten und einer direkten Bedrohung unterschieden werden. Die indirekte Bedrohung resultiert aus der neuen Wettbewerbssituation im Anzeigenmarkt und dem eventuellen Einbrechen der Anzeigenerlöse und -gewinne. Die bisher durch Quersubventionierung aus den Erlösen im Anzeigenmarkt niedrig gehaltenen Verkaufs- und Abonnementspreise müssten auf ein Niveau angehoben werden, welches eine Deckung der Kosten auch ohne Einnahmen aus dem Anzeigengeschäft erlauben würde. Zudem stellen insbesondere rubrizierte Anzeigen kaufrelevante Inhalte im Rezipientenmarkt dar.

Direkt bedroht wird das Geschäft im Lesermarkt durch neue Anbieter im Online-Markt. Niedrige Eintrittsbarrieren erlauben professionellen Informationsanbietern den Aufbau eines redaktionellen Angebots. Auch sogenanntes Selbst-Publizieren von z.B. Vereinen oder Behörden könnte die Monopolstellung der Regional- oder Lokalzeitung als regionaler Informationsdienstleister angreifen. Diese direkte Bedrohung ist allerdings nur mittel- bis langfristig relevant, da sich ein Anbieter im Online-Markt zunächst etablieren müsste und die Erstellung redaktioneller regionaler/lokaler Inhalte Kernkompetenzen erfordert, die nur mittelfristig aufgebaut werden können.

Werbemarkt. Der Online-Markt stellt für den Anbieter auf mittlere Sicht eine Bedrohung dar. Diese ergibt sich in erster Linie für das renditestarke Anzeigengeschäft. Aufgrund niedriger Eintrittsbarrieren im Online-Markt muss mit dem Eintritt branchenfremder Anbieter in den Markt für Geschäfts- und Rubrikenanzeigen gerechnet werden. Auch könnte die Zeitung ihre Funktion als Marktplatz verlieren, wenn Anbieter, z.B. Immobilienmakler oder Autohändler, ihre eigenen elektronischen Marktplätze einrichten oder aber Verlage aus angrenzenden Regionen im Internet ihren Geschäftsbereich ausdehnen. Dies würde zu Umsatzverlusten und aufgrund der hohen Margen zu erheblichen Gewinneinbrüchen führen. Die wirtschaftliche Basis des Anbieters wäre somit gefährdet. Hier wird auch nochmals deutlich, dass seine Wertschöpfung im Print-Markt vornehmlich auf den Tätigkeiten des Druckens und der Distribution basiert, die im Internet jedoch keinen Wert für die Werbungtreibenden mehr schöpfen.

4.2.2. Typ 2: Das Traditionsangebot mit gesellschaftspolitischer Funktion[366]

(1) Allgemeine Beschreibung des Angebotes

Unternehmenskultur und Selbstverständnis. 1945 vergab die US-Militärregierung die Lizenz Nr. 1 für die erste Zeitung nach dem Krieg in Bayern: für die „Süddeutsche Zeitung“. Mit der „Frankfurter Allgemeinen Zeitung“, der „Welt“ und der „Frankfurter Rundschau“ gehört sie zu den grossen Traditionszeitungen der Bundesrepublik mit überregionaler Bedeutung. Die „Süddeutsche Zeitung“ versteht sich als Anbieter qualitativ hochwertigen Journalismus in den Bereichen Politik, Wirtschaft und Feuilleton. Ihr Anspruch ist es, einen gesellschaftlichen Beitrag zur Meinungsbildung zu leisten. Die publizistische Zielsetzung wird der ökonomischen übergeordnet, zumindest jedoch gleichgestellt. Redaktion und kaufmännische Bereiche (Leser- und Anzeigenmarketing) sind strikt getrennt, eine Einflussnahme der letzteren auf die Redaktion damit nicht gegeben. Trotz Diversifizierung in andere Medien ist und bleibt die „Süddeutsche Zeitung“ die Geschäftsbasis und prägend für die Unternehmenskultur. Das Renommee der Zeitung bestimmt das Renommee des Verlages Süddeutscher Verlag GmbH, München. Damit ist auch die Kultur des Verlages printgeprägt und eher konservativ.

Wettbewerb und Verhalten im Lesermarkt. Die „Süddeutsche Zeitung“ steht aus intramedialer Sicht in einem oligopolistischen Wettbewerb mit anderen überregionalen Zeitungen. Die Marktanteile der einzelnen Konkurrenten sind in etwa gleich verteilt und relativ stabil. Die Präferenz der Rezipienten für die Marke ergibt sich aus der Übereinstimmung der politischen und/oder wirtschaftspolitischen Einstellung des Lesers mit der in der Zeitung vertretenen publizistischen Grundhaltung. Vornehmlich über diesen Aspekt und die Positionierung als Qualitätszeitung differenziert sich die Marke im Wettbewerb. Da sich der Leser somit stark mit seiner Zeitung identifiziert und sie meist zu seiner täglichen unverzichtbaren Lektüre gehört, wenn sie nicht sogar aus beruflichen Gründen ein „Muss“ ist, kann von einer sehr starken Leserblattbindung, einer hohen echten Markentreue und einer geringen Nachfrageelastizität gesprochen werden. Im Hinblick auf jüngere Zielgruppen, die die Zeitung immer schlechter erreicht, steht die Zeitung vor einem Spagat: Auf der einen Seite entsprechen Layout und Aufbereitungsart der redaktionellen Inhalte nicht immer den Rezeptionsgewohnheiten dieser potentiellen Leserschaft, auf der anderen Seite ist es gerade diese Art des anspruchsvollen Journalismus, die die Informationsleistung im intermedialen Wettbewerb abhebt.

---

366 vgl. u.a. Expertengespräch Schreiber; für Angebote gleichen Typs vgl. Expertengespräch Zbinden

Intermedial konkurriert die Zeitung mit der aktuellen Berichterstattung des Fernsehens und des Hörfunks sowie mit Hintergrundberichten in Zeitschriften und im Fernsehen. Über den Aspekt der Glaubwürdigkeit und der journalistischen Qualität versucht der Verlag sich zu differenzieren: Er betont in dieser Situation die journalistischen und fachlichen Fähigkeiten der Redaktion sowie die Kernkompetenz einer seriösen, analytischen, aktuellen als auch hintergründigen Berichterstattung in einem grossen Themenspektrum. Das vorhandene Marktpotential versucht der Anbieter durch intensives Lesermarketing (z.B. Probeabonnements, Abonnementsprämien) auf der einen Seite und eine Premiummarken-Strategie, gekoppelt mit einer kommunikationspolitischen Image-Strategie auf der anderen Seite, auszuschöpfen.

Wettbewerb und Verhalten im Anzeigenmarkt. Im Anzeigenmarkt steht die Zeitung in einem starken Wettbewerb. Die Marktanteile sind unter den überregionalen Zeitungen nahezu gleich verteilt. Die Zeitung versucht zwar ihren Marktanteil, insbesondere im attraktiven Segment der Stellenanzeigen, auszubauen, stösst aber immer wieder auf Gegenreaktionen seiner Wettbewerber. Im intermedialen Wettbewerb hat die Zeitung, ebenso seine Mitbewerber, aufgrund mangelnder Druckqualität und geringer Zielgruppengenauigkeit vor allem gegenüber Zeitschriften Wettbewerbsnachteile. Als Träger für Werbung mit emotionalen Inhalten ist sie dem Fernsehen unterlegen. Als Werbeträger ist die Zeitung, insbesondere aufgrund spezieller soziodemographischer Merkmale, wie höhere Bildung, Einkommen, interessant.

Im Anzeigenmarkt fehlt im intramedialen Wettbewerb die Differenzierung. Die Angebote des direkten Konkurrenzumfeldes (andere überregionale Zeitungen) stellen aus Sicht der werbungtreibenden Wirtschaft eher homogene Güter dar, die sich lediglich leicht durch ihre Reichweite im Lesermarkt unterscheiden. Zwar unterscheiden sich die Zielgruppen tendenziell durch ihre politische Ausrichtung, diese ist jedoch nicht unbedingt prägend für das Kaufverhalten.

(2) Verlagsinterne Betrachtung

Journalistische Ressourcen/Wertaktivitäten. In der gesamten Wertkette hat die journalistische Wertkette eine hervorragende Bedeutung. Der journalistische Herstellungsprozess zeichnet sich durch eine sehr hohe Fertigungstiefe aus. Inhalte werden nur in sehr begrenztem Ausmass und nur von ausgewählten Lieferanten bezogen. Dem Herstellungsprozess liegen vor allem journalistische und fachliche Fähigkeiten der Redakteure zugrunde. Diese werden im Rahmen einer analytischen, normativen Informationsarbeit eingesetzt. Damit geht die Wertschöpfung weit über eine Vermittlung von Inhalten hinaus: Informationen werden analysiert, gewertet, verdichtet, so dass schliesslich aus dem recherchierten Wissen eine ganz neue Leistung wird. Damit bietet die Zeitung dem Leser zum einen einen Überblick über das Geschehen, zum anderen ausführliche Hintergründe zu den Nachrichten. Wichtig für den Rezipienten ist, dass die Nachrichten nach Relevanz gewertet werden (durch Länge und Anordnung der Artikel in der Zeitung) und zum anderen eine Einordnung sowie die Erklärung von Hintergründen stattfinden.

Marketingressourcen/-wertaktivitäten. Die gut positionierte Marke „Süddeutsche Zeitung" hat im Gesamtmarkt sowie im relevanten Lesermarkt einen sehr hohen Bekanntheitsgrad. Die Sympathie für die Marke liegt erheblich unter dem Bekanntheitsgrad. Dies liegt aber nicht an etwaigen Defiziten des Image der Marke, sondern daran, dass die Marke sich im Lesermarkt vorwiegend über ihre Weltanschauung positioniert. Der Verwendungsgrad wiederum ist niedriger als der Sympathiegrad. Die „Süddeutsche Zeitung" hat in der Vergangenheit ihre Marketingaktivitäten auf dem Lesermarkt verstärkt und auch professionalisiert. Die Zeitung bleibt jedoch eine publizistische Leistung, die sich vor allem über die eigentliche Produktpolitik (Journalismus/Redaktion) differenziert und weniger durch marketingpolitische Massnahmen z.B. im Rahmen der Kommunikationspolitik.

(3) Risiken und Chancen des Internets

Internet als Basis eines neues Geschäftsfeldes

Chancen. Der hohe Bekanntheitsgrad und die klare Positionierung der Marke, bilden eine gute Ausgangslage für ein Engagement im Online-Markt. Insbesondere die Glaubwürdigkeit der Marke kann zu einem Wettbewerbsvorteil vor allem in Relation zu sogenannten Selbstpublizierern oder branchenfremden Anbietern führen. Die besondere Kompetenz der Informationsaufbereitung dürfte von anderen Anbietern im Internet, insbesondere von branchenfremden, nur sehr schwer nachzuahmen sein. Für die „Süddeutsche Zeitung" besteht im Internet die Chance vor allem darin, jüngere Zielgruppen und solche Zielgruppe anzusprechen, die mit der Marke sympathisieren, aber die Zeitung bisher nicht gekauft haben (z.B. aufgrund eines zu geringen Zeitbudgets).

Risiken. Der Erfolg wird in hohem Masse davon abhängen, inwiefern die Zeitung es schafft, die journalistischen Fähigkeiten in einen online-mediengerechten Journalismus umzusetzen. Seine starke Verankerung im Print-Geschäft und die Traditionsverankerung könnten ein Hindernis im Anpassungsprozess im Hinblick auf das Online-Medium darstellen. In bezug auf den Anzeigenmarkt wird der Verlag in einem wesentlich konkurrenzintensiveren Wettbewerbsumfeld agieren müssen. Auch wird er der Herausforderung begegnen müssen, die Auswirkungen abzufedern, die durch die Tatsache entstehen, dass er sich mit dem Angebot von Anzeigen im Internet selbst Konkurrenz macht.

Internet und seine Implikationen für bestehende Geschäftsfelder

Für den redaktionellen Teil der Zeitung stellen Angebote im Online-Markt keine unmittelbare Konkurrenz dar. Die Notwendigkeit des Aufbaus einer Redaktion, die hochwertige journalistische Inhalte produzieren und zum Aufbau einer renommierten Marke beitragen kann, stellt eine sehr hohe Eintrittsbarriere im Online-Markt dar. Der Verlag muss jedoch damit rechnen, dass viele Angebote im Internet Nachrichten präsentieren werden, die auch in der Tageszeitung bereits enthalten sind (z.B. Börsenkurse, Agenturmeldungen). Das Print-Produkt wird jedoch in erster Linie durch seine hohe Glaubwürdigkeit geschützt sowie durch die Kernkompetenz der Informationsarbeit.

Im Anzeigenbereich muss die „Süddeutsche Zeitung“ mit neuen Konkurrenten aus dem Online-Markt rechnen. Dies gilt vornehmlich für die Stellenanzeigen und ähnliche Rubrikenanzeigen. Hier werden dem Print-Objekt nicht nur mit grosser Wahrscheinlichkeit seine bisherigen Konkurrenten aus dem Print-Markt Konkurrenz machen. Auch Branchenfremde, wie Personalvermittlungen oder aber Online-Ausgaben von Magazinen, könnten in dieses attraktive Segment vorstossen. Da die Zeitung aufgrund der hohen Margen im Anzeigengeschäft hier einen hohen Anteil des Gewinns erwirtschaftet, stellt der Online-Markt eine Bedrohung dar.

4.2.3. Typ 3: Das themenzentrierte Nischenangebot[367]

(1) Allgemeine Beschreibung des Angebotes

Unternehmenskultur/Selbstverständnis. Gruner + Jahr AG & Co., Hamburg, ist ein Tochterunternehmen des Medienkonzerns Bertelsmann AG, Gütersloh. Gruner + Jahr setzt im Jahr rund 5 Mrd. DM hauptsächlich mit dem Verkauf von Zeitungen und Zeitschriften um. Der Verlag versteht sich als Anbieter qualitativ hochwertiger Titel für den anspruchsvolleren Leser. Neben dieser publizistischen Orientierung besteht im Verlag eine ausgeprägte Marketingorientierung, die nicht zuletzt die Bildung bekannter und gut positionierter Marken unterstützt hat (z.B. „Stern“, „Geo“). Im *Marktsegment der Wirtschaftspresse* ist Gruner + Jahr mit den Special-interest-Zeitschriften „Capital“, „Impulse“, „Börse Online“ und „Bizz“ vertreten. Die journalistischen Inhalte haben für den Leser meist eine Service- und Nutzwertfunktion und zeichnen sich durch eine hohe Sachkompetenz aus.

Wettbewerb und Verhalten im Lesermarkt. Im relevanten Markt, der durch die Themen inhaltlich abgesteckt ist, steht Gruner + Jahr mit mehreren Wettbewerbertiteln in Konkurrenz (z.B. „Wirtschaftswoche“, „DM“). Die Konkurrenzbeziehungen sind in diesem stark besetzten Marktsegment sehr ausgeprägt und die Aktivitäten des Lesermarketings entsprechend intensiv. Gruner + Jahr verfolgt eine Marktsegmentierungsstrategie, bei der mit einer Reihe von Titeln der gesamte relevante Markt abgedeckt wird. Mit seinen Produkten besetzt Gruner + Jahr Nischen und differenziert sich in erster Linie über für kleine Zielgruppen konzipierte Spezialangebote. Die Bindung der Leser an die Marke ergibt

[367] vgl. u.a. Expertengespräche Kreibich und Wachtel; für Angebote gleichen Typs vgl.: Expertengespräche Puvogel und Fleischmann

sich in erster Linie aus einer speziellen Problemlösungskompetenz, die die Leser dem Titel zuschreiben. Somit kann sich nach mehrmaligem Kauf eine recht feste, eher rational begründete Bindung an die Marke einstellen. Der Aufbau einer festen Bindung wird jedoch durch die Tatsache erschwert, dass der Leser je nach der für ihn relevanten Problemsituation zu der Informationsleistung greift, die ihm eine Lösung für die jeweilige Situation verspricht.

Wettbewerb und Verhalten im Anzeigenmarkt. Die Wettbewerbsintensität im Leser- als auch im Anzeigenmarkt ist hoch, da jeder Anbieter die Marktführerschaft (in dem Segment) anstrebt. Im *Anzeigenmarkt* versucht Gruner + Jahr sich durch die Hervorhebung seiner speziellen Leserschaft und damit einer höheren Kontaktqualität von den Konkurrenztiteln zu differenzieren. Dies bedingt deutliche Vorteile gegenüber General-interest-Titeln mit einer breiten Leserschaft. Innerhalb seines Marktsegmentes allerdings fällt eine Differenzierung aufgrund einer Vielzahl ähnlicher Konkurrenztitel mit ähnlichen Zielgruppen schwer. Daher ist der Verlag trotz seiner Marktsegmentierungsstrategie im Lesermarkt gezwungen, über eine möglichst hohe Leserschaft eine grössere Reichweite als die seiner Konkurrenten zu erzielen. Damit übt er den Spagat zwischen einer zielgruppengenauen Ansprache (geringe Streuverluste) und einer hohen Reichweite.

(2) Verlagsinterne Betrachtung

Journalistische Ressourcen/Wertaktivitäten. Seine Ressourcen liegen in der Beherrschung von speziellen Themengebieten und deren zielgruppengerichteter Aufbereitung. Die *Zielgruppenorientierung* basiert auf einer recht guten Kenntnis der Bedürfnisse der jeweiligen Lesergruppe. Daher kann die Redaktion nicht nur die Wissensrekonstruktion und Informationserarbeitung/-aufbereitung zielgruppengerecht gestalten, sondern auch die Bündelung: Themen werden nach Interesse der Zielgruppe ausgewählt, gewichtet und Artikel zielgruppengerecht gebündelt. Die Fähigkeit, journalistische Inhalte in einem bestimmten *Fachgebiet*, in diesem Fall Wirtschaft, zu generieren, basiert auf fachlichen Kenntnissen. Beide Fähigkeiten - die Zielgruppenorientierung und die fachliche Kompetenz - stellen bereits ein besonderes Know-how dar. Die Kombination jedoch kann als eine nur sehr schwer nachahmbare Kompetenz bezeichnet werden.

Marketingressourcen/-wertaktivitäten. Seine Leserorientierung ist stark ausgeprägt. Entsprechend aufwendig ist das Lesermarketing ausgestaltet. Seine Marken („Capital", „Impulse", „Börse Online", „Bizz") haben einen hohen Bekanntheitsgrad. Die Marken versprechen eine gewisse Problemlösung innerhalb eines thematisch stark eingegrenzten Gebietes. Nach dem Lesen des Angebots kann somit der Rezipient die Qualität i.d.R. gut beurteilen, so dass hier von Marken mit Erfahrungseigenschaften gesprochen werden kann.

Der Anzeigenmarkt wird mit einem professionellen und aufwendigen Anzeigenmarketing bearbeitet. Der Anbieter hat sich als Dienstleister für die werbungtreibende Wirtschaft, vor allem für grosse Markenartikler und Dienstleister etabliert. Er übernimmt über die reine Bereitstellung von Anzeigenplatz hinausgehend beratende Funktionen für die Werbekunden. Die Qualität des Werbeträgers ist insofern hoch, als die Anzeigen mit grosser Wahrscheinlichkeit auf Interesse einer thematisch-interessierten und involvierten Zielgruppe stossen werden.

(3) Risiken und Chancen des Internets

Internet als Basis eines neuen Geschäftsfeldes

Chancen. Der Online-Markt stellt für den Anbieter in erster Linie eine Chancensituation dar. Seine Fähigkeiten können vor dem Hintergrund des Mediums Internet als Stärken gewertet werden. Die Fähigkeit, Probleme seiner Leserschaft zu lösen, kann durch die medialen Eigenschaften des Internets dort besonders zum Tragen kommen.

Risiken. Da Gruner + Jahr mit seiner Marke/Informationsleistung bisher eine relativ kleine Zielgruppe angesprochen hat, könnte sich das Problem ergeben, dass mit der bisherigen Nischenstrategie im Internet nicht die notwendige kritische Masse an Rezipienten erreicht wird.

Im Online-Markt muss der Anbieter mit dem Auftreten eines grossen Teils seiner Konkurrenten aus dem Print-Markt rechnen, die sich auch im Internet als Anbieter von Special-interest-Inhalten positionieren wollen. Des weiteren kann es für Branchenfremde interessant sein, im Internet ihr spezielles Inhalte-Know-how anzubieten (z.B. Versicherungen, Vermögensberater). Dies muss nicht unbedingt mit dem Ziel einer Vermarktung der Informationen geschehen, sondern kann auch im Rahmen der Nutzung des Internets als Handels- bzw. als Verkaufs- und Kundenbetreuungsplattform erfolgen.

Internet und seine Implikationen für bestehende Geschäftsfelder

Für die Print-Produkte stellt das Internet keine akute Bedrohung dar. Es ist kurz- bis mittelfristig weder damit zu rechnen, dass derzeitige Konkurrenten aus dem Print-Markt oder aber branchenfremde Anbieter Leser seines Produktes an sich binden können. Dennoch muss damit gerechnet werden, dass aufgrund der eher rational geprägten Leserblattbindung und der Verwendung der Titel als Problemlöser langfristig Angebote im Internet zur Konkurrenz der Print-Titel führen können. Da das Internet aufgrund der Möglichkeit, Inhalte zu individualisieren, sehr gut dafür geeignet ist, Problemstellungen der Nutzer aufzugreifen, kann es zu Substitutionsbeziehungen zu seinen Titeln kommen.

Auch für das Print-Anzeigengeschäft besteht keine Bedrohung. Mittel- bis langfristig könnten jedoch die Anzeigenkunden das Internet als Darstellungsplattform für ihre Produkte und für themenspezifische Lösungsangebote zu Lasten der Print-Titel nutzen. Da das Internet generell die Möglichkeit zur zielgruppengenauen Werbeansprache - auch innerhalb von nicht-themenzentrierten Online-Angeboten - bietet, muss mit neuen Konkurrenten gerechnet werden.

4.2.4. Typ 4: Der Generalist mit Profil[368]

(1) Allgemeine Beschreibung des Angebotes

Unternehmenskultur/Selbstverständnis. „Focus" ist ein Titel des Medienkonzerns Burda (ca. 1,7 Milliarden DM Umsatz). „Focus" wurde 1993 erfolgreich in den Markt eingeführt und ist neben dem „Spiegel" das zweite Nachrichtenmagazin auf dem bundesdeutschen Pressemarkt. „Focus" versteht sich als Anbieter von Inhalten für die sogenannte Info-Elite: Leser mit einem hohen Informationsbedarf und einem knappen Zeitbudget. Die Marke verspricht die Behandlung einer breiten Themenpalette. Die Position der Marke ergibt sich im wesentlichen aus der Art und Weise der Informationsarbeit, durch welche das Angebot einen unverwechselbaren Charakter erhält.

Wettbewerb und Verhalten im Lesermarkt. Die General-interest-Zeitschrift konkurriert vor allem mit den Publikumszeitschriften „Spiegel" und „Stern". Eine besonders intensive Konkurrenzbeziehung besteht zwischen „Focus" und „Spiegel", die im Markt als Rivalen auftreten und um die Marktführerschaft konkurrenzieren. Während der „Spiegel" für investigativen Journalismus mit langen, gut recherchierten und lesegenussbietenden Artikeln steht, positioniert sich „Focus" vor allem durch die Nutzwertorientierung, die innovative Vernetzung von Text, Bild und Grafik sowie die Konzentration auf relevante Fakten (Werbespruch von „Focus": „Fakten, Fakten, Fakten."). Im redaktionellen Bereich fällt eine starke Orientierung an den Bedürfnissen der Nutzer und damit ein leserorientiertes Verständnis von Journalismus auf. Ein wichtiger Faktor für den Erfolg dürfte zudem der innovative und intensive Einsatz des Marketinginstrumentariums sein.

Aus Sicht des Rezipienten ist der Grad der Produktdifferenzierung der einzelnen Marken in dem Segment hoch. Dieser Grad der Produktdifferenzierung wird jedoch nicht nur über den Grundnutzen erreicht. Zusätzlich wird der emotionale Zusatznutzen betont und eine gewisse Markenbindung über dessen Hervorstellung erreicht. Ein Teil der Käufer entwickelt eine starke Markentreue, insbesondere bei Abonnenten. Nichtabonnenten neigen zu Impulskäufen. Dort muss sich die Zeitschrift gegen die Konkurrenten am Kiosk durchsetzen. Entscheidend sind hier Themenwahl und Titel und nicht so sehr die Marke. Das Involvement dieser Leser kann als durchschnittlich eingeschätzt werden.

---

[368] vgl. u.a. Expertengespräche Klaus, Birghan, Fahr und Hirsch; für Angebote gleichen Typs vgl.: Expertengespräche Hegge und Schmolz/Otto

Wettbewerb und Verhalten im Anzeigenmarkt. Seine Anzeigenkunden gehören i.d.R. zu den grossen Markenartikelunternehmen des Konsumgüter- und Dienstleistungsbereiches sowie der Industrie. Zwar versucht der Anbieter sein Produkt im Anzeigenmarkt durch die Hervorhebung seiner Zielgruppe zu differenzieren. Dies ist aber nur sehr schwer zu erreichen, weil die Zielgruppe sehr heterogen ist und sich nicht wesentlich von der Zielgruppe seiner Konkurrenten unterscheidet. Entscheidend für das Buchungsverhalten ist daher die Auflage bzw. die Reichweite. Die Marktführerschaft, zumindest aber die zweite Position im Lesermarkt ist eine wesentliche Voraussetzung für den Erfolg im Anzeigenmarkt. Über eine professionelle Anzeigenkundenbetreuung versucht „Focus“ sich zusätzlich im Anzeigenmarkt zu profilieren.

(2) Verlagsinterne Betrachtung

Journalistische Ressourcen/Wertaktivitäten. Seine besonderen journalistischen Fähigkeiten werden in einer bestimmten *Art und Weise der Informationsarbeit* deutlich. So besitzen die Journalisten ein Gespür für relevante Themen und besondere handwerkliche Fähigkeiten für die Informationsaufbereitung. In der journalistischen Wertkette steht die Informationsaufbereitung im Vordergrund. Hier wird Wert gelegt auf eine leichte Rezipierbarkeit der Inhalte. Art des Journalismus und Layout sind neben dem eigentlichen Titel bzw. Markenkennzeichen unverwechselbar. Besondere Beachtung wird auf die graphische Gestaltung bzw. die Bebilderung gelegt. Im Lesermarkt steht eine Mischung aus Unterhaltung/Entspannung und Information/Bildung im Vordergrund: Die Informationsleistung soll zwar informieren, aber auch gleichzeitig unterhalten. Dabei ist für den Leser die Art und Weise der *Informationsaufbereitung* entscheidend. Auch die Fähigkeit der Redaktion, Inhalte zu generieren, die eine breite und grosse Leserschaft interessieren, ist eine wesentliche Ressource.

Marketingressourcen/-wertaktivitäten. Im Marketingbereich muss die Fähigkeit des Branding und der Markenpflege hervorgehoben werden. Leser- und Anzeigenmarketing können als professionell bezeichnet werden. Die Marke ist weit über die breit gefasste Zielgruppe hinaus bekannt und erreicht einen ausserordentlich hohen Bekanntheitsgrad in der Bevölkerung. Der Verwendungsgrad liegt allerdings erheblich darunter. Allerdings könnte die Reichweite zum grossen Teil auch nur auf Kosten von Wettbewerbsangeboten erweitert werden. Da der Verlag die Marke „Focus“ zu einer Dachmarke ausgebaut hat, unter der weitere Print-Angebote und auch Fernsehformate zu finden sind, kann hier von einer multimedialen Marke gesprochen werden.

(3) Risiken und Chancen des Internets

Internet als Basis eines neuen Geschäftsfeldes

Chancen. Die überaus hohe Bekanntheit der Marke „Focus“ stellt insofern eine gute Voraussetzung für den Eintritt in den Online-Markt dar, als eine schnelle anfängliche Penetration des Marktes möglich erscheint. Die Themenbreite, die die Marke trägt, eröffnet einen hohen Spielraum für die inhaltliche Ausgestaltung des Angebots. Das Know-how im Umgang mit gestalterischen Elementen, wie beispielsweise Photos und Grafiken, ist eine gute Grundlage für die Nutzung des Mediums. Der Anbieter ist es gewöhnt, in einem Umfeld mit intensivem Wettbewerb zu agieren. Die Journalisten arbeiten daher sehr marktorientiert und beobachten die Konkurrenzprodukte. Diese Grundeinstellung kann in einem transparenten und wettbewerbsintensiven Umfeld sehr vorteilhaft sein. Auch dürfte die Fähigkeit der professionellen Betreuung und Beratung der Werbungtreibenden sowie der dahinterstehende Apparat (Marktforschung etc.) eine gute Voraussetzung für den Einstieg auch in das Online-Werbegeschäft sein. Gleiches gilt für das Lesermarketing.

Risiken. Die Themenbreite, die die Marke trägt, kann auch das Risiko begründen, dass sich der Anbieter im Internet nicht profilieren kann. Gezielte Suche und eine gewisse Informationstiefe sind Vorteile, die das Medium Internet bietet. Eine breite Palette an Themen muss der Anbieter daher um eine gewisse Informationstiefe in den einzelnen Themenbereichen erweitern. Der Erfolg wird letztlich auch davon abhängen, inwiefern es gelingt, ein spezielles Profil auch im Internet zu gewinnen.

Internet und seine Implikationen für bestehende Geschäftsfelder

Der Online-Markt stellt für „Focus" keine zur Zeit erkennbare Bedrohung dar. Für den Leser bietet das Medium Papier immer noch einen grossen Vorteil, indem er die Inhalte zeit- und ortsunabhängig konsumieren kann. Auch der Lesegenuss (Schreibstil etc.) ist ein Nutzen, der auf dem Medium Papier basiert und im Internet nicht generiert werden kann. Im (Print-)Werbemarkt hat er gegenüber dem Internet immer noch den Vorteil einer sehr hohen Reichweite. Auch ist der Generalist mit Profil nicht im Markt für rubrizierte Anzeigen tätig, der einer starken Substitutionskonkurrenz durch das Internet ausgesetzt ist.

C Entscheidungsebenen

1. Marketingziele: Positionierung der neuen Leistung

1.1. Einleitung

Kern dieser Entscheidungsebene ist die Festlegung der Positionierungsziele der neuen Leistung.[369] Die Position der neuen Leistung muss derart gewählt werden, dass es gelingt, relevante Bedürfnisse einer bestimmten, ausreichend grossen Zielgruppe (Nutzer) mit einer massgeschneiderten telematischen Informationsleistung in der subjektiven Wahrnehmung des Nutzers besser als irgend jemand anders (z.B. Konkurrenten) dauerhaft zu befriedigen.[370] Mit der Positionierung der neuen Informationsleistung wird folglich eine dauerhafte und profitable Alleinstellung der neuen Leistung im Markt und im Wettbewerb angestrebt. Die Positionierung wird daher auch als Kernentscheidung des Marketings bezeichnet.[371]

In der Praxis ist zu beobachten, dass im Rahmen des Online-Engagements sehr unterschiedliche Ziele und oft ein ganzes Zielbündel verfolgt werden: Diese reichen von

- Modernisierung des Images des Verlages,
- Positionierung des Print-Produktes als moderne Medienmarke,
- Ansprache neuer Zielgruppen,
- Abwendung der Bedrohung bestehender Produkte durch Angebote im Internet,
- Diversifikation in das neue Medium als logische Erweiterung des Tätigkeitsfeldes eines Informationsanbieters
- bis hin zu diffusen Zielvorstellungen, wenn das Online-Engagement geplant wurde, weil das Thema Internet eine hohe Popularität geniesst und man sich so einem Handlungszwang ausgesetzt fühlte.

Diese Ziele mögen im Einzelfall ihre Richtigkeit haben, müssen aber zwei unterschiedlichen Zielbereichen zugeordnet werden: der Unternehmensebene und der Produkt-, Marken- bzw. SGF-Ebene.[372]

369 Ziele können generell als Orientierungs- und Richtliniengrössen für unternehmerisches Handeln beschrieben werden (vgl. Becker, J. (1998), S. 14): „Ziele stellen Aussagen über erwünschte Zustände dar, die als Ergebnis von Verhaltensweisen eintreten sollen." (Kupsch, P. (1979), S. 15)

370 vgl. Tomczak, T. Roosdorp, A. (1996), S. 26

371 vgl. Tomczak, T. Roosdorp, A. (1996), S. 26

372 Ein *strategisches Geschäftsfeld* (SGF) ist eine Produkt-Markt-Kombination, die einen möglichst isolierten Ausschnitt aus dem gesamten Betätigungsfeld des Verlages beschreibt und für die eigenständige Strategien

Neuproduktziele (SGF-Ebene) sind derivative Ziele:[373] Aus den Marketingzielen auf Verlagsebene werden die Marketingziele auf Ebene des SGF-Online abgeleitet.[374] Dieser derivative Charakter von Marketingzielen auf SGF-Ebene ist vor allem durch die Zweckmittelbeziehungen der beiden Zielebenen zu begründen: Die Erreichung von Marketingzielen auf SGF-Ebene (Mittel) trägt zu Erreichung der Marketingziele auf Unternehmensebene (Zweck) bei.[375] Im Rahmen einer autoritativen Zielplanung werden diese Ziele durch die höhere Instanz bzw. die Marketingleitung (Unternehmensebene) vorgegeben.[376] Ausgehend von den Chancen und Risiken, die vom Online-Markt ausgehen, muss auf Unternehmensebene zunächst die Mission der neuen Leistung innerhalb der Unternehmung festgelegt werden (siehe C 1.2.). Hier kann nochmals unterschieden werden zwischen der *Mission*, die die neue telematische Informationsleistung generell im Unternehmen übernehmen soll (siehe C 1.2.1.), und der *Mission*, die sich speziell auf bestimmte, bereits bestehende Geschäftsfelder richtet (siehe C 1.2.2.). Die *strategische Stossrichtung* schliesslich gibt den Neuheitsgrad der Leistung vor (siehe C 1.2.3.).

Vor diesem Hintergrund wird dann auf der SGF-Ebene die Position der neuen Leistung im Hinblick auf die Bedürfnisse der Nutzer sowie der Ressourcenausstattung des Verlages bestimmt (siehe C 1.3.). Anknüpfend an die vier typischen Ausgangssituationen in Abschnitt B 5. werden mögliche Positionierungsziele anhand von vier Positionierungstypen exemplarisch beschrieben (siehe C 1.4.).

1.2. Mission der Leistungsinnovation

1.2.1. Mission bezogen auf das Unternehmen als Ganzes

Die Entwicklung neuer Leistungen muss im Gesamtzusammenhang des Unternehmens gesehen werden. Der Anfangspunkt der strategischen Unternehmensplanung ist die „business definition“, eine sehr weit gefasste Definition der Unternehmenstätigkeit.[377] Dabei wird nicht auf die eigentlichen Produkte/Dienstleistungen abgezielt, sondern es wird die Problemlösung beschrieben, die ein Verlag anbietet.[378] Im Rahmen dieser so ab-

---

entwickelt werden können. SGF verfügen über strategische Erfolgsfaktoren über die sich strategische Wettbewerbsvorteile bzw. komparative Wettbewerbsvorteile (z.B. besondere Qualität, Image) erzielen lassen. SGF können dabei ein oder mehrere Produkte/Leistungen enthalten. (vgl. u.a.: Kreilkamp, E. (1987), S. 316-323; Haedrich, G.; Tomczak, T. (1990) S. 27-31; Backhaus, K. (1997), S. 21)

373 vgl. Haedrich, G.; Tomczak, T. (1996), S. 184

374 vgl.: Haedrich, G.; Tomczak, T. (1990), S. 76; Kuss, A.; Tomczak, T. (1998), S. 95-96

375 vgl.: Haedrich, G.; Tomczak, T. (1990), S. 76-77; Becker, J. (1992), S. 27

376 vgl.: Kupsch, P. (1979), S. 104-108; Haedrich, G.; Tomczak, T. (1990), S. 77-80

377 Day, G. S. (1990), S. 25-29

378 vgl. Levitt, T. (1960), 45-56

gesteckten Unternehmenstätigkeit und nach einer erfolgten Analyse des Unternehmens und der Umwelt werden dann die Produkte und Märkte festgelegt, in denen das Unternehmen in Zukunft tätig werden will, sowie die Aufgabe, die jede einzelne Produkt-Markt-Kombination in der gesamtunternehmerischen Zielsetzung übernehmen soll (Mission of the (new) business).[379]

Strategische Unternehmensplanung und Marketingplanung auf Unternehmensebene sind sehr eng miteinander verknüpft.[380] In enger Abstimmung mit der generellen Unternehmensstrategie und -planung werden im Bereich Marketing auf Unternehmensebene diese Entscheidungen über den Eintritt in den Online-Markt konkretisiert.[381] Marketingziele auf Unternehmensebene werden von den darüber gelagerten Unternehmenszielen abgeleitet und mit Hilfe der Marktstrategie realisiert, deren zentraler Bestandteil die Marketingstrategie ist; Planungen und Strategien in anderen Funktionsbereichen werden dann berücksichtigt, wenn sie einen wesentlichen Beitrag zu der Erfüllung der Marketingziele auf Unternehmensebene leisten.[382] Die Marketingplanung übernimmt somit „... die Rolle einer funktionalen Leitplanung ...“[383] und es „... kommt den Marketingzielen eine herausragende Steuerungs- und Koordinationsfunktion zu“.[384] Neben den Marketingzielen auf Unternehmens- und Geschäftsfeldebene verfolgen Verlage i.d.R. publizistische Ziele. Diese sollten auch für eine Informationsleistung gelten, die über das neue Medium Internet distribuiert werden. Je nach Verlag können diese Ziele Vorgaben enthalten bezüglich beispielsweise einer politischen Ausrichtung, bestimmter Qualitätsgrundsätze journalistischen Arbeitens sowie gesellschaftspolitischer Zielsetzungen.

Auf Unternehmensebene steht eine Gesamtsicht auf das Aktivitäten-Portfolio des Verlages im Vordergrund: „Angewandt in der strategischen Planung, bedeutet der Portfolio-Ansatz das oberzielorientierte Mischen der verschiedenen Aktivitäten bzw. strategischen Geschäftseinheiten eines (diversifizierten) Unternehmens.“[385] Interdependenzen zwischen den einzelnen SGF werden somit explizit berücksichtigt, denn Ziel muss es sein, ein ausgeglichenes Portfolio zu erreichen.[386]

Demnach kann davon gesprochen werden, dass jedes Geschäftsfeld im Rahmen des gesamten Aktivitäten-Portfolios eine gewisse Aufgabe oder auch *Mission* übernimmt: „Der

379 vgl. Day, G. S. (1984), S. 9-10

380 vgl.: Day, G. S. (1984), S. 3-4; Meffert, H. (1998), S. 74

381 vgl. Lambin, J.-J. (1987), S. 7

382 vgl. Haedrich, G.; Tomczak, T. (1990), S. 25-26

383 Haedrich, G.; Tomczak, T. (1990), S. 24

384 Meffert, H. (1998), S. 74

385 Becker, J. (1998). S. 418. für eine ausführliche Beschreibung und Diskussion des Portfolio-Ansatzes sowie dessen Grundlagen vgl.: Kreilkamp, E. (1987), S. 316-530; Hinterhuber, H. H. (1996), S. 147-169

386 vgl.: Kreilkamp. E. (1987), S. 457-458; Hinterhuber, H. H. (1996), S. 201-202

eigentliche Zweck jeder Innovation liegt stets einige Etagen höher als die Innovation selbst. Sie ist stets ein Mittel, aber ein notwendiges Mittel zur Sicherung der Überlebens- und Ertragsfähigkeit des Unternehmens auf lange Sicht."[387] Die Mission neuer Leistungen im Internet (Mission of the new business) kann vor dem Hintergrund der Analyse der Ausgangssituation in einer Bedrohungsabwendung oder Chancennutzung bestehen.

Mission der Bedrohungsabwendung. Die Aufgabe der Bedrohungsabwendung steht dann im Vordergrund, wenn das angestammte Print-Produkt durch telematische Informationsleistungen bzw. generell durch telematische Angebote im Internet in Substitutionsgefahr geraten könnte. Hier geht es vornehmlich darum, durch ein Online-Engagement aktiv und offensiv diese Bedrohungen abzuwenden oder bei bereits eingetretener Verschlechterung der Geschäftsbedingungen defensiv und reaktiv zu reduzieren.[388] Ziel ist es, abwanderungsgefährdete Leser und Anzeigenkunden an den Verlag zu binden und dauerhaft die Position als bevorzugter Anbieter von Informationen zu sichern, indem im Internet eine neuer Anlaufpunkt geschaffen wird[389] und die bestehenden Leser von der Konkurrenz abgeschottet werden.[390] Damit wird die Schwierigkeit der Mission des neuen Geschäftsfeldes Online deutlich: Die Abwendung der Substitutionsgefahr durch neue Angebote im Internet setzt voraus, dass sich die neue telematische Informationsleistung an bereits vom Print-Produkt angesprochene Zielgruppen wendet.[391] Damit eröffnen sich Substitutionsbeziehungen zwischen den SGF-Print und -Online; bestehendes und neues Geschäftsfeld treten in unmittelbare Konkurrenz.[392] Ein Gesprächspartner drückte dies so aus: „Verlage sind damit die einzigen im Internet, die Geld verdienen müssen."[393]

Mission der Chancennutzung. Auf der anderen Seite steht die Aufgabe, sich als Informationsanbieter auch in dem sich entwickelnden neuen Online-Segment des Medienmarktes zu engagieren, dort Wachstum zu generieren und gesamthaft seine Position als Informationsanbieter auszubauen (Prestige- u. Machtstreben; Sicherung der Zukunft des Unternehmens etc.).[394] Indem vorhandene Stärken eingesetzt werden, sollen komparative Wettbewerbsvorteile gegenüber brancheninternen, aber auch -fremden Mitbewerbern erzielt und so insgesamt die Wettbewerbsfähigkeit des Verlages gefestigt oder verbessert

387 Gälweiler, A. (1990), S. 227

388 vgl. Zanger, C. (1995), Sp. 519-520

389 vgl. Gosh, S. (1998), S. 130. Er spricht von „Creating a customer magnet" (Gosh, S. (1998), S. 130)

390 vgl. Benölken, H.; Greipel, P. (1994), S. 85-66

391 vgl. Meffert, H.; Bruhn, M. (1997), S. 167

392 vgl. Gosh, S. (1998), S. 130

393 siehe Expertengespräch Laukamm

394 vgl. Remmerbach, K.-U. (1989), S. 175

werden.[395] Diese Zielsetzung eröffnet generell einen breiteren Handlungsrahmen als die Bedrohungsabwendung: Hier kann grundsätzlich eine Produkt-Markt-Kombination im Internet ausgewählt werden, die mit den bisherigen Produkten und Zielgruppen keinerlei oder nur eine sehr geringe Verbindung hat, und somit können neue Zielgruppen erschlossen werden.

1.2.2. Mission bezogen auf bestehende Geschäftsfelder

Die printbasierte und die telematische Informationsleistung werden jeweils als eigenständige Planungseinheiten bzw. SGF aufgefasst. Wie bereits angesprochen (siehe C 1.2.1.), stehen jedoch gerade Verlage in einer Bedrohungssituation vor der Herausforderung, zum einen über ein Online-Engagement diese Bedrohung aus Verlagssicht abzuwenden (Mission in bezug auf das Gesamtunternehmen) und auf der anderen Seite hausinterne Substitutionseffekte geringzuhalten.

Damit ist es unerlässlich, Interdependenzrelationen zwischen Zielen des SGF-Print und des SGF-Online zu untersuchen. Interdependenzrelationen „... geben an, ob und inwieweit Zielerreichungsgrade zwischen Zielen korreliert sind".[396] Es muss folglich überprüft werden, inwieweit die Ziele des SGF-Online den Grad der Erfüllung der Ziele der SGF-Print beeinflussen. Im Rahmen einer kooperativen Zielplanung[397] werden die Ziele derart aufeinander abgestimmt, dass ein höherer Zielerreichungsgrad auf Online-Ebene zu einer gesteigerten Zielerreichung auf Print-Ebene führt (Fall der *Zielkomplementarität*) und dass die Erreichung eines höheren Zielerfüllungsgrades auf Online-Ebene nicht die Abnahme des Zielerreichungsgrades auf der Print-Ebene bewirkt (Fall der *Zielkonkurrenz*, z.B. bei zu erwartenden Substitutionseffekten).[398] Damit wird deutlich, dass das SGF-Print nicht die Ziele an sich für das SGF-Online vorgibt. Es kann vielmehr von einer bewussten Koordination der beiden Geschäftsfelder gesprochen werden und somit von einer Mission, die das SGF-Online der SGF-Print gegenüber zu erfüllen hat. ENGELHARDT verweist auf die Notwendigkeit, Verbundwirkungen aufgrund ihrer zentralen Bedeutung für den Markterfolg entweder passiv zu nutzen oder aber durch aktive Massnahmen zu schaffen, zu verstärken oder aber auch abzumildern, wie z.B. bei Substitutionseffekten zwischen Online und Print.[399] Die Sichtweise unterscheidet sich sehr deutlich von einer Sichtweise des Internets als Kommunikations- und Distributionskanal und einem Online-Engagement als Instrument, welches lediglich eingesetzt wird, um

---

[395] vgl. Zanger, C. (1995), Sp. 520

[396] Kupsch, P. (1979), S. 26

[397] siehe Fussnote 376

[398] vgl. Kupsch, P. (1979), S. 26-28

[399] vgl. Engelhardt, W. H. (1976), S. 77-78

Marketingziele im Rahmen der strategischen Markenführung der Zeitungen/Zeitschriften zu erreichen.[400]

So kann das SGF-Online eine Mission im Hinblick auf bestehende SGF-Print übernehmen. Es erscheint sinnvoll, die neue Online-Leistung derart mit den bestehenden abzustimmen, dass positive Spill-over-Effekte auf bestehende Zeitungen/Zeitschriften ermöglicht werden. Print und Online werden damit als Verbund gesehen,[401] über den vor allem absatzfördernde Synergiepotentiale erschlossen werden sollen.[402] Die Entscheidung, dem SGF-Online eine Mission gegenüber dem SGF-Print zu übertragen, hängt dabei von der generellen Ausgangssituation des Print-Produktes ab und von der Substitutionsgefahr, der es durch das Internet ausgesetzt ist.

Im Rahmen der Bedrohungsabwendung kann das SGF-Online dazu eingesetzt werden, das Print-Produkt zu stärken und somit nicht nur die Bedrohung aus einem Gesamtunternehmenszusammenhang abzuwenden, sondern auch speziell von dem bedrohten SGF-Print. Über mögliche positive Spill-over-Effekte von der telematischen auf die printbasierte Informationsleistung soll die Position der Print-Produkte gestärkt werden. Es muss einschränkend bemerkt werden, dass ein Engagement im Online-Markt zwar eine entscheidende Massnahme ist, die Bedrohungssituation abzuwenden, weitere Massnahmen auf SGF-Print-Ebene aber nicht ersetzen kann. So muss auch das Print-Produkt bzw. die dort verfolgten Strategien und eingesetzten Massnahmen den Erfordernissen der Konsumenten und des Wettbewerbs angepasst werden.

Die Ziele des SGF-Print werden im Rahmen der strategischen Markenführung als „... die kontinuierliche und systematische Pflege von eingeführten Marken“[403] festgelegt. Die Print-Marke wird vor dem Hintergrund des Produktlebenszyklusmodells gepflegt, um ein Abgleiten in eine Stagnations- oder Schrumpfungsphase zu verhindern.[404] Ziele auf SGF-Ebene bzw. Ebene des SGF-Print müssen im Hinblick auf Zielinhalt, Zielausmass und Zielperiode festgelegt werden und können in ökonomische Ziele sowie Positionierungsziele unterschieden werden.[405] Anknüpfend an die Analyse der Ausgangssituation in Abschnitt B 5. können Positionierungsziele im Print-Markt sich zum einen auf Image und Bekanntheit der Marke und zum anderen auf die Leser beziehen.

---

[400] So unterscheidet auch ALPAR in Aktivitäten im Internet, die der Unterstützung internetunabhängiger Geschäftsfelder dienen, und Aktivitäten, die die Erschliessung von neuen Geschäftsfeldern auf der Basis des Internets zum Ziel haben. (vgl. Alpar, P. (1998), S. 154)

[401] siehe zu Verbundbeziehungen Abschnitt C 4.4.2.

[402] vgl. Gälweiler, A. (1990), S. 88

[403] Haedrich, G.; Tomczak, T. (1994), S. 927

[404] vgl. Haedrich, G.; Tomczak, T. (1990), S. 30

[405] vgl. ausführlich Haedrich, G.; Tomczak, T. (1990), S. 80-96; zu Positionierungszielen siehe auch Abschnitt C 1.3.1.

Image. Medienmarken sind, die Imagedimension betrachtet, stabile Gebilde, die im Lauf ihres Lebenszyklus meist nur leicht verändert und damit den Anforderungen des Marktes angepasst werden. Umpositionierungen, bei denen das Markenimage in wesentlichen Bestandteilen in kurzer Zeit verändert wird, laufen dem Sinn einer Zeitungs-/Zeitschriftenmarke entgegen: Solche Medienmarken sollen Vertrauen und Glaubwürdigkeit symbolisieren und dienen dem Leser quasi als Beurteilungsersatz für sogenannte Vertrauenseigenschaften, d.h. Eigenschaften, die durch den Leser nur sehr schwer oder gar nicht beurteilbar sind. Eine starke Veränderung des Image könnte leicht zur Unglaubwürdigkeit der Marke bzw. des Produktes und schliesslich zum Verlust von Lesern führen. Veränderungen beziehen sich damit meist auf folgende Sachverhalte:

- *Variation.* Die Variation des Markenimage beschränkt sich i.d.R. auf die Dimension der Zeitgemässheit. So wird meist nur das Layout verändert, oder es werden beispielsweise neue Themenbereiche in die Berichterstattung aufgenommen.[406]
- *Profilschärfung.* Hier werden einstellungsrelevante Imagekomponenten besonders betont und eine eindeutigere Abgrenzung zu Konkurrenzprodukten angestrebt.

Bekanntheit. Die Bekanntheit einer Medienmarke ist zum einen ein wichtiger Faktor, um neue Leser zu akquirieren. Aufgrund der Titelflut und der Tatsache, dass Zeitungen/Zeitschriften Vertrauensgüter sind, und der daraus zu folgernden Wichtigkeit der Orientierungsfunktion von Medienmarken, bietet eine bekannte Marke einen wesentlichen Kaufanreiz gegenüber Marken, die einem potentiellen Käufer unbekannt sind. Zum anderen ist neben dem Image die Bekanntheit auch über die Zielgruppe hinaus eine wichtige Voraussetzung für die Erreichung publizistischer Ziele. Wollen Zeitungen als meinungsmachend gelten, so ist eine hoher Bekanntheitsgrad unerlässlich.

Leserbezogene Ziele. Auch hier muss zunächst einschränkend erwähnt werden, dass sich Zeitungen/Zeitschriften im Prinzip auf die bereits angesprochenen Zielgruppen beschränken müssen. Die Ansprache einer völlig neuen Zielgruppe würde wahrscheinlich den Verlust bisheriger Leser bedeuten. So grenzt sich das Zielfeld auf folgende Ziele ein:

- *Neue Leser.* Im Rahmen einer verstärken Penetration des Marktes sollen entweder neue Kunden gewonnen werden, die bereits zur Zielgruppe gehören, aber bisher nicht erreicht werden konnten. Oder aber es soll der bisher bediente Markt arrondiert werden, und es werden Kunden angesprochen, die sich in ihren Bedürfnissen nur leicht von der Kernzielgruppe unterscheiden. So versuchen z.B. Tageszeitungen verstärkt über Supplements oder neue Rubriken jüngere Leser anzusprechen.

---

406 So gibt es z.B. seit einiger Zeit in vielen Publikationen eine neue Rubrik, die sich mit neuen Medien beschäftigt.

- *Bestehende Leser.* Die Bemühungen können aber auch auf bereits bestehende Leser gerichtet werden, beispielsweise mit dem Ziel, diese stärker an die Zeitung/Zeitschrift zu binden oder aber deren Kaufrate zu erhöhen.

1.2.3. Strategische Stossrichtung der neuen Leistung

Die strategische Stossrichtung als prinzipielle Leitlinie für die Entwicklung des neuen Produktes bzw. für die Positionierung[407] bestimmt den Neuheitsgrad der Leistung und der Zielgruppen aus Sicht des Verlages sowie das Ausmass der Neuartigkeit in der Wahrnehmung der Nachfrager.[408] In welchem Grad etwas als neu bezeichnet wird, ist immer sehr subjektiv und vor allem auch relativ. Aufgrund der Neuartigkeit des Mediums kann davon ausgegangen werden, dass sowohl der Verlag als auch die Nutzer jede Leistung im Internet zunächst als neu empfinden werden. Vor dem Hintergrund stehen dem Verlag drei strategische Stossrichtungen zur Verfügung:

- *Diversifikation i.e.S.* Der von ANSOFF geprägte Begriff der Diversifikation beschreibt eine strategische Stossrichtung mit aus Unternehmenssicht neuen Produkten in neue Märkte (Zielgruppen) und wird generell mit einem Vorstoss verbunden in Bereiche, die mit dem angestammten Geschäft in keinerlei sachlichem Zusammenhang stehen.[409] Darunter würde im Online-Markt beispielsweise das Besetzen einer anderen Multimedia-Wertaktivität[410] als der des Bereiches Inhalte fallen, z.B. Service-providing (*laterale Diversifikation*), oder aber der Verlag würde eine Wertaktivität übernehmen, die der bisherigen vor- oder nachgeschaltet ist, z.B. Liefern von Inhalten an andere Inhalteanbieter (*vertikale Diversifikation*).[411]
- *Angebotsdiversifikation.* Es kann hingegen auch von Diversifikation gesprochen werden, wenn mit einer neuen Leistung, die mit bestehenden Leistungen *verwandt* ist, bestehende Zielgruppen angesprochen werden.[412]

---

407 vgl. Haedrich, G.; Tomczak, T. (1996), S. 133

408 vgl. Köhler, R. (1993), S. 257

409 vgl. Ansoff, H. I. (1966), S. 132. Generell können durch die Kombination einer Marktdimension und einer Produktdimension vier Strategierichtungen abgeleitet werden: *Marktdurchdringungsstrategie* (gegenwärtiger Markt/gegenwärtiges Produkt), *Marktentwicklung* (neuer Markt/gegenwärtiges Produkt), *Produktentwicklung* (gegenwärtiger Markt/neues Produkt) und *Diversifikation* (neuer Markt/neues Produkt). (vgl. auch: Aaker, D. A. (1989), S. 237-277; Becker, J. (1998) S. 148)

410 siehe Abschnitt B 1.3.1. zur Multimedia-Wertschöpfungskette

411 Im Rahmen der *vertikalen Diversifikation* ist das neue Produkt bisherigen Produkten vor- oder nachgelagert, und im Rahmen der *lateralen Diversifikation* wird ein Vorstoss in völlig neue Bereich vorgenommen, so dass das neue Produkt in keinerlei Zusammenhang zu bestehenden Aktivitäten steht. (vgl. Aaker, D. A. (1989), S. 260-272)

412 vgl. Mattmüller, R.; Tunder, R. (1998), S. 592. Damit lehnen MATTMÜLLER/TUNDER sich an die Produkt/Markt-Matrix von ANSOFF (siehe Fussnote 409) an, erweitern aber den Begriffsinhalt der Diversifikation auf strategische Stossrichtungen, bei denen das neue Produkt mit den bestehenden verwandt ist

- *Angebots- und Zielgruppendiversifikation.* Hier entwickelt der Verlag eine neue, wiederum mit bestehenden Leistungen *verwandte* Leistung und wendet sich damit an neue Zielgruppen.[413]

Der Vorteil einer Angebotsdiversifikation bzw. einer Angebots-/Zielgruppendiversifikation besteht aus Sicht des Verlages in der Möglichkeit, aufgrund des bestehenden Verwandtschaftsgrades Ressourcen auf das neue Geschäftsfeld zu übertragen.[414] Daher können Verlage insbesondere gegenüber Branchenfremden über die Nutzung verschiedener Synergiearten Wettbewerbsvorteile generieren (siehe Abbildung 29).[415]

Art	Beschreibung
Verkaufs-synergie	Ausnutzung vorhandener Kapazitäten (im Leser- und Anzeigenmarketing); gemeinsame Aktionen im Absatzbereich; Verwendung gemeinsamer Markenzeichen; Nutzung bestehender Kundendaten und -abrechnungssysteme (IT-Kompetenz).
Produktions-synergie	Aggregation von Massnahmen im Beschaffungs- und Produktionsbereich; Nutzung von bestehenden Redaktionssystemen; eventuell Übernahme bestimmter, bereits digital erfasster Inhalte in die telematische Informationsleistung; Nutzung der Ressourcen auf journalistischer Ebene.
Investitions-synergie	gemeinsame Nutzung bestehender Marktdaten; Nutzung der Kapazitäten der grossen Marktforschungsabteilungen.
Management-synergie	je stärker sich die Management-Aufgaben in bezug auf das neue SGF bzw. das neue Produkt ähneln, desto grösser kann diese Art von Synergie sein. Von Verlag zu Verlag wahrscheinlich sehr unterschiedlich. Während die grossen Verlage sehr viel Erfahrung mit der Einführung neuer Produkte haben, ist dieses Aufgabengebiet für viele Regional-Zeitungsverlage Neuland und entspricht nicht der Unternehmenskultur. Insbesondere Kenntnisse des Informations- und des Werbemarktes bieten Synergiepotentiale.
Start-up-Synergie	Synergien in der Planungs- und Anlaufphase; Zeitersparnis gegenüber den Konkurrenten.
Operating-Synergie	Synergien, realisiert während Durchführung.

Abbildung 29 Arten von Synergien und deren Potentiale im Verlag[416]

(horizontale Diversifikation (vgl. Becker, J. (1998), S. 164)), und zum anderen auf den Tatbestand, dass nicht beide Dimensionen (Produkt, Zielgruppe) aus Sicht des Unternehmens neuartig sein müssen.

413 vgl. Mattmüller, R.; Tunder, R. (1998), S. 592

414 vgl.: Chatterjee, S.; Wernerfelt, B. (1991), S. 33-48; Hanssen, R. A.; Schneider, M. (1992), S. 103-117; Stalk, G.; Pecaut, D. K.; Burnett, B. (1997), S. 81-89; Hirzel, M. (1993), S. 93-96

415 vgl.: Ansoff, H. I. (1987), S. 79-86; Ropella, W. (1989), S. 176-180; Gälweiler, A. (1990), S. 88-92
Dabei handelt sich i.w.S. um sogenannte *Economies-of-scope*. Diese basieren im wesentlichen auf Kostensynergieeffekten, die sich einstellen, weil die Produktion mehrerer verschiedener Produkte innerhalb eines Unternehmens billiger ist als die arbeitsteilige Erstellung jeweils eines Produktes. (vgl.: Oberender, P. (1994 Scope), S. 487; Panzar, J. C.; Willig, R. D. (1981), S. 268-272; Chandler, A. D. (1990), S. 21-31)

Die Diversifikation in verwandte Bereiche und die Nutzung von Synergiepotentialen wird immer wieder in Studien als Erfolgsfaktor neuer Produkte genannt:[417]

- *Technisch-produktionswirtschaftliche Synergien.* Kann ein Unternehmen technisch-produktionswirtschaftliche Synergien nutzen, so sind diese Innovationen erfolgreicher, als wenn das Unternehmen in dieser Hinsicht neue Kompetenzen aufbauen muss.
- *Absatzwirtschaftliche Synergien.* Einen hohen Einfluss auf den Erfolg haben absatzwirtschaftliche Synergien. Diese beziehen sich auf die Möglichkeit der Nutzung von Know-how im Marketingbereich. Dies ist u.a. ein Grund, warum Innovationen erfolgreicher sind, die Gemeinsamkeiten mit bestehenden Produkten aufweisen. In Verlagen werden Synergien vor allem durch die Bildung von Markenfamilien, bei denen unter einer Dachmarke verschiedene Medien gruppiert sind, gefördert.[418]
- *Neuartigkeit und relevante Bedürfnisse.* Produktinnovationen, die von den Nachfragern als neuartig empfunden werden und relevante Bedürfnisse decken, sind erfolgreicher als Imitationen bzw. Produkte mit geringen Abwandlungen. Im Bereich dienstleistungsähnlicher Angebote erscheint es zudem vorteilhaft, wenn Nutzer die neue Leistung mit bestehenden in Verbindung bringen können, „... because clients can more easily associate the new service with the firm's established reputation".[419]
- *Start-up-Synergie.* Das Anknüpfen an bestehende Ressourcen kann zu Zeitvorteilen führen: „Im Rahmen der Wettbewerbsstrategie kann die Zeit unter den Aspekten der Geschwindigkeit, der Erreichung des richtigen Zeitpunktes sowie als Wettbewerbsvorteil/Markteintrittsbarriere Bedeutung erlangen."[420] So kann davon ausgegangen werden, dass ein früher Markteintritt eines sogenannten Pioniers positiv mit seinem späteren Marktanteil korreliert.[421] Dies gilt insbesondere vor dem Hintergrund der Be-

---

416 Zusammenfassung in Anlehnung an: Ansoff, H. I. (1987), S. 79-86; Ropella, W. (1989), S. 176-180; Gälweiler, A. (1990), S. 88-92

417 vgl. Köhler, R. (1993), S. 285-286. Für eine Übersicht über verschiedene Studien vgl.: Köhler, R. (1993), S. 255-293; Craig, A.; Hart, S. (1992), S. 1-4; Huxold, S. (1990), S. 198-205; Hauschildt, J. (1993), S. 295-326. Für einzelne Studien vgl. u.a.: Cooper, R. G. (1984), S. 5-54; Brentani, U. de (1991), S. 33-59; Mahajan, V.; Wind, Y. (1988), S. 59-65; Rumelt, R. P. (1982), S. 359-369; Palepu, K. (1985), S. 239-255

Als Misserfolgsfaktoren können dynamische Märkte, hoher Produktpreis in Relation zum Konkurrenzangebot, hohe Wettbewerbsintensität und hohe Produktloyalität bezüglich des Konkurrenzangebots sowie hoher Neuigkeitsgrad für das Unternehmen genannt werden. (vgl. oben angeführte Literatur und u.a. Huxold, S. (1990), S. 203)

418 Schuh, C. (1996), S. 239-241

419 Brentani, U. de (1991), S. 49

420 Simon, H. (1989), S. 71; vgl. u.a.: Stalk, G. (1988), S. 41-51; Eisenhardt, K. M.; Brown, S. L. (1998), S. 59-69

421 vgl.: Simon, H. (1989), S. 83-87, insbesondere S. 86 (siehe dort auch für Zusammenfassung von Ergebnissen von Studien unter der Fragestellung, wie beeinflusst der Markteintritt den Marktanteil.); Makadok, R. (1998), S. 683-696. Ob ein früher Markteintritt sinnvoll ist, soll an dieser Stelle nicht abschliessend beantwortet werden und wird auch in der Literatur kontrovers diskutiert. (vgl. u.a.: Brockhoff, K. (1993), S. 257; Clement, M.; Litfin, T.; Vanini, S. (1998), S. 205-226)

sonderheiten einer Internet-Ökonomie (Netzwerkexternalitäten / Positive-feedback), die einen schnellen Aufbau einer möglichst grossen Kundenbasis erfordern.[422] Der Vorteil des Pioniers ist zudem, dass er „... einen weissen Fleck auf der kognitiven Landkarte des Verbrauchers belegt".[423] Zeit wird insbesondere dann zum Wettbewerbsfaktor, wenn nur durch ihren Verbrauch Wettbewerbsvorteile aufgebaut werden können.[424] Dies ist vor allem bei intangiblen Grössen der Fall (z.B. Goodwill).

1.2.4. Ableitung von vier möglichen Missionen der neuen Leistung

Zusammenfassend lassen sich vier Missionen des Online-Engagements beschreiben, die sich jeweils aus der Mission in bezug auf das Gesamtaktivitäten-Portfolio des Verlages, der Mission in bezug auf das bestehende SGF-Print und der strategischen Stossrichtung ergeben (siehe Abbildung 30):

Mission / Kriterien	instrumentelle Mission	strategische, obligatorisch-integrative Mission	strategische, fakultativ-integrative Mission	strategische, nicht-integrative Mission
Ausgangs-situation	weder Bedrohung noch Chance	Bedrohung	Chance	Chance
Mission in bezug Gesamt-Portfolio	keine Mission	Kompensation substituierter oder substitutionsgefährdeter Einnahmen	Generierung zusätzlicher Einnahmen; Wachstum	Wachstum
Mission in bezug auf SGF-Print	keine Mission	Stärkung des bedrohten SGF-Print (obligatorisch)	Unterstützung des SGF-Print (fakultativ)	keine
Strate-gische Stoss-richtung	Einsatz des Internets als Kommunikations-kanal	Angebots-diversifikation (verwandt)	Angebotsdiversifikation u./o. Zielgruppendiversifikation (verwandt)	Diversifikation i.e.S. (entfernt)

Abbildung 30 Vier mögliche Missionen der neuen Leistung[425]

Die Pionier-Strategie gehört neben der frühen und der späten Folgerstrategie zu den drei Grundtypen von Timing-Strategien. Der *Pionier* tritt als erstes Unternehmen in der frühen Marktphase in den Markt ein. Durch ihn wird der Markt erst geschaffen. Seine Aufgabe liegt darin, den Markt aufzubauen. Der *frühe Folger* tritt nach dem Pionier aber in jedem Fall vor dem Take-off in den entstehenden Markt ein. Sein Markteintritt fällt zusammen mit einer Neustrukturierung auf Anbieterseite. Der *späte Folger* tritt nach einer erneuten Umstrukturierung des Wettbewerbs aber in jedem Fall nach dem Take-off des Marktes ein. (vgl. Becker, J. (1998), S. 379-380)

422 vgl. Shapiro, C.; Varian, H. R. (1998), S. 168-169

423 Simon, H. (1989), S. 87

424 vgl. Simon, H. (1989), S. 89

Die instrumentelle Mission. Für den Verlag bzw. seine Produkte stellt das Internet weder eine Bedrohung noch die Chance zur Diversifikation dar. Die angebotenen Leistungen stehen nicht in Substitutionskonkurrenz zu Angeboten im Online-Markt. Da der Verlag aber nicht über die nötigen Ressourcen und Kernkompetenzen verfügt und nur wenige Leser der Print-Publikation das Internet nutzen, besteht für ihn auch nicht die Möglichkeit der Diversifikation ins Internet. Dennoch kann auch er das Internet nutzen: Im Rahmen der strategischen Markenführung bestehender Produkte wird das Internet ausschliesslich als Instrument der Kommunikationspolitik eingesetzt. Das Online-Engagement ist somit kein eigenständiges Produkt und auch keine eigenständige SGF. Im Internet werden beispielsweise das Inhaltsverzeichnis der aktuellen Ausgabe des Print-Produktes oder einige Artikel abgebildet, Bestellmöglichkeiten des Print-Produktes angeboten sowie die Möglichkeit, per E-Mail Leserbriefe abzuschicken. In dem Fall wäre folglich die Nutzung des Internets eine Entscheidung, die auf der Ebene des SGF-Print getroffen werden würde und nicht auf der Unternehmensebene.

Im Gegensatz zu der instrumentellen Mission haben die folgenden drei Missionen strategischen Charakter, da neue Märkte erschlossen und neue strategische Geschäftsfelder aufgebaut werden. Daher werden sie als *strategische* Missionen bezeichnet.

Die strategische, obligatorisch-integrative Mission. Durch das Internet sind bestehende Zeitungen/Zeitschriften einer Substitutionskonkurrenz ausgesetzt. Über die neue Leistung sollen zum einen substitutionsgefährdete Einnahmeströme des Print-Produktes frühzeitig über eine telematische Informationsleistung im Verlag gehalten werden und zum anderen der Versuch unternommen werden, die Substitutionsgefahren so gering wie möglich zu halten. Daher übernimmt die telematische Informationsleistung die Mission, das Print-Produkt zu stärken. Da Print- und Online-Leistung zur Vermeidung von Substitutionseffekten und Erzielung positiver Verbundeffekten als Verbund gesehen werden müssen, wird diese Mission als *obligatorisch-integrativ* bezeichnet. Dazu müssen Verbindungen zwischen dem Online- und dem Print-Produkt geschaffen werden, beispielsweise über ein gemeinsame Marke, so dass die strategische Stossrichtung in verwandte Bereich geht. Die telematische Informationsleistung ist aber dennoch ein eigenständiges Produkt, welches ein SGF bildet, für die es eine eigene Marketingstrategie zu entwickeln gilt.

Die strategische, fakultativ-integrative Mission. Dieser Verlag befindet sich in einer Chancensituation. Aufgrund der Ressourcen und Kernkompetenzen kann in den Online-Markt diversifiziert werden, mit dem Ziel, zusätzliche Einnahmen zu generieren. Um aber möglichst Synergiepotentiale nutzen zu können und auch Aufgaben im Bereich der strategischen Markenführung des Print-Produktes erfüllen zu können, wird eine strategische

---

[425] eigene Darstellung

Stossrichtung in verwandte Bereiche geplant. Diese integrative Sichtweise wird dabei aus einer Kann-Perspektive eingenommen: Der Verlag entscheidet sich bewusst, in verwandte Bereich zu diversifizieren und damit Online und Print als Verbund zu sehen, weil er Synergiepotentiale schaffen und erschliessen will, aber nicht, weil durch eine neue Leistung die Bedrohung abgewendet werden soll. Daher wird diese Mission als *fakultativ-integrativ* bezeichnet im Sinne von freiwillig das Print- und das Online-Engagement verbindend.

Die strategische, nicht-integrative Mission. Die Chance, die das Internet bietet, soll mit der Entwicklung und Einführung einer Leistung wahrgenommen werden, mit der der Verlag in völlig neue Märkte vorstossen kann (Diversifikation im i.e.S.). Er verzichtet i.d.R. damit bewusst auf eine Ausstattung des neuen SGF mit einer Mission in bezug auf bestehende SGF. Auch schätzt er die Gewinn- und Wachstumsmöglichkeiten mit einer derartigen Diversifikation höher ein als positive Effekte aus der Realisierung von Synergiepotentialen.

Zur Aufgabenstellung der Arbeit zählt die Beantwortung der Frage, wie sich speziell Verlage im Internet engagieren können. Vor diesem Hintergrund ist zum einen eine ressourcen-orientierte Gestaltung der Leistung sinnvoll und zum anderen eine geschäftsfeldübergreifende, integrative Sichtweise.

Die instrumentelle Mission, bei der das Internet als Kommunikationskanal genutzt wird, mag in einigen wenigen Fällen gerechtfertigt sein, z.B., wenn die Zielgruppe des SGF-Print (noch) nicht das Internet nutzt (z.B. Senioren), keine gewinnbringende Übertragung der Ressourcen auf das neue Medium möglich ist (z.B. Handarbeitszeitschrift, die im wesentlichen aus Schnittmustern im Massstab 1:1 besteht) oder der Verlag schlichtweg nicht über die Ressourcen verfügt. Dies ist jedoch eher ein Sonderfall. Es kann davon ausgegangen werden, dass Verlage durchaus über entsprechendes Know-how verfügen. Eine instrumentelle Sichtweise würde in diesem Fall die Chancen des Internets nicht nutzen.

Die strategische, nicht-integrative Mission wird ebenfalls nicht weiter betrachtet. Gerade die Möglichkeit der Nutzung bestehender Ressourcen und die Erzielung von Verbundeffekten, die bei einer strategischen, nicht-integrativen Mission nicht gegeben sind, unterscheidet Verlage von branchenfremden Anbietern, die weder auf Bestehendes zurückgreifen noch Verbundeffekte erzielen können.

1.3. Positionierung als Kernentscheidung

Von den auf Unternehmensebene definierten Zielen (Mission in bezug auf das gesamte Aktivitäten-Portfolio, Mission in bezug auf das SGF-Print und strategische Stossrichtung) müssen nun konkrete Ziele auf Geschäftsfeldebene für die neue Leistung abgeleitet werden. Diese Ziele müssen bezüglich des *Inhaltes* (Was soll im Rahmen der Leistungsinnovation erreicht werden?), des *Ausmasses* (Wieviel soll davon erreicht werden?) und des *Zeitraumes* (Wann sollen die Ziele erreicht worden sein?) präzisiert werden:[426]

Zielausmass/Zielperiode. Bei der Festlegung des *Zielausmasses* und der *Zielperiode* ist im Online-Markt zu beachten, dass aufgrund der Dynamik des Marktes solche Vorgaben immer wieder zu überprüfen sind. Aussagen bezüglich des Zielausmasses und der Zielperiode übernehmen auf der einen Seite eine wichtige Orientierungsfunktion in einem dynamischen Umfeld, auf der anderen Seite aber darf nicht stur an den Zielvorgaben festgehalten werden, wenn sich die Rahmenbedingungen verändern.

Zielinhalt. Die mit dem Online-Engagement verfolgten Ziele können in formale bzw. ökonomische und psychografische/psychologische bzw. Positionierungsziele unterschieden werden.[427] Formale bzw. ökonomische Ziele sind i.d.R. quantitativer Natur und beziehen sich auf das Wachstum (Umsatz, absoluter und relativer Marktanteil) und auf den Ertrag (Deckungsbeitrag bzw. Kosten).[428]

Im Rahmen der *Positionierungsziele* definiert die SGF-Leitung,

- „... welche relevanten Bedürfnisse beziehungsweise Probleme,
- welcher wirtschaftlich interessanten Kundengruppen sie mit welchen massgeschneiderten Angeboten
- in der subjektiven Wahrnehmung der Kunden dauerhaft besser als irgend jemand anderer zufriedenstellen beziehungsweise lösen will“.[429]

Die Positionierungsziele können als den Formalzielen vorgelagerte Ziele bezeichnet werden: Über die Erreichung der angestrebten Positionierungsziele lassen sich beispielsweise über eine erhöhte Preisbereitschaft, Intensivierung und Frequenz der Käufe dann zusätzliche Käufe und damit auch die quantitativen Ziele wie Wachstum und Ertrag realisieren.[430]

Ein besonderes Problem bei der Positionierung im Online-Markt stellt die Erfassung der Kundenbedürfnisse dar. Da die Nutzer erst Schritt für Schritt die Funktionalitäten des Trägermediums Internet und der dort angebotenen Leistungen entdecken müssen, sie folglich dort auch Bedürfnisse befriedigen können, derer sie sich vorher nicht bewusst

---

[426] vgl. Becker, J. (1992), S. 20-24

[427] vgl. Becker, J. (1992), S. 48-52; vgl. auch Meffert, H. (1994), S. 95-101

[428] vgl. Tomczak, T.; Reinecke, S. (1995), S. 502-503

[429] Tomczak, R. ; Reinecke, S. (1996), S. 3

[430] vgl. Tomczak, T.; Reinecke, S. (1995), S. 502-503

waren, darf sich die Positionierung nicht ausschliesslich an artikulierten Wünschen der Kunden ausrichten (*reaktive Positionierung*), sondern muss sich an latenten Wünschen und Bedürfnissen der Nutzer orientieren (*aktive Positionierung*).[431] Nur so wird im übrigen sichergestellt, dass die Informationsleistungen auch die Möglichkeiten des Mediums nutzen und im Vergleich zu den bereits bestehen Print-Produkten oder anderen Segmenten des Medienmarktes eine innovative Problemlösung bzw. Bedürfnisbefriedigung bieten anstatt einer nur inkrementell veränderten Version des Print-Produktes.[432] Um eine aktive Positionierung zu realisieren, stehen zwei Ansatzpunkte zur Verfügung:[433]

Outside-in-Orientierung. Zunächst werden latent vorhandene Bedürfnisse einer Kundengruppe identifiziert (mittels z.B. Kundenpartizipation, Situationsanalyse, Kreativitäts- und Prognosetechniken, explorative Expertengespräche), für die dann eine innovative Problemlösung entwickelt wird.[434] Vorteile der Outside-in-Orientierung für die Positionierung von telematischen Informationsleistungen sind:

- Interaktivität ermöglicht die Gewinnung von Informationen über Kundenbedürfnisse; Nutzer hinterlassen über ihr Leseverhalten digitale Spuren, die Aufschluss über deren Bedürfnisse geben können;
- Eine Outside-in-Orientierung verhindert das Denken in alten Kommunikationsmustern (Massenkommunikation) und zwingt zum Denken in den Kommunikationsbedingungen des Mediums Internet und trägt damit zur Entwicklung tatsächlich innovativer Problemlösungen bei.[435]

Inside-out-Orientierung. Ausgehend von der spezifischen Ausstattung des Verlages (Ressourcen und Kernkompetenzen), wird eine innovative Problemlösung entworfen, für die dann Kunden gesucht werden, deren Bedürfnisse mit dieser Problemlösung befriedigt werden können. Voraussetzung ist, dass das Ressourcenpotential nicht imitierbar, spezifisch für die Unternehmung, nicht substituierbar ist und somit tatsächlich ein Nutzen für den Kunden gestiftet wird.[436] Vorteile der Inside-out-Orientierung für die Positionierung von telematischen Informationsleistungen sind:

- Anknüpfen an Bestehendes; ermöglicht damit die Nutzung von Synergiepotentialen[437]

---

431 vgl. Tomczak, T. Roosdorp, A. (1996), S. 29-33

432 vgl. Hinterhuber, H. H. (1996), S. 9-11

433 vgl. Tomczak, T., Roosdorp, A. (1996), S. 29

434 vgl.: Tomczak, T., Roosdorp, A. (1996), S. 29-31; Kreilkamp, E. (1994), S. 81-99

435 siehe zu Kommunikationsbedingungen im Internet Abschnitt B 3.2.2

436 vgl. Tomczak, T., Roosdorp, A. (1996), S. 31-32

437 siehe C 1.2.3.

- Inside-out-Orientierung kann Wettbewerbsvorteil in bezug auf branchenfremde Anbieter bedingen, da diese die erforderlichen Ressourcen und Kernkompetenzen (z.B. Marke, Inhalte, journalistisches Know-how) erst aufbauen müssen.

Für die Positionierung einer telematischen Informationsleistung empfiehlt sich eine Synthese beider Ansatzpunkte.[438] Die Orientierung an internen Ressourcen ermöglicht eine ressourcenorientierte Leistungsgestaltung, das Erschliessen von Synergiepotentialen und kann damit dazu beitragen, Wettbewerbsvorteile gegenüber Branchenfremden aufzubauen. Die Orientierung an den latenten Bedürfnissen der Nutzer zwingt den Verlag, interne Kulturbarrieren und ein Denken in den Schemata der Massenkommunikation und des Print-Marktes zu überwinden. Über eine Synthese soll vor allem verhindert werden, das Verlage Gefahr laufen, „... to underestimate the ability of firms from outside the established industriy to overcome important technological obstacles, to gain market acceptance for the new product, and to establish a defensible competitive position".[439]

Zusammenfassend werden die Positionierungsziele zunächst von der Mission des neuen SGF bzw. der Marketingziele auf Unternehmensebene abgeleitet. Die eigentliche Position der neuen Leistung wird dann im Rahmen einer Outside-in- und Inside-out-Orientierung auf Ebene des SGF festgelegt (siehe Abbildung 31).

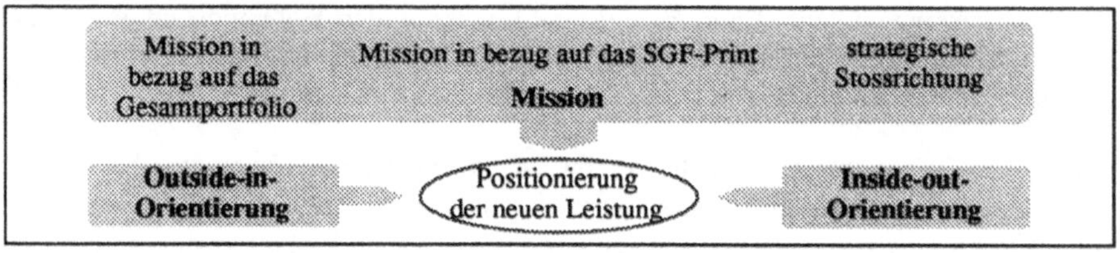

Abbildung 31 Positionierung in Abhängigkeit der Mission, der Nutzerbedürfnisse und der Ressourcen des Verlages[440]

Im folgenden werden anknüpfend an die in Abschnitt B 5. beschriebenen Ausgangssituationen vier typische Positionierungen neuer telematischer Informationsleistungen beschrieben.

---

[438] vgl.: Meyer, A.; Dullinger, F. (1998), S. 720; Tomczak, T., Roosdorp, A. (1996), S. 32-33

[439] Cooper, A. C.; Smith, C. G. (1992), S. 63

[440] eigene Darstellung

1.4. Beschreibung typischer Positionierungen

1.4.1. Typ 1: Der Dienstleister für die Region

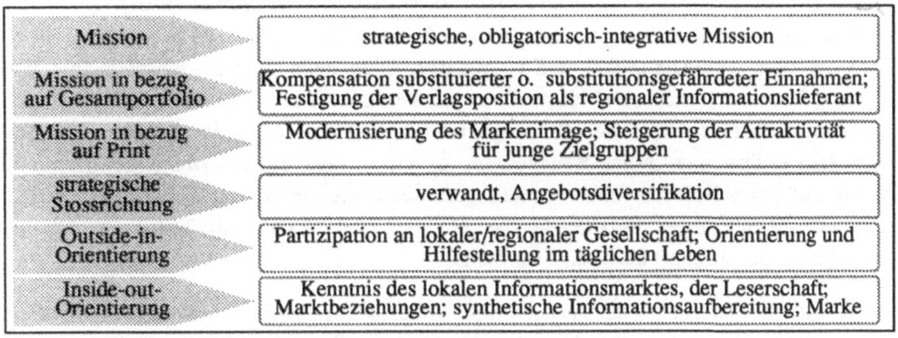

Abbildung 32 Positionierung als Dienstleister für der Region[441]

Mission. Mit dem Online-Engagement wird eine strategische, obligatorisch-integrative Mission verfolgt. Der neuen telematischen Informationsleistung kommt in bezug auf das Gesamtunternehmen die Abwendung der durch die Entwicklung des Internets entstandenen Bedrohung zu. Seine Monopol- oder aber marktbeherrschende Stellung im Print-Markt wird er nur dauerhaft halten können, wenn es ihm gelingt, auch im Internet in seinem regional abgegrenzten Markt eine marktbeherrschende Stellung aufzubauen. Daraus lässt sich auch die Mission der telematischen Informationsleistung in bezug auf die bestehende Regional-/Lokalzeitung ableiten. Zum einen ist eine Abstimmung des Online-Engagements mit der Zeitung unerlässlich, um Substitutionseffekte so gering wie möglich zu halten. Zum anderen wird er die neue Leistung derart positionieren, dass die substitutionsgefährdete Zeitung im Print-Markt gestärkt wird. Dies ist vor allem vor dem Hintergrund zu sehen, dass die Zeitung im wesentlichen im Bereich der Anzeigen gefährdet ist. Gelingt es nicht, diese Einnahmen auch im Print-Markt stabil zu halten, wird die Produktion der Zeitung unrentabel. Die Substitution der Werbeeinnahmen würde in letzter Konsequenz die Einstellung der Zeitung bedeuten und damit auch den Verlust der Einnahmen im Lesermarkt. Gleichzeitig muss die Zeitung aber auch im Lesermarkt gestärkt werden, damit die Qualität als Werbeträger erhöht und damit die Substitutionsgefahr verringert wird.

Aus diesen beiden Missionen ergibt sich die Notwendigkeit einer Angebotsdiversifikation. Nur wenn mit der neuen Leistung ähnliche Zielgruppen angesprochen werden,

[441] eigene Darstellung

können zum einen durch das Online-Engagement neuer Konkurrenten abwanderungsgefährdete Print-Zielgruppen aufgefangen werden, und zum anderen besteht dann auch die Chance, diese stärker an das Print-Produkt zu binden.

Outside-in-Orientierung. Auch im Internet orientiert sich der Verlag an den generellen Bedürfnissen der Mitglieder einer regionalen/lokalen Gesellschaft. Diese bestehen in einem auf den regionalen/lokalen Ereignismarkt bezogenen Informationsbedürfnis. Die Zeitung hat aber bereits im Print-Markt diese Vermittlerrolle ausgeweitet und die Unterstützung der Leser in der Bewältigung und Planung des regionalen Lebens übernommen. Hier knüpft das Online-Engagement an, indem über das Informationsbedürfnis in bezug auf journalistische Inhalte hinaus gesamthaft die Orientierungsbedürfnisse in bezug auf alle wichtigen Lebenslagen im Rahmen des Daseins als Teil einer regionalen/lokalen Gesellschaft befriedigt werden.

Inside-out-Orientierung. Der Verlag knüpft in bezug auf den Rezipientenmarkt vor allem an seine Ressourcen im journalistischen Bereich an. Einen besonderen Stellenwert hat dabei seine Kenntnis und seine Verwurzelung in der regionalen/lokalen Gesellschaft. Damit verfügt er über ein Wissen oder auch Gespür, welches nicht so schnell von Konkurrenten nachgeahmt werden kann. Die Herausforderung besteht zum einen darin, dieses Wissen derart zu analysieren, dass Bedürfnisse erkannt werden, die die Zeitung bisher nicht befriedigen konnte. Zum anderen besteht die Herausforderung darin, dieses Wissen im Internet derart umzusetzen, dass nicht nur Informationsbedürfnisse der Nutzer, sondern auch gesamthaft Orientierungsbedürfnisse befriedigt werden. Seine journalistische Informationsarbeit basiert neben einer synoptisch,verdichtenden und analytisch, normativen Informationsaufbereitung vor allem in einer synthetischen Informationsaufbereitung mit agglomerativen Mehrwerteffekten. Insbesondere diese letzte Fähigkeit, die auf Verbindungen zu Inhaltelieferanten im Informationsmarkt beruht, baut er im Internet aus. Eine weitere wichtige Ressource, die der Anbieter auf das Internet überträgt, ist seine starke Marke (hoher Bekanntheitsgrad, Image).

Während er sich im Print-Markt als regionalzentriertes Angebot positioniert hat, kann seine Position im Online-Markt als *Dienstleister für die Region* bezeichnet werden. Damit betont er zum einen seine Regionalzentrierung und zum anderen seine Funktion als Anlaufpunkt im Rahmen von Orientierungsbedürfnissen der Nutzer.

1.4.2. Typ 2: Der meinungsbildende Qualitätsführer

Mission	strategische, obligatorisch-integrative Mission
Mission in bezug auf Gesamtportfolio	Kompensation substitutionsgefährdeter Einnahmen; Festigung der Positon als überregionaler Informationslieferant
Mission in bezug auf Print	Modernisierung des Markenimage; Steigerung der Attraktivität für junge Zielgruppen
strategische Stossrichtung	verwandt, Angebotsdiversifikation
Outside-in-Orientierung	Partizipation an nationaler Gesellschaft; Orientierung und Hilfestellung im täglichen Leben
Inside-out-Orientierung	Kenntnis/Beziehung des Informationsmarktes; Analytisch-verdichtende Informationsarbeit; Qualität der Wertaktivitäten; Marke

Abbildung 33 Positionierung als meinungsbildender Qualitätsführer[442]

Mission. Mit dem Online-Engagement wir eine strategische, obligatorisch-integrative Mission verfolgt. Die Mission des neuen SGF ist vor dem Hintergrund der Bedrohungssituation der Zeitung zu sehen. Ziel ist es, substitutionsgefährdete Einnahmeströme auf das Online-Engagement zu lenken. Dabei steht der Verlag gleichzeitig vor der Herausforderung, die Substitutionsgefahr für das Print-Produkt zu verringern und die Zeitung zu stärken (z.B. über Modernisierung der Marke). Indem er sich auch im Internet engagiert, festigt er gesamthaft seine Position als herausragender Lieferant überregionaler Inhalte. Auch verfolgt er das Ziel, über das Internet jüngere Zielgruppen zu erschliessen.

Outside-in-Orientierung. Mit dem Online-Engagement knüpft er an die im Print-Markt gestifteten Nutzen durch Vermittlung von Werte/Normen und damit an die gesellschaftspolitische Orientierungsfunktion an. Er versucht, die Bedürfnisse der Nutzer zu befriedigen, die i.w.S. in den Bereichen Partizipation an der nationalen Gesellschaft, Orientierung/Meinungsbildung und Hilfestellung im täglichen Leben als Mitglied einer Gesellschaft liegen.

Inside-out-Orientierung. Im Bereich journalistischer Ressourcen basiert der Verlag sein Online-Angebot auf der Fähigkeit einer analytisch, verdichtenden Informationsarbeit. Seine Kompetenz, qualitativ hochwertige Inhalte zu generieren, setzt er gezielt ein, um sich von anderen, insbesondere branchenfremden Anbietern zu differenzieren. An alle Wertaktivitäten der Informationsarbeit legt er seine hohen Qualitätsmassstäbe an.

Während er sich im Print-Markt als Traditionsangebot mit gesellschaftspolitischer Funktion positioniert hat, strebt er im Online-Markt eine Position als *meinungsbildenden Qua-*

442 eigene Darstellung

litätsführer an. Damit betont der auch weiterhin seine gesellschaftspolitische Funktion, hebt aber die journalistische Qualität als wesentliches Differenzierungskriterium hervor.

1.4.3. Typ 3: Die Plattform für themenspezifische Lösungen

Mission	strategische, fakultativ-integrative Mission
Mission in bezug auf Gesamtportfolio	Generierung zusätzlicher Einnahmen; Wachstum
Mission in bezug auf Print	Verstärkung der Imagekomponente fachliche, inhaltliche Kompetenz
strategische Stossrichtung	verwandt, Angebots- u./o. Zielgruppendiversifikation
Outside-in-Orientierung	Hilfestellung bei der Lösung individueller Probleme; Austausch mit anderen in ähnlicher Situation
Inside-out-Orientierung	fachliches, inhaltliches Know-how; Kenntnis der Probleme der Leser; Fähigkeit, Probleme zu lösen

Abbildung 34 Positionierung als Plattform für themenspezifische Lösungen[443]

Mission. Mit dem Online-Engagement verfolgt der Verlag eine strategische, fakultativ-integrative Mission. Das Internet stell für ihn in erster Linie eine Chancensituation dar, die er nutzt, sein bisheriges Betätigungsfeld auf ein neues Medium auszuweiten. Dort richtet er sich im wesentlichen an bereits bestehende Zielgruppen, versucht aber über eine bisher verfolgte Nischenpolitik hinaus, neue Zielgruppen zu erreichen. Online und Print sieht er als Verbund an, um den Lesern seiner Zeitschriften auch im Internet ein Informationsangebot zu bieten und so generell seine Position in seinem Marktsegment zu festigen oder auszubauen.

Outside-in-Orientierung. Im Print-Markt befriedigt er Informationsbedürfnisse innerhalb eines Sachgebietes für jeweils spezifische Zielgruppen. Seine Leser kaufen seine Produkte, weil sie einen Überblick über bestimmte Themenbereiche bieten und sie bei einer bestimmten Problemstellung unterstützen. Über seine Zeitschriften kann er jedoch immer nur typische, aber nie individuelle Probleme lösen. Hier setzt er mit dem Online-Engagement an.

Inside-out-Orientierung. Er knüpft an seine Stärke der zielgruppengerechten Aufbereitung und vor allem Bündelung von Inhalten an und damit vor allem an sein tiefes Verständnis der Problemstellung der bisher angesprochenen Zielgruppen. Er basiert seine Positionierung damit weniger auf einer bestimmten Art der Informationsaufbereitung (z.B. synthetisch, analytisch), sondern auf dem Wissen, mit welcher Art der Informations-

[443] eigene Darstellung

aufbereitung welche Problemstellung am besten zu lösen ist. Das Verständnis für die Probleme der Zielgruppen und die vor allem auf fachlichem Wissen basierenden Fähigkeiten, diese Probleme zu lösen, bilden die Basis für sein Online-Engagement.

Während er im Print-Markt seine einzelnen Titel in Nischen positioniert hat, strebt er im Online-Markt eine Position als *Plattform für themenspezifische Problemlösungen* an. Damit betont er zum einen seine generelle Problemlösungskompetenz in einem bestimmten Fachgebiet und zum anderen seine auf individuelle Probleme bezogene Lösungskompetenz.[444]

1.4.4. Typ 4: Der Generalist mit Profil

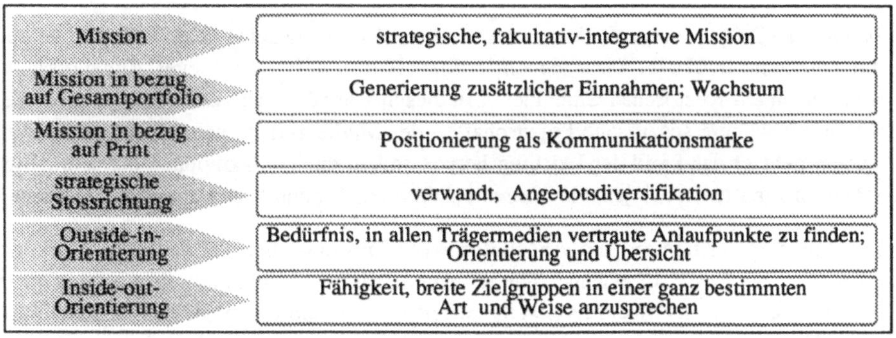

Abbildung 35 Positionierung als Generalist mit Profil[445]

Mission. Mit dem Online-Engagement verfolgt der Verlag eine strategische, fakultativ-integrative Mission. Über ein Online-Engagement sollen zusätzliche Einnahmeströme generiert werden. Eine Mission in bezug auf das Print-Produkt wird dabei von der neuen telematischen Informationsleistung angenommen, ist aber fakultativ, d.h. nicht durch eine Bedrohungssituation des Print-Produktes zwingend notwendig. Der Anbieter ist mit der Print-Marke bereits in anderen Medien präsent und versteht das Online-Engagement als logische Erweiterung seines Betätigungsfeldes. Sein Ziel ist es, über seine Marke in allen sinnvollen Kommunikationskanälen Präsenz zu zeigen und somit als Ansprechpartner in allen Medien zu fungieren. Die Marke wird damit zu einer Kommunikationsmarke ausge-

---

444 BENÖLKEN/GREIPEL sprechen von der vom Kunden wahrgenommenen Problemlösungskompetenz als Strategische Erfolgsposition (SEP = „... eine durch den Aufbau von wichtigen und dominierenden Fähigkeiten bewusst geschaffene Voraussetzung, die es einem Unternehmen erlaubt, Konkurrenzüberlegenheit ... zu erreichen.“ (Benölken, H.; Greipel, P. (1990), S. 186)) Der *Problemlöser* zeichnet sich dabei vor allem durch zielgruppenspezifische Beratungskompetenz und Spezial-Know-how aus. (vgl. Benölken, H.; Greipel, P. (1990), S. 195-196)

445 eigene Darstellung

baut. Dabei richtet er sich in allen Medien an eine im Prinzip gleiche Zielgruppe und versucht so, jeweils Rezipienten anzusprechen, die beispielsweise den Kommunikationskanal Print nicht nutzen. Die neue telematische Informationsleistung kann folglich als Angebotsdiversifikation verstanden werden.

Outside-in-Orientierung. Der Anbieter orientiert sich im Internet, wie auch bei den anderen Produkten der Marke, an dem Bedürfnis der Nutzer, einen Ansprechpartner in dem Medium zu haben, der nicht bestimmte Leistungen, sondern eine breite Leistungspalette auf eine bestimmte Art anbietet. Des weiteren setzt er die medialen Eigenschaften des Internets gezielt ein, um solche Nutzen zu stiften, die speziell nur im Internet, aber nicht mit der Zeitschrift generiert werden können (medienabhängige Nutzen), wie z.B. Kommunikation, Individualisierungen.

Inside-out-Orientierung. Zunächst einmal nutzt der Verlag seine überaus bekannte und gut positionierte Marke. Diese signalisiert dem Nutzer sofort ein breites Angebotsspektrum mit einem spezifischen Charakter. Um diesen Charakter zu verdeutlichen, greift der Verlag auf weitere spezifische Eigenschaften der Marke zurück, wie z.B. Logo, Layout. Zudem hebt er das Profil der Leistung hervor, indem die Wertaktivitäten der journalistischen Informationsarbeit jeweils in einer bestimmten Art und Weise ausgeführt werden.

Der Anbieter positioniert sein Angebot sowohl im Print- als auch im Online-Markt als *Generalist mit Profil.* Er zeichnet sich in beiden Märkten dadurch aus, dass er zum einen die Eigenschaften des Mediums jeweils gezielt einsetzt, um die möglichen medienabhängigen Nutzen zu generieren, und zum anderen, dass er über die Art der Informationsarbeit seinen spezifischen Charakter unterstreicht.

2. Aufgaben

2.1. Einleitung

Im Zentrum dieses Abschnitts C 2. steht die Entscheidungsebene Aufgaben.[446] Diese schliesst sich direkt an die in Abschnitt C 1. getroffenen Zielentscheidungen an, indem Aufgaben zur Erfüllung der Ziele abgeleitet werden. Grundsätzlich gibt es vier Wachstums- und Ertragsgeneratoren, an die angeknüpft werden kann, um die Marketingziele zu erreichen. Diese Wachstums- und Ertragsgeneratoren sind zum einen bestehende und neue Kunden/Rezipienten und zum anderen bestehende und neue Leistungen (siehe Abbildung 36).

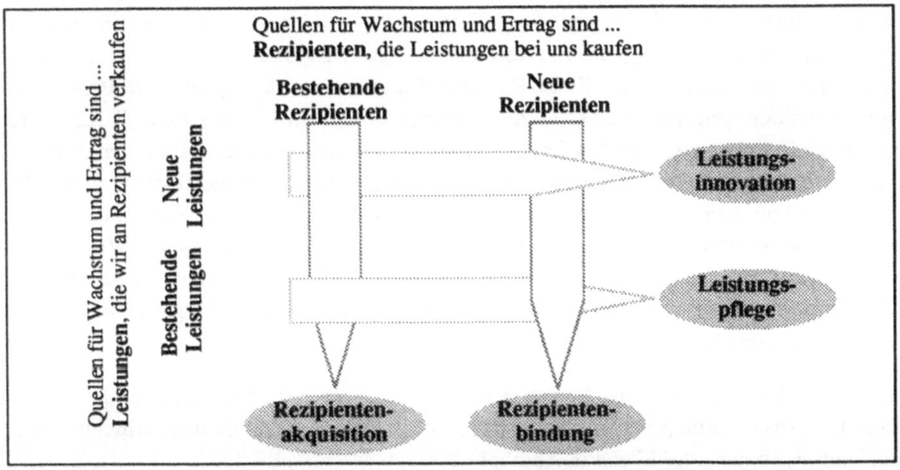

Abbildung 36 Wachstums- und Ertragsgeneratoren im Marketing und die Ableitung der Aufgaben[447]

Daraus lassen sich vier Aufgaben ableiten: Rezipientenakquisition- und -bindung sowie Leistungsinnovation und -pflege (siehe Abbildung 36). Die Marketingstrategie legt fest, wie die Aufgaben grundsätzlich ausgestaltet werden sollen; und im Rahmen des instrumentellen Marketing wird entschieden, mit welchem Marketingmix die Aufgaben reali-

---

[446] Der aufgabenorientierte Ansatz wurde entwickelt von Tomczak, T.; Reinecke, S. (1996). Weiterentwickelt wurde er von: Tomczak, T.; Reinecke, S. (1998a); Tomczak, T; Reinecke, S. (1998b); Corsten, D. S. (1997); Tomczak, T.; Reinecke, S. (1997)

[447] in Anlehnung an Tomczak, T.; Reinecke, S. (1996), S. 5 und 6

siert werden sollen.[448] Damit sind die Marketingaufgaben das Bindeglied zwischen der Entscheidungsebene Ziele und der Entscheidungsebene Strategie auf der einen Seite sowie zwischen der Entscheidungsebene Ziele und der Entscheidungsebene Konzeption der Leistung (Marketinginstrumente) auf der anderen Seite. Die Aufgaben geben gemeinsam mit der Grundsatzstrategie Leitlinien für den Einsatz der Marketinginstrumente bzw. die Konzeption der Leistung vor.[449]

Im Rahmen des Managements der Aufgaben[450] muss zunächst je nach Ausgangssituation bzw. Zielentscheidungen eine Aufgabe oder eine Aufgabenkombination als Schwerpunkt herausgearbeitet werden (*Fokussierung*) (Abschnitt C 2.2.1.) Die zur Erfüllung der jeweiligen Schwerpunktaufgabe eingesetzten Instrumente müssen dabei aufgrund möglicher Interdependenzen harmonisiert werden (*Harmonisierung*). Da sich die für eine Aufgabe eingesetzten Instrumente i.d.R. auch auf die Erfüllung anderer Aufgaben auswirken, müssen die instrumentellen Entscheide aufeinander abgestimmt werden (*geschäftsfeldinterne Integration*) (Abschnitt C 2.2.2). Die Integration der Aufgaben ist erst dann vollständig, wenn die SGF-Online-Aufgaben mit denen des SGF-Print abgestimmt worden sind (*geschäftsfeldübergreifende Integration*) (Abschnitt C 2.3.). Ziel der geschäftsfeldübergreifenden Integration ist es, den Instrumenteneinsatz derart zu kanalisieren, dass die neue telematische Informationsleistung zur Unterstützung des SGF-Print beitragen kann, Synergiepotentiale entdeckt, über den gezielten Einsatz der Instrumente schliesslich auch tatsächlich realisiert werden können und damit die *Mission* des SGF-Online in bezug auf das bestehende SGF-Print erfüllt werden kann. In Abschnitt C 2.4. werden dann zusammenfassend die Vorteile eines Denkens in Aufgaben im Rahmen der vorliegenden Problemstellung diskutiert.

Die folgenden Ausführungen beziehen sich auf das generelle Management der Aufgaben. Die Ausgestaltung auf grundsatzstrategischer Ebene erfolgt dann in Abschnitt C 3. und auf instrumenteller Ebene in Abschnitt C 4.

2.2. SGF-Online-Aufgaben und geschäftsfeldinterne Integration

2.2.1. Aufgaben des SGF-Online

Um die Zielsetzung auf SGF-Online-Ebene umzusetzen, knüpft der Verlag an den Ertragsgenerator Neue Leistungen an: Über die Entwicklung neuer Leistungen sollen die Chancen genutzt und die Bedrohungen abgewendet werden bzw. die abgeleitete

---

448 vgl. Tomczak, T.; Reinecke, S. (1996), S. 3-8, insbesondere Darstellung S. 4

449 vgl. Tomczak, T.; Reinecke, S. (1996), S. 8

450 vgl. Tomczak, T.; Reinecke, S. (1996), S. 8-17

Mission erfüllt werden. Daraus lässt sich zunächst die Aufgabe der Leistungsinnovation als Schwerpunktaufgabe ableiten (siehe Abbildung 37):

Leistungsinnovation umfasst sämtliche Massnahmen von der Entwicklung der Produktkonzeption bis hin zur Markteinführung neuer Angebote.

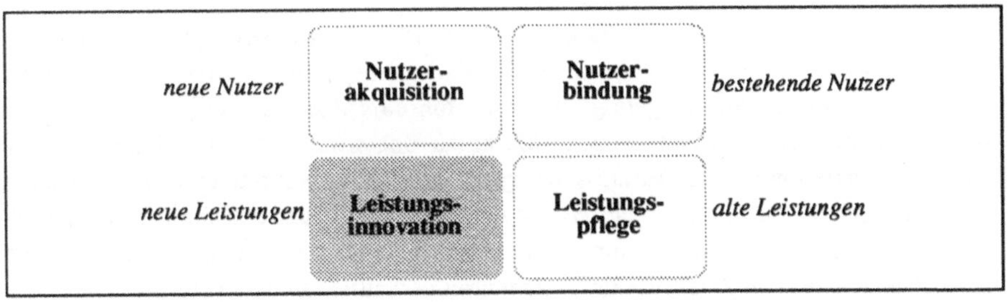

Abbildung 37 Leistungsinnovation als Schwerpunktaufgabe des SGF-Online[451]

Die Fokussierung auf die Entwicklung einer neuen Leistung ist aufgrund des Entwicklungsstadiums des Mediums Internet gerechtfertigt: Verlage stehen vor der Herausforderung, auf den Eigenschaften des Mediums basierend neue Formate und deren Bestandteile zu entwickeln. Ähnlich wie sich im Fernsehen verschiedene Formate wie Nachrichtensendungen, Spiel- oder Talk-shows oder printbasierte Formate wie General-interest-Zeitschriften, regionale Tageszeitungen und Anzeigenzeitungen herausgebildet haben, gilt es nun, im Internet Formate im Sinne von Grundformen von Leistungen oder Leistungsbestandteilen zu entwickeln.

Wenn folglich die Leistungsinnovation schwerpunktmässig betrachtet wird, so soll damit nicht zum Ausdruck gebracht werden, dass dies generell die herausragende Aufgabenstellung innerhalb eines Verlages ist. Vielmehr ist diese Aufgabe in bezug auf das SGF-Online aufgrund der Neuartigkeit des Mediums und der schwerpunktmässigen Betrachtung der Phase der Neuproduktplanung dominierend.[452] Positionierungsziele auf SGF-Online-Ebene können allerdings nur dauerhaft erreicht werden, wenn Nutzer gebunden und akquiriert werden und die Leistung den Veränderungen der Nutzerbedürfnisse und

451 in Anlehnung an Tomczak, T.; Reinecke, S. (1996), S. 6

452 So ist es durchaus denkbar, dass, generell bezogen auf den Verlag, andere Aufgaben, wie z.B. die Rezipientenbindung, im Vordergrund stehen. (vgl. Tomczak, T.; Reinecke, S. (Hrsg.) (1998); Diese am Forschungsinstitut für Absatz und Handel, Universität St. Gallen, durchgeführte empirische Studie zeigt für die einzelnen Aufgaben jeweils erfolgreiche Fallbeispiele auf.) So verfolgt beispielsweise die Verlagsgruppe Milchstrasse vornehmlich die Aufgabe Leistungsinnovation und führt immer wieder Zeitschriften mit innovativen Konzepten in den Markt ein, wie z.B. die Zeitschrift Fit for Fun. (vgl. Gräf, H. (1998), S. 163-171)

des Wettbewerbs ständig angepasst wird. Damit schliessen sich die Aufgaben Nutzerakquisition, -bindung und Leistungspflege auf Ebene des SGF-Online an.

Nutzerakquisition umfasst Massnahmen, die bewirken, dass Nutzer erstmalig die telematische Informationsleistung kaufen.

Die Akquisition von Nutzern nimmt in der frühen Phase des Lebenszyklus der Informationsleistung eine wichtige Rolle ein: In die Wachstumsphase wird die Informationsleistung nur eintreten, wenn es gelingt, in der Einführungsphase, der Phase des „grössten Marktwiderstandes"[453], Hemmnisse im Markt zu überwinden.[454] Die Akquisition von Nutzern ist insbesondere die Voraussetzung für den Erfolg bestimmter Teilleistungen innerhalb der telematischen Informationsleistung: Basieren Leistungen auf Netzwerkeffekten, ist eine kritische Masse an Nutzern unerlässlich.[455] Darüber hinaus ist die generierte Leser-/Nutzerschaft die Basis der im Werbemarkt verkauften Leistungen.[456]

Nutzerbindung umfasst alle Tätigkeiten des Verlages, die verhindern, dass Nutzer zu Konkurrenzangeboten innerhalb und ausserhalb des Internets wechseln und Tätigkeiten, die Wiederholungskäufe bestehender Kunden anregen.

Kundenbindung „... umfasst die Art und das Ausmass des Kundeninteresses, die Beziehung zu einem bestimmten Anbieter aufrechtzuerhalten ...".[457] Die Bedeutung einer erhöhten Nutzerbindung ergibt sich generell durch ihre positive Wirkung auf ökonomische Zielgrössen.[458] In der Phase der Markteinführung kann die Stärkung der Nutzerbindung zudem den Diffusionsprozess der neuen telematischen Informationsleistung wesentlich unterstützen.[459] Es wird davon ausgegangen, dass der Diffusionsprozess eine aus sich heraus entwickelnde Dynamik entfaltet. Je mehr Kunden eine Innovation nutzen, desto attraktiver wird das Angebot und desto mehr Informationen werden über diese Innovation bekannt.[460] Dieser Diffusionsprozess muss aktiv durch das Marketing unterstützt

---

453 Becker, J. (1992), S. 536

454 vgl.: Levitt, T. (1965), S. 82; Geschka, H. (1984), S. 7-16

455 siehe auch Abschnitt B 2.

456 siehe Abschnitt B 4.1.2.

457 Tomczak, T.; Dittrich, S. (1997), S. 14

458 vgl.: Meffert, H.; Bruhn, M. (1997), S. 145-146; Tomczak, T.; Dittrich, S. (1997), S. 12-13; Becker, J. (1998), S. 631

459 Diffusionsmodelle gehen der Frage nach, „... welchen Ausbreitungsverlauf eine Innovation am Markt erfahren wird". (Weiber R. (1993), S. 35) Für einen Überblick über die Diffusionsforschung vgl. Mahajan, V.; Muller, E.; Bass, F. M. (1990), S. 1-26. Des weiteren versuchen sie zu erklären, welche verhaltenswissenschaftlichen Zusammenhänge hinter der Entwicklung solcher Produktlebenszyklen stehen. (vgl. Schmalen, H.; Binninger, F.-M. (1994), S. 5).

460 vgl. z.B. Böcker, F.; Gierl, H. (1989), S. 171-173

werden.[461] Während generell in der Einführungsphase die Kundenakquisition einen hohen Stellenwert einnimmt, müssen in der Wachstums- und Reifephase verstärkt Kunden gebunden werden.[462]

Die Bindung der Nutzer an die telematische Informationsleistung ist generell und nicht nur in späteren Phasen des Lebenszyklus der Leistung aus folgenden Gründen ein sehr wichtiger Erfolgsfaktor. Erstens sinken die Akquisitionskosten, wenn Nutzer regelmässig die telematische Informationsleistung kaufen, die periodisch in einem bestimmten Rhythmus erscheint, der höher sein kann als bei Print-Medien. Zweitens kann davon ausgegangen werden, dass Nutzer sehr leicht zwischen den Angeboten wechseln können:[463] Wird der Nutzer von der Leistung enttäuscht, wechselt er mit einem Mausklick zu einem Konkurrenzangebot. Drittens fördert eine hohe (psychologische) Bindung der Nutzer die Bereitschaft, bestimmte Tätigkeiten bzw. Rollen zu übernehmen und den Prozess der Leistungserstellung zu unterstützen, beispielsweise, indem er Inhalte generiert oder aber Vollzugs- und Unterstützungsfunktionen übernimmt.[464] Bestimmte Leistungen wird er nur erbringen wollen, wenn er ein Interesse an einer langfristigen Bindung hat.

Leistungspflege umschliesst die Tätigkeiten, die zu einer möglichst lang andauernden, erfolgreichen Marktpräsenz der telematischen Informationsleistung führen. Hierunter fallen auch Planung und Einführung von Nachfolgeleistungen (Relaunches) und die Elimination von Leistungen.

Bei der Pflege der telematischen Informationsleistung steht der Verlag zwischen der unternehmensinternen Anforderung, Positionierungsziele umzusetzen, und auf der anderen Seite der Herausforderung, diese Ziele bzw. die erfolgte Positionierung im Rahmen der Positionierungspflege permanent den Entwicklungen von Kundenbedürfnissen und Wettbewerb im noch jungen und sich schnell und zum Teil auch unvorhersehbar verändernden Online-Markt anzupassen.[465] Dies erfordert eine *dynamische Positionierung*.[466]

Die Leistungspflege ist jedoch deutlich von der Leistungsinnovation zu trennen. In der Praxis ist zu beobachten, dass immer wieder telematische Informationsleistungen in den Markt eingeführt werden, die nicht ausgereift sind und die einen starken Testcharakter haben. Dahinter steht der Gedanke des Learning-by-doing: Das Verhalten der Nutzer soll studiert, die Nutzungsmöglichkeiten der medialen Eigenschaften sollen erforscht werden, und die Redaktion soll lernen, wie diese umgesetzt werden können. Ein solches Vorge-

---

[461] vgl. Böcker, F.; Gierl, H. (1989), S. 173-174

[462] vgl. Becker, J. (1992), S. 535-539

[463] vgl. Evans, P. B.; Wurster, T. S. (1997), S. 82

[464] siehe auch Abschnitt C 4.

[465] zur Positionierungspflege vgl. Roosdorp, A. (1998), insbesondere S. 16-17

[466] vgl. Tomczak, T. Roosdorp, A. (1996), S. 33-34

hen ist kritisch zu betrachten. Nutzer sind sehr schnell von einem solchen Testballon enttäuscht und wenden sich anderen Angeboten zu; wurde die Marke der telematischen Informationsleistung von einer Zeitung/Zeitschrift transferiert, so besteht zudem die Gefahr, dass die Marke geschädigt wird und so auch noch das Ausgangsprodukt in Mitleidenschaft gezogen wird.[467] So ist zunächst einmal festzuhalten, dass nur Leistungen eingeführt werden dürfen, deren Konzept ausgereift ist, und wenn der Verlag die notwendigen Ressourcen für die Umsetzung bereitstellen kann. Leistungspflege bedeutet nicht, bereits in den Markt eingeführte, unfertige Konzepte inkrementell zu verbessern.

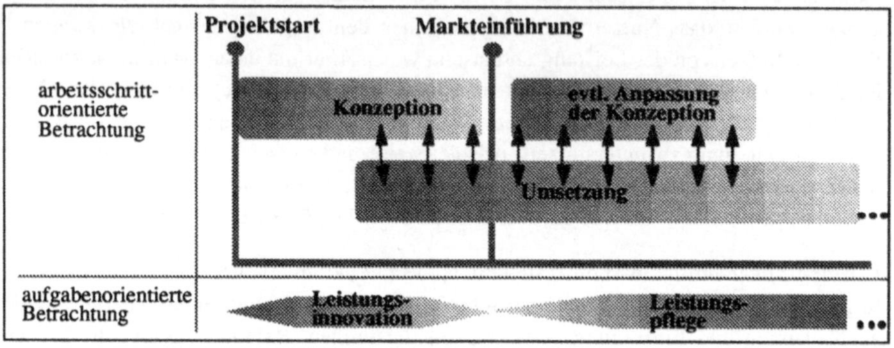

Abbildung 38 Leistungsinnovation und -pflege als angrenzende, aber zu trennende Aufgaben[468]

Dennoch darf der Gedanke des Learning-by-doing nicht verworfen werden. Nutzerbedürfnisse können teilweise erst nach der Markteinführung erkannt werden, wenn auch eine tatsächliche Leistung vorliegt.[469] Ebenso wird die Umsetzung der medialen Eigenschaften des Internets in tatsächlich nutzergerechte Leistungen erleichtert, wenn nach der Markteinführung Erfahrungen gesammelt werden können. Zudem ist das Internet ein sehr junges Medium, bei dem sich aufgrund von technischen Veränderungen, veränderten Bedürfnissen der Nutzer und Veränderungen im Wettbewerbsumfeld immer wieder die Notwendigkeit ergibt, diese neuen Erkenntnisse zu berücksichtigen und umzusetzen (siehe Abbildung 38).[470]

---

[467] vgl. Simon, H. (1985), S. 199

[468] eigene Darstellung

[469] Das liegt vor allem daran, dass Tests vor der Markteinführung daran scheitern können, dass die Befragten sich die neue Leistung nicht vorstellen können, da es eine solche ja noch nicht gibt. (vgl.: Expertengespräch Puvogel; Mullins, J. W.; Sutherland, D. J. (1998), S. 228)

[470] vgl.: Iansiti, M.; McCormack, A. (1997), S. 108-117; Mullins, J. W.; Sutherland, D. J. (1998), S. 229-232

2.2.2. Geschäftsfeldinterne Integration

Im Rahmen eines Managements der Aufgaben müssen nach der Festlegung der Leistungsinnovation als Schwerpunktaufgabe (*Fokussierung*), die zur Erfüllung dieser Aufgaben eingesetzten Instrumente mit den zur Erfüllung der weiteren Aufgaben eingesetzten Instrumente aufeinander abgestimmt werden (*geschäftsfeldinterne Integration*).[471] Die Aufgabe der Leistungsinnovation sollte derart ausgestaltet werden, dass der Grad der Erfüllung der weiteren drei Aufgaben, die sich zeitlich anschliessen, möglichst erhöht, auf keinen Fall aber beeinträchtigt wird. Dazu wird die Aufgabe bzw. das eingesetzte Instrumentarium in eine Ziel-Mittel-Relation zu den drei weiteren Aufgaben gesetzt (siehe Abbildung 39).

		Ziel		
		Leistungspflege	**Nutzerbindung**	**Nutzerakquisition**
Mittel	**Leistungs-innovation**	Ausgestaltung der Leistungsinnovation unter Berücksichtigung der jeweiligen Aufgaben		

Abbildung 39 Geschäftsfeldinterne Integration[472]

Ziel ist es, im Rahmen der Leistungskonzeption Anknüpfungspunkte zur Nutzerbindung, -akquisition und Leistungspflege zu identifizieren. So ergeben sich beispielsweise aufgrund der Interaktivität vielfältige Anknüpfungspunkte (z.B. Chats, virtuelle Gemeinschaften), um Nutzer zu binden. Dies ist insofern bei internetbasierten Leistungen möglich, als das Trägermedium gleichzeitig auch als Kommunikationskanal für kommunikations- und distributionspolitische Massnahmen genutzt werden kann.

2.3. SGF-Print-Aufgaben und geschäftsfeldübergreifende Integration

Die geschäftsfeldübergreifende Integration knüpft an die in Abschnitt C 1. dargestellte *Mission* des SGF-Online in bezug auf das SGF-Print an. Soll mit der neuen telematischen Informationsleistung das Print-Produkt gestärkt werden, so müssen die im Rahmen der Leistungsinnovation eingesetzten Instrumente dementsprechend ausgestaltet werden.

Je nach Marketingzielen des SGF-Online im Rahmen der strategischen Markenführung muss zunächst eine Schwerpunktaufgabe oder aber eine Kombination von Schwer-

---

471 vgl. Tomczak, T.; Reinecke, S. (1996), S. 15-17

472 eigene Darstellung

punktaufgaben ausgewählt werden sowie die zur Erfüllung dieser Aufgaben geeigneten Instrumente. Die generellen Aufgaben im Print-Markt können analog zu den bereits für den Online-Markt beschriebenen Aufgaben aufgeführt werden: Leistungspflege, Leserbindung, Leserakquisition und Leistungsinnovation (siehe Abbildung 40).

Abbildung 40 Aufgaben des SGF-Print[473]

An dieser Stelle soll zunächst generell auf der Aufgabenebene geprüft werden, in welcher Beziehung die SGF-Online-Aufgaben zu den SGF-Print-Aufgaben stehen (siehe Abbildung 41). Folgende Beziehungen sind denkbar:[474] Die Aufgaben stehen in einer *komplementären* Beziehung, wenn die Realisierung einer SGF-Online-Aufgabe die Realisierung einer SGF-Print-Aufgabe fördert; *konkurrierend* sind die Aufgaben, wenn die Erfüllung einer SGF-Online-Aufgabe dazu führt, das eine SGF-Print-Aufgabe nur schlecht oder wenig erfüllt werden kann; bei einer *indifferenten* Beziehung übt die Erfüllung einer SGF-Online-Aufgabe keinen Einfluss auf die Erfüllung einer SGF-Print-Aufgabe aus.

		SGF-Print-Aufgaben (Ziel)		
		Leser-akquisition	Leser bindung	Leistungs-pflege
Aufgaben SGF-Online (Mittel)	Leistungs-innovation/-pflege	$+_1$	$+_2$	$+_3$
	Nutzerbindung	$-_4$	$-_5$	0_6
	Nutzer-akquisition	$-_7$	$-_8$	0_9

+ = komplementäre Beziehung; - = konkurrierende Beziehung; **0** = indifferente Beziehung

Abbildung 41 Geschäftsfeldübergreifende Integration[475]

Leistungsinnovation bzw. -pflege als Mittel. Die Einführung einer neuen telematischen Informationsleistung kann durchaus dazu beitragen, dass Ziele bzw. Aufgaben des SGF-

---

[473] in Anlehnung an Tomczak, T.; Reinecke, S. (1996), S. 6

[474] vgl. Becker, J. (1993), S. 649-650

[475] eigene Darstellung

Print besser erfüllt werden können (komplementäre Beziehungen, siehe Abbildung 41). Voraussetzung ist, dass die beiden Leistungen (Zeitung/Zeitschrift und die telematische Informationsleistung) einen Informationsverbund bilden: Der Nutzer muss die telematische Informationsleistung gedanklich mit der Zeitung/Zeitschrift verbinden können. Eine Möglichkeit, diese gedankliche Verbindung herzustellen, ist ein Markentransfer, bei dem die Marke des Print-Produktes auf die telematische Informationsleistung übertragen wird. Wird die telematische Informationsleistung erfolgreich positioniert, so kann davon ausgegangen werden, dass dies auch zur Leistungspflege des Print-Produktes beiträgt, indem generell Imagebestandteile der Marke verstärkt oder neue hinzugefügt werden. Dies wiederum würde das akquisitorische und das Kundenbindungspotential der Marke und so des Print-Produktes stärken.

Nutzerbindung und -akquisition als Mittel. Konkurrierende Beziehungen können sich vor allem dann ergeben, wenn es um die Akquisition und Bindung von Nutzern geht und sich die Bemühungen an eine ähnliche Zielgruppe bzw. Leserschaft im Print-Markt richten (siehe Abbildung 41). Daraus lässt sich nicht zwingend folgern, dass die SGF-Online-Aufgabe nicht zur Erfüllung der SGF-Print-Aufgabe beitragen könnte, sondern lediglich, dass hier bei der Wahl der Instrumente generell besondere Sorgfalt und Vorsicht geboten sind. Hier müssen die Aufgaben derart mit Massnahmen ausgefüllt werden, dass diese Konflikte sich neutralisieren oder aber sogar in positive Ziel-Mittel-Relationen ausbauen lassen.

Die im Rahmen der SGF-Online-Aufgaben Nutzerbindung und -akquisition eingesetzten Instrumente wirken sich nicht oder nur in geringem Mass auf den Grad der Erfüllung der Print-Aufgabe Leistungspflege aus.

2.4. Fazit

Zusammenfassend hat eine aufgabenorientierte Betrachtung folgende Vorteile:

Klarer Fokus. Indem die Stellung der Leistungsinnovation als Schwerpunktaufgabe hervorgehoben wird, wird nochmals die strategische Sichtweise des Internets als Medium und Markt verdeutlicht: Es soll eine neue, eigenständige Leistung entwickelt werden; und mit dem Online-Engagement wird nicht das Ziel verfolgt, Ziele im Rahmen der strategischen Markenführung des Print-Produktes zu erreichen.

Einbezug weiterer Aufgaben und geschäftsfeldinterne Integration. Wenn auch die Leistungsinnovation als Schwerpunktaufgabe herausgestellt wird, so wird dennoch eine Betrachtung weiterer Aufgaben nicht aufgegeben. Der produktorientierte Fokus wird durch eine kundenorientierte Sichtweise ergänzt. Diese ist als Orientierungspunkt für ein redaktionelles Marketing wichtig.[476] Über eine geschäftsfeldinterne Integration der Aufgaben können bereits in der Phase der eigentlichen Leistungsinnovation die eingesetzten Massnahmen derart gewählt und gestaltet werden, dass sie die Aufgaben Nutzerbindung/-akquisition und Leistungspflege unterstützen.

Eine solche aufgabenübergreifende Sichtweise ist insofern sinnvoll, als das Internet nicht nur Medium und Markt, sondern auch *Kommunikations- und Distributionskanal* ist, über den Nutzer gebunden und gewonnen werden können. Aufgrund der Möglichkeit beispielsweise der Integration des Nutzers und Kommunikationsmöglichkeiten verschwimmen die Grenzen zwischen Leistungsinnovation und z.B. Massnahmen zur Kundenbindung.[477] So sollte die Leistungsinnovation derart ausgestaltet werden, dass das akquisitorische Potential sowie das Kundenbindungspotential möglichst hoch sind.

Synergien im Informationsverbund. Das Denken in Aufgaben erleichtert es, dass Synergien zwischen den bestehenden und den neuen Informationsleistungen realisiert werden: Der Instrumenteneinsatz zur Erfüllung der jeweiligen Aufgabe des SGF-Online wrd daraufhin überprüft, inwiefern er den Grad der Erfüllung der SGF-Print-Aufgaben beeinflusst und dann entsprechend gestaltet.

---

476 Unter redaktionellem Marketing ist eine Orientierung der Redaktion an den Bedürfnissen der Rezipienten zu verstehen. (vgl. Russ-Mohl, S. (1995), S. 103-138; Meier, A.; Schanne, M.; Trappel, J. (1993), S. 270-283)

477 Ist z.B. das Einrichten eines Chats nun ein Bestandteil der Leistungsinnovation oder der Nutzerbindung?

3. Marketinggrundsatzstrategie

3.1. Einleitung

In diesem Abschnitt soll die Frage beantwortet werden, mit welcher grundsatzstrategischen Ausrichtung die Schwerpunktaufgabe der Leistungsinnovation erfüllt und die Positionierungsziele erreicht werden können. Diese grundsatzstrategische Ausrichtung kanalisiert gemeinsam mit Entscheidungen auf Aufgabenebene den Einsatz des marketingpolitischen Instrumentariums bzw. im Fall der Entwicklung neuer Leistungen deren Konzeption. Mit der Festlegung des marketingstrategischen Vorgehens soll der kreative Prozess der Konzeption publizistischer Leistungen gelenkt werden: „Strategien ermöglichen "gelenkte" Kreativität, deren Vorteil darin besteht, dass die gefundenen kreativen Lösungen auch ziel-strategisch sinnvoll bzw. im Unternehmensrahmen überhaupt realisierbar sind."[478]

Theoretische Grundlage dieses Abschnitts bildet das integrierte Strategiekonzept nach HAEDRICH/TOMCZAK.[479] Demnach lassen sich folgende Dimensionen marketinggrundsatzstrategischen Entscheidens unterscheiden:[480]

- *Strategiefeld*: Welche Marktsegmente sollen mit der telematischen Informationsleistung abgedeckt werden?
- *Strategiesubstanz*: Welchen Nutzen/Vorteil soll die telematische Informationsleistung dem Nutzer bieten?

---

478 Becker, J. (1998), S. 146

479 vgl.: Haedrich, G.; Tomczak, T. (1990), S. 99-135; Kuss, A.; Tomczak, T. (1998), S. 129-152. HAEDRICH/TOMCZAK haben ihre Strategie-Systematik, ausgehend von dem integrierten Ansatz von BECKER, entwickelt. (vgl. Becker, J. (1998), S. 147 und 148-351); für eine Übersicht über integrierende Ansätze vgl. Meffert, H. (1994), S. 109-125

480 vgl. Kuss, A.; Tomczak, T. (1998), S. 129

Die vierte grundsatzstrategische Dimension, die *Strategievariation*, ist im Rahmen der vorliegenden Problemstellung nicht relevant. Die Strategievariation legt fest, inwiefern eine bisher verfolgte Marketingstrategie variiert werden muss (vgl. Kuss, A.; Tomczak, T. (1998), S. 130-135). Da es im Rahmen dieser Arbeit jedoch um den Aufbau eines neuen SGF geht und es demnach noch keine Marketingstrategie gibt, die variiert werden könnte, wird dieses Entscheidungsfeld ausgeklammert.

Anzumerken ist, dass auch in bezug auf die Absatzmittler eine Marketingstrategie entwickelt werden muss, die im Prinzip die gleichen Strategiedimensionen wie die endkunden- bzw. nutzerorientierten Strategien enthält. (vgl. Kuss, A.; Tomczak, T. (1998), S. 129) Diese absatzmittlerorientierte Marketingstrategie wird in dieser Arbeit ausgeklammert, da Verlage zunächst vor der Herausforderung stehen, neue Leistungen und Formate für das Medium Internet zu entwickeln. Obwohl das Internet Trägermedium und Distributionskanal in einem ist und somit Verlage nicht auf Absatzmittler angewiesen sind, kommt der Distribution im Internet (insbesondere über sogenannte Portale und Online-Dienste (vgl. Schmidt, H. (1998)) eine grosse Bedeutung zu, um das Angebot im Internet auffindbar zu machen und innerhalb des Internets Nutzer zu akquirieren. (vgl. Expertengespräch Puvogel) Bezogen auf absatzmittlergerichtete Strategien eröffnet sich damit ein neues, weiteres Forschungsfeld.

- *Strategiestil*: Wie soll sich der Verlag gegenüber den Konkurrenten verhalten?

Diese grundsatzstrategischen *Entscheidungsdimensionen* werden in Abschnitt C 3.2. vorgestellt und für die Umsetzung der Positionierungsziele im Rahmen der Entwicklung neuer Leistungen geeignete *Entscheidungsoptionen* entwickelt.

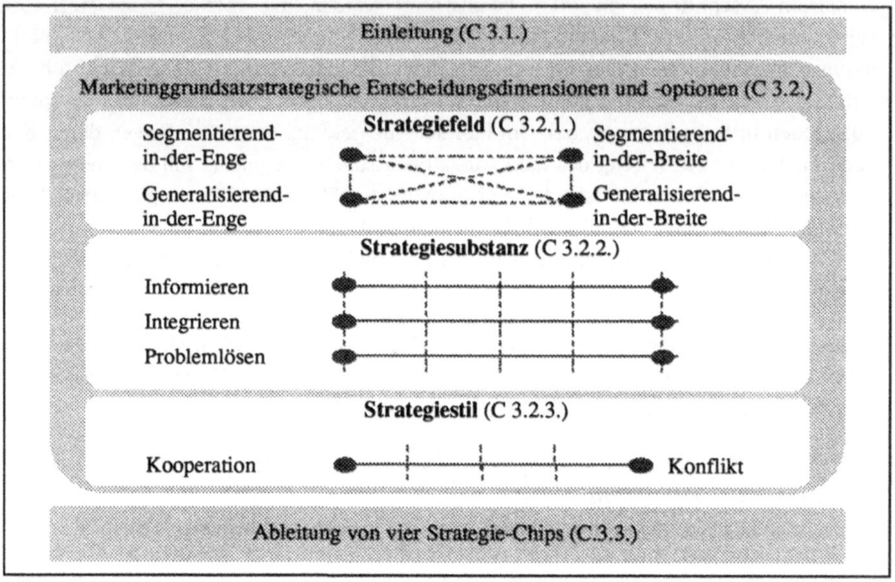

Abbildung 42 Aufbau des Abschnitts C 3.[481]

Ausgehend von den auf der Entscheidungsebene Ziele (C 1.) entwickelten typischen Positionierungszielen, werden vier typische situationsadäquate Strategie-Chips vorgestellt (C 3.3.). Ein Strategie-Chip umfasst dabei die drei Entscheidungsdimensionen sowie deren Entscheidungsoptionen und stellt ein gesamthaftes Steuerungselement dar, welches die Konzeption der Leistung lenkt.[482] Die Entscheidungsoptionen werden je nach Positionierungsziel ausgewählt und somit wird für jede Ausgangssituation ein situationsadäquates marketingstrategisches Vorgehen beschrieben.

---

481 eigene Darstellung

482 vgl. Becker, J. (1998), S. 352-353

3.2. Marketinggrundsatzstrategische Entscheidungsdimensionen und -optionen

3.2.1. Strategiefeld

Im Rahmen der grundsatzstrategischen Entscheidungsdimension Strategiefeld wird der zu bearbeitende Marktausschnitt festgelegt. Damit knüpft diese Ebene direkt an die auf Ziel-Ebene festgelegte *Mission* der neuen Leistung an. Bereits auf Verlagsebene wurden die Produktmarktkombination und auch die strategische Stossrichtung (Diversifikation (entfernt); Angebotsdiversifikation (verwandt); Angebots- und Zielgruppendiversifikation (verwandt)) bestimmt. Dabei wurde eine Top-down-Sichtweise eingenommen, die sich vornehmlich durch eine von innen nach aussen gerichtete (Märkte als Bereiche, in denen Ressourcen des Verlages erfolgreich eingesetzt werden) und wettbewerbsorientierte (Erreichung von Wettbewerbsvorteilen gegenüber der Konkurrenz) Denkweise auszeichnet.[483] Auf Geschäftsfeldebene soll in einer Buttom-up-Sichtweise die auf Verlagsebene definierte Mission präzisiert werden. Im Rahmen dieser Buttom-up-Sichtweise wird stärker von aussen nach innen und daher verstärkt vom Nutzer her gedacht (Betrachtung sich verändernder oder auch neuer Nutzerbedürfnisse im Markt).[484]

Überlegungen der Segmentierung des Marktes und der Bildung von Zielgruppen stehen dabei im Vordergrund. „Unter Marktsegmentierung wird die Aufteilung einer nach personellen, räumlichen und zeitlichen Gesichtspunkten definierten Käuferschaft in Untergruppen verstanden, die in bezug auf ausgewählte kaufverhaltensrelevante Kriterien in sich weitgehend ähnlich (homogen), untereinander jedoch unähnlich (heterogen) sind, sowie die Bearbeitung einer oder mehrerer dieser Untergruppen mit Hilfe segmentspezifischer Marketing-Programme.“[485]

Mit dieser auf Entscheidungen auf Unternehmensebene bezogenen Definition wird deutlich, dass ein Produkt immer nur eine Zielgruppe haben kann. Es ist jedoch denkbar, dass auf SGF-Online-Ebene innerhalb dieser Zielgruppe weiter differenziert wird und eine telematische Leistung damit mehrere Zielgruppen anspricht: Innerhalb der Zielgruppe werden einzelne Untersegmente identifiziert, auf deren Bedürfnisse Teilleistungen oder Teilbereiche der telematischen Informationsleistung ausgerichtet werden. Neben einer Untersegmentierung, die die Ausrichtung bestimmter Bereiche der telematischen Informationsleistung auf die speziellen Bedürfnisse der Nutzergruppe zur Folge hat, ist auch das Erstellen von verschiedenen Versionen ein und derselben telematischen

---

[483] vgl. Kuss, A.; Tomczak, T. (1998), S. 48-49

[484] vgl. Kuss, A.; Tomczak, T. (1998), S. 48-49

[485] Freter, H. (1980), S. 454

Informationsleistung denkbar:[486] „Design the versions to accentuate the needs of different groups of customers. Emphasizing customer differences allows you to extract more of the value you have created, as each customer selects the version that best meets his or her needs.“[487]

Über eine Untersegmentierung hat der Anbieter die Möglichkeit, im Internet im Rahmen eines Nischenmarketings auch kleine Nutzergruppen mit zielgruppengerechten Angeboten anzusprechen und somit einen höheren Zufriedenheitsgrad der Nutzer zu erreichen.[488] Gleichzeitig erlaubt eine solche Strategie dem Anbieter, Nischen zu bedienen und dennoch insgesamt einen grossen Marktausschnitt zu bearbeiten. Ein solches Vorgehen muss jedoch klar unterschieden werden von dem sogenannten kundenindividuellen Marketing (Segment-of-one-Ansatz/Individualisierung).[489] Die Individualisierung besteht darin, einige der im Rahmen der Grundkonzeption angebotenen Teilleistungen auf die Bedürfnisse einzelner Nutzer innerhalb des gewählten Segmentes abzustimmen.[490] Im Rahmen der Segmentierung hingegen werden die anzusprechenden Zielgruppen identifiziert, für deren Bedürfnisse dann ein entsprechendes Angebot konzipiert wird.

Möglich wird eine solche Untersegmentierung und die damit erforderliche Informationsfülle durch die Kostenstrukturen im Internet. Da Druck- und Distributionskosten wegfallen, kann - vorausgesetzt die Einnahmen aus dem Werbemarkt sind ähnlich hoch wie im Print-Markt - verstärkt in die Produktion in Inhalte investiert werden. Auch ist es möglich, digitalisierte Inhalte zu verschiedenen Versionen zu bündeln. Die erforderliche Informationsfülle kann zudem über den Bezug von Inhalten im elektronischen Markt Internet gewährleistet werden. Da die Produktion bzw. der Einkauf von Inhalten dennoch sehr kostenintensiv ist, müssen die gewählten Untersegmente wirtschaftlich tragfähig sein,[491] d.h., Grösse und Potential müssen für eine rentable Strategie ausreichen. Dies gilt insbesondere dann, wenn eine kritische Masse erreicht werden muss und die Leistung auf Netzwerkeffekten basiert. Zum anderen sind der Segmentierung innerhalb des gewählten Marktausschnittes dort Grenzen gesetzt, wo die Heterogenität des Angebots eine klare Positionierung der telematischen Informationsleistung erschwert oder verhindert. Die einzelnen Nutzenversprechen müssen sich über eine Klammer in einem gesamten Nutzenversprechen ausdrücken lassen.

---

486 vgl. Shapiro, C.; Varian, H. R. (1998), S. 53-81

487 vgl. Shapiro, C.; Varian, H. R. (1998), S. 54

488 Nischenmarketing konzentriert sich auf geschützte oder schützbare Marktlücken. (vgl. Becker, J. (1998), S. 687-688)

489 vgl. Becker, J. (1998), S. 688

490 siehe dazu Abschnitt C 3.2.2.

491 vgl. Kuss, A.; Tomczak, T. (1998), S. 53

Entscheidungsdimension Strategiefeld umfasst somit folgende Entscheidungen (siehe Abbildung 43):

- *Grad der Abdeckung des Marktes* (Soll sich die telematische Informationsleistung an den Gesamtmarkt oder an einen Teil des Marktes wenden?): *gering* oder *hoch*;
- *Grad der Segmentierung innerhalb des gewählten Marktes (Untersegmentierung)* (Inwiefern sollen innerhalb des gewählten Marktes bzw. Marktausschnittes weitere Segmente identifiziert werden, auf die Teilleistungen zugeschnitten werden sollen?): *segmentierend* oder *generalisierend*.[492]

[492] Damit wird auf sogenannte segmentorientierte Konzepte zurückgegriffen (vgl. Haedrich, G.; Tomczak, T. (1990), S. 110-113; vgl. auch: Becker, J. (1992), S. 214-256; Kotler, P.; Bliemel, F. W. (1992), S. 409-449; Freter, H. (1980), S. 453-463). Im Rahmen dieser Konzepte wird festgelegt, wie weit der Markt abgedeckt werden (vollständig/teilweise) und wie stark das Marketingprogramm auf die gewählten Segmente abgestimmt werden soll (differenziert/undifferenziert).

Werden diese Entscheidungsalternativen in einer Matrix gegenübergestellt, ergeben sich vier grundlegende Alternativen (siehe nachfolgende Abbildung (vgl. Becker, J. (1992), S. 216)).

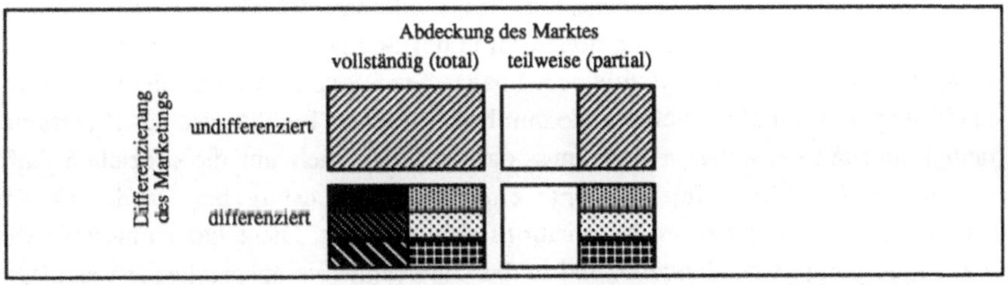

Im Rahmen der Entscheidungsdimension Marktabdeckung wird entschieden, ob sich das Unternehmen an den gesamten Markt wenden will oder nur an einen Teil des Marktes. Bei dem Grad der Differenzierung des Marketingprogramms bzw. der Marktbearbeitungsstrategie kann zwischen einem undifferenzierten (*Massenmarketing*) und einem differenzierten Marketing unterschieden werden (*Marktsegmentierung*) (vgl. Becker, J. (1992), S. 215): Im Rahmen eines *Massenmarketing* werden dem Markt im Rahmen eines undifferenzierten Marketingmix Standardprodukte angeboten, die die durchschnittlichen Bedürfnisse decken (allgemeine Bedürfnisbefriedigung); im Rahmen eines *differenzierten Marketings* werden im Rahmen eines differenzierten Marketingmix auf die Bedürfnisse einzelner Kundensegmente abgestimmte Produkte angeboten (spezielle Bedürfnisbefriedigung).

Abbildung 43 lehnt sich an diese segmentorientierten Konzepte an, beschreibt jedoch Entscheidungsoptionen auf Geschäftsfeldebene. Zudem wurde anstelle der Dimension „Differenzierung des Marketings" die Dimension „Grad der Segmentierung innerhalb des Marktes" gewählt. Damit wird der Möglichkeit Rechnung getragen, dass mit *einer* telematischen Informationsleistung innerhalb des gewählten Marktes bzw. Marktausschnittes *mehrere* Segmente angesprochen werden können.

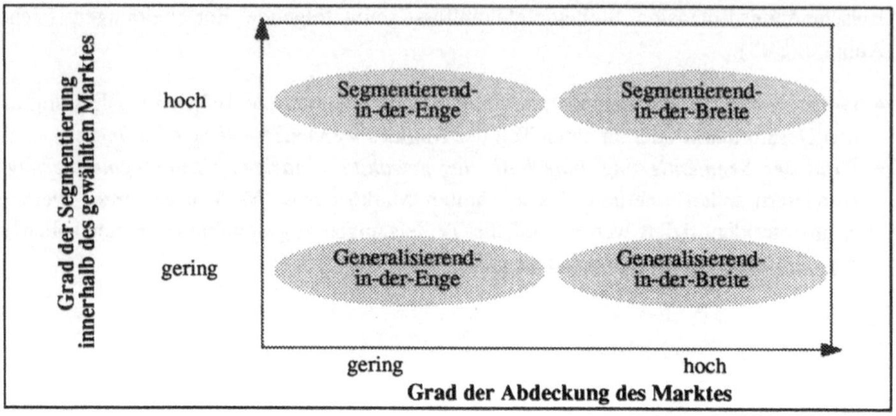

Abbildung 43 Entscheidungsoptionen der Entscheidungsdimension Strategiefeld[493]

Generalisierend-in-der-Enge. Mit der telematischen Informationsleistung wird ein kleines Marktsegment angesprochen. Innerhalb dieses Marktsegmentes wird allerdings nicht weiter differenziert. Dies ist insofern nicht nötig, als es möglich ist, über die angebotene Leistung die Bedürfnisse der Nutzer zu befriedigen.

Segmentierend-in-der-Enge. Im Rahmen dieser strategischen Option wird darauf abgezielt, sehr spezifische Nutzen zu stiften. Dazu konzentriert sich die telematische Informationsleistung auf ein Marktsegment, welches wiederum in Untersegmente aufgespalten wird. Anbieter, die sich für einen hohen Grad der Segmentierung innerhalb des gewählten Marktes entscheiden, sind zu einem Spagat gezwungen: Auf der einen Seite müssen sie ein Angebot schaffen, welches die durchschnittlichen Bedürfnisse der Zielgruppe befriedigt, und auf der anderen Seite muss das Angebot auch auf die speziellen Anforderungen der gewählten Untersegmente eingehen. Die Lösung liegt in der Organisationsstruktur der telematischen Informationsleistung selbst: Diese kann unterteilt werden in ein allgemeines Grundangebot und in die Untersegmente ansprechende Leistungen.

Beispiel Business Channel[494]

Business Channel ist ein Online-Engagement im Segment Wirtschaftsinformationen des Verlages Gruner + Jahr. Unter dem Dach Business Channel hat der Verlag seine Ziel-

---

[493] eigene Darstellung

[494] siehe Expertengespräch Kreibich; vgl. www.bch.de

gruppenzeitschriften im Bereich Wirtschaft gebündelt.[495] Der Business Channel positioniert sich als Anlaufstelle im Internet für den Bereich Private-finance.

Das Online-Angebot ist zweistufig aufgebaut. Ein grosser allgemeiner Teil mit Wirtschaftsinformationen wendet sich an die gesamte Zielgruppe (Wirtschaftsinteressierte, die ihre privaten Finanzangelegenheiten weitestgehend selbst managen). Als zielgruppenspezifische Informationsleistungen unter der Dachmarke werden *Capital*, *Impulse*, *Bizz Capital* und *Börse Online* angeboten. *Impulse* richtet sich vornehmlich an den mittelständischen Unternehmer, *Börse Online* an den privaten, börsenbegeisterten Anleger, *Capital* an den gutsituierten Angestellten, der seine privaten Finanzen selbst managed, und *Bizz Capital*[496] richtet sich an junge Zielgruppen. Eine Bündelung der einzelnen Online-Angebote der Zeitschriften, bei der die Angebote unter ihrer ursprünglichen Marke unter einer neu geschaffenen Dachmarke auftreten, ermöglicht die Erreichung einer kritischen Masse, ohne die Zielgruppenfokussierung aufzugeben. Möglich ist dieser Typ des Strategiefeldes, weil sich die Ursprungszeitschriften in der journalistischen Qualität gleichen und über die thematische Klammer „Wirtschaft" integrieren lassen. Die Wahl der Entscheidungsoption Segmentierend-in-der-Enge hat überdies weitere Gründe.

Outside-in-Orientierung. Über die zielgruppengenaue Ansprache können die Bedürfnisse der einzelnen Zielgruppen aufgegriffen und befriedigt werden. Die Nutzer können sich, soweit sie bereits Leser der jeweiligen Print-Ausgabe sind, in einem gewohnten Umfeld bewegen (Layout, Marke, Stil, Philosophie etc.). Zum anderen bietet der generelle Informationsteil die Möglichkeit, sich über allgemeine Themen zu informieren. Dieser Teil enthält zum einen Informationen, die speziell für diesen Teil generiert wurden, und zum anderen Informationen aus den diversen Untermarken. Der Nutzer hat somit den Vorteil einer breiten Informationspalette.

Inside-out-Orientierung. Die bestehenden Marken stellen wesentliche Ressourcen dar. Über die Strategieoption Segmentierend-in-der-Enge können diese Ressourcen auf das Internet übertragen werden. Die Marken wiederum tragen dazu bei, dass auch die Dachmarke Business Channel an Profil gewinnt. Zudem setzt Gruner + Jahr die Fähigkeit, zielgruppengerechte Inhalte zu generieren, gezielt ein.

Mission. Die zielgruppengenaue Ansprache und der Transfer der einzelnen Marken ist die Voraussetzung dafür, dass die Nutzer die telematische und die printbasierte Informationsleistung als Verbund sehen und damit die Basis für die Erreichung printbezogener

---

495 siehe Abschnitt B 4.2.3.

496 „Bizz Capital" wurde 1998 in den Markt eingeführt: „Bizz ... beschreibt die Trends in der Wirtschaft, zeigt Lebensentwürfe und liefert Ideen für Job, Geld und Leben. Bizz ist optimistisch, inspirierend und gibt Orientierung ohne Zeigefinger." (Gruner + Jahr Wirtschaftspresse (1999))

Ziele des SGF-Online, wie z.B. Verjüngung des Images von „Capital", Stärkung der Leserblattbindung von „Börse Online".

Generalisierend-in-der-Breite. Dieser Anbieter versucht, einen Nutzen zu stiften, der einen möglichst grossen Teil des Marktes anspricht. Er verzichtet auf eine weitere Segmentierung innerhalb der gewählten Zielgruppe. Der Grund kann beispielsweise in einem sehr hohen Produktionsaufwand der Inhalte liegen, der sich nur rechtfertigen lässt, wenn eine hohe Anzahl an Nutzern generiert werden kann.

Segmentierend-in-der-Breite. Auch hier wird eine möglichst hohe Abdeckung des Gesamtmarktes angestrebt. Dazu werden die Bedürfnisse des durchschnittlichen Nutzers befriedigt. Zudem werden innerhalb der Zielgruppe Segmente identifiziert, deren spezielle Informationsbedürfnisse durch auf sie abgestimmte Leistungen befriedigt werden.

Beispiel RP-Online[497]

RP-Online, die Internet-Ausgabe der „Rheinischen Post",[498] verfolgt in Ansätzen die Strategieoption Segmentierend-in-der-Breite. Über einen generell auf die Region ausgerichteten Teil deckt sie den gesamten regionalen Markt ab und etabliert sich damit auch im Internet als regionaler Informationsvermittler. Darüber hinaus segmentiert sie nach lokalen Kriterien. So werden auf bestimmte Regionen (Düsseldorf, Mönchengladbach, Krefeld, Viersen/Kempen, Erkelenz) zugeschnittene Informationen angeboten. Damit werden nicht nur generelle, auf die Region bezogene Informationsbedürfnisse befriedigt, sondern auch Informationsbedürfnisse des Nutzers, bezogen auf sein lokales Umfeld.

Lokale Guides. Diese Guides für die jeweiligen Städte enthalten vor allem Hintergrundinformationen, die i.d.R. über Datenbanken abrufbar sind: Veranstaltungskalender, Termine, Szene, Home-pages der Kulturinstitute (Theater, Kunstverein), Informationen für Touristen, Informationen der Kommunen (Müllabfuhr), Bürgerhaus (Unterstützung der Nutzer bei der Bewältigung von Behördengängen etc.) etc. Über die lokalen Guides findet der Nutzer die Informationen, die ihn bei der Gestaltung seiner Freizeit und der Bewältigung des Alltags unterstützen.

Lokale Newsticker. Unter dem Motto „Die Region ist spannend" werden über die lokalen Newsticker aktuelle lokale Nachrichten angeboten. Je nach Lage der Neuigkeiten, werden die lokalen Newsticker mehrmals am Tag aktualisiert. Die Inhalte sind dabei entweder rein lokaler Natur (z.B. Sportverein) oder aber es werden von überregionalen Nachrichten Bezüge auf die Region hergestellt (z.B. Wie reagiert der SPD-Ortsverein auf Entscheidungen auf Bundesebene?).

---

497 vgl. Internet-Adresse: www. rp-online.de

498 siehe Abschnitt B 4.2.1.

3.2.2. Strategiesubstanz

Im Rahmen der Entscheidungsdimension Strategiesubstanz wird die Art des angestrebten komparativen Konkurrenzvorteils festgelegt.[499] Es handelt sich hier folglich um die inhaltliche Ausgestaltung der Strategie bzw. um die Bestimmung, worin der Nutzen für den Rezipienten bestehen soll. Dieser wird vom Rezipienten subjektiv beurteilt aufgrund der Leistung und des Preises. So kann sein Nutzen im Extremfall entweder darin liegen, dass das Produkt aus seiner Sicht einen deutlichen Leistungsvorteil gegenüber anderen Produkten bietet oder aber einen Kostenvorteil.[500] Um einen Leistungs- bzw. Preisvorteil zu realisieren, stehen dem Unternehmen nach BECKER im Rahmen der Marktstimulierungsstrategien zwei grundsätzliche Ansatzmöglichkeiten zur Verfügung: die Präferenz- und die Preis-Mengen-Strategie.[501]

Präferenzstrategie.[502] Durch den Einsatz produktdifferenzierender Marketinginstrumente wird versucht, beim Käufer eine Vorzugsstellung des Produktes zu begründen. „Auf diese Weise sollen attraktive Produktpersönlichkeiten geschaffen werden, die geeignet sind, die knappe Nachfrage in hohem Masse auf sich zu lenken bei *gleichzeitiger* Ausschöpfung von Preisspielräumen („monopolistischer Bereich").“[503] Die konsequenteste Umsetzung der Präferenzstrategie ist das Markenartikelkonzept.[504]

Preis-Mengen-Strategie.[505] Auf den Aufbau einer multidimensionalen Präferenzbildung, wie sie Ziel der Präferenzstrategie ist, wird hier verzichtet, zugunsten einer ein-dimensionalen Präferenzbildung: „Das akquisitorische Potential preis-mengen-strategisch agierender Unternehmen beruht daher in seiner strengsten Form nahezu *ausschliesslich* auf einem niedrigen Angebotspreis (= *ein*dimensionale Präferenz bzw. *un*echte Präferenzbildung).“[506] Primär aggressiv preispolitische Mittel werden eingesetzt. Die anderen Marketinginstrumente sind von nachrangiger Bedeutung und werden lediglich eingesetzt, damit eine Marktleistung überhaupt zustande kommt.

Aus folgenden Gründen erscheint im Rahmen des Marketings für telematische Informationsleistungen im Online-Markt die Präferenzstrategie vorteilhaft:

---

499 vgl. Kuss, A.; Tomczak, T. (1998), S. 141

500 vgl. Kreilkamp, E. (1987 S. 118

501 vgl. Becker, J. (1992), S. 154

502 vgl. Becker, J. (1992), S. 157-190 für eine detaillierte Beschreibung

503 Becker, J. (1992), S. 163

504 vgl. Becker, J. (1998), S. 205

505 vgl. Becker, J. (1992), S. 190-199 für eine detaillierte Beschreibung

506 Becker, J. (1992), S. 190

- Verlage konkurrieren im Internet mit Inhalteanbietern, die das Internet aus einer vornehmlich instrumentellen Sichtweise als Kommunikations- oder Distributionskanal nutzen. Diese bieten neben der Möglichkeit, sich über Produkte und Dienstleistungen zu informieren und diese zu bestellen bzw. zu beziehen, zunehmend auch Inhalte an, die nicht direkt die Informations- oder Transaktionsphase unterstützen. Diese Inhalte stellen quasi einen zusätzlichen Service dar (beispielsweise Börseninformationen im Rahmen des Internetauftrittes der Banken) und werden dem Nutzer i.d.R. gratis zur Verfügung gestellt. So haben sich einige Inhalte bereits zu einem im Internet überall erhältlichen, wenig differenzierten Allgemeingut entwickelt. Ziel der Verlage sollte es daher sein, über die Schaffung von Marken und qualitativ hochwertigen, differenzierten Informationsleistungen einem Preiswettbewerb zu entgehen.[507]
- Zum anderen kann es Verlagen nur über die Schaffung von Produktpersönlichkeiten und die Stiftung echter Kundennutzen gelingen, für die i.d.R. hochwertigen Inhalte im Internet die Zahlungsbereitschaft der Nutzer zu erhöhen und somit eine Bepreisung von Inhalten im Internet durchzusetzen.
- Aufgrund bestehender Ressourcen, vor allem aufgrund bestehender Marken, sind Verlage in der Lage, insbesondere gegenüber Neueinsteigern, die sich im Bereich Inhalte kommerziell betätigen wollen, komparative Konkurrenzvorteile aufzubauen: in Form von differenzierten Informationsleistungen und Produktpersönlichkeiten.
- Zunächst steht für Verlage die Aufgabe der Leistungsinnovation im Vordergrund und damit die Entwicklung einer neuen Leistung. Auch wenn sich der Verlag über einen günstigen Preis am Markt positionieren will, muss die Leistung dennoch einen Nutzen bieten. Ein marktfähiges Produkt mit einem Nutzenversprechen ist damit auch hier Voraussetzung.
- Informationsleistungen positionieren sich i.d.R. über Leistungsvorteil. Zwar gibt es beispielsweise durchaus im Print-Markt Anbieter, die ihre Produkte zu einem günstigen Preis anbieten. Hier kann aber nicht von einem reinen Preisvorteil gesprochen werden, sondern eher von „Preis-Mengen-Strategien mit bestimmten Ansätzen eines Qualitätswettbewerbs".[508] Als Beispiel kann neben dem Bauer-Verlag der Springer-Verlag genannt werden, der mit „Auto Bild" und „Sport Bild" im Markt der Billigzeitschriften agiert.[509]
- Ein Medienprodukt wird i.d.R. nicht gekauft, weil es billiger ist als ein Konkurrenzangebot, sondern weil es das Informationsbedürfnis des Kunden besser befriedigt als andere Angebote. Eine wichtige Rolle spielt dabei die Marke.[510] Medienmarken kann

---

507 siehe hierzu auch Abschnitt B 3.2.2.2.

508 Becker, J. (1992), S. 198

509 vgl. Becker, J. (1992), S. 199; vgl. Sjurts, I. (1996) zu einer ausführlichen Darstellung der Kostenführerschaftsstrategie der Verlage Bauer (S. 83-85) und Springer (S. 127-130)

510 zu Funktion von Marken im Informationsmarkt siehe Abschnitt B 1.2.2.

generell, und insbesondere im informationsüberfüllten Internet, eine wesentliche Orientierungsfunktion zugesprochen werden.

Wurde bisher die Präferenzstrategie beschrieben und deren sinnvolle Anwendung in der Entwicklung neuer telematischer Informationsleistungen begründet, soll im folgenden darauf eingegangen werden, worin der für den Nutzer durch die telematische Informationsleistung generierte Leistungsvorteil bestehen kann. Die Positionierungsziele geben hier zunächst den Rahmen für den Leistungsvorteil vor. Um spezifische Leistungsvorteile abzuleiten, soll auf eine wesentliche Eigenschaft des Internets zurückgegriffen werden: auf die Interaktivität. Die Nutzung von Interaktivität ermöglicht zum einen die flexible Leistungsgestaltung (Individualisierung) und zum anderen, dass Nutzer interagieren, sei des miteinander oder mit der Redaktion (Interaktion). Über den Grad der Individualisierung und der Interaktion werden die medialen Eigenschaften des Internets zur Erstellung von Leistungsvorteilen und damit Differenzierung der telematischen Informationsleistung eingesetzt. Der generierte Leistungsvorteil wird grundsätzlich durch zwei Faktoren bestimmt: durch den Grad der Individualisierung und den Grad der Interaktion.

Grad der Individualisierung.[511] Individualisierung bedeutet, dass Teilleistungen - nicht die gesamte telematische Informationsleistung - auf die Bedürfnisse einzelner Nutzer abgestimmt werden. Der Grad der Individualisierung kann begriffen werden als ein Kontinuum zwischen der Standardisierung von Leistungen auf der einen Seite und einer individuellen Nutzerorientierung auf der anderen.

Grad der Interaktion.[512] Der Interaktionsgrad bezieht sich auf die Einbindung des Nutzers in den Prozess der Leistungserstellung. Er kann dabei den Prozess der Leistungserstellung unterstützen (Unterstützungsfunktion), oder aber er kann direkt an der Leistungserstellung mitwirken (Vollzugsfunktion).[513] Damit erhöht sich mit steigendem Interaktionsgrad das Aktivitätsniveau der Nutzer.

Trägt man den Grad der Individualisierung und den Grad der Interaktion in ein Koordinatenkreuz auf, so ergeben sich drei verschiedene mögliche Leistungsvorteile (siehe Abbildung 44):[514] *Informieren, Integrieren* und *Problemlösen.* Mit steigender

---

[511] vgl. Meffert, H.; Bruhn, M. (1997), S. 32-33

[512] vgl. Meffert, H.; Bruhn, M. (1997), S. 32-33

[513] siehe hierzu ausführlich Abschnitt C 4.2.1.1.; Es wird hier auch vom Kunden bzw. Nutzer als Koproduzenten oder Prosumer (PR(-oduzent, con-)SUMER) gesprochen. (vgl. Normann, R. (1987), S. 71-89)

[514] Mit der Übernahme der Dimensionen Interaktions- und Individualisierungsgrad wird an die Leistungstypologie von MEFFERT angeknüpft (vgl. Meffert, H.; Bruhn, M. (1997), S. 32-35, insbesondere dort Abbildung S. 34). Dessen Leistungstypologie stellt eine Erweiterung der Leistungstypologie von ENGELHARDT/KLEINALTENKAMP/RECKENFELDERBÄUMER dar (vgl. Engelhardt, W. H.; Kleinaltenkamp, M.; Reckenfelderbäumer, M. (1993), S. 395-421. Vgl. auch Darstellung Meffert, H.; Bruhn, M. (1997), S. 30-32). ENGELHARDT/KLEINALTENKAMP/RECKENFELDERBÄUMER heben die Unterscheidung von Sach- und Dienstleistungen auf und betrachten vielmehr jedes Angebot als eine

Interaktion und Individualisierung nimmt der Dienstleistungscharakter der Leistung zu.[515] Der Anbieter wird je nach Positionierungsziel den Grad der Interaktivität und der Individualisierung wählen, mit dem sich dieses Ziel am besten erreichen lässt.

Kombination und sprechen von Leistungsbündeln (siehe hierzu auch Abschnitt C 4.1.). Indem sie die Dimensionen des Leistungsergebnisses Materiell/Immateriell und die Dimensionen des Leistungserstellungsprozesses Autonom/Integrativ gegenüberstellen, ergeben sich vier Grundtypen von Leistungen: Typ I Integrativ/Immateriell (z.B. Unternehmensberatung); Typ II Integrativ/Materiell (z.B. Sondermaschine); Typ III Autonom/Materiell (z.B. reproduziertes Teil); Typ IV Autonom/Immateriell (z.B. Datenbankdienst). MEFFERT zerlegt die Integrationsdimension in die Dimensionen Interaktionsgrad und Individualisierungsgrad. Dem Ansatz von MEFFERT wird hier der Vorzug gegeben, weil erstens die Dimension der Materialität nicht zu einer Unterscheidung der Leistungsvorteile führt, weil telematische Informationsleistungen sich in ihrem Materialitätsgrad nicht unterscheiden (und dies unabhängig davon, ob telematische Informationsleistungen nun generell als materiell oder immateriell bezeichnet werden sollen). Zweitens wird der Aspekt der Kunden- bzw. Nutzerorientierung betont, und drittens können so wesentliche Merkmale des Mediums Internet (Möglichkeit der Interaktivität und der Individualisierung) daraufhin untersucht werden, welchen Nutzen deren Anwendung generieren kann.

515 Der Dienstleistungsbegriff wird in der Literatur durchaus unterschiedlich definiert (für eine Übersicht vgl.: Meyer, A. (1991), S. 196-197; Meffert, H.; Bruhn, M. (1997), S. 23-46). MEYER formuliert folgende Dienstleistungsdefinition: „Dienstleistungen sind angebotene Leistungsfähigkeiten, die direkt an externen Faktoren (Menschen oder deren Objekte) mit dem Ziel erbracht werden, an ihnen gewollte Wirkungen (Veränderung oder Erhaltung bestehender Zustände) zu erreichen." (Meyer, A. (1991), S. 198). Demnach sind Angebote nur dann Dienstleistungen, wenn sie folgende drei konstitutive Elemente beinhalten (vgl. Meyer, A. (1991), S. 198-199):

1. *Angebot von Potentialen* (Leistungsfähigkeiten; erst auf der Grundlage anbieterinterner Potentialfaktoren wird die Dienstleistung erbracht);

2. *Immaterialität der Dienstleistung in der Angebots- und Wirkungsphase.* Damit wird dem Kunden zunächst nicht eine fertige Leistung verkauft, sondern nur ein Leistungsversprechen. Auch in ihrer Wirkung sind Dienstleistungen immateriell;

3. *Integration des externen Faktors* (Der externe Faktor (der Kunde oder sein Objekt) sind am Produktionsprozess beteiligt).

Je nachdem, wie jedes dieser drei konstitutiven Elemente im Rahmen einer telematischen Informationsleistung ausgeprägt ist, kann von einem mehr oder weniger starken Dienstleistungscharakter gesprochen werden. Generell kann davon ausgegangen werden, dass telematische Informationsleistungen eher in Richtung Dienstleistung als in Richtung Produkt tendieren, da - werden die Eigenschaften des Mediums genutzt - der Nutzer, wenn auch in unterschiedlicher Intensität, integriert wird und Leistungen individualisiert werden.

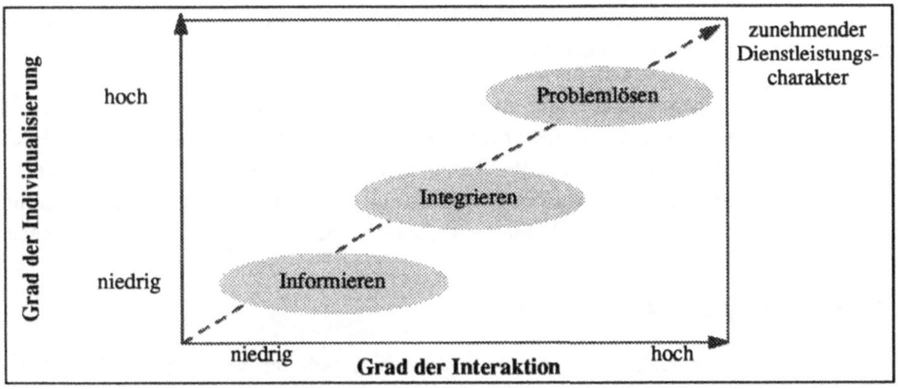

Abbildung 44 Entscheidungsoptionen der Entscheidungsdimension Strategiesubstanz[516]

Informieren. Informieren ist eine von der Redaktion ausgehende Tätigkeit. Der Leistungsvorteil beruht auf dem klassischen Konzept der Massenkommunikation. Der Rezipient nutzt einen solche telematische Informationsleistung nicht zur Lösung einer von ihm klar umrissenen Problemstellung. Vielmehr erwartet er, dass seine generellen und latenten Bedürfnisse befriedigt werden. Der Nutzer erwartet, über Geschehnisse, die er nicht kennt (latentes Informationsbedürfnis), aktuell und hintergründig informiert zu werden. Er schätzt die Art der Wertschöpfung, die ihm eine spezielle Interpretation bestimmter Sachverhalte (z.B. Weltanschauung) und somit eine wichtige Orientierungsfunktion bietet.

Integrieren. Ziel ist es, eine Plattform zu schaffen, über die der Nutzer integriert wird. Aus Sicht des Nutzers kann unterschieden werden zwischen einem Integriert-Werden (passiver Nutzer) und einem Sich-Integrieren (aktiver Nutzer). Das Integriert-Werden übernimmt die Redaktion, indem eine Inhaltebasis aufgebaut wird, die sich an die gesamte Zielgruppe richtet. Darüber wird ein gemeinsames Mass an Informiert-Sein sowie ein Dazugehörigkeitsgefühl erreicht und damit die Voraussetzung für die aktive Integration des Nutzers geschaffen. Aktiv integriert sich der Nutzer durch die Übernahme bestimmter Wertaktivitäten im Rahmen von Teilleistungen, wie z.B. Teilnahme an Chats, Leserbriefe per E-Mail.

Problemlösen. Dieser Leistungsvorteil weist einen starken Dienstleistungscharakter auf: Probleme der Nutzer werden individuell aufgegriffen und befriedigt. Eine den Nutzer befriedigende Lösung kann aber nur dann geboten werden, wenn er in den Pro-

516 eigene Darstellung

duktionsprozess mit einbezogen wird, indem er beispielsweise zunächst sein Problem artikuliert oder aber an dessen Lösung mitarbeitet.

Es muss betont werden, dass es sich bei den verschiedenen Entscheidungsoptionen der Strategiesubstanz lediglich um eine grobe Ausrichtung handelt. Unterschiedliche Mischformen sind denkbar. So kann der Problemlöser durchaus auch den Leistungsvorteil Informieren in sein Angebot integrieren, weil es zur Problemlösung der Nutzer beiträgt, wenn sie schnell aus einem Inhaltefundus standardisierte Informationen abrufen können.

3.2.3. Strategiestil

Der Strategiestil bezeichnet die Art und Weise, wie sich der Verlag gegenüber seinen Konkurrenten verhält, um die angestrebte Positionierung zu realisieren.[517] Nach KOTLER/BLIEMEL stehen dem Unternehmen je nach Rolle im Wettbewerb verschiedene Verhaltensweisen zur Verfügung (siehe Abbildung 45): *Marktmitläufer* haben i.d.R. nicht die Ressourcen- und Fähigkeitenausstattung, um mit den Konkurrenten in einen Wettkampf einzutreten. Sie können daher die Wettbewerbsregeln nicht verändern und versuchen, über ein defensives Verhalten lediglich mit dem Markt mitzuwachsen. *Marktnischenanbieter* bearbeiten Bereiche des Marktes, in denen Konkurrenten nicht aktiv sind (defensiv). In ihrer Nische etablieren sie sich vor allem über die Fähigkeit, spezielle Probleme einer Kundengruppe lösen zu können. Der *Marktführer* verstärkt die Aktivitäten, die sich bereits als erfolgreich erwiesen haben (aggressives Verhalten), verändert die Regel des Wettbewerbs aber nicht. Der *Marktherausforderer* baut dauerhafte und eigenständige Wettbewerbsvorteile auf. Er setzt im Markt neue Instrumente und Methoden ein und verändert so die Wettbewerbsregeln.[518]

---

[517] vgl. Kuss, A.; Tomczak, T. (1998), S. 136

[518] vgl.: Kotler, P.; Bliemel, F. W. (1992), S. 359-377; Haedrich, G.; Tomczak, T. (1990), S. 113-116; Kreilkamp, E. (1987), S. 173-176.

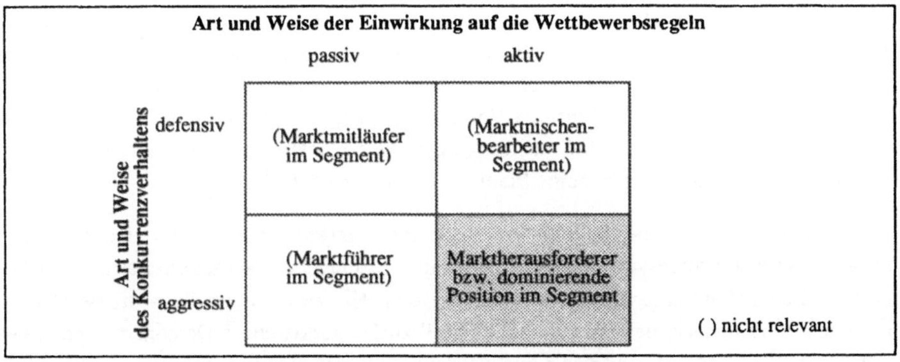

Abbildung 45 Wettbewerbsverhalten und angestrebte Rolle im Markt[519]

Dieses rollenorientierte Konzept ist jedoch nur bedingt auf die Situation von Verlagen übertragbar, denn es beschreibt das Wettbewerbsverhalten aus einer bereits belegten Wettbewerbsposition heraus. Verlage, die in den Online-Markt mit der neuen telematischen Informationsleistung eintreten, müssen sich jedoch erst eine Position im Wettbewerb aufbauen. Mit der neuen Leistung strebt der Verlag im gewählten Marktsegment eine dominierende Position im Wettbewerb an, da er sich nicht von vornherein mit der Rolle des Marktmitläufers oder des Marktnischenbearbeiters begnügen wird.[520] Damit nehmen Verlage die Rolle des *Marktherausforderers* ein. Diese Position wird aus folgenden Gründen angestrebt. Wie im Print-Markt kann auch im Online-Markt davon ausgegangen werden, dass erst eine führende Position im jeweiligen Marktsegment über den Mechanismus der Auflage-Anzeigen-Spirale zu einer erfolgreichen Präsenz im Werbemarkt und damit zu einem insgesamt wirtschaftlich erfolgreichen Produkt führt. Zudem ist eine starke Stellung im Wettbewerb Voraussetzung dafür, dass eine kritische Masse an Nutzern generiert werden kann und positive Netzwerkeffekte entstehen.

Als Marktherausforderer müssen Verlage die Wettbewerbsregeln *aktiv* gestalten und damit Regeln schaffen, die auf Basis ihrer Ressourcen/Kompetenzen und unter den gegebenen Wettbewerbsbedingungen erfolgversprechend sind. Dies erfordert seitens des

---

519 vgl. Haedrich, G.; Tomczak, T. (1990), S. 113-115. Verändert wurde die Darstellung durch das Einfügen des Begriffes Segment. Damit soll betont werden, dass der Medienmarkt generell und auch das Informationsangebot im Internet sehr stark ausdifferenziert ist. Es kann daher nicht generell von einem Marktführer gesprochen werden, sondern immer nur von einem führenden Anbieter in einem speziellen Segment.

520 Zudem kann davon ausgegangen werden, dass es einen Nischenanbieter - im Sinne eines Anbieters, der sich in einer Nische ohne Konkurrenten etabliert - ebenso wie im Print-Markt i.d.R. auch nicht im Online-Markt geben kann. Im Print-Markt hat sich gezeigt, dass selbst Special-interest-Zeitschriften, die einen sehr kleinen Marktausschnitt bedienen, nicht in einem konkurrenzfreien Umfeld agieren können. (siehe Abschnitt B 2.2.3.2.1.)

Verlages nicht nur ein klares, verbales Bekenntnis zu dem Online-Engagement, sondern auch den Einsatz von ausreichenden Mitteln und ein bestimmtes, energisches Vorgehen.[521] Zudem sollte ein aktives Wettbewerbsverhalten auch mit einem wettbewerbsstellenden und *offensiven* Verhalten einhergehen, bei dem der Verlag bereits im Vorfeld auf wettbewerbliche Anstrengungen der Konkurrenten reagiert und deren mögliche Vorgehensweisen in seine Planungen mit einbezieht.[522]

Nachdem nun mit der Festlegung der Rolle des Marktherausforderers der generelle Handlungsrahmen abgesteckt wurde, sollen nun verschiedene Verhaltensalternativen innerhalb dieses Handlungsrahmens vorstellt werden. Hierzu wird auf die wettbewerbsgerichteten Verhaltensstrategien von MEFFERT zurückgegriffen.[523] Demnach kann zwischen der Kooperations- und der Konfliktstrategie unterschieden werden.

Kooperation. Der Begriff Kooperation bedeutet i.w.S., dass zwei Unternehmen über einen längeren Zeitraum, d.h. über eine einzelne Transaktion hinaus, zusammenarbeiten.[524] Die Zusammenarbeit kann sich dabei auf die gesamte Wertschöpfungskette erstrecken oder auch nur auf Teilbereiche. Im Zusammenhang mit der Entwicklung und Konzeption neuer Leistungen sollen hier lediglich Kooperationen im Bereich Inhalte betrachtet werden. Verlage können dabei horizontal kooperieren, d.h. mit Unternehmen auf gleicher

---

[521] BECKER spricht hier von einem hohen Strategie-Level, der sich durch ein hohes Aktivitätsniveau auszeichnet: relativ hoher Marketing-Input; Schlüsselinstrument „Qualität“; Break-even-point relativ spät erreichbar; Ertragsorientierung. Im Gegensatz dazu steht ein niedriger Strategie-Level mit eher geringem Aktivitätsniveau: relativ wenig Marketing-Input; Schlüsselinstrument „Preis“; Break-even-point relativ schnell erreichbar und Umsatzorientierung. (vgl. Becker, J. (1992), S. 369-370)

[522] vgl. Meffert, H. (1994), S. 156. Im Gegensatz zu einem solchen offensiven oder auch proaktiven Verhalten steht das wettbewerbsmeidende Verhalten. Hier erfolgen Konkurrenzmassnahmen erst nachdem Wettbewerber bereits am Markt agiert haben. (vgl. Meffert, H. (1994), S. 156)

[523] vgl. Meffert, H. (1994), S. 155-161. Dort wird zwischen wettbewerbsvermeidende und wettbewerbsstellende Verhaltensdimensionen sowie zwischen innovativem und imitativem Verhalten unterschieden. Wettbewerbsvermeidendes und wettbewerbsstellendes Verhalten können beide als aktive Verhaltensweisen beschrieben werden, bei denen die Strategie der Wettbewerber in eigenen Planungen mit einbezogen werden. Sie unterscheiden sich jedoch in dem Zeitpunkt, zu dem Massnahmen ergriffen werden: Bei einer wettbewerbsvermeidenden Verhaltensweise geschieht dies erst, wenn die Konkurrenten bereits durch ihr Vorgehen eine neue Wettbewerbssituation geschaffen haben. Ist das Verhalten des Anbieters wettbewerbsstellend, reagiert der bereits im Vorfeld der Aktivitäten der Konkurrenten und kann beispielsweise dadurch geschaffene Zeitvorteile in Image- und Ertragsvorteile umsetzen. Die Verhaltensdimensionen Innovativ und Imitativ haben eine starke inhaltliche Komponente. Bei innovativem Verhalten gegenüber der Konkurrenz werden neue Wege bei Verfahren, Produkten und Marketingkonzeptionen beschritten, während imitatives Verhalten an bereits Bekanntes anknüpft und durch eine geringere Risikobereitschaft gekennzeichnet ist. Die Verhaltensdimension innovativ/imitativ jedoch zielt eher auf die Inhalte der Strategie und damit auf die Strategiesubstanz ab als auf den Strategiestil gegenüber den Wettbewerbern. Daher soll nur die Verhaltensdimension Wettbewerbsvermeidend und Wettbewerbsstellend als für den Online-Markt relevant bezeichnet werden, die beide im Sinne des in Abbildung 45 dargestellten rollenorientierten Konzeptes als aktiv bezeichnet werden können.

[524] Für eine ausführliche Diskussion des Begriffes Kooperation vgl. Henkel, C. B. (1992), S. 10-12 u. S. 226-251.

Wirtschaftsstufe (z.B. Verlage), oder auch vertikal mit Unternehmen vor- oder nachgelagerter Wirtschaftsstufen (z.B. Nachrichtenagenturen).[525] Eine eindeutige Abgrenzung ist indes im Internet nicht immer möglich. Lieferten im Print-Markt beispielsweise Nachrichtenagenturen ihre Inhalte an die Zeitung/Zeitschrift, können sie im Internet nun direkt publizieren und befinden sich damit auf gleicher Wirtschaftsstufe. Kooperationen, unabhängig davon, ob sie durch eine kapitalbezogene Verbundenheit oder lediglich durch Lizenzabkommen bzw. Zuliefer- und Abnahmeverträge rechtlich abgedeckt sind, können sich auf die telematische Informationsleistung als Ganzes oder aber auch nur auf Teilbereiche (z.B. Zulieferung von Inhalten) beziehen.

Eine *umfassende Kooperation* eignet sich für Anbieter, die nicht über genügend Ressourcen verfügen, um langfristige Konkurrenzauseinandersetzungen zu führen bzw. deren Ressourcen und Kernkompetenzen für den Aufbau eines deutlichen Wettbewerbsvorteils nicht ausreichen.[526] Der Verlag ist folglich darauf angewiesen, seine Ressourcen mit denen der/des Konkurrenten zu bündeln. So können Verlage ihre Angebote im Internet zusammenlegen bzw. ein gemeinsames Angebot aufbauen, also einen grossen Teil der Wertaktivitäten gemeinsam gestalten. Insbesondere Verlage in einer Bedrohungssituation können über eine Kooperation mit eventuell sogar einem früheren Rivalen über eine höhere Nutzerschaft ihre Wettbewerbsposition im Werbemarkt stärken.

Es sind aber auch *punktuelle Kooperationen* denkbar, im Rahmen derer zeitlich oder vom Umfang her begrenzt Inhalte geliefert werden. Obwohl der Verlag selbst nicht die Ressourcen zur Herstellung der bezogenen Leistungen hat, kann er sein Leistungsspektrum ausweiten und so den Bedürfnissen der Nutzer gerecht werden.[527] Damit muss der Anbieter zwar unter Umständen die Erlöse mit dem Kooperationspartner teilen und seine Kunden von einem kooperierenden Unternehmen mit betreuen lassen, kann dafür aber diese Nutzer binden und so ein Abwandern an Konkurrenzangebote verhindern.[528] Für Inhaltezulieferer sind solche Kooperationen interessant, weil telematische Informationsleistungen im Internet Aggregatoren von Nutzern darstellen und somit eine Art Distributionsweg. Kooperationen wiederum können die Stellung im Wettbewerb im Rezipientenmarkt und somit die Attraktivität der telematischen Informationsleistung als Partner für weitere Inhaltelieferanten stärken. Diese sind im Internet, wie das obige Beispiel der Nachrichtenagenturen gezeigt hat, nicht mehr wie im Print-Markt auf die telematischen Informationsleistungen als Distributionsweg ihrer Inhalte angewiesen. Nur wenn die Dis-

---

525 vgl. Olesch, G. (1995), Sp. 1274-1275

526 vgl. Meffert, H. (1994), S. 157

527 vgl.: Kleinaltenkamp, M.; Ginter, T. (1998), S. 753-754; Benölken, H.; Greipel, P. (1994), S. 100; Meyer, A.; Dullinger, F. (1998), S. 731-733. Der Verlag kann sich aber auch bewusst gegen eine Kooperation und für die Eigenherstellung bestimmter, insbesondere strategisch relevanter Leistungen entscheiden, um in diesem Bereich Kernkompetenzen aufzubauen. (vgl. Haedrich, G.; Tomczak, T. (1996), S. 93)

528 vgl. Benölken, H.; Greipel, P. (1994), S. 101

tribution über die telematische Informationsleistung einen Mehrwert (z.B. Umsatz, höhere Nutzerzahlen) im Vergleich zur Distribution im Internet generiert, können sie als Kooperationspartner gewonnen werden.

Beispiel Columbus (Kooperation zwischen den Verlagen M. DuMont Schauberg, Köln, und Heinen-Verlag, Köln)[529]

Die beiden Verlage haben im Print-Markt mit Regionalzeitungen (M. DuMont Schauberg: „Kölner Stadtanzeiger", „Express"; Heinen-Verlag: „Kölnische Rundschau") ihren Schwerpunkt und sind dort direkte Konkurrenten. Im Online-Markt kooperieren die beiden Verlage in Form einer gemeinsamen Tochtergesellschaft RegioInformation GmbH, Köln. Von dieser Tochtergesellschaft wurde Anfang 1997 das Gemeinschaftsprojekt „Columbus", ein Online-Stadtmagazin, lanciert. Columbus versteht sich als Stadt- und Veranstaltungsführer, dessen Inhalte weniger journalistischer Natur (z.B. Nachrichten) sind, sondern vielmehr aus Restaurantführern, Veranstaltungskalendern, Stadtplänen etc. bestehen. Die einzelnen Zeitungen („Kölnische Rundschau", „Kölner Stadtanzeiger" und „Express") sind jeweils mit einem eigenen Auftritt im Internet vertreten und liefern z.T. die Nachrichten, die Columbus anbietet. Die Kooperation wurde aus folgenden Gründen eingegangen:

Vermeidung von Konkurrenzauseinandersetzungen - Stärkung gegenüber Dritten. Die drei Zeitungen haben ungefähr das gleiche Verbreitungsgebiet. Hätten beide Verlage jeweils einen eigenen Stadtführer im Internet lanciert, hätte das unweigerlich zu Konkurrenzauseinandersetzungen geführt. Damit bestand die Gefahr, das Dritte von diesen Rivalitäten profitiert hätten und die Position beider Konkurrenten geschwächt worden wäre.
Steigerung der Attraktivität für Inhaltelieferanten. Für ein Stadtmagazin sind Behörden, Veranstalter, Touristenbüros etc. wichtige Inhaltelieferanten, die zu einer hohen Informationsbreite und -tiefe beitragen und somit die Attraktivität des Angebotes für die Nutzer steigern. Ziel war es daher, zu verhindern, dass diese ihre Inhalte lediglich im Internet, aber nicht dem Verlag zur Verfügung stellen. Um sich im Ereignismarkt speziell in bezug auf die Inhaltelieferanten als attraktive Distributionsplattform zu positionieren, bedarf es einer gewissen Reichweite (Anzahl der Nutzer) und Marktstellung. Über die Zusammenlegung von Know-how und auch über die Stärkung von Columbus durch Nutzer, die von den Online-Zeitungen auf das Angebot gelenkt werden, ist eine relevante Reichweite und starke Marktstellung leichter zu erreichen.

Konflikt. Dieser Stil zeichnet sich durch direktes aggressives Verhalten gegenüber den Wettbewerbern aus. Der Anbieter will in seinem Teilmarkt eine monopolartige Stellung

[529] vgl. u.a. Henkel, C. (1998), S. 115. Columbus wurde in City-Guide Köln umbenannt und ist im Internet zu finden unter der Adresse: www.city-guide.de/koeln

aufbauen, um langfristig die Eintrittsbarrieren für Konkurrenten zu erhöhen. Voraussetzung dazu ist eine entsprechende Ressourcen- und Kompetenzausstattung.

Generell setzt die Wahl des Strategiestils zunächst einmal voraus, dass der Verlag seine Konkurrenten im Internet kennt. Die brancheninternen Konkurrenzangebote dürften dabei leicht auszumachen sein. Schwieriger wird die Identifizierung branchenfremder und evtl. auch ausländischer Konkurrenten. Auch muss der Verlag sein Verhältnis zu bisherigen Inhaltelieferanten, wie z.B. Behörden, Veranstaltern, neu definieren, weil diese selbst im Internet publizierend tätig werden und aus einer Zusammenarbeit im Print-Markt eine Konkurrenzbeziehung im Online-Markt wird. Hinzu kommt, dass telematische Informationsleistungen nicht mehr wie im Print-Markt aus produktionstechnischen Gründen als geschlossenes Leistungspaket angeboten werden müssen, sondern auch das Anbieten von Teilleistungen möglich ist. Somit muss der Nutzer nicht mehr gesamthaft eine telematische Informationsleistung mit einer anderen vergleichen, sondern er vergleicht lediglich eine Teilleistung innerhalb eines Angebotes mit einer anderen Teilleistung innerhalb eines anderen Angebotes. Daraus ergeben sich Konkurrenzbeziehungen zwischen telematischen Informationsleistungen, die nicht gesamthaft, aber dafür in bestimmten Bereichen am Markt konkurrieren. Zusammenfassend kann davon ausgegangen werden, dass der Verlag in einem Mehrpunktwettbewerb steht und mit einer Vielzahl unterschiedlicher Anbieter konkurriert. Der Verlag kann damit kein einheitliches Verhalten gegenüber dem Wettbewerb definieren, sondern immer nur ein Verhalten gegenüber dem spezifischen Wettbewerber.

3.3. Ableitung von vier Strategie-Chips

3.3.1. Typ 1: Der Dienstleister für die Region

Der Dienstleister für die Region strebt an, die regionale/lokale Gesellschaft seines Verbreitungsgebietes im Internet abzubilden. Der Nutzer soll alle relevanten Informationen aus seinem regionalen/lokalen Umfeld im Rahmen dieses Angebots finden können und in der Gestaltung seines Daseins als Mitglied in einer regionalen Gesellschaft (Freizeit, Behördengänge, regionalorientierte Transaktionen etc.) unterstützt werden.

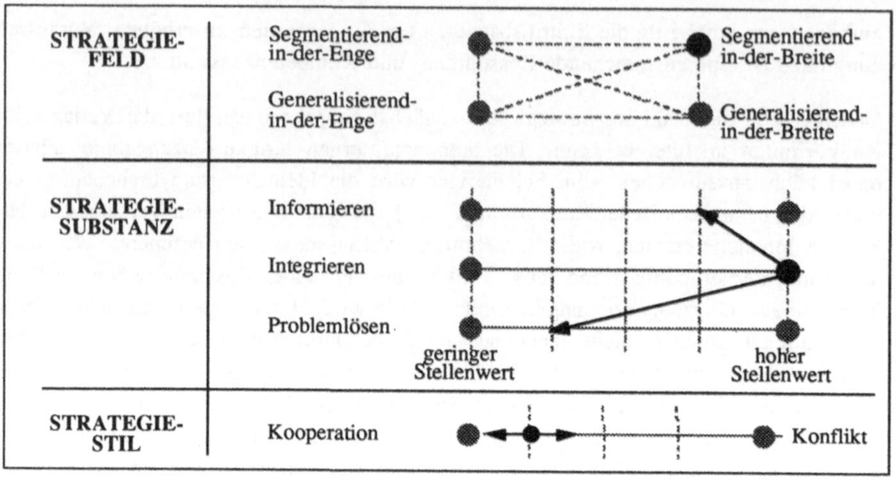

Abbildung 46 Strategie-Chip des Dienstleisters für die Region[530]

Dazu deckt der Anbieter zum einen informationsmässig die gesamte Region ab. Zum anderen segmentiert er nach geographischen Kriterien (Gemeinden, Städten etc.) und richtet diese Teilangebote auf diese geographischen Zielgruppen aus (*Segmentierend-in-der-Breite*). Auf diese Weise erreicht er eine geographische Informationsbreite, die allein aus produktionstechnischen Gründen im Print-Markt nicht möglich wäre. Sein Wissen des regionalen/lokalen Ereignismarktes setzt er gezielt ein.

Sein Leistungsvorteil besteht vornehmlich in der *Integration* der regionalen Gesellschaft im Rahmen der telematischen Informationsleistung. Diesen Leistungsvorteil erreicht er zum einen durch eine möglichst vollständige informationsmässige Abdeckung der regionalen/lokalen Gesellschaft (Integriert-Werden, passiver Nutzer) und zum anderen durch die Möglichkeit der Nutzer, an dieser informationsmässig im Internet abgebildeten Gesellschaft teilzunehmen (Sich-Integrieren, aktiver Nutzer). Dadurch ergibt sich insgesamt ein mittlerer Grad der Individualisierung und der Interaktion. Punktuell bietet er auch individuelle Problemlösungen an, konzentriert sich aber im wesentlichen auf seine massenkommunikative Aufgabe als Informationsvermittler.

Die Mission der telematischen Informationsleistung zeichnet sich vor allem durch die Bedrohungsabwendung aus. Daher muss der Anbieter eine herausragende Position als Werbeträger für die regionale Werbewirtschaft im Internet erreichen. Basis dafür ist eine starke Stellung im Rezipientenmarkt. Diese wird vor allem dadurch begründet, dass er

---

[530] eigene Darstellung

den regionalen Ereignismarkt informationsmässig abdeckt. Dazu ist er wie im Print-Markt auf Zulieferer (z.B. Behörden, Vereine, Theater) angewiesen. Ob sich diese Zulieferer entschliessen, ihre Inhalte über die telematische Informationsleistung anzubieten oder aber direkt über das Internet, hängt von dem Mehrwert - insbesondere in Form zusätzlicher Nutzer - ab, den eine Distribution bzw. Kooperation mit der telematischen Informationsleistung generiert. Um diese Inhaltelieferanten als Kooperationspartner zu gewinnen, ist es denkbar, dass der Verlag mit Konkurrenzverlagen kooperiert und somit eine starke Position als Informationsplattform aufbaut. Kooperationen erfordern allerdings ein Umdenken des Anbieters. Dieser hat bisher aus einer monopolähnlichen Situation heraus agiert und muss nun im Internet in einem konkurrenzintensiven Umfeld mit Konkurrenten kooperieren, die zuvor im Print-Markt - aufgrund der starken Marktstellung des Anbieters - gezwungenermassen freiwillig zugeliefert haben.

3.3.2. Typ 2: Der meinungsbildende Qualitätsführer

Das Angebot wird über die Kriterien Meinungsbildend und Qualität positioniert. In seiner gesellschaftspolitischen Funktion ist er zum einen Spiegelbild der Gesellschaft (Orientierung als Grundlage der Meinungsbildung), und zum anderen offeriert er über eine Bewertung der Informationen ihre mögliche Einordnung (Bewertung als Unterstützung der Meinungsbildung).

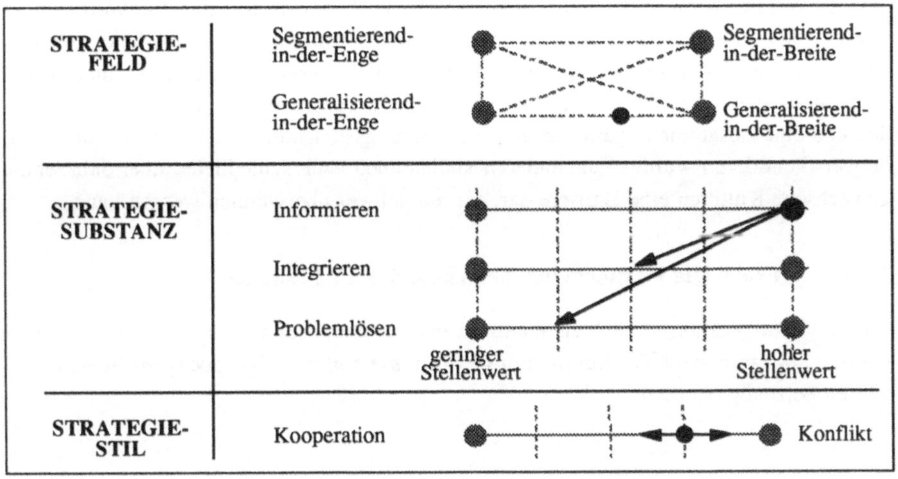

Abbildung 47 Strategie-Chip des meinungsbildenden Qualitätsführers[531]

[531] eigene Darstellung

Seine gesellschaftspolitische Funktion kann er nur dann erfüllen, wenn er sich an eine weit gefächerte Leserschicht wendet und die Gesellschaft informationsmässig breit abdeckt. Da er jedoch Informationen bewertet und somit eine bestimmte Sichtweise einnimmt, wird er vor allem Leser erreichen, die diese Sichtweise zumindest akzeptieren oder aber teilen (*Generalisierend-in-der-Breite mit einer Tendenz zu Generalisierend-in-der-Enge*).

Wichtigster Leistungsvorteil ist der des *Informierens*. Es sind dabei die Auswahl, Aufbereitung und Einschätzung der Informationen durch die Redaktion, die diesen Leistungsvorteil generieren. Er setzt bewusst seine journalistischen Fähigkeiten entlang der gesamten journalistischen Wertschöpfungskette ein, um journalistische Qualität zu erzeugen. Die Integration des Nutzers erscheint nur dort sinnvoll, wo die Meinungsbildung innerhalb der telematischen Informationsleistung direkt unterstützt werden kann. Das Lösen individueller Probleme gehört nicht zu seinen Kernfähigkeiten und wird nur vereinzelt angeboten.

Kooperationen geht der Anbieter i.d.R. nur punktuell, bezogen auf bestimmte Teilleistungen, ein. Da er den Grossteil seiner Inhalte selber produziert, um den Leistungsvorteil zu generieren, sind Kooperationen kaum erforderlich. Kooperationen geht er lediglich dort ein, wo seine Kompetenzen nicht ausreichen. Aufgrund der printgeprägten Kultur und der Verankerung im Zeitungsmarkt setzen solche Kooperationen allerdings voraus, dass interne Barrieren überwunden werden können. Zu seinen direkten Konkurrenten im Internet, die zum grossen Teil bereits zum Konkurrenzumfeld im Print-Markt gehören, wird er in einen Konflikt eintreten müssen. Eine Kooperation erscheint zum einen wenig sinnvoll, da sich die Anbieter durch ihre politische Ausrichtung voneinander unterscheiden und eine Zusammenlegung für den orientierungssuchenden Nutzer eher einen Minderwert generieren würde. Zum anderen stellen auch unterschiedliche, über Jahrzehnte gewachsene Kulturen eine Barriere dar, die nur schwer überwunden werden kann.

3.3.3. Typ 3: Die Plattform für themenspezifische Lösungen

Das Angebot positioniert sich als Plattform mit Problemlösungskompetenz in einem thematisch abgegrenzten Feld. Informationsbedürfnisse sollen zielgruppengerecht und individuell befriedigt werden.

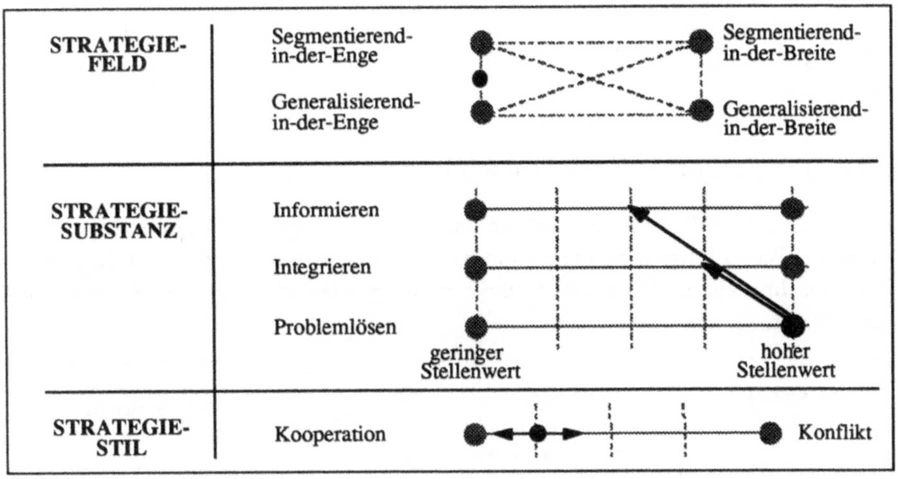

Abbildung 48 Strategie-Chip der Plattform für themenspezifische Lösungen[532]

Das Angebot besetzt einen kleinen Marktausschnitt, der durch die Themenzentrierung abgesteckt wird. Dabei ist es notwendig, dass er eine herausragende Stellung in diesem Marktausschnitt erreicht. Erst eine solche Stellung schafft durch eine hohe Reichweite und Werbekontaktqualität die Voraussetzung für eine Positionierung im Werbemarkt und erhöht zudem seine Attraktivität gegenüber Inhaltelieferanten. Um diese Stellung zu erreichen, richtet er innerhalb des Marktausschnittes sein Angebot so breit wie möglich aus, schneidet einige Angebotsbereiche aber auf die Bedürfnisse einzelner Zielgruppen zu (*Generalisierend-in-der-Enge/Segmentierend-in-der-Enge*).

Um Nutzerbedürfnisse zielgruppengerecht und auch individuell befriedigen zu können, wird der Nutzer soweit wie möglich und nötig integriert (*hoher Grad der Interaktion und Individualisierung*). Die Artikulation der Informationsbedürfnisse (bzw. Probleme) sowie die Mitwirkung an der Befriedigung seiner Bedürfnisse setzen diese Integration voraus. Zur Problemlösung tragen generell auch die Leistungsvorteile Informieren/Integrieren bei, indem über grundlegende allgemeine Informationen eine Wissensbasis für den Nutzer generiert wird.

Die Generierung von zielgruppengerechten und individuellen Problemlösungen setzt die Vorhaltung eines grossen Spektrums von Leistungen und auch Leistungspotentialen voraus. Dieses lässt sich mit der Nutzung und dem Ausbau von Fähigkeiten und Ressourcen innerhalb eines bestehenden Print-Objektes nur schwer bewerkstelligen. Durch

---

532 eigene Darstellung

ein umfassendes Netz an Kooperationspartnern (innerhalb und/oder ausserhalb des Verlages), die Leistungen oder Leistungspotentiale liefern, erreicht er seine angestrebte Positionierung.

3.3.4. Typ 4: Der Generalist mit Profil

Der Generalist mit Profil positioniert sich im Internet als eine umfassende Informationsplattform. Dieser Informationsplattform verleiht er sein unverwechselbares Profil, indem er prägende Imagebestandteile seiner Marke mediengerecht überträgt (z.B. Art und Weise der Informationsarbeit).

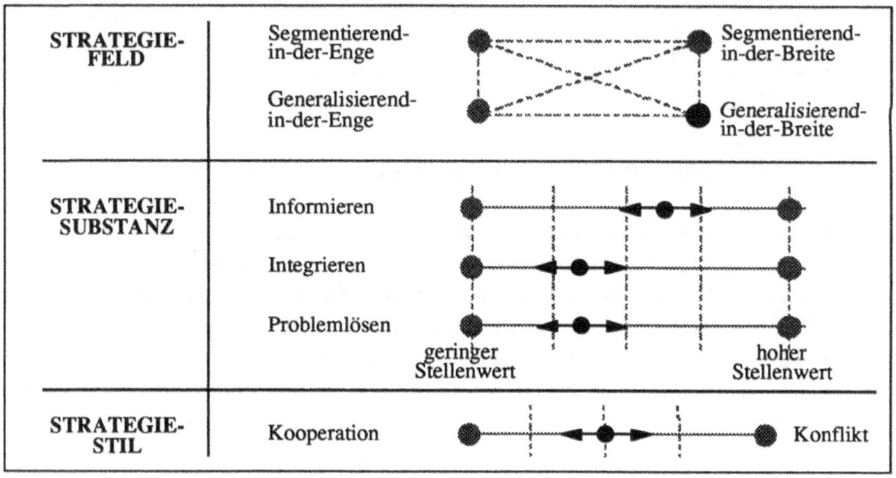

Abbildung 49 Strategie-Chip des Generalisten mit Profil[533]

Als Generalist deckt er einen sehr grossen Teil des Marktes ab (Generalisierend-in-der-Breite). Damit hat er die Voraussetzung geschaffen, auch im Internet seine spezielle Fähigkeit einzusetzen, die Informationsarbeit derart zu gestalten, dass damit eine grosse Zielgruppe erreicht werden kann.

Die zwar profilierte, aber inhaltlich breit ausgelegte Ausgangsmarke erlaubt ihm, nicht nur ein grosses Themenspektrum, sondern auch ein grosses Spektrum an Leistungsvorteilen anzubieten. Diese Ausgangslage kann er nutzen, um sich im Internet als *Leistungsvorteils-Generalist* zu positionieren. Je nach Themenbereich und den damit verbundenen Bedürfnissen wird er unterschiedliche Leistungsvorteile generieren. Im Vordergrund

---

533 eigene Darstellung

steht allerdings das *Informieren*, weil er hier aufgrund der journalistischen Kompetenzen einen hohen Nutzen für die Kunden stiften kann. Als Leistungsvorteils-Generalist läuft er allerdings Gefahr, sich nicht so deutlich positionieren zu können wie die Anbieter, die sich auf einen Leistungsvorteil konzentrieren. Dem entgegnet er mit einer deutlichen Profilierung mittels der Übernahme imageprägender Bestandteile der Marke und deren mediengerechter Umsetzung.

Aufgrund der breiten Abdeckung des Marktes, welche ein weit gefächertes Themenspektrum und die Generierung eines breiten Leistungsvorteilsspektrums erfordern, steht der Anbieter nicht nur in Konkurrenz mit Angeboten ähnlicher Ausrichtung, sondern auch mit Nischenanbietern, die spezielle Leistungsvorteile anbieten. Kooperationen mit Angeboten ähnlicher Ausrichtung (direkte Konkurrenten) erscheinen zum einen schwierig, da hier meist ein ausgeprägtes Konkurrenzverhalten aus dem Print-Markt das Verhalten im Internet prägt und Kulturbarrieren nur schwer zu überwinden sein dürfen. Zum andern wählt der Nutzer diese Generalisten jeweils aufgrund ihres speziellen Charakters, so dass eine Zusammenlegung der Angebote dem Nutzer keinen Mehrwert generieren würde. Kooperationen mit Nischenanbietern hingegen sind sinnvoll und auch notwendig, um das breite Leistungsspektrum abdecken zu können. Der Anbieter setzt hier seine Fähigkeit ein, das gesamte Leistungsspektrum zusammenzustellen (Koordination) und solche Kooperationspartner auszuwählen, deren Inhalte/Leistungen vom Profil her in das Gesamtangebot passen bzw. die Fähigkeit, den Inhalten/Leistungen nachträglich ein solches Profil zu verleihen.

4. Konzeption der neuen Leistung

4.1. Einleitung

Im Zentrum dieses Abschnitts steht die Konzeption der neuen Leistung und damit die Gestaltung der Absatzleistung. Es wird die Frage beantwortet, wie die in Abschnitt C 2. als Schwerpunktaufgabe herausgearbeitete Aufgabe der Leistungsinnovation nach Vorgaben auf marketinggrundsatzstrategischer Ebene mittels des Instrumentariums der Angebotspolitik[534] i.w.S. in telematische Informationsleistungen umgesetzt werden kann.

Dem Nutzer stellt sich die telematische Informationsleistung als eine Problemlösung dar. Weniger entscheidend ist es für ihn, ob dieser Problemlösung Produkte, Dienstleistung oder Services zu Grunde liegen, sondern er erwartet eine die einzelnen Bestandteile (z.B. Artikel, Anzeigen, Chats, Abfragen von Datenbanken, Links, Zusendung von Inhalten, Individualisierung von Inhalten) integrierende Problemlösung. Folglich muss bei der Konzeption von telematischen Informationsleistungen diese Sicht der Nutzer eingenommen und an den Bedürfnissen der Nutzer angeknüpft werden. Diese Überlegungen liegen dem auf BELZ zurückgehenden Ansatz des *Leistungssystems* zugrunde:[535] „Leistungssysteme setzen am Leistungs-/Marktentscheid der Unternehmung an. Sie lösen die Probleme der Kunden umfassender und wirtschaftlicher als bisher. Unternehmungen bieten nicht nur ihre "nackten" Produkte und zahlreiche Serviceleistungen an, sondern entwickeln integrierte Lösungen für spezifische Kundengruppen ... Sie suchen innovative Leistungs-/Marktkombinationen, mit denen sie Vorteile für Kunden schaffen und sich wirksam gegenüber der Konkurrenz profilieren können."[536]

Ein solche integrative Sichtweise nehmen auch ENGELHARDT / KLEINALTENKAMP / RECKENFELDERBÄUMER ein und sprechen von *Leistungsbündeln* als Absatzobjekte: „Absatzobjekte setzen sich jeweils aus mehreren gleich- oder verschiedenartigen Wirtschaftsgütern zusammen ... Am Markt werden somit niemals nur einzelne Leistungen abgesetzt, sondern eine vermarktete Leistung ist immer ein Bündel von Teilleistun-

---

[534] Orientiert man sich an der 3er-Systematik, so kann das Marketinginstrumentarium in Angebots-, Distributions- und Kommunikationspolitik systematisiert werden. Die Angebotspolitik ist für die Erstellung der eigentlichen Leistung verantwortlich, die Distributionsleistung sorgt für die Verfügbarkeit der Leistung am Markt, und die Kommunikationspolitik informiert über das Angebot und bestimmt damit das Image. (vgl.: Haedrich, G.; Tomczak, T. (1990), S. 137-138; Becker, J. (1998), S. 487-490)

[535] vgl. Belz, C. (1989). Der Ansatz wurde weiterentwickelt u.a. von: Belz, C.; Bircher, B.; Büsser, M.; Hillen, H.; Schlegel, H. J.; Willée, C. (1991); Pabst, O. (1993); Gussek, F. (1994); Tomczak, T. (1994); Belz, C. (1994), S. 45-79; Belz, C. (1997).

[536] Belz, C. (1997), S. 20

gen."[537] Ziel der Betrachtung einer integrativen Sichtweise der Angebotspolitik ist es, situationsspezifische Handlungshinweise zu geben, welche Teilleistungen[538] auszuwählen und wie diese zu einer geschlossenen Problemlösung, bzw. einer telematischen Informationsleistung zu verknüpfen sind.[539]

Der Rahmen für die Konzeption der telematischen Informationsleistung ist vorgegeben durch Entscheidungen auf der grundsatzstrategischen Ebene bezüglich der Marktabdeckung/Segmentierung (Strategiefeld) des zu generierenden Leistungsvorteils (Strategiesubstanz) und des Verhaltens gegenüber den Wettbewerbern (Strategiestil). Innerhalb dieses Rahmens verbleiben jedoch noch eine Fülle von Gestaltungsmöglichkeiten, diese Vorgaben in telematische Informationsleistungen umzusetzen. Hier sei lediglich auf die Eigenschaften des Mediums Internet hingewiesen, die u.a. die Darstellung in Text, Bild, Ton und Film ermöglichen, die Platzbeschränkungen aufheben und die eine netzwerkartige Struktur der Teilleistungen, die Integration des Nutzers, die Individualisierung von Leistungen und Individualkommunikation erlauben.

Diesem Umstand der Fülle von Gestaltungsmöglichkeiten und der daraus resultierenden Fülle möglicher Teilleistungen wird Rechnung getragen, indem eine Systematik entwickelt wird, in die Teilleistungen eingeordnet werden können. Der Sinn einer solchen Systematisierung (C 4.2.1) und einer detaillierten Beschreibung der Teilleistungen (C 4.2.2.) liegt darin, dass sichtbar wird, welche Leistungen welchen Nutzen stiften und wie diese entstehen. Erst mit diesem Wissen ist es möglich, die Teilleistungen derart zu bündeln, dass telematische Informationsleistungen entstehen, die gesamthaft einen Nutzen stiften, der den Bedürfnissen der Zielgruppe gerecht wird und nicht eine wahllose Aggregation von Teilleistungen darstellen.

In einem nächsten Schritt müssen entsprechend der Entscheidungen auf marketinggrundsatzstrategischer Ebene insbesondere gemäss der gewählten Strategiesubstanz

---

537 Engelhardt, W. H.; Kleinaltenkamp, M.; Reckenfelderbäumer, M. (1993), S. 407. Für eine Darstellung integrativer Ansätze in der Produktpolitik vgl. Haedrich, G.; Tomczak, T. (1996), S. 52-64. Der Ansatz der Leistungsbündel unterscheidet sich vom Leistungssystem-Ansatz, dass er die Kombination von Sach- und Dienstleistungen aus einer theoretischen Perspektive fundiert, während der Leistungssystem-Ansatz aus einer praxisorientierten Perspektive Handlungsempfehlungen für die situative Gestaltung von Problemlösungen geben soll. (vgl. Haedrich, G.; Tomczak, T. (1996), S. 53)

538 Der Begriff Teilleistungen soll im folgenden für die kleinste (Leistungs-)Einheit (z.B. Textpassage (Artikel), Chat) innerhalb einer telematischen Informationsleistung verwendet werden.

539 Leistungssysteme finden vor allem dann Anwendung, wenn es sich um komplexe *Kaufentscheidungsprozesse* mit extensivem Informations- und Entscheidungsverhalten handelt und das *Differenzierungspotential* des Angebots hoch ist, wie beispielsweise i.d.R. in der Investitionsgüterindustrie (vgl. Gussek, F. (1994), S. 313-314, 316). Die Problematik, Teilleistungen zu einer Problemlösung zu verknüpfen, besteht allerdings nicht nur im Investitionsgüter-Marketing, sondern auch im Konsumgüterbereich (vgl. Gussek, F. (1994) für eine Übertragung des Leistungssystem-Ansatzes in der Konsumgüterindustrie) und damit auch in der vorliegenden Arbeit, wobei hier der Bezugspunkt die Zielgruppe und nicht ein individueller Nutzer ist.

Teilleistungen ausgewählt und ihre Intensität bestimmt werden (C 4 3.1.). Der Verlag steht nun aber vor dem Problem, dass es schwierig ist, aus den abgeleiteten Teilleistungen direkt diejenigen auszuwählen, die grundsatzstrategische Entscheidungen umsetzen können. Deswegen wird mit dem Begriff des Leistungskernes eine weitere Aggregationsebene eingezogen zwischen der Teilleistung als kleinstem Element und der telematischen Informationsleistung als oberste Ebene. Dies ermöglicht, dass die Umsetzung grundsatzstrategischer Entscheidungen in mehreren Schritten (Bestimmung der Leistungskerne, Zuordnung der Teilleistungen zu den Leistungskernen) erfolgen kann. Anknüpfend an die vier situationsspezifischen Strategie-Chips, werden vier situations- und grundsatzstrategieadäquate telematische Informationsleistungen vorgestellt (C 4.3.2.), die sich durch Leistungskerne und deren Bestückung mit Teilleistungen unterscheiden. Damit schliesst der Teil, der direkten Erfüllung der Aufgabe Leistungsinnovation.

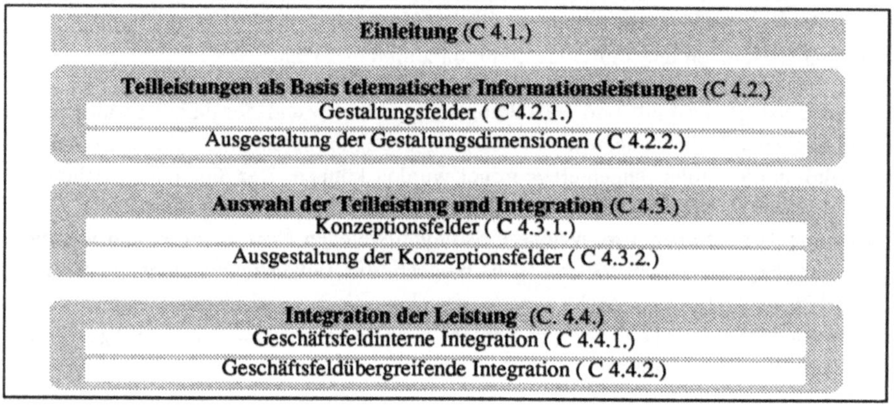

Abbildung 50 Aufbau des Abschnittes C 4.[540]

In einem letzten Schritt (C 4.4.) wird an die in Abschnitt C 2. beschriebene geschäftsfeldinterne und -übergreifenden Integration der Aufgaben angeknüpft. Im Rahmen der geschäftsfeldinternen Integration (C 4.4.1.) werden Ansatzpunkte aufgezeigt, die telematische Informationsleistung derart zu gestalten, dass sie ein möglichst hohes Nutzerbindungs- und Nutzerakquisitionspotential hat. Im Rahmen der geschäftsfeldübergreifenden Integration (C 4.4.2.) werden Überlegungen angestellt, wie positive Spill-over-Effekte von der telematischen Informationsleistung auf die printbasierten Leistungen (Zeitungen/Zeitschriften) gefördert werden können und damit zur Erfüllung der Aufgaben des SGF-Print beigetragen sowie die auf Zielebene dem SGF-Online übertragene Mission in bezug auf das SGF-Print erfüllt werden kann.

---

[540] eigene Darstellung

4.2. Teilleistungen als Basis telematischer Informationsleistungen

4.2.1. Grundlagen: Gestaltungsfelder und Arten von Leistungen

4.2.1.1. Gestaltungsfelder

Telematische Informationsleistungen können ein Fülle verschiedener Teilleistungen enthalten, wie z.B. Artikel, Chats, abrufbare Datenbanken, individualisierte Leistungen, interaktive Anwendungen, Werbung, Transaktionsangebote. Im folgenden soll nun der Versuch unternommen werden, diese Teilleistungen zu systematisieren. Teilleistungen entstehen, indem Gestaltungsfelder durch den Verlag genutzt werden.[541] Gestaltungsfelder sind Wertaktivitäten, Eigenschaften des Mediums, Rollen der Nutzer, der Redaktion und der Zulieferer (siehe Abbildung 51).

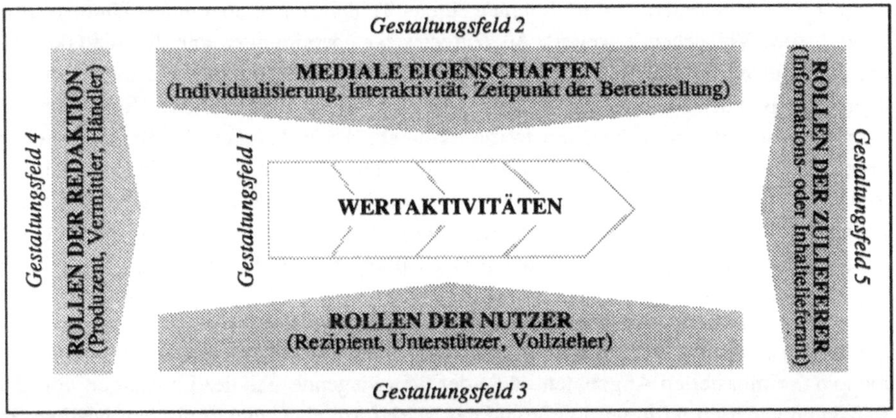

Abbildung 51 Gestaltungsfelder im Rahmen der Entwicklung von Leistungsarten[542]

Gestaltungsfeld 1: Wertaktivitäten. In einem ersten Schritt müssen die Wertaktivitäten definiert werden. Wie noch gezeigt wird, können dies die Aktivitäten der klassischen Informationsarbeit (Wissensrekonstruktion, Informationserarbeitung, -aufbereitung und Bündelung)[543] aber auch andere sein. Wie, wann und von wem die einer Teilleistung zu-

---

[541] Hier kann anstatt von Gestaltungsfeldern auch von Nutzenpotentialen gesprochen werden: „Wir können ... ein Nutzenpotential als eine in der Umwelt, im Markt oder in der Unternehmung latent oder effektiv vorhandene Konstellation definieren, die durch Aktivitäten der Unternehmung zum Vorteil aller Bezugsgruppen und der Unternehmung selbst erschlossen werden kann." (Pümpin, C. (1989), S. 47)

[542] eigene Darstellung

[543] zu der journalistischen Informationsarbeit siehe Abschnitt B 4.

grunde liegenden Wertaktivitäten ausgestaltet werden, wird bestimmt durch die Ausgestaltung der Gestaltungsfelder zwei bis fünf.

Gestaltungsfeld 2: Mediale Eigenschaften. Wie die medialen Eigenschaften genutzt werden, bestimmt erstens, inwiefern die Wertaktivitäten bzw. einzelne Wertaktivitäten in bezug auf die Bedürfnisse einzelner Nutzer (*Individualisierung*) ausgeführt werden, zweitens, inwiefern der Nutzer mit den Leistungen bzw. Nutzern/Redakteuren interagieren (*Interaktivität*) kann, und drittens, zu welchem Zeitpunkt die Wertaktivitäten ausgeführt werden (*Zeitpunkt der Bereitstellung*).[544] Bei der Ausgestaltung des Gestaltungsfeldes wird u.a. an die Entscheidungsdimension Strategiesubstanz angeknüpft.[545]

Gestaltungsfeld 3: Rollen der Nutzer. Über die Betrachtung des Nutzers soll dessen aktive Rolle beim Konsum, aber auch bei der Erstellung von Teilleistungen gewürdigt werden. Die klassische Funktion des Nutzers als *Rezipient*, der die Leistungen passiv rezipiert und verarbeitet, wird im Rahmen einiger Teilleistungen um die des Unterstützers bzw. die des Vollziehers erweitert. Als *Unterstützer* übernimmt er eine die Wertaktivitäten unterstützende Funktion, indem er beispielsweise die Redaktion mit Informationen über seine Bedürfnisse versorgt.[546] Diese Funktion ist eine wesentliche Voraussetzung, dass Teilleistungen individualisiert werden können. Als *Vollzieher* übernimmt er neben unterstützenden Tätigkeiten auch direkte Wertaktivitäten in Zusammenarbeit mit der Redaktion. Er wird in die Wertaktivitäten oder auch nur in einzelne Wertaktivitäten aktiv einbezogen und ist somit an der Erstellung des Leistungsergebnisses beteiligt. Die Rolle des Nutzers hängt damit von der Ausgestaltung des Gestaltungsfeldes Mediale Eigenschaften ab.

Gestaltungsfelder 4 und 5: Rollen der Redaktion und der Zulieferer. Während im Rahmen von printbasierten Angeboten i.d.R. der überwiegende Teil der Leistungen von der Redaktion generiert wird, wird aufgrund der Marktform eines elektronischen Marktes im Internet der Rückgriff auf dortige Inhalte bzw. die Kooperation mit sogenannten Zulieferern erleichtert (siehe Abbildung 52). Damit knüpft dieses Gestaltungsfeld u.a. an die Entscheidungsdimension Strategiestil auf grundsatzstrategischer Ebene an.[547] Die jeweiligen Rollen, die die Redaktion und die Zulieferer besetzen, ergeben sich aus der Aufteilung der Wertaktivitäten:

---

[544] Multimedialität als mediale Eigenschaft des Internets (siehe Abschnitt B 2) wird hier nicht betrachtet, da deren Anwendung in den Bereich der operationalen und journalistischen Umsetzung fällt: So wird man je nach Information, die es zu transportieren gilt, eine Form wählen (Text, Bild, Video oder Audiosequenzen), in der die Information am besten zu transportieren ist und die die bestmögliche Rezeption durch den Nutzer ermöglicht.

[545] siehe Abschnitt C 3.2.2.

[546] NORMANN spricht hier von der Funktion der Spezifizierung. (vgl. Normann, R. (1987), S. 72-73)

[547] siehe Abschnitt C 3.2.3.

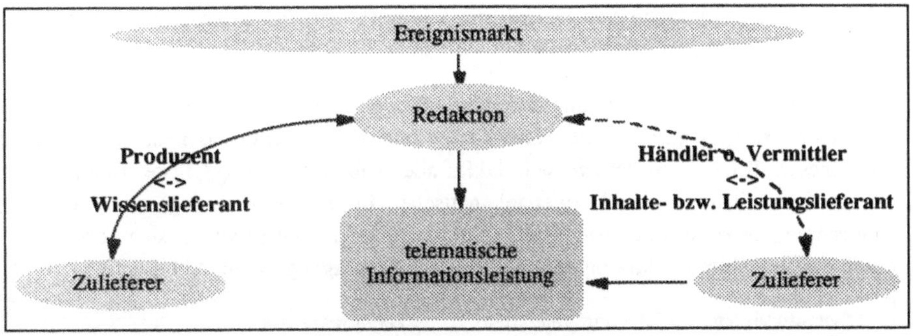

Abbildung 52 Geflecht von Zulieferern[548]

- *Redaktion als Produzent <-> Zulieferer als Wissenslieferant.* Im Rahmen dieser Rollenverteilung wird Wissen als Rohstoff und damit als Basis der Wertaktivitäten von den Wissenslieferanten an die Redaktion geliefert und von dieser verarbeitet.
- *Redaktion als Händler oder Vermittler <-> Zulieferer als Inhalte- bzw. Leistungslieferant.* Inhalte- bzw. Leistungslieferanten liefern Inhalte/Leistungen, die entweder als Vorprodukt[549] in die Wertschöpfungskette eingehen und von der Redaktion/Anzeigenmarketing nochmals bearbeitet werden (Rolle der Redaktion als Händler) oder aber die von der Redaktion lediglich gebündelt werden bzw. in die telematische Informationsleistung gestellt werden (Rolle der Redaktion/des Anzeigenmarketings als Vermittler). Diese Lieferanten können kommerzielle Inhalteproduzenten sein, deren Geschäftszweck die Generierung von Inhalten ist (z.B. Nachrichtenagenturen, Verlage, generell Medienunternehmen). Nicht-kommerzielle Lieferanten stellen Inhalte/Leistungen zur Verfügung, weil sie diese verbreiten wollen; aber die Generierung und Verbreitung der Informationen ist nicht der eigentliche Geschäftszweck. Dazu gehören beispielsweise öffentliche Organisationen (z.B. WTO), Ämter und Behörden, Privatleute, Politiker, Experten, Vereine und Unternehmen. Auch Nutzer können die Rolle des Inhaltelieferanten übernehmen. Zugeliefert werden können auch gewerbliche Inhalte, deren Plazierung für die Lieferanten i.d.R. kostenpflichtig ist und die mit einer solchen Plazierung kommerzielle Ziele verfolgen (Werbung i.w.S.).

[548] eigene Darstellung

[549] Vorprodukte sind halbfertige Erzeugnisse, die in die Erstellung von Endprodukten eingehen (vgl. o. V. (1994 Vahlens Lexikon), S. 2285).

4.2.1.2. Ausprägungen der Gestaltungsfelder führen zu verschiedenen Arten von Leistungen

Je nach Nutzung und Ausprägung der obigen Gestaltungsfelder 1-5 ergeben sich die Kategorien *Leistungsarten, Leistungsunterarten* und *Teilleistungsarten* (siehe Abbildung 53). Diesen Kategorien lassen sich i.d.R. alle Teilleistungen (kleinste Einheit (z.B. Textpassage, Chat) innerhalb einer telematischen Informationsleistung) zuordnen. Leistungsarten, Leistungsunterarten und Teilleistungsarten unterscheiden sich vornehmlich durch das gewählte Gestaltungsfeld und dessen Ausprägung (siehe Abbildung 51).[550]

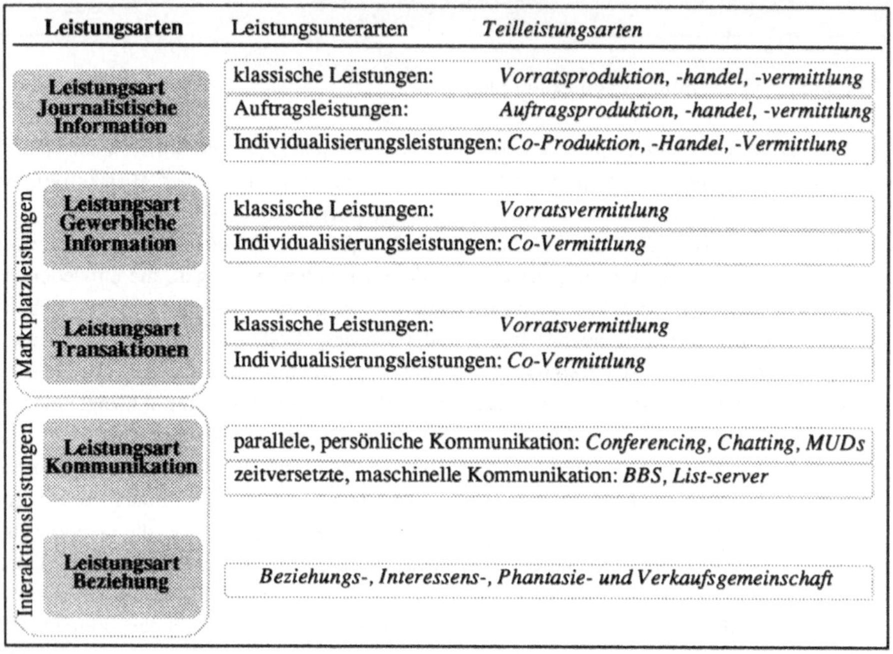

Abbildung 53 Übersicht über mögliche Leistungsarten, Leistungsunterarten und Teilleistungsarten innerhalb einer telematischen Informationsleistung[551]

Leistungsarten basieren auf dem *Gestaltungsfeld 1* (Wertaktivitäten) und unterscheiden sich vor allem durch die *Art der Information,* zu der der Nutzer über die telematische Informationsleistung Zugang erhält.

---

[550] Die verschiedenen Arten von Leistungen werden detailliert in Abschnitt C 4.2.2. beschrieben.

[551] eigene Darstellung

- Die Leistungsart Journalistische Information basiert auf den *Wertaktivitäten der journalistischen Informationsarbeit* (Ausgestaltung Gestaltungsfeld 1). Sie beinhaltet demnach *journalistische, publizistische Informationen.* Dem Nutzer wird durch die journalistische Informationsarbeit indirekt ein Zugang zum Ereignismarkt gewährt.[552] Diese Informationen können für den Nutzer z.B. unterhaltende, orientierende, handlungsanweisende Funktionen haben.[553] Sie richten sich damit i.w.S. an den Nutzer als Mitglied der Gesellschaft.
- Die Leistungsart Marktplatzleistung basiert auf den *Wertaktivitäten der Insertionskunden* (Distribution, Sortimentsgestaltung, finanzielle Transaktionen etc. (siehe auch Abbildung 55) bzw. auf deren informationsmässiger Abbildung Marktplatzleistungen enthalten demnach *gewerbliche Informationen.* Über diese Leistung wird es dem Nutzer ermöglicht, sich über Produkte/Dienstleistungen bzw. gewerbliche Anbieter zu informieren (gewerbliche Informationsleistungen) und/oder Käufe zu tätigen (Transaktionsleistungen). Marktplatzleistungen richten sich damit an den Nutzer als Konsumenten.
- Die Leistungsart Interaktionsleistungen basiert auf *Wertaktivitäten, die im Rahmen von Kommunikationsprozessen* ausgeführt werden. Sie ermöglicht den Nutzern im Rahmen computervermittelter Kommunikation *soziale Interaktion, Unterhaltung und auch Information.*[554] Gleichzeitung basieren Interaktionsleistungen im wesentlichen auf nutzergenerierten Informationen. Diese werden i.d.R. nicht durch eine systematische Informationsarbeit erstellt, sondern entstehen im Laufe von Kommunikationsprozessen. Während Kommunikationsleistungen diese Kommunikationsprozesse ermöglichen, z.B. von Nutzer zu Nutzer oder von Nutzer zu Redaktion, entstehen Beziehungsleistungen erst dann, wenn sich durch diese Kommunikationsprozesse Beziehungen zwischen den Nutzern ergeben. Interaktionsleistungen richten sich damit an den Nutzer als kommunikativen und sozialen Menschen, der, wie im realen Leben auch, im Internet kommunizieren, interagieren möchte.[555]

Leistungsunterarten entstehen vornehmlich durch die Ausprägung des *Gestaltungsfeldes 2* (mediale Eigenschaften) und des *Gestaltungsfeldes 3* (Rollen der Nutzer). So wird beispielsweise von klassischen Leistungen gesprochen, wenn diese weder interaktiv noch individualisiert auf Vorrat in das Angebot gestellt werden (mediale Eigenschaft) und der Nutzer diese Inhalte abruft (Rolle des Nutzers als Rezipient).

Teilleistungsarten entstehen durch die Ausprägung des *Gestaltungsfeldes 4* (Rollen der Redaktion) und des *Gestaltungsfeldes 5* (Rollen der Zulieferer). So wird beispielsweise

552 siehe Abschnitt B 2.2.2.2. für eine ausführliche Darstellung der journalistischen Informationsarbeit

553 siehe Abschnitt B 1.2.2. die Funktion der Medien

554 vgl. Weinreich, F. (1998), S. 130-142

555 vgl. Miller, S. E. (1996), S. 333-337

von (Vorrats-, Auftrags-, Co-)Produktion gesprochen, wenn die Redaktion als Produzent (Gestaltungsfeld 4) Inhalte selbst herstellt auf Basis von Wissen, welches von Wissenslieferanten geliefert wurde (Gestaltungsfeld 5) (siehe auch Abbildung 52).

4.2.2. Konkretisierung der Arten von Leistungen

4.2.2.1. Journalistische Informationen

Der Leistungsart Journalistische Informationen liegen die Wertaktivitäten (Gestaltungsfeld 1) der journalistischen Informationsarbeit zugrunde mit den Schritten Wissensrekonstruktion, Informationserarbeitung, -aufbereitung und Bündelung. Je nachdem, wie diese Wertschöpfung ausgestaltet wird, entstehen verschiedene Leistungsunterarten und Teilleistungsarten. In Abbildung 54 werden diese aufgezeigt und hergeleitet, indem an die Gestaltungsfelder 1 bis 5 angeknüpft wird.

So sind die medialen Eigenschaften (Gestaltungsfeld 2) und die Rollen der Nutzer (Gestaltungsfeld 3) jeweils oben bzw. unten in der Abbildung angeführt. Da diese interdependent sind, können sie quasi in einer Dimension abgebildet werden. Gleiches gilt für die Rollen der Redaktion (Gestaltungsfeld 4) und die Rollen der Zulieferer (Gestaltungsfeld 5), die jeweils links bzw. recht in der Abbildung zusehen sind. Die angedeuteten Wertketten auf der linken und der rechten Seite symbolisieren die Wertaktivitäten (Gestaltungsfeld 1). Die grauschraffierten Wertaktivitäten zeigen dabei an, wer diese Aktivitäten übernimmt.

Im folgenden werden die Leistungsunterarten und deren jeweilige Teilleistungsarten beschrieben.

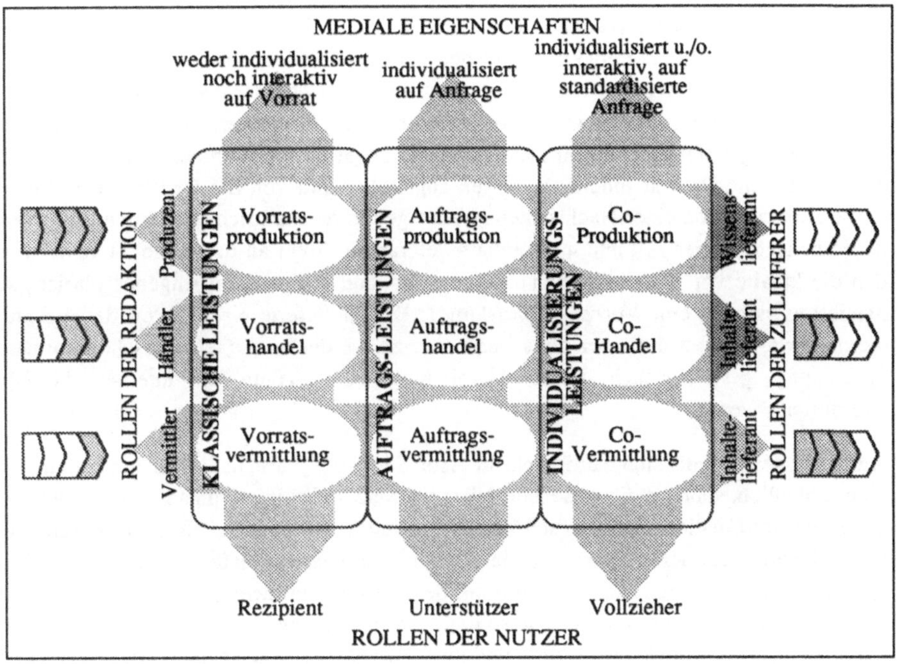

Abbildung 54 Teilleistungen der Leistungsart Journalistische Informationen[556]

Klassische Leistungen basieren auf dem Modell der Massenkommunikation und sollen deswegen als klassisch bezeichnet werden.[557] Sie sind auf Vorrat generierte journalistische Inhalte, basierend auf Text, Bild oder Bewegtbild, die in die telematische Informationsleistung hineingestellt und vom Nutzer aufgerufen werden können. Diese Leistungen sind weder individualisiert noch interaktiv. Der Nutzer wird lediglich insofern aktiv, als er Inhalte aufruft und rezipiert (Rolle als Rezipient). Die Leistungen werden dabei dem Nutzer sichtbar präsentiert, ohne dass ihm über Abfragemechanismen Möglichkeiten einer gezielten Suche eingeräumt werden (nicht individualisiert). Das Leistungsergebnis liegt somit in der Verantwortung des Verlages und wird ohne Einfluss des Nutzers erstellt. Klassische Leistungen ermöglichen weniger eine gezielte Suche nach Informationen, sondern sie bieten eine Übersicht relevanter Informationen und ermöglichen ein Herumstöbern bzw. Browsen und damit auch Überraschungseffekte.

---

556 eigene Darstellung

557 siehe Abschnitt B 3.2.2.1.1. zur Kommunikation in Massenmedien

Je nachdem, wer welche Wertaktivitäten übernimmt, ergibt sich eine bestimmte Rollenverteilung zwischen der Redaktion und den Zulieferern.[558] Im Rahmen der *Vorratsproduktion* werden die Wertaktivitäten von der Redaktion übernommen und somit die Inhalte von ihr generiert; die zugrunde liegenden Informationen werden von Informationslieferanten angeliefert oder dort im Ereignismarkt abgefragt. Im Rahmen des *Vorratshandels* werden Inhalte von Inhaltelieferanten angeliefert und von der Redaktion nochmals aufbereitet (z.B. von einer Nachrichtenagentur gelieferte Nachrichten werden zusätzlich überarbeitet (redigiert)). Liefern die Inhaltelieferanten direkt an das Angebot bzw. werden die Inhalte von der Redaktion übernommen und lediglich im Angebot plaziert, so handelt es sich um eine *Vorratsvermittlung* (z.B. angelieferte Nachrichten der Agentur werden zwar ausgewählt, aber ohne bearbeitet zu werden in die telematische Informationsleistung gestellt; auch Links, Verbindung zu Inhalten im Internet, können „vermittelt" werden).

Aus Sicht des Nutzers sind damit nicht in erster Linie die journalistischen Inhalte an sich unterschiedlich, sondern die Absender. Über ein Netz an Zulieferern kann für ihn der Zugang zum Informationsmarkt wesentlich ausgeweitet werden. Die Herausforderung für die Redaktion liegt darin, zum einen die Zulieferer und deren Inhalte derart auszuwählen, dass die Inhalte zur Bedürfnisbefriedigung des Nutzers beitragen, und zum anderen, die Qualität der Inhalte zu gewährleisten, so dass der Nutzer von der Informationsfülle profitieren kann, ohne jedoch auf Qualität und eine Vorauswahl verzichten zu müssen.

Beispiel Süddeutsche Zeitung Dossier

Im Rahmen des Online-Angebotes der „Süddeutschen Zeitung" werden dort regelmässig sogenannte Dossiers angelegt. Sie sollen dem Nutzer eine umfassende Informationspalette zu einem bestimmten Thema (z.B. Irak-Krise) bieten. Der Kern dieser Dossiers wird durch die *Vorratsproduktion* generiert. Hier finden sich Artikel - zum überwiegenden Teil zuvor in der Print-Ausgabe erschienen - , die das Thema des Dossiers aus verschiedenen Blickwinkeln angehen. Hintergrundartikel beinhalten dabei Reportagen, Analysen, Interviews und Berichte. Meinungsartikel, wie Kommentare und Leitartikel, kommentieren das Thema. Über Portraits werden die wichtigsten Akteure in dem Themengebiet dargestellt. Insgesamt wird der Nutzer hier umfassend informiert. Ihm werden auch Themen geboten, die er nicht von vornherein gesucht hat (Browsing-Effekt). Diese hintergründige und nichtaktuelle Berichterstattung wird ergänzt durch Meldungen von Nachrichtenagenturen (*Vorratshandel*). Abgerundet werden die Dossiers durch eine Liste mit Links zu Quellen im Internet zu dem jeweiligen Thema (*Vorratsvermittlung*). Des weiteren wird dem Nutzer im Rahmen von Kommunikationsleistungen die Möglich-

[558] siehe hierzu auch Abbildung 52

keit gegeben, Diskussionen anderer Nutzer über das Thema zu verfolgen und daran aktiv teilzunehmen.

Auftragsleistungen werden erst dann erstellt, nachdem der Nutzer einen Auftrag vergeben hat. Die Leistungen sind damit per se individualisiert, d.h. auf die Nutzerbedürfnisse zugeschnitten. Die Redaktion steht hier vor der Herausforderung, Leistungspotentiale im Sinne von Ressourcen zur Erstellung der Leistung vorhalten zu müssen und diese dann im Rahmen der Wertaktivitäten derart zu kombinieren, dass eine individualisierte Leistung entsteht.[559] Voraussetzung ist, dass das Leistungsspektrum vom Verlag klar definiert wird, damit er in diesem Rahmen die Qualität gewährleisten kann und der Nutzer weiss, welche Leistungen er erwarten und damit welche Aufträge er erteilen kann. Der Nutzer übernimmt die Rolle des Unterstützers, indem er den Prozess der Leistungserstellung steuernde Informationen liefert. An dem eigentlichen Prozess ist er jedoch nicht beteiligt.[560] Auftragsleistungen bieten eine Hilfestellung für Nutzer, die selbständig ihr Informationsproblem nicht lösen wollen oder können.

Im Rahmen der *Auftragsproduktion* übernimmt die Redaktion die Erstellung dieser auf den Einzelnen abgestimmten Leistung (*Auftragsproduzent*). Übernimmt die Redaktion die Rolle des Händlers (*Auftragshandel*), werden von der Redaktion auf diese spezielle Anfrage angelieferte Inhalte aufbereitet und gebündelt. Als *Auftragsvermittler* erfüllt nicht die Redaktion den Auftrag, sondern vergibt ihn an Inhalte-/Leistungszulieferer. Hier ist es auch denkbar, dass der Nutzer sich über die telematische Informationsleistung direkt an den Inhalte-/Leistungszulieferer wendet. Als Auftragsvermittler handelt die Redaktion im Vorfeld sogenannte Rahmenabkommen über das generell zu erbringende Leistungsspektrum sowie die Bezugskonditionen des Inhalte-/Leistungszulieferers aus.

Beispiel Business Channel - Versicherungsanalyse

Im Rahmen der Versicherungsanalyse kann der Nutzer seine bisherigen Versicherungsverträge überprüfen und gesamthaft seinen Bedarf an Versicherungen aufzeigen lassen.

Hilfe für laufende Versicherungsverträge. Auf der Basis der bereits bestehenden Versicherungsverträge wird der Nutzer individuell beraten, ob es z.B. für ihn sinnvoll ist, die Laufzeit einer Police zu kürzen, den Vertrag beitragsfrei zu stellen oder zu kündigen und

---

559 vgl. Meffert, H.; Bruhn, M. (1997), S. 51-52. Das Leistungspotential kann auch als Vorkombination von Produktionsfaktoren (Fähigkeiten, bereits bestehende Leistungen etc.) verstanden werden, die dann im Rahmen des Produktionsprozesses zu einer Leistung verarbeitet werden. (vgl. Corsten, H. (1990), S. 103-104)

560 Es ist natürlich denkbar, dass der Nutzer über die Unterstützungsfunktion, die sich nur auf die Phase der Auftragserteilung bezieht, hinaus aktiv in den Prozess der Erstellung der Leistung einbezogen wird. Die Möglichkeit soll jedoch ausgeklammert werden, da es sich dabei um Leistungen handelt, die deutlich über den Bereich des journalistischen Publizierens hinausgehen. Hier würden Dienstleistungen erbracht, die beispielsweise der einer Unternehmens- oder Vermögensberatung gleichen würden.

zu einem anderen Versicherer zu wechseln bzw. eine alternative Form der Geldanlage zu wählen.
Klären des Bedarfs an Versicherungen. Der Nutzer wird hier über seinen speziellen Bedarf an Versicherungen beraten. Ihm wird erläutert, wie er sich für den Fall der Berufsunfähigkeit absichern sowie für sein Alter und seine Hinterbliebenen vorsorgen kann.

Der Business Channel erbringt aufwendige Beratungsleistung bzw. Auftragsleistung nicht selbst, sondern kooperiert mit dem Bundesverband der Versicherungsberater. Er fungiert somit als *Auftragsvermittler*. Die Rahmenbedingungen für die Auftragsvergabe (Entgelt für einen Beratungsauftrag etc.) hat er mit dem Verband fest vereinbart. Der Nutzer kann sich entweder per E-Mail an die Redaktion wenden, die den Auftrag dann an einen der im Verband organisierten Versicherungsberater weiterleitet, oder aber direkt per E-Mail an die Versicherungsberater, deren Adressen im Angebot aufgelistet sind. Die eigentliche Beratung wird dann im Rahmen eines persönlichen Gespräches und damit nicht über das Internet abgewickelt.

Individualisierungsleistungen basieren auf computerlesbaren Informationsbeständen (Datenbanken). Über Abfragemechanismen oder schrittweise aufgebaute Situationsanalysen werden individuelle Informationen aus den zugrundeliegenden Wissensbasen abgeleitet.[561] Gegenüber printbasierten Informationsleistungen können hier erhebliche medienabhängige Mehrwerte generiert werden.[562] Damit werden die Leistungen auf standardisierte Anfrage erbracht. Die Individualisierung der Leistung wird von dem Nutzer selbst übernommen, so dass die Rolle des Nutzers als Vollzieher beschrieben werden kann. Individualisierungsleistungen reichen von anspruchsvollen interaktiven Anwendungen, über Applikationen auf Datenbestände bis hin zu simplen Datenbankabfragen. Im Gegensatz zu Auftragsleistungen, wo die Erstellung der Leistung an die Redaktion delegiert wird, entscheidet sich der Nutzer nach dem Prinzip des Make-or-buy bei der Inanspruchnahme dafür, das Leistungsergebnis selbst zu erstellen.[563] Individualisierungsleistungen und damit die Übertragung von Wertaktivitäten an den Nutzer sind damit nur dann sinnvoll, wenn beim Nutzer die Bereitschaft und die Fähigkeit zur Übernahme der Aktivitäten vorhanden sind.[564] Je nach Rollenverteilung zwischen Redaktion und Zulieferern kann analog zur Klassischen Leistung von Co-Produktion (z.B. Archiv der Zei-

---

561 vgl. Kuhlen, R. (1995), S. 119

562 z.B. Informationen in Datenbanken können aufgrund von Abfragemechanismen wesentlich schneller gefunden werden als in papierbasierten gewerblichen Informationsmärkten (Mehrwerte mit Effizienzwirkung). Grössere Datenmengen können bewältigt und so ein grösseres Informationspotential geschaffen werden (Mehrwerte mit Effektivitätswirkung). Über Eingabemasken können Informationen nach einem persönlichen Profil herausgefiltert werden (Mehrwert durch Flexibilität). (vgl. Kuhlen, R. (1995), S. 91)

563 vgl. Rück, H. R. G. (1995), S. 18-21

564 vgl. Corsten, H. (1995), S. 196-197

tung), Co-Handel oder Co-Vermittlung (z.B. angelieferte Börsenkurse) gesprochen werden.

Beispiel Handelsblatt Interaktiv - Investor Online[565]

Der Bereich Investor Online innerhalb des Handelsblatt Interaktiv, der Online-Ausgabe des „Handelsblattes" (Verlagsgruppe Handelsblatt GmbH, Düsseldorf), unterstützt den Nutzer mit zum Teil anspruchsvollen interaktiven Anwendungen (*Individualisierungsleistungen*) bei seinen Anlageentscheidungen im Bereich Aktien, Optionen, Anleihen etc.

Persönliches Depot. Über das persönliche Depot kann der Nutzer jeder Zeit den Stand und den Wert seiner Geldanlagen abrufen. Dazu gibt der Nutzer die Aktien bzw. Wertpapiere ein, die er besitzt bzw. für die er sich interessiert. Die Kurse werden aus einer Datenbank mit 130 000 Kursen zu Informationen bezüglich des individuellen Portfolios der Nutzer verknüpft (Depot-Wert, Kursgrafiken, 52-Wochen-Hoch-/-Tiefkurse etc.).

Chart-Option. Mit der Chart-Option wird dem Nutzer ein Werkzeug angeboten, mit dem er Kursverläufe grafisch aufbereiten kann und somit Chart-Analysen ausführen kann. Chart-Analysen haben das Ziel, am Markt zu beobachtende Preise und Umsätze (z.B. Aktienkurse an den Börsen) derart zu analysieren und in Form von Charts (Diagrammen) darzustellen, dass Schlüsse auf die künftige Kursentwicklung gezogen und somit Verkaufs- und Kaufempfehlungen abgeleitet werden können.

4.2.2.2. Marktplatz

Die Marktplatzleistung basiert auf einem im Rahmen der telematischen Informationsleistung abgebildeten elektronischen Markt.[566] Zugang zu diesem Markt haben auf der einen Seite Insertionskunden,[567] die dort kostenpflichtig oder auch gratis Informationen/Produkte/Dienstleistungen anbieten und das Internet als Kommunikations- und oder Distributionskanal nutzen, und auf der anderen Seite die Nutzer.

Die Leistung besteht für den Nutzer in einem Zugang zu Anbietern von Produkten/Dienstleistungen bzw. zu deren Informationen und damit in der Möglichkeit, Transaktionsphasen zu durchlaufen.[568] In der *Informationsphase* kann er sich über Produkte,

---

565 Internet-Adresse: www.handelsblatt.de; siehe Expertengespräch Puvogel

566 siehe Abschnitt B 2. zum Begriff elektronische Märkte

567 Die Insertionskunden sind Kunden, die ihre werblichen Botschaften oder Transaktionsangebote im Rahmen der telematischen Informationsleistung als Werbeträger plazieren.

568 vgl. zu Transaktionsphasen und den folgenden Ausführungen Schmid, B. (1993), S. 467

Die Leistungsart Marktplatzleistungen ist ein Angebot, welches im Nutzer- als auch im Werbemarkt verkauft wird. Damit steht der Verlag bei der Gestaltung der gewerblichen Informationsleistungen im Spannungsfeld

Hersteller, Preise etc. informieren, in der *Vereinbarungsphase* wird der eigentliche Kaufvertrag ausgehandelt und in der *Abwicklungsphase* die Ware geliefert und bezahlt. Ziel der Marktplatzleistungen und damit wesentlicher Teil der Wertschöpfung der Marktplatzleistungen für den Nutzer ist es, die Transaktionskosten für den Nutzer zu verringern, indem die Effektivität, die Effizienz und der Komfort des Zugangs zu den Anbieterinformationen erhöht wird.[569] Die Marktplatzleistung sollte zum einen derart aufgebaut und ausgestaltet werden, dass dem Nutzer ein leichtes Navigieren, sei es im Sinne einer gezielten Suche oder eines Browsen, also eines Herumstöberns in Informationsangeboten, ermöglicht wird.

Zum anderen kann der Verlag durch die Anreicherung der Marktplätze, deren Inhalte rein gewerblicher Natur sind, mit Teilleistungen der Leistungsarten Journalistische Informationen, Kommunikation oder Beziehung die Transaktionen unterstützen und aus Sicht des Nutzers deren Komfort erhöhen. Darüber und über eine zielgruppenspezifische Auswahl der gewerblichen Inhalte differenziert sich der Verlag von Betreibern anderer Marktplätze, indem er dem Nutzer Zugang zu solchen gewerblichen Informationen bzw. Transaktionsangeboten gewährt, die seinen Interessen entsprechen. Gegenüber printbasierten Informationsmärkten können hier erhebliche informationelle Mehrwerte generiert werden. Damit kann unterstellt werden, dass zwar nicht alle Informationen/Anbieter präsent sein müssen, sondern eben die, die für die Nutzer/Zielgruppe interessant sind, aber dieses Angebot dennoch eine gewisse Vollständigkeit aufweisen muss (Informationstiefe).

Die Marktplatzleistung kann in zwei Leistungsarten unterschieden werden, je nachdem in welcher Transaktionsphase der Nutzer unterstützt wird.

Im Rahmen der *gewerblichen Informationsleistung* wird der Nutzer lediglich in der Informationsphase durch die Vermittlung eines Zugangs zu Informationen der Anbieter unterstützt. Die Informationen beziehen sich i.d.R. auf Produkte/Dienstleistungen, die der Nutzer nicht ohne vorherige Begutachtung erwirbt, wie beispielsweise Gebrauchtwagen oder Immobilien. Oder aber der Werbungtreibende verfügt nicht über die Möglichkeit, über das Internet die Vereinbarungs- und/oder Abwicklungsphase abzuwickeln, wie z.B. private Anbieter, und muss sich somit auf die Nutzung des Marktplatzes für die Informationsphase beschränken.

---

zwischen den Interessen der Nutzer als Adressaten und den Interessen der Werbungtreibenden als Absender gewerblicher Informationen. Dieser Abschnitt beschränkt sich auf die Gestaltung der Gewerblichen Informationsleistung für den Nutzermarkt.

569 zu Effizienz und Effektivität als Qualitätsdimensionen siehe auch Abschnitt C 4.4.1.2.

Im Rahmen der *Transaktionsleistung* wird der Nutzer auch in der Vereinbarungs- und Abwicklungsphase unterstützt, indem ihm ein Zugang zum Hersteller/Händler/Verkäufer gewährt wird. Hiermit wird ihm ermöglicht, Transaktionen, also Käufe, zu tätigen.[570]

Als Vermittler übernimmt der Verlag lediglich die Akquisition der gewerblichen Inhalte und deren Bündelung.[571] Die Erstellung der gewerblichen Inhalte im Sinne einer informationsmässigen Abbildung der Wertaktivitäten der Werbe- bzw. Transaktionskunden (siehe Abbildung 55) obliegt dabei i.d.R. nicht dem Verlag.

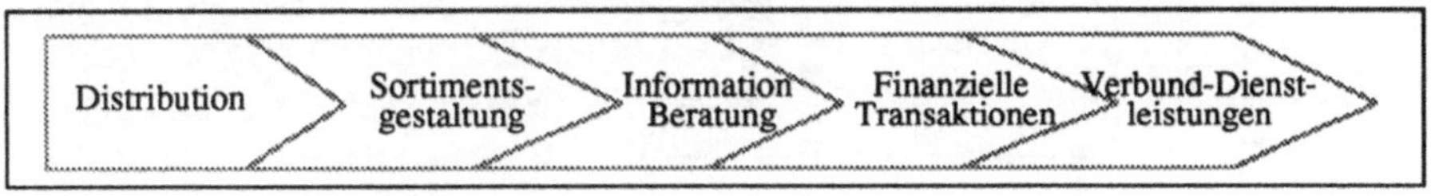

Abbildung 55 Die Wertschöpfungskette der Distribution[572]

Aus Sicht der Händler oder auch der Produzenten (Insertionskunden) fungiert der Verlag bzw. die telematische Informationsleistung lediglich als Vermittler von Kontakten mit Nutzern und als Betreiber des Marktplatzes.[573] Diese Arbeitsteilung ist in Abbildung 56 durch die Schraffur der jeweiligen Wertaktivitäten gekennzeichnet.

---

570 Die tatsächliche Distribution kann allerdings nur bei digitalisierbaren Angeboten auch innerhalb des Mediums abgewickelt werden.

571 Zwar können diese Inhalte auch ungebündelt in Form von Bannern/Button auf den Seiten plaziert werden. Der Nutzen für den Nutzer ist jedoch relativ gering, da eine gezielte Suche nicht möglich ist.
Es ist in der Praxis zu beobachten, dass die von den Anbietern (Händler, Hersteller) gelieferten gewerblichen Inhalte in die journalistische Wertschöpfungskette eingehen. Die Redaktion erstellt folglich journalistische Inhalte, die zum Teil auf gewerblichen Inhalten basieren, aber auch unter und wesentlich durch eine eigenständige Recherche entstehen. Damit ist diese Leistung der Leistungsart Journalistische Informationen zuzurechnen. Damit ist sie ausschliesslich an den Nutzermarkt gerichtet. Die Interessen der Werbekunden werden bewusst ausgeschlossen.

572 in Anlehnung an Albers, S.; Peters, K. (1997), S. 70

573 Diese Funktion kann auch als Traffic-generator bezeichnet werden. (vgl. Sarkar, M. B.; Butler, B.; Steinfield, C. (1996))
Es bleibt zu überlegen, inwiefern der Verlag die Wertaktivitäten der Werbe- und Transaktionskunden unterstützen sollte. Dies fällt allerdings nicht mehr in den Bereich der Leistungsinnovation für den Nutzermarkt, sondern ist Gegenstand der Leistungsinnovation im Insertionsmarkt. Sinnvoll kann die Übernahme von bestimmten Wertaktivitäten dann sein, wenn über die angebotene Leistung dem Nutzer ein wesentlicher Nutzen entsteht und sich der Verlag darüber profilieren kann. So bieten viele Verlage im Print-Markt Veranstaltungskarten, wie Theater-, Opern- oder Konzertkarten, und fungieren dort als Distributionsstelle für den Veranstalter und übernehmen die Abwicklung des Zahlungsverkehrs. Diese Transaktionsleistungen können auch auf den Online-Markt übertragen werden. Auch eigene Produkte, wie bestehende Zeitungen/Zeitschriften oder Bücher, die im Verlag herausgegeben werden, können als Transaktionsleistung angeboten werden (siehe Abschnitt 4.4.2.3.).

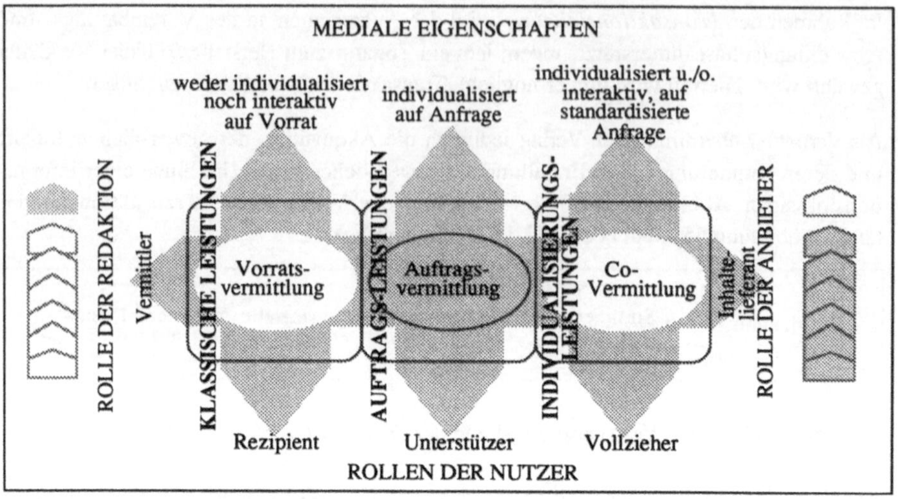

Abbildung 56 Leistungsart Gewerbliche Informationen und Transaktionen[574]

Auch *Auftragsleistungen/Auftragsvermittlung* ist im Rahmen der Leistungsart gewerbliche Informationen nicht möglich. Diese Leistungsunterart basiert auf Inhalten, die von Insertionskunden geliefert werden. Unabhängig davon, ob diese für die Veröffentlichung dieser Inhalte bezahlen oder nicht, sind diese Informationen i.d.R. zweckgerichtet und sollen im Endeffekt den Verkauf von Leistungen der Insertionskunden fördern. Damit sind sie nicht als Basis von Auftragsleistungen geeignet. Der Nutzer wird bei der Erteilung eines Auftrages erwarten, dass dieser ausschliesslich unter Berücksichtigung seiner Interessen erledigt wird (z.B. Ausarbeitung einer Reiseroute). Auftragsleistungen, die den Nutzer in den Transaktionsphasen unterstützen sollen, können daher nur im Rahmen der journalistischen Informationsleistung auf Basis von der Redaktion recherchierter Informationen angeboten werden.

Im folgenden werden die Teilleistungsarten im Rahmen der Marktplatzleistung kurz beschrieben und jeweils an einem Beispiel illustriert.[575]

---

[574] eigene Darstellung

[575] Die Beschreibung der Klassischen, Auftrags- und Individualisierungsleistungen kann dabei knapp ausfallen, da deren Grundzüge bereits im Rahmen der Leistungsart Journalistische Information detailliert aufgeführt wurden.

4.2.2.2.1. Gewerbliche Informationen

Die Leistungsart gewerbliche Information kann je nach Ausgestaltung der Gestaltungsdimensionen mediale Eigenschaften/Rollen der Nutzer zwei Leistungsunterarten/Teilleistungsarten beinhalten (siehe Abbildung 56):

Klassische Leistungen/Vorratsvermittlung. Im Rahmen der *Vorratsvermittlung* werden den Insertionskunden einzelne Informationsstände zugewiesen, an denen sie ihre Informationen anbieten. Dabei können die Informationen dort direkt für den Nutzer sichtbar sein, oder er gelangt per Link auf die Homepage des Insertionskunden. Dem Nutzer werden die gewerblichen Inhalte quasi auf einen Blick präsentiert.

Individualisierungsleistungen/Co-Vermittlung. Die gewerblichen Informationen der Insertionskunden werden derart präsentiert, dass der Nutzer selbst aufgrund von Abfragemechanismen recherchieren kann. Diese Co-Vermittlung kann als Äquivalent beispielsweise zu Rubrikenanzeigen in Zeitungen verstanden werden. Darüber hinaus besteht auch die Möglichkeit, dass der Nutzer über standardisierte Anfragen Informationen anfordert, die ihm dann zugesendet werden, wenn die gewerblichen Informationen beim Verlag antreffen.

4.2.2.2.2. Transaktionen

Aus Sicht des Nutzers lassen sich wieder zwei Leistungsunterarten/Teilleistungsarten der Leistungsart Transaktionsleistung unterscheiden (siehe Abbildung 56):

Klassische Leistungen/Vorratsvermittlung. Diese können sich im Prinzip in zwei Formen dem Nutzer darstellen: als Einkaufszentrum und als Geschäft. Der Verlag richtet sogenannte *Einkaufszentren* ein, innerhalb derer die Anbieter (Händler, Hersteller) ihre Angebote bzw. Sortimente präsentieren (Vorratsvermittlung). Der Verlag übernimmt hier, indem er die Geschäfte bündelt, eine Art Sortimentsfunktion auf der Metaebene. Im Sinne der Nutzer sollte diese Sortimentsgestaltung zielgruppengerecht ausfallen, d.h. zur Problemlösung beitragen, die die telematische Informationsleistung bieten soll. Der Verlag kann sich in gewissem Mass auch als *Händler* betätigen, indem er Geschäfte einrichtet, in denen die Anbieter die informationsmässig aufbereiteten Leistungsbündel hineinstellen. In diesem Fall wäre die Sortimentsfunktion wesentlich deutlicher, da er die dort angebotenen Produkte zielgruppengerecht und problemlösungsadäquat zusammenstellen würde. Die klassische Funktion des Handels, verbunden z.B. mit dem eigenen Erwerb der Ware, übernimmt er allerdings nicht.

Individualisierungsleistungen/Co-Vermittlung. Im Rahmen der Individualisierungsleistungen besteht für ihn die Möglichkeit, beispielsweise über Abfragemechanismen nach von ihm gewünschten Angeboten zu suchen. Der Verlag kann aber überdies unterstützende Wertaktivitäten übernehmen, wie beispielsweise die datenbankmässige Erfassung der informationsmässig abgebildeten Leistungsbündel. Dies kann die Transaktionskosten des Nutzers erheblich senken, indem er zielgerichtet Informationen suchen kann (Co-Vermittlung).

Beispiel TraXXX[576]

TraXXX wurde 1996 als eigenständiger Informationsdienst für den Bereich Reisen, Freizeit und Verkehr gegründet. Anfang 1998 wurde er in das Online-Angebot von „Focus" als eigenständige Rubrik integriert. Damit sollte zum einen die Kompetenz im Bereich Reisen von „Focus" verstärkt werden, zum anderen konnte TraXXX von der Vermarktungskompetenz im Werbemarkt von „Focus" profitieren.

TraXXX positioniert sich als Plattform für den Bereich Reisen und Freizeit und unterstützt den Nutzer von der Planung bis zur Buchung von Reise- oder Freizeitaktivitäten. Das Angebot teilt sich in sieben Rubriken auf. Urlaub, Business-Travel, Travel-Guide, Events, Reise-Wetter enthalten journalistische Informationen; TraXXX-Talk ist der Leistungsart Kommunikationsleistung zuzuordnen; die Rubrik Reise-Center stellt die eigentliche *Marktplatzleistung* dar, wobei der Schwerpunkt auf Transaktionsleistungen liegt.

Das Reise-Center basiert auf drei Datenbanken: Last-minute-Reisen, Pauschalreisen und Flüge. Die Daten für die beiden ersten Transaktionsplätze (rund 200'000 Last-minute- und 700'000 Pauschalreisen) werden von TraXXX über einen Mittler, der an die Buchungssysteme der Reiseveranstalter angeschlossen ist, bei den Reiseveranstaltern eingekauft. Die Inhalte der Datenbanken decken den jeweiligen Markt nahezu ab und tragen somit zur Markttransparenz bei. Zum anderen wird die Objektivität des Marktplatzes gewährleistet, da TraXXX nicht in Verdacht kommen könnte, Angebote bestimmter zahlender Insertionskunden zu bevorzugen.

Über standardisierte Abfragemechanismen kann der Nutzer nach verschiedenen Kriterien (Zielreiseland, Reisedauer etc.) den Marktplatz durchsuchen. Er hat die Möglichkeit, dann über ein Reisebüro, mit dem TraXXX kooperiert, direkt online buchen. Das Reisebüro versendet die Reiseunterlagen und wickelt die Zahlung ab. Der Nutzer kann sich aber auch aus einem Verzeichnis mit kooperierenden Reisebüros, die sich dort gratis eintragen können, eines in seiner Nähe nennen lassen, dort selbst buchen oder aber nach der Online-Buchung selbst die Reiseunterlagen abholen und eventuell dort weitere Beratungsleistungen nachfragen.

Von der Konkurrenz und auch von Angeboten von Reiseveranstaltern im Internet schliesslich hebt sich TraXXX durch die Kombination von nahezu marktabdeckenden

---

576 Internet-Adresse: www.focus.de; siehe: Expertengespräch Birghan; Expertengespräch Fahr

Marktplatzleistungen auf der einen Seite, mit journalistischen Informationen auf der anderen Seite ab. Der Marktplatz wird durch eine Fülle journalistischer Informationen, meist von der Redaktion selbst generierten, ergänzt, so dass der Nutzer im Sinne eines One-stop-shopping seine Bedürfnisse im Bereich Reisen/Freizeit abdecken kann.

4.2.2.3. Interaktion

Interaktionsleistungen sind prozessorientiert,[577] d.h., das Ergebnis der Leistung tritt zugunsten des Prozesses der Kommunikation in den Hintergrund. Der Nutzer ist für die Ausgestaltung des Prozesses verantwortlich. Er generiert und liefert die Inhalte und übernimmt somit eine Rolle, die weit über die des Vollziehers oder Unterstützers hinausgeht. Dabei leistet er i.d.R. nicht eine strukturierte und im journalistischen Sinne professionelle Informationsarbeit. Vielmehr produziert er Inhalte im Rahmen einer Kommunikation (z.B. Diskussion, Unterhaltung, Plauderei) oder aber Meinungsbeiträge (z.B. Leserbrief). Die Redaktion ist i.d.R. lediglich vermittelnd und unterstützend tätig. „On-line interaction is often limited to a "letters to the editor" forum. These publishers seem reluctant to give up control of the medium to their "readers", for surely that control traditionally belongs to the journalist. That may be the case in print, but on-line publication is different. The journalist is no longer in control in the on-line world, or at least not obviously so. Instead, the journalist becomes a catalyst for interactions ..."[578]

Anknüpfungspunkte für diese unterstützenden Aktivitäten der Redaktion sind zu finden über eine Betrachtung des Wirkungsmechanismus, der zu erfolgreichen Interaktionsleistungen führt (siehe Abbildung 57). Sie zeigen, dass Interaktionsleistungen auf Netzeffekten basieren.[579] So erhöht sich die Attraktivität der Interaktionsleistung zum einen mit steigender Attraktivität (Qualität/Quantität) der von den nutzergenerierten Inhalte (Wirkungskreis Inhalteattraktivität).[580] Der Nutzer kann an bereits bestehende Diskussionen/Unterhaltungen anknüpfen und wird durch die Inhalte selbst zur Kommunikation angeregt.

---

[577] vgl. Meffert, H.; Bruhn, M. (1997), S. 29-30

[578] Hagel, J.; Armstrong, A. (1997), S. 39

[579] siehe Abschnitt B 3.2.2.2.; vgl. auch Hagel, J.; Armstrong, A. (1997), S. 43-45

[580] vgl. Hagel, J.; Armstrong, A. (1997), S. 49-50

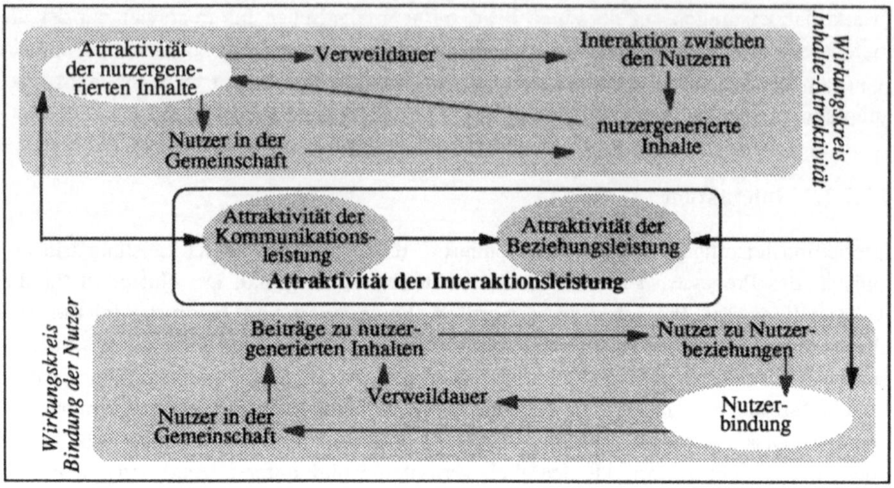

Abbildung 57 Wirkungsmechanismen hinter Interaktionsleistungen[581]

Zu attraktiven Interaktionsleistungen trägt zum anderen eine hohe Bindung der Nutzer bei (Wirkungskreis Bindung der Nutzer).[582] Je mehr es der Redaktion gelingt, dass sich zwischen den Nutzern Beziehungen entwickeln, die über eine reine Kommunikation hinausgehen, desto loyaler und treuer werden sich diese gegenüber den Interaktionsleistungen und evtl. gegenüber der gesamten telematischen Informationsleistung zeigen. Dies wiederum fördert die Teilnahme an den Interaktionsleistungen und damit die Qualität und Quantität der generierten Inhalte.

4.2.2.3.1. Kommunikation

Die Kommunikationsleistungen ermöglichen es dem Nutzer, im Rahmen der telematischen Informationsleistung z.B. mit Redakteuren, anderen Nutzern oder Inhaltelieferanten zu kommunizieren. Der Nutzer übernimmt damit zum einen die Rolle des Inhaltelieferanten bzw. des Senders und auch die des Rezipienten bzw. Empfängers.

Generell kann unterschieden werden zwischen Kommunikationsleistungen mit personeller/synchroner und solchen mit maschineller/asynchroner Interaktivität (siehe Abbildung 58).[583] *Conferencing*, *Chatting* und *Multi-user-dimensions* erlauben eine

---

581 in Anlehnung an Hagel, J.; Armstrong, A. (1997), S. 52 (eigene Übersetzung)

582 vgl. Hagel, J.; Armstrong, A. (1997), S. 50. Das Thema Nutzerbindung wird in Abschnitt C 4.4.1.1. ausführlich behandelt.

583 vgl. Morris, M.; Ogan, C. (1996), S. 42-43; Abschnitt B 3.2.2.1.2.

personelle und synchrone Kommunikation in Echtzeit, d.h., Nutzer können direkt miteinander kommunizieren, wobei die eingegebenen Inhalte sofort für die anderen Teilnehmer sichtbar werden. Die Redaktion kann i.d.R. erst danach Inhalte herausfiltern. *Bulletin-board-systems* und *List-server* ermöglichen lediglich eine maschinelle und damit asynchrone Interaktivität, d.h. zeitversetzte Kommunikation.[584]

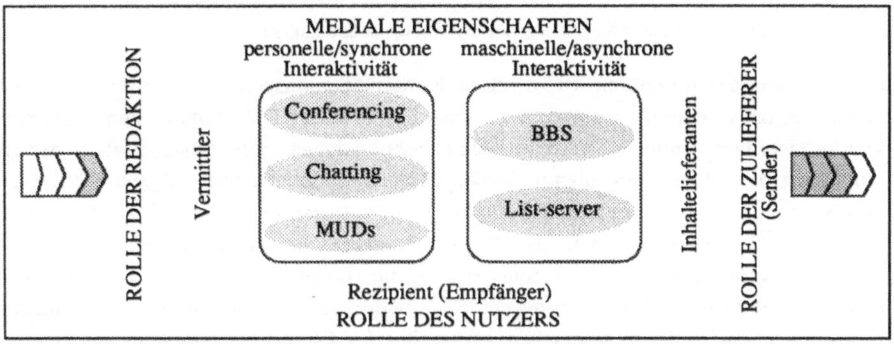

Abbildung 58 Teilleistungen der Leistungsart Kommunikation[585]

Chatting. Beim Chatting dieser Form können zwei Teilnehmer gleichzeitig und parallel über die Tastatur als Eingabeinstrument miteinander in Textform kommunizieren (vergleichbar mit einem Telefongespräch). Multi-chatting unterscheidet sich vom Chatting nur in der Anzahl der Teilnehmer. Mehrere Sender und Empfänger können hier gleichzeitig miteinander kommunizieren.

Desktop-teleconferencing. Diese Kommunikationsleistungen funktioniert im Prinzip wie das Multi-chatting, nur dass es sich hier nicht um eine textbasierte Kommunikation, sondern um eine bild- und sprachbasierte Kommunikation handelt.

Multi-user-dimensions (MUDs). MUDs sind eine besondere Ausprägung des Multichattings. Die Nutzer schlüpfen dabei in eine (fiktive) Rolle, so dass hier auch von einer Art Rollenspiel gesprochen werden kann. Eine mögliche Anwendung sind beispielsweise interaktive, virtuelle Spiele, bei denen die Nutzer in verschiedene Spielfiguren schlüpfen und nun unter dieser Identität agieren.

Bulletin-board-systems (BBS). Im Rahmen von BBS, auch Schwarze Bretter genannt, kommunizieren die Teilnehmer nicht zeitgleich und parallel, sondern zeitversetzt miteinander. Die Mitteilungen der Nutzer werden zunächst gespeichert und auf einer elektroni-

[584] zu den verschiedenen Kommunikationsformen vgl.: Meier, K. (1998b), S. 86-88; Alpar, P. (1998), S. 57-128

[585] eigene Darstellung

schen Diskussionsplattform abgelegt, worauf dann weitere Nutzer zugreifen können, indem sie die Beiträge lesen bzw. neue hinzufügen.

List-server (bzw. Mailing-lists). List-server funktionieren im Prinzip wie BBS. Die Beiträge werden jedoch nicht an einer Stelle der telematischen Informationsleistung gesammelt dargestellt, sondern von einem Moderator gebündelt und dann den Nutzern zugesandt, die sich zuvor auf eine Versendeliste haben setzen lassen.

Die Aufgabe der Redaktion ist es, diese Kommunikationsgefässe einzurichten. Doch dürfte dies bei weitem nicht ausreichen: Nutzer müssen zur Teilnahme an den Kommunikationsleistungen animiert werden. Dazu lässt sich an den Bestandteilen des in Abbildung 57 aufgezeigten oberen Wirkungskreises ansetzen. Die Aufgabe der Redaktion besteht damit weiterhin darin, *Besucher zu generieren* und deren *aktive Teilnahme zu fördern.*[586] Potentielle Teilnehmer der Kommunikationsleistungen stellen zunächst die Nutzer der telematischen Informationsleistung dar. Diese gilt es, über Links, Hinweise und eine entsprechende Plazierung der Kommunikationsgefässe auf die Kommunikationsleistungen aufmerksam zu machen. Des weiteren müssen Kommunikationsanreize gegeben werden. Inhalte der anderen Teilleistungen, insbesondere der journalistischen Informationsleistung, bieten Gesprächsstoff. Im Vordergrund stehen aber die nutzergenerierten Inhalte, an die der Nutzer direkt anknüpfen kann. Die Qualität dieser Inhalte muss aus zwei Gründen von der Redaktion gesichert werden. Zum einen nehmen die Nutzer die im Rahmen von Kommunikationsleistungen generierten Inhalte als Bestandteil der gesamten telematischen Informationsleistung wahr. Minderwertige Inhalte können so die Gesamtwahrnehmung der Qualität der Informationsleistung negativ beeinflussen. Zum anderen sind i.d.R. nur qualitativ hochwertige Inhalte für andere Nutzer lesenswert und animieren zur aktiven Teilnahme an der Kommunikationsleistung. Beiträge pornographischen, kriminellen oder sonstigen nicht tragbaren Inhalts sollten vor Erscheinen herausgefiltert bzw. in Live-chats nach Erscheinen gelöscht werden.

Aktiv kann die Redaktion Kommunikationsanreize setzen, indem beispielsweise Themen vorgegeben oder Experten zu Diskussionsrunden eingeladen werden. Die Redaktion kann hier die Funktion eines *Moderators* übernehmen, der vorherige Beiträge zusammenfasst und beispielsweise durch Fragen neue Anregungen für den Fortgang der Kommunikation schafft. Zwar haben auch einfache, nicht themenzentrierte Chats ihren Reiz, sie decken jedoch nur einen kleinen Teil der Nutzerbedürfnisse ab, wie z.B. Unterhaltung und Zeitvertreib. Sobald aber die Kommunikationsleistungen zum Leistungsvorteil beitragen sollen, müssen sie auf diesen ausgerichtet werden. Vorgegebene Themen signalisieren dem Nutzer den Inhalt der Kommunikationsleistung und kanalisieren seine Inhalte.

---

[586] vgl. Hagel, J.; Armstrong, A. (1997), S. 132-145 u. S. 59-62

Beispiel RP-Online - Storyliner[587]

RP-Online (telematische Informationsleistung der „Rheinischen Post") hat in ihr Angebot zwei Arten von Kommunikationsleistungen integriert. Im Rahmen des Storyliners beteiligen sich Nutzer an dem Schreiben einer Geschichte (*maschinelle, asynchrone Interaktivität*), und in der Chat/Flirt-zone können Nutzer direkt miteinander kommunizieren (*personelle, synchrone Interaktivität*).

Der Storyliner. Diese Leistung wurde unter Federführung RP-Online gemeinsam mit dem Literaturbüro NRW[588] und dem Krimi-Autor H. P. Karr ins Leben gerufen. Die Idee ist, dass Nutzer eine Geschichte schreiben, indem sie an den bereits bestehende Episoden anknüpfen und neue hinzufügen. Die zentrale Stellung in diesem Autorenprojekt übernimmt H. P. Karr, der sogenannte Story-master. Er gibt zum einen den Anfang der Geschichte vor. Aus den eingehenden, von den Nutzern geschriebenen Episoden wählt er die besten aus, redigiert diese und fügt sie dann unter dem Namen des Autors (Nutzer) an die Geschichte an. Des weiteren nimmt er als Organisator über E-Mail Vorschläge, Kommentare und Fragen der Nutzer entgegen. Regelmässig fasst er das Geschehen rund um den Storyliner zusammen (Bemerkungen der Nutzer, Ankündigung von neuen Geschichten etc.).

Chat/Flirt-zone. Die Flirt-zone kann i.w.S. als eine Art Kontaktbörse bezeichnet werden. Direkt können hier die Nutzer in verschiedenen Bereichen (Grüsse, Mail-Freundschaften, Neu in der Stadt, Sie sucht Ihn, Er sucht Sie, Seniors only) miteinander kommunizieren und sich kennenlernen.

4.2.2.3.2. Beziehungen

(1) Die Beziehungsleistung als virtuelle Gemeinschaft

Die telematische Informationsleistung soll es ermöglichen, dass Nutzer miteinander kommunizieren und im Lauf der Zeit Bindungen zueinander aufbauen. Dadurch können virtuelle Gemeinschaften entstehen. Ein wesentliches Merkmal von virtuellen, aber auch realen Gemeinschaften ist, dass deren Mitglieder gemeinschaftliche Verhältnisse anstreben, die sich durch Nähe, Solidarität und Hilfsbereitschaft auszeichnen.[589] Gemeinschaf-

---

587 Internet-Adresse: www.rp-online.de

588 Das Literaturbüro ist ein Projekt des Ministeriums für Stadtentwicklung, Kultur und Sport des Landes Nordrhein-Westfalen (NRW).

589 vgl. Vierkandt, A. (1923), S. 184. Die Bindung, die Mitglieder einer Gemeinschaft untereinander aufbauen, beschreibt VIERKANDT als „spezifisches inneres Band" (Vierkandt, A. (1923), S. 207). „Besonders klar ist es bei allem gegenseitigen Helfen. Das Band liegt hier in dem Bewusstsein: das Tun aller kommt auch mir zugute und mein Tun allen, wir alle zielen auf dasselbe und sind insofern eins." (Vierkandt, A. (1923), S. 207) Gemeinschaften entwickeln eine bestimmte Art von Gesamtgefühl, welches auf dem Gefühl der Geborgenheit

ten bilden sich durch Traditionen und durch stillschweigendes Einverständnis; Handlungsschemata gründen auf sozialer Gewohnheit, Brauch und Sitte. Gemeinschaften haben daher i.d.R. einen geringen formalen Organisationsgrad. Neben der Lebensgemeinschaft (z.B. Ehe, Familie), die als engste und gefühlsmässig am stärksten verbundene Form der Gemeinschaft gilt, können Gemeinschaften sich aber auch für eine beschränkte Zeit zusammenfinden und die Bindungen eher zweckrational als emotional geprägt sein (z.B. Verein, Arbeitsgemeinschaft).[590] Im Gegensatz dazu hat die Gesellschaft einen sehr hohen formalen Organisationsgrad, gründet auf vertraglichem Übereinkommen und auf Gesetzen und kann als zweckrational bezeichnet werden.[591]

Begreift man die Kommunikationsleistung als Kommunikation einer Gesellschaft und die Beziehungsleistung als Beziehungen in einer Gemeinschaft, die zwar zunächst auf Kommunikation basieren, aber diese Kommunikation eher als Ausdruck der Beziehung zu verstehen ist, die die Nutzer untereinander aufgebaut haben, so lassen sich die beiden Leistungsarten voneinander unterscheiden (siehe Abbildung 59). Beziehungsleistungen haben demnach etwas Beständiges, während Kommunikationsleistungen eher punktuellen Charakter haben (z.B. eine Diskussionsrunde mit geladenen Experten). Das zeigt sich auch in der Art der Nutzung: Beziehungen müssen regelmässig gepflegt werden; die Teilnahme an einer Kommunikationsleistung hingegen erfolgt eher punktuell und aus der Situation heraus. Im Rahmen von Kommunikationsleistungen kann von zweckorientierten Beziehungen gesprochen werden; die Beziehungen im Rahmen der Beziehungsleistung können eine sehr persönliche und emotionale Ebene erreichen.

---

und Sicherheit, dem Bewusstsein der Solidarität und dem Wohlwollen der anderen Mitglieder gegenüber dem einzelnen gründet. (vgl. Vierkandt, A. (1923), S. 210-211)

590 vgl. Vierkandt, A. (1923), S. 201

591 vgl. Tönnies, F. (1922), S. 39-42

Das Begriffspaar Gemeinschaft/Gesellschaft geht auf Ferdinand Tönnies (Tönnies, F. (1922)) zurück, der den Übergang des Zeitalters der Gemeinschaft zu dem der Gesellschaft interpretierte (vgl. Donati, P. (1988), S. 249): „Die Theorie der Gesellschaft konstruiert einen Kreis von Menschen, welche, wie in Gemeinschaft, auf friedliche Art nebeneinander leben und wohnen, aber nicht wesentlich verbunden, sondern wesentlich getrennt sind, und während dort verbunden bleibend trotz aller Trennungen, hier getrennt bleiben trotz aller Verbundenheiten." (Tönnies, F. (1922), S. 39)

Leistungsart / Merkmale	Beziehungsleistung	Kommunikationsleistung
Dauer des Bestehens	nicht limitiert	meist punktuell/begrenzt
Art der Nutzung	regelmässig; aktiv	punktuell; passiv und aktiv
Art der Beziehungen	eher persönlich, emotional	eher zweckorientiert, sachlich
Steuerbarkeit durch die Redaktion	gering	eher hoch
Abgrenzung der Teilnehmer zu anderen	stark	kaum

Abbildung 59 Abgrenzung zwischen Beziehungs- und Kommunikationsleistungen[592]

Bisher gab es im Internet im wesentlichen zwei Arten von virtuellen Gemeinschaften: nicht-kommerziell und kommerziell ausgerichtete Gemeinschaften. Nicht-kommerzielle Gemeinschaften kommen bisher dem oben genannten Ideal einer Gemeinschaft am nächsten. Diese werden i.d.R. von sogenannten Hosts betrieben, meist Privatleute, die virtuelle Räume im Internet zur Verfügung stellen, in denen sich die Mitglieder der Gemeinschaft treffen.[593] Kommerzielle virtuelle Gemeinschaften werden i.d.R. von Unternehmen mit dem Ziel aufgebaut, über diese Gemeinschaften ihre Produkte oder Dienstleistungen zu verkaufen, oder aber sie werden als eigenständige, vermarktbare Leistung angeboten und über Teilnehmergebühren oder Werbung finanziert.[594] Virtuelle Gemeinschaften in bezug auf telematische Informationsleistungen dienen zwar nicht dem Ziel, Produkte/Dienstleistungen zu verkaufen, können jedoch insofern als kommerziell betrachtet werden, als sie eine im Markt verwertbare Leistung darstellen.[595]

(2) Arten der Beziehungsleistung und unterstützende Wertaktivitäten der Redaktion

Der Aufbau von Gemeinschaften kann als eine bereits im klassischen Medienmarkt in Ansätzen übernommene Funktion von Informationsleistungen bezeichnet werden:[596] „Furthermore, the system of mass communications is a functional equivalent of features

592 eigene Darstellung

593 Als Beispiel kann hier The Well genannt werden (http://www.well.com). Diese virtuelle Gemeinschaft besteht aus verschiedenen Sub-Gemeinschaften, die sich über ein gemeinsames Interesse oder Problem definieren. Vgl. Rheingold, H. (1994), insbesondere S. 31-54 und S. 55-85, für eine genauere Beschreibung von The Well und einen Erfahrungsbericht eines langjährigen Nutzers dieser Gemeinschaft.

594 vgl. Armstrong, A; Hagel, J. (1996), S. 134-141. Für Beispiele vgl.: Hof, R. D.; Browder, S.; Elstrom, P. (1997), S. 38-45; insbesondere S. 137; Morningstar, C.; Farmer, F. R. (1991), S. 273-301; Hagel, J.; Armstrong, A. G. (1997), S. 118-123; Diesler, P. (1997)

595 vgl.: Hagel, J.; Bergsma, E. E.; Dheer, S. (1996), S. 57-63; Armstrong, A.; Hagel, J. (1995), S. 127-141

596 vgl.: Stone, A. R. (1991), S. 85-88; Miller, S. E. (1996), S. 325-326

of *Gemeinschaft* society; it enables an individual selectively to participate according to his own standards and desires."[597] Im Rahmen von telematischen Informationsleistungen geht diese Funktion über die des Unterstützens, d.h., dass Leser durch entsprechende Informationen an der Gemeinschaft teilnehmen können, hinaus: Zusätzlich soll eine - virtuelle - Gemeinschaft im Rahmen der telematischen Informationsleistung aufgebaut werden: „... computer-mediated communication liberates interpersonal relations from the confines of physical locality and thus creates opportunities for new, but genuine, personal relationships and communities."[598]

Der Aufbau einer virtuellen Gemeinschaft dürfte wohl die am schwierigsten zu generierende Leistungsart sein: Wie kann eine Redaktion erreichen, dass Nutzer lang andauernde und freundschaftlich geprägte Verbindungen zueinander aufbauen? Verlage können hier auf bestehende Kompetenzen zurückgreifen. Hierzu zählen das Wissen über die bisher im Print-Markt angesprochenen Lesergruppen bzw. die Beziehungen zu diesen Lesern, starke Medienmarken und bereits bestehende Inhalte bzw. die Kompetenz, solche Inhalte zu produzieren.[599] Dies kann gegenüber branchenfremden Anbietern einen Startvorteil begründen, auch wenn weitere Fähigkeiten, um Mitglieder einer Gemeinschaft zu aggregieren, zu binden und die Kommunikation der Mitglieder zu fördern, aufgebaut werden müssen.[600]

Ansatzpunkte für unterstützende Wertaktivitäten ergibt wiederum eine Betrachtung der Wirkungsmechanismen (siehe Abbildung 57). Die Attraktivität der Beziehungsleistung wird damit zunächst durch die Kommunikationsleistung beeinflusst. Der Aufbau von Kommunikationsleistungen und die oben aufgezeigten diese unterstützenden Wertaktivitäten der Redaktion generieren zunächst die Basis der Beziehungsleistung: Erst wenn der Nutzer Möglichkeiten zur Kommunikation erhält, kann er Beziehungen zu anderen Nutzern aufbauen. Damit kann der Aufbau der Kommunikationsleistung als ein erster Schritt gesehen werden.

---

597 Parsons, T. (1982), S. 333

598 Parks, M. R. (1996), S. 81

599 vgl.: Hagel, J.; Armstrong, A. (1997), S. 127-128; Armstrong, A; Hagel, J. (1996), S. 139; o. V. (1998 Brand bite back); siehe auch Abschnitt B 2.2.1.

600 vgl. Hagel, J.; Armstrong, A. (1997), S. 128-130. Die Autoren weisen hier auf die Tatsache hin, dass viele Online-Publikationen bzw. Online-Zeitschriften und -Zeitungen es bisher vernachlässigt haben, den Nutzern Möglichkeiten zu Kommunikation zu geben: „Lack of e-mail, bulletin boards, and chat areas is a clear symptom of a failure to grasp the essentials of what the experience of being on-line can offer." (vgl. Hagel, J.; Armstrong, A. (1997), S. 129)

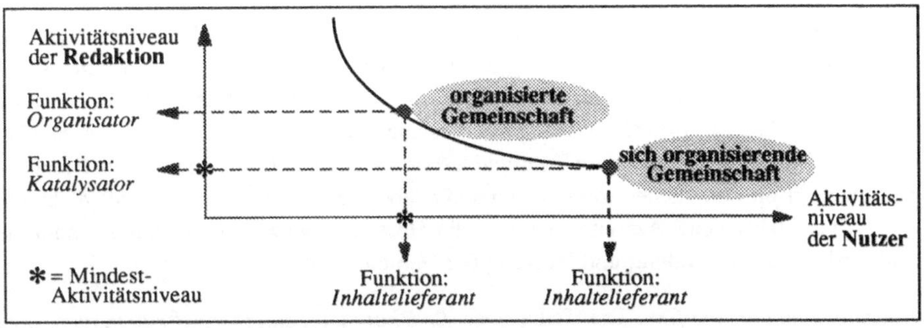

Abbildung 60 Leistungsart Beziehungsleistung[601]

Die eigentlichen Wertaktivitäten übernehmen die Nutzer (siehe Abbildung 60). In Abhängigkeit des Aktivitätsniveaus der Redaktion bzw. der Nutzer können Extremausprägungen von Beziehungsleistungen unterschieden werden:

Selbstorganisierende Gemeinschaft. Das Aktivitätsniveau der Nutzer (Wertaktivitäten) ist wesentlich höher als das der Redaktion. Der Nutzer kann daher als der eigentliche Produzent der Beziehungsleistung bezeichnet werden. Die Redaktion übernimmt lediglich sogenannte Mindestaktivitäten, wie z.B. die Einrichtung der Infrastruktur (Technik, Bereitstellung von Kommunikationsgefässen) und die Anpassung dieser an die Entwicklung der Gemeinschaft (z.B. Einrichten von neuen Foren für viel diskutierte Themen). Diese Art der Beziehungsleistung erfordert eine sehr hohe intrinsische Motivation der Nutzer, da die Redaktion nur wenig Anreize zur Bildung einer Gemeinschaft gibt. Die Gemeinschaft muss eine hohe Eigendynamik entwickeln.

Organisierte Gemeinschaft. Auch hier ist das Aktivitätsniveau der Nutzer höher als das der Redaktion, aber die Redaktion übernimmt in einem wesentlich umfangreicheren Ausmass unterstützende Wertaktivitäten. Ähnlich wie beispielsweise bei der Organisation eines Vereins oder Klubs bietet die Redaktion z.B. Aktivitäten und Events (Diskussionsrunden etc.) an, versorgt die Teilnehmer regelmässig mit Neuigkeiten und organisiert Aktivitäten ausserhalb des Internets. Mitglieder einer Gemeinschaft können Informationsbedürfnisse haben, die sich über die reine Kommunikation mit anderen nicht befriedigen lassen. Diese kann die Redaktion durch Teilleistungen der journalistischen Informationsleistung befriedigen.

In Abhängigkeit der Nutzerbedürfnisse, die eine Gemeinschaft befriedigen soll, können vier Arten unterschieden werden.[602]

---

601 eigene Darstellung in Anlehnung Corsten, H. (1995), S. 194

Interessensgemeinschaft. In Interessensgemeinschaften werden die Nutzer über ein gemeinsames Interesse an einem Themengebiet (Reisen, Hobbys, Musik etc.) vereint. Als Beispiel kann die amerikanische Gemeinschaft Motley Fool aufgeführt werden, eine Interessensgeschaft im Bereich Wirtschaft (Personal Finance).[603] Motley Fool wird über America Online von den Brüdern Tom und David Gardner betreut. Die beiden Hosts haben ein Portfolio an Aktien zusammengestellt, über das in der Gemeinschaft diskutiert wird. Über immer neue Aktivitäten regen die Hosts die Nutzer zur Kommunikation an und fördern so die Bindung und Nutzung der Gemeinschaft

Phantasiegemeinschaften. Die Teilnehmer an *Phantasiegemeinschaften* werden über das Bedürfnis zu spielen vereint. Dabei schlüpfen sie z.B. in Rollen schlüpfen und treten unter einer anderen Identität auf.[604]

Beziehungsgemeinschaften gründen auf dem Bedürfnis der Teilnehmer, sich über bestimmte, oft sehr persönliche Problemsituationen auszutauschen. Da sich Teilnehmer an andere Gemeinschaftsmitglieder beispielsweise mit der Bitte um Beratung für bestimmte Lebenslagen wenden, führen solche Gemeinschaften oft zu sehr intensiven Beziehungen.

Verkaufsgemeinschaften gründen auf dem Bedürfnis, Produkte und Dienstleistungen zu kaufen, sich in der Phase vor einem eventuellen Kauf über mögliche Produkte/Dienstleistungen zu informieren oder sich nach dem Kauf beispielsweise über Anwendungsmöglichkeiten oder Fehlerquellen auszutauschen.

4.3. Auswahl der Teilleistungen und Integration zu telematischen Informationsleistungen

4.3.1. Grundlagen: Konzeptionsfelder

Nachdem das Leistungsspektrum aufgezeigt wurde, müssen die Teilleistungen in einem nächsten Schritt ausgewählt (*Auswahl*) und zu einer geschlossenen Problemlösung in Form einer telematischen Informationsleistung integriert werden (*Integration*).

Integration. Hier stellt sich zunächst die Frage nach den Bezugspunkt bzw. zu was die Teilleistungen integriert werden sollen. Oberstes Aggregationsniveau ist die telematische Informationsleistung. Zwischen dieser obersten Ebene und den einzelnen Teilleistungen

---

[602] vgl. zu den folgenden Ausführungen: Armstrong, A.; Hagel, J. (1996), S. 135-136; Hagel, J.; Armstrong, A. (1997), S. 18-23

[603] vgl. Armstrong, A.; Hagel, J. (1996), S.135-136

[604] siehe hierzu auch Ausführungen zu MUDs (Abschnitt 4.2.2.3.1.)

lassen sich beliebig viele und unterschiedliche Ebenen ziehen. So können Teilleistungen beispielsweise Themenbereichen zugeordnet werden. Dies würde der klassischen Ressortaufteilung (Politik, Wirtschaft, Feuilleton) in Zeitungen/Zeitschriften entsprechen. Denkbar wäre auch, nach Leistungsarten oder Leistungsunterarten zu bündeln. Beispielsweise werden in vielen Online-Publikationen Kommunikationsleistungen unter der Rubrik Chat oder Individualisierungsleistungen unter der Rubrik Services zusammengefasst. Oftmals sind Teilleistungen zwar einer Rubrik zugeordnet, aber gleichzeitig per Link auch in anderen Rubriken bzw. Bereichen des Angebots zu finden. Zur Vereinfachung des Problems soll hier zwischen Teilleistungen und telematischer Informationsleistung lediglich eine generelle Aggregationsebene eingezogen werden, der sogenannte *Leistungskern.*[605] Demnach setzen sich telematische Informationsleistungen aus einem oder mehren Leistungskernen (siehe Abbildung 61) zusammen, die wiederum aus Teilleistungen bestehen. Jeder Leistungskern besteht schwerpunktmässig aus einer Leistungsart, also aus den Leistungsarten journalistische Informationen, gewerbliche Informationen, Transaktionen, Kommunikation oder Beziehung.

Leistungskerne setzen Entscheidungen auf grundsatzstrategischer Ebene um. Über ihre Auswahl differenziert und profiliert sich die telematische Informationsleistung. Das heisst aber nicht, dass es nicht möglich ist, ausserhalb dieser Leistungskerne weitere Teilleistungen anzubieten. Eine Konzentration auf Leistungskerne soll zum einen als eine gedankliche Strukturierungshilfe bei der Wahl der Teilleistungen gesehen werden und zum anderen verhindern, dass telematische Informationsleistungen eine Aggregation zufällig ausgewählter Teilleistungen darstellen.

Auswahl. Hier steht der Verlag vor einem Komplexproblem, da er aus der Fülle möglicher Teilleistungen auswählen und diese kombinieren muss.[606] Ausgangspunkt für die Konfiguration telematischer Informationsleistungen ist die marketinggrundsatzstrategische Ausrichtung (Strategiefeld, -substanz und -stil) und die daraus abgeleiteten Leistungskerne. Diese kanalisieren den Einsatz der Arten von Leistungen sowie deren Intensität. Die Intensität drückt dabei den Stellenwert der ausgewählten Leistungen innerhalb des Leistungskernes aus. Hier setzt das Dominanz-Standard-Modell von KÜHN an, nach dem

605 Es ist natürlich weiterhin denkbar, dass mehrere Leistungskerne wiederum thematischen Rubriken zugeordnet werden oder ein Leistungskern wiederum in z.B. thematisch abgegrenzte Bereich gegliedert wird. Wie eine telematische Informationsleistung im Endeffekt aufgegliedert wird, wird im wesentlichen von dem gewählten Strategiefeld vorgegeben. Hierauf wird in Abschnitt C 4.3.2. eingegangen.

606 vgl. Becker, J. (1998), S. 657. Aus den unterschiedlichen Ausprägungen der Gestaltungsdimensionen lassen sich fünf Leistungsarten mit insgesamt 18 Teilleistungsarten ableiten. Geht man davon aus, dass jede Leistungsart durchschnittlich drei Ausprägungen, d.h. drei Teilleistungsarten hat, so ergeben sich daraus 3^5 = 243 Kombinationsmöglichkeiten.

Teilleistungen dominierenden, komplementären und Standardleistungen zugeteilt und (siehe Abbildung 61) und damit wirkungsbezogen gewichtet werden können:[607]

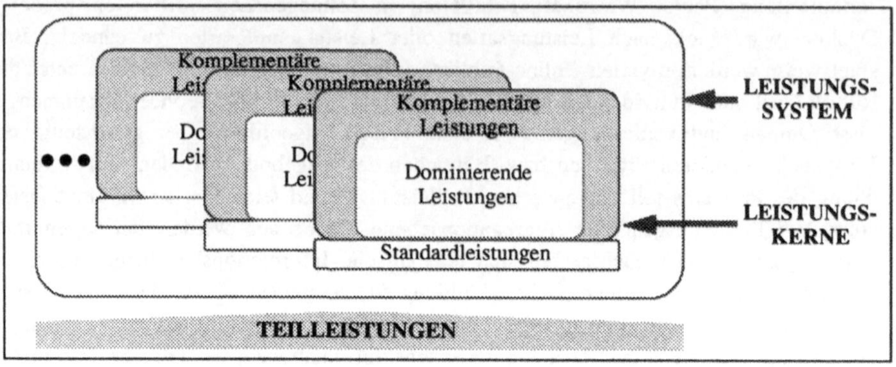

Abbildung 61 Konfiguration telematischer Informationsleistungen[608]

Dominierende Teilleistungen sind ausschlaggebend für den Erfolg der telematischen Informationsleistung und begründen das Nutzenversprechen des Angebots. Sie bewegen den Nutzer dazu, die telematische Informationsleistung Angeboten der Konkurrenz vorzuziehen. Dementsprechend sind die notwendigen Investitionen (finanziell, personell, kreativ-intellektuell) hoch.

---

607 vgl.: Kühn, R. (1984), S. 183-202; Kühn, R. (1979), S. 1-46; Kühn, R. (1985), S. 16-21; Kühn, R. (1986), S. 4-9; Kühn, R. (1995), Sp. 1618

KÜHN stellt in seinem Modell hierarchische Beziehungen zwischen Instrumenten bzw. Teilleistungen in den Vordergrund. Bei der Auswahl und Integration muss unter dem Aspekt der Harmonisierung (siehe Abschnitt C 2.) weiterhin beachtet werden, dass zwischen den Teilleistungen neben hierarchischen auch funktionale und zeitliche Beziehungen bestehen können. Im Bereich *funktionale Beziehungen* können vier Arten von Beziehungen unterschieden werden. Konkurrierende Beziehungen bestehen dann, wenn die Wirkung oder der Nutzen einer Teilleistung durch die Wirkung einer anderen Teilleistung negativ beeinflusst wird. Kann eine Teilleistung eine andere ersetzen, stehen sie in einer substitutiven Beziehung. Ergänzen sie sich, dann spricht man von einer komplementären Beziehung. Bedingt die eine die andere, stehen die Teilleistungen in einer konditionalen Beziehung. *Zeitliche Beziehungen* können parallel (bestimmte Teilleistungen müssen gleichzeitig eingesetzt werden, damit eine bestimmte Wirkung erzielt wird), sukzessiv (eine Teilleistung bereitet quasi den Boden für die Entfaltung der Wirkung einer danach eingesetzten Teilleistung), intermittierend (während einige Teilleistungen ständig eingesetzt werden, werden andere nur punktuell oder phasenweise eingesetzt) und sich ablösender Art sein (nach gegebener Zeit wird eine Teilleistung von der nächsten abgelöst) (vgl. Becker, J. (1998), S. 649-652). Auf funktionale oder zeitliche Beziehungen soll nicht weiter eingegangen werden, weil diese - wenn auch nicht explizit - im Dominanz-Standard-Modell Beachtung finden.

608 eigene Darstellung

Komplementäre Teilleistungen haben die Funktion, die dominierenden Leistungen zu ergänzen und zu unterstützen. Damit werden sie in Abhängigkeit der dominierenden Leistungen ausgewählt und auch ausgestaltet.

Standardteilleistungen werden vom Nutzer als Basisangebot angesehen. Werden diese dem Nutzer nicht angeboten, so kann das u.U. zum Misserfolg der telematischen Informationsleistung führen. Eine Profilierung über diese Standardleistungen ist indes nur schwer möglich bzw. nicht sinnvoll, weil dem Anbieter hierzu die Ressourcen fehlen bzw. dies vom Nutzer nicht honoriert werden würde.[609] Bei der Auswahl bleiben dem Anbieter nur wenig Freiheitsgrade, da die Standardleistungen quasi vom Markt vorgegeben werden.[610]

Die Teilleistungen können dabei nicht definitiv den einzelnen Kategorien zugeordnet werden. Vielmehr ist diese Zuordnung von der jeweiligen Situation abgängig.[611] Im folgenden Abschnitt werden vier typische, situations- und grundsatzstrategieadäquate telematische Informationsleistungen vorgestellt, die an die beschriebenen Ausgangssituationen sowie die daraus abgeleiteten Strategie-Chips anknüpfen. Es werden jeweils relevante Leistungskerne herausgearbeitet sowie deren Teilleistungen, die dominierenden oder aber komplementären Charakter haben. Leistungsarten, Leistungsunterarten oder Teilleistungsarten, die nicht aufgeführt werden, haben keinen oder nur einen geringen Einfluss auf den Erfolg, können aber punktuell innerhalb oder auch ausserhalb der Leistungskerne eingesetzt werden.

609 Neben dominierenden, komplementären und Standardleistungen führt KÜHN noch Minimalleistungen an. Diese Gruppe umfasst Massnahmen/Teilleistungen, die - bezogen auf eine bestimme Situation - kaum oder gar nicht eingesetzt werden. (vgl. z.B. Kühn, R. (1986), S. 7) Diese von KÜHN aus klassifikatorischen Gründen gebildete Restgruppe soll hier nicht weiter betrachtet werden, da sie sich automatisch aus den Leistungen ergibt, die nicht den dominierenden, komplementären oder Standardleistungen zugeordnet werden und sie zudem nur eine geringe Bedeutung hat.

610 Auf Standardleistungen soll im folgenden nicht weiter eingegangen werden. Zum einen setzt eine Beschreibung von Standardleistungen voraus, dass sich am Markt bereits ein Standard herausgebildet hat. Dies ist im Online-Markt kaum der Fall. Zwar kann davon ausgegangen werden, dass Nutzer z.B. erwarten, dass sie Leserbriefe per E-Mail an die Redaktion schicken können oder dass ihnen Chat-Möglichkeiten geboten werden. Wichtig erscheint es jedoch in dieser Arbeit, dass die Teilleistungen über eine Einteilung in dominierende und komplementäre in Relation zueinander gestellt werden, um damit der netzwerkartigen Struktur von telematischen Informationsleistungen gerecht zu werden.

611 vgl. Kühn, R. (1984), S. 198. Der Ansatz von KÜHN folgt damit der zentralen These situativer Ansätze: „Es gibt nicht eine generell gültige, optimale Handlungsalternative, sondern mehrere situationsbezogene angemessene." (Staehle, W. H. (1979), S. 218) Damit unterscheidet sich das Dominanz-Standard-Modell als situativ-orientierter Ansatz von sogenannten instrumental-orientierten Ansätzen, die zwischen den Marketinginstrumenten eine generelle Rangordnung versuchen herzustellen. (vgl. Haedrich, G.; Tomczak, T. (1990) S. 140; für instrumental-orientierte Ansätze und weitere situativ-orientierte Ansätze vgl.: ebenda, S. 140-144; Nieschlag, R.; Dichtl, E.; Hörschgen, H. (1997), S. 152-156)

4.3.2. Ausgestaltung der Konzeptionsfelder

4.3.2.1. Typ 1: Der Dienstleister für die Region

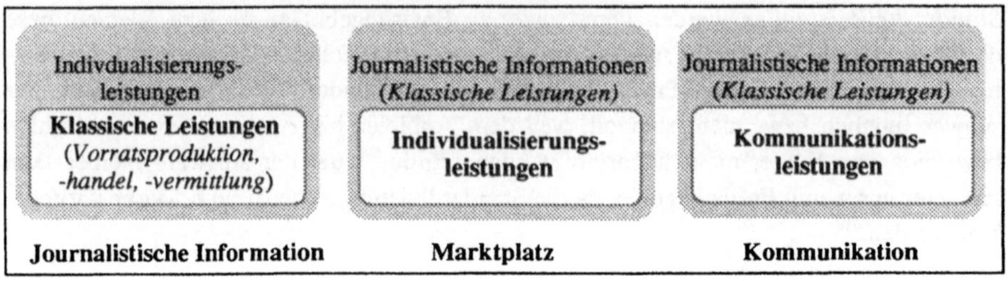

Abbildung 62 Leistungskerne des Dienstleisters für die Region[612]

Der Dienstleister für die Region bildet die regionale/lokale Gesellschaft seines Verbreitungsgebietes im Internet ab. Der Nutzer soll zum einen alle relevanten Informationen aus seinem regionalen/lokalen Umfeld im Rahmen dieses Angebots finden können und zum anderen in der Gestaltung seines Dasein als Mitglied in einer regionalen Gesellschaft (Freizeit, Behördengänge, regionalorientierte Transaktionen etc.) unterstützt werden. Die telematische Informationsleistung besteht aus drei Leistungskernen (siehe Abbildung 62). Da das Angebot auf regional-segmentierte Zielgruppen zugeschnitten ist (Strategiefeld: Segmentierend-in-der-Breite), baut der Dienstleister für die Region die telematische Informationsleistung zweistufig auf: Ein allgemeiner Teil wendet sich gesamthaft an die regionale Bevölkerung und die jeweils auf die speziellen Regionen zugeschnittenen Teile der telematischen Informationsleistung an die jeweiligen regionalen Zielgruppen.

(1) Leistungskern *Journalistische Information*

Im Rahmen der journalistischen Informationsleistung überträgt der Anbieter seine journalistische und regionale Kompetenz auf das Internet. Damit begründet er auch im Internet seine Stellung als herausragender Informationsanbieter für die regionale Gesellschaft und auch einen wesentlichen Teil des zu generierenden Leistungsvorteils Integration.

Dominierende Teilleistungen. Im Zentrum des Leistungskernes stehen die klassischen Leistungen. Über die Vorratsproduktion setzt der Dienstleister für die Region gezielt seine journalistische und regionale Kompetenz ein. Um diese regionale Ausrichtung im Internet zu verstärken und damit seinen Vorteil vor anderen Informationsanbietern auszubauen, muss er auf Inhaltelieferanten zurückgreifen. Auch basiert seine

---

612 eigene Darstellung

Integrationsfunktion zum grossen Teil darauf, dass er die regionale Gesellschaft im Internet abbildet.

Als Vorratshändler und -vermittler sollte der Anbieter versuchen, regionale Institutionen (Verwaltung, Theater, Vereine) in sein Angebot mit einzubinden. Eine wichtige Rolle als Inhaltelieferanten spielen hier auch die Nutzer selbst. Indem sie Inhalte liefern über ihr direktes Umfeld (Dorf, Stadtteil etc., Verein, Arbeitsumfeld, Kindergarten, Kirche, Klubs) ist es möglich, eine regionale Informationstiefe und -breite bezüglich regionaler Informationen herzustellen, die die Redaktion allein nur schwer bewerkstelligen kann.

Komplementäre Teilleistungen. Die breite Palette an Übersichtsinformationen wird ergänzt durch Individualisierungsleistungen: Effizient und effektiv soll der Nutzer spezielle Informationsbedürfnisse befriedigen können und bei der Bewältigung des Alltags in der Region unterstützt werden. Da die Individualisierungsleistungen i.d.R. auf Datenbanken basieren und damit auf grossen Datenbasen, erscheint auch hier das Zusammenarbeiten mit Inhaltelieferanten sinnvoll. Um den Nutzer zudem bei speziellen Problemen unterstützen zu können, bietet die Informationsleistung punktuell und damit lediglich vereinzelt auch Auftragsleistungen an.

(2) Leistungskern *Marktplatz*

Marktplatzleistungen stellen aus zwei Gründen einen Leistungskern dar. Die Bedeutung resultiert zum einen aus der übergeordneten Zielsetzung der Abwendung der Bedrohung, die das Internet für den Anzeigenteil des Ausgangsproduktes darstellt. Zum anderen kann davon ausgegangen werden, dass der Nutzer der regionalen Zielgruppe gewerbliche Informationen sucht, um Alltagsprobleme zu lösen. Da rubrizierte Anzeigen fester Bestandteil der Zeitung sind, wird er diese auch im Internet erwarten.

Dominierende Teilleistungen sind die Inhalte der Werbe- und Transaktionskunden. Abfragemechanismen ermöglichen eine effektive und effiziente Suche der datenbankbasierten Rubrikenanzeigen (Individualisierungsleistungen). Im Rahmen von Transaktionsleistungen gilt es solche Inhalte auszusuchen, die den Nutzer in der Bewältigung seines Alltags unterstützen (z.B. Verkauf von Kinokarten, Bestellmöglichkeit eines Taxis, Einkaufsmöglichkeiten).

Komplementäre Teilleistungen. Journalistische Informationen können den Nutzer in den Transaktionsphasen unterstützen. Hier sind eine ganze Reihe von Leistungen denkbar: von Stadtplänen, die den Nutzer beim Auffinden von Immobilien helfen, bis hin zu Reiseberichten. Wichtig ist, dass redaktionelle und gewerbliche Inhalte für den Leser zu trennen sind und auch die Redaktion von den Belangen der Werbe- und Transaktionskunden unabhängig bleibt, damit die Glaubwürdigkeit nicht gefährdet wird. Über den Mehrwert, den journalistische Informationen im Rahmen von Marktplatzleistungen generieren, und über den Aspekt der Glaubwürdigkeit kann sich der Dienstleister für die Region von anderen Marktplatzbetreibern differenzieren.

(3) Leistungskern *Kommunikation*

Kommunikationsleistungen sind ein wesentliches Instrument, um den Nutzer zu integrieren. Die telematische Informationsleistung kann hier die Funktion des Forums übernehmen, in dem Nutzer themenzentriert oder auch allgemein zu Wort kommen können. Über die Kommunikationsleistungen kann die regionale/lokale Gemeinschaft unterstützt werden, indem ihr über die telematische Informationsleistung ein zusätzlicher Kommunikationskanal angeboten wird. Der Aufbau von virtuellen Gemeinschaften ist i.d.R. nicht sinnvoll. Die Gemeinschaft existiert bereits real. Virtuelle Beziehungen im Internet erscheinen in dem Fall, reale Beziehungen nicht ersetzen zu können.

Dominierende Teilleistungen. Generell setzt der Anbieter alle Teilleistungen der Leistungsart Kommunikation ein. Will er die integrierende Funktion auch hier noch unterstützen, so sind beispielsweise Diskussionsforen denkbar, in denen Experten, z.B. Vertreter lokaler Unternehmen, der Verwaltung etc., mit Nutzern kommunizieren können.

Komplementäre Teilleistungen. In dem Sinn, dass die journalistischen Informationen im Leistungsbereich Gesprächsstoff liefern und die lokale/regionale Gesellschaft abbilden, unterstützen sie auch die Kommunikationsleistungen.

4.3.2.2. Typ 2: Der meinungsbildende Qualitätsführer

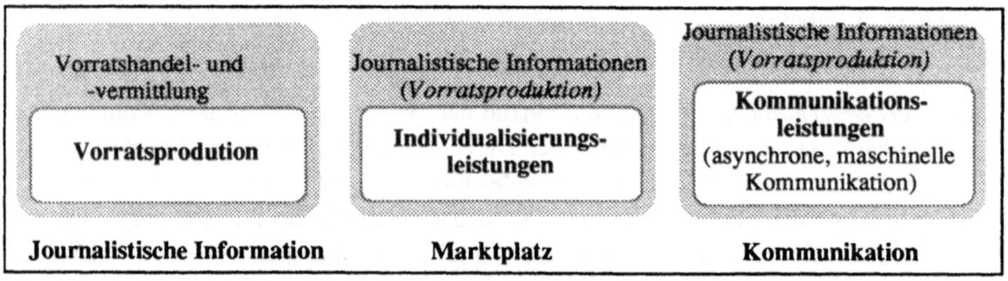

Abbildung 63 Leistungskerne des meinungsbildenden Qualitätsführers[613]

Die telematische Informationsleistung wird über die Kriterien Meinungsbildend und Qualität positioniert. In ihrer gesellschaftspolitischen Funktion ist sie zum einen Spiegelbild der Gesellschaft, und zum anderen unterstützt sie aktiv die Meinungsbildung der Nutzer.

613 eigene Darstellung

(1) Leistungskern *Journalistische Information*

Um den Leistungsvorteil Informieren zu realisieren, kommt der Leistungsart Journalistische Information eine herausragende Stellung zu. Über eine intensive Informationsarbeit beschreibt, analysiert und bewertet der meinungsbildende Qualitätsführer Ereignisse/Wissen des Ereignismarktes und erbringt damit eine Leistung, die der Nutzer selbst i.d.R. nicht generieren kann.

Dominierende Teilleistungen. Über die Vorratsproduktion setzt der Anbieter gezielt seine journalistischen und fachlichen Fähigkeiten ein, um den Nutzer umfassend zu informieren und ihn im Prozess der Meinungsbildung zu unterstützen. Indem der Anbieter die Wertaktivitäten selbst übernimmt, garantiert er die Qualität. Ziel ist es, dem Nutzer eine breite, von der Redaktion als relevant eingestufte Palette an Informationen zu bieten und ihm so die Artikulation eines gezielten Informationsbedürfnisses abzunehmen (Orientierungsfunktion).

Komplementäre Teilleistungen. Die hintergründige Berichterstattung wird ergänzt um aktuelle Meldungen, die von ausgewählten Inhaltelieferanten (z.B. Nachrichtenagenturen) bezogen werden. Um auch hier die Qualität zu garantieren und über den Einsatz seiner Fähigkeiten einen Mehrwert für den Nutzer zu generieren, werden die angelieferten Inhalte zielgerichtet ausgewählt und redigiert (Vorratshandel). Seine Orientierungsfunktion kann über die Aufführung ausgewählter Quellen im Internet oder auch in anderen Medien unterstützt werden (Vorratsvermittlung).

(2) Leistungskern *Marktplatz*

Die Stellung der Marktplatzleistung als Leistungskern ist ähnlich wie bei dem Dienstleister der Region zu begründen. Zum einen ist sie wesentlich zur Bedrohungsabwendung. Allein damit ist es gerechtfertigt, dass unter einem hohen Ressourcenaufwand diese Inhalte zu einem dominierenden Leistungskern ausgebaut werden. Die Nutzer wiederum erwarten von der telematischen Informationsleistung solche Marktplatzleistungen, weil sie diese automatisch mit der Marke verbinden. Aufgrund der grossen strategischen Bedeutung muss der Anbieter die Marktplatzleistung derart gestalten, dass sie dazu beiträgt, dass der Nutzer die telematische Informationsleistung anderen Angeboten vorzieht und sich so auch im Werbemarkt profilieren kann.

Dominierende Teilleistungen. Wichtiger Bestandteil sind die Individualisierungsleistungen (Co-Vermittlung), die ein effizientes und effektives Auffinden von gewerblichen Inhalten ermöglichen. Auch die Vorratsvermittlung ist denkbar, da sie dem Nutzer eine Übersicht über die gewerblichen Informationen ermöglicht.

Komplementäre Teilleistungen. Die gewerblichen Informations- und Transaktionsleistungen können durch journalistische Informationsleistungen unterstützt werden. Fachliche Kompetenzen (Technik, Immobilien, Beruf & Karriere etc.) werden hier im Rahmen der Vorratsproduktion gezielt eingesetzt. Hier besteht die Gefahr, dass journalistische Inhalte auf die Interessen der Werbekunden ausgerichtet werden. Daher erscheint es ratsam, die Informationsarbeit weniger bewertend und eher sachlich beschreibend zu gestalten. Gelingt diese Trennung von redaktionellen Interessen und Interessen des Anzeigenmarketings, kann dies erheblich zur Glaubwürdigkeit und Festigung der Qualitätsposition und vor allem zu einer klaren Abgrenzung zu Konkurrenzangeboten beitragen, die tendenziell auf die Interessen der Werbekunden zugeschnitten sind.

(3) Leistungskern *Kommunikation*

Kommunikationsleistungen können erheblich zur meinungsbildenden Funktion der telematischen Informationsleistung beitragen. Der Nutzer treibt den Prozess der Bildung seiner Meinung selbst voran, indem er diskutiert, neue Anregungen aufnimmt und kritisiert wird.

Dominierende Teilleistungen. Herausragend sind hier generell alle denkbaren Kommunikationsleistungen, wobei der Schwerpunkt auf anbietergesteuerten und qualitätsgesicherten Teilleistungen liegt. Dazu werden Chats betreut, Diskussionen moderiert, Experten eingeladen, nutzergenerierte Inhalte archiviert und auch zusammenfasst. Seine Kommunikationsleistungen sollen wesentlich über die Stufe des Plauderns hinausgehen und zu inhaltsstarken Diskussionen führen. Daher nehmen auch Kommunikationsleistungen mit zeitversetzter, maschineller Kommunikation (BBS, List-server) einen wichtigen Stellenwert ein.

Komplementäre Teilleistungen. Über thematisch auf die Kommunikationsleistungen abgestimmte journalistische Informationsleistungen, insbesondere der Vorratsproduktion, werden vor allem Anregungen für Unterhaltungen/Diskussionen geschaffen. Eine komplementäre Funktion übernimmt zusätzlich der Leistungskern journalistische Inhaltsleistung, indem dieser die Informationsgrundlage für die Teilnahme an Kommunikationsleistungen ergänzt oder schafft.

4.3.2.3. Typ 3: Die Plattform für themenspezifische Lösungen

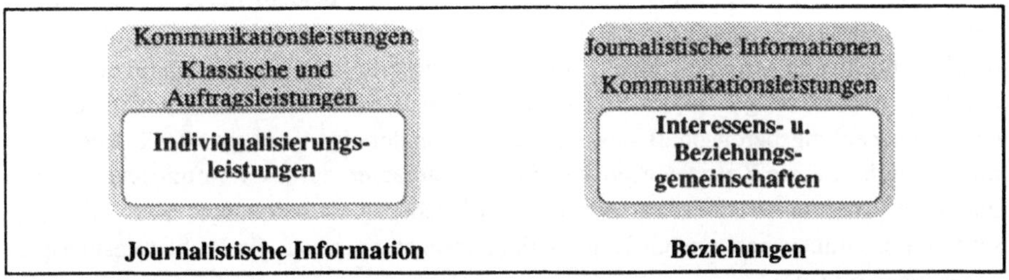

Abbildung 64 Leistungskerne der Plattform für themenspezifische Lösungen[614]

Das Angebot positioniert sich als Plattform mit Problemlösungskompetenz in einem thematisch abgegrenzten Feld. Informationsbedürfnisse der Nutzer sollen zielgruppengerecht und individuell befriedigt werden. Um den Bedürfnissen der einzelnen Zielgruppen gerecht zu werden, wird das Angebot in zwei Ebenen unterteilt: Auf einer allgemeinen Ebene werden die Inhalte und Teilleistungen derart ausgewählt, dass die gesamte Zielgruppe angesprochen werden kann. Die Untersegmente spricht das Angebot mit speziell auf sie zugeschnittenen Leistungen an. Damit wird die Entscheidungsoption Segmentierend-in-der-Enge der Entscheidungsdimension Strategiefeld umgesetzt. Die telematische Informationsleistung enthält zwei Leistungskerne (siehe Abbildung 64), die sich jeweils im generellen Teil und in den zielgruppenspezifischen Bereichen wiederfinden.

(1) Leistungskern *journalistische Information*

Dominierende Teilleistungen. Um den Leistungsvorteil „Problemlösen" umzusetzen, wird der Schwerpunkt auf Individualisierungsleistungen gelegt. Im Rahmen der Individualisierungsleistungen werden insbesondere anspruchsvolle, interaktive Leistungen eingesetzt, die es dem Nutzer ermöglichen, sein Problem selbst zu lösen. Soweit die fachlichen Fähigkeiten ausreichen, erstellt die Redaktion diese Leistungen selbst und greift lediglich auf Informationslieferanten zurück. Da aber gleichzeitig eine breite Palette an Problemen tiefgehend gelöst werden soll, arbeitet die Redaktion mit Spezialisten in den jeweiligen Bereichen zusammen.

Komplementäre Teilleistungen. Im Rahmen von klassischen Leistungen greift der Anbieter generelle Themen und Problemstellungen im abgegrenzten Themengebiet der telematischen Informationsleistung auf. Damit bietet er Informationen, die allgemein zur Lösung genereller Problemstellung beitragen und die ein Problembewusstsein erwecken. Da er hier vorhandenes Fachwissen einsetzen kann, wird die Redaktion diese Informationen

[614] eigene Darstellung

weitgehend selbst generieren. Auftragsleistungen werden dort angeboten, wo die Varietät der Nutzerbedürfnisse nicht über standardisierte Leistungen (Individualisierungsleistungen) abgedeckt werden können, oder dort, wo sie die Individualisierungsleistungen unterstützen können. Da diese Leistungen personalintensiv sind und hohe Anforderungen an die Redakteure stellen, werden sie nur dort angeboten, wo eine klare Zahlungsbereitschaft des Kunden vorhanden ist. Auch greift die Redaktion hier verstärkt auf die Kompetenzen von Inhaltelieferanten zurück (Auftragsvermittlung) und zeigt dem Nutzer damit, wer sein Informationsbedürfnis befriedigen kann. Komplementären Charakter haben auch Kommunikationsleistungen, die die Problemlösungsprozesse unterstützen.

(2) Leistungskern *Beziehungen*

Dominierende Teilleistungen. Die Nutzer, die der Anbieter anspricht, haben zwei Punkte gemeinsam: ein Interesse an einem Themengebiet und das Bedürfnis, Probleme zu lösen. Daher kann zum einen davon ausgegangen werden, dass sie bereit sind, sich im Rahmen von Gemeinschaften zu engagieren. Zum anderen bietet ihr hohes Involvement eine gute Ausgangsbasis dafür, dass sie auch untereinander Beziehungen aufbauen. Beziehungsleistungen haben hier insbesondere die Funktion, Nutzer mit ähnlichen Interessen zusammenzubringen, die sich ausserhalb des Internets wahrscheinlich nicht begegnen würden. Insofern kann die Vermittlung von Kontakten als besonders wertvoll für den Nutzer angesehen werden.

Komplementäre Teilleistungen. Kommunikationsleistungen sind zum einen die Basis der Beziehungsleistung, werden darüber hinaus aber punktuell angeboten. Über beispielsweise moderierte Diskussionsrunden oder Fragerunden mit Experten sollen für die Zielgruppe relevante Themen diskutiert und Folgekommunikation angeregt werden.

Während auch der Leistungskern Journalistische Informationen eine Basis für die Gemeinschaft bildet, werden innerhalb des Leistungskernes Beziehungsleistung weitere journalistische Informationen, vornehmlich klassische Leistungen, angeboten. Diese werden in Abhängigkeit von den in den Gemeinschaften diskutierten Themen und Problemen ausgewählt. Damit soll zum einen ein Anreiz für die Teilnahme geschaffen werden, und zum anderen sollen hier in den Gemeinschaften behandelte Themen vertiefend aufgegriffen werden.

4.3.2.4. Typ 4: Der Generalist mit Profil

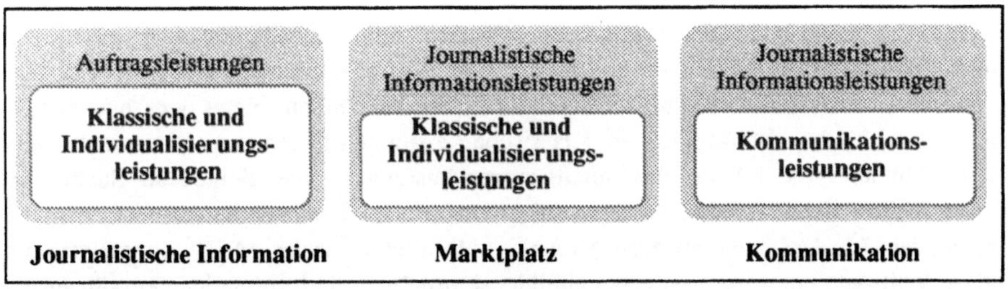

Abbildung 65 Leistungskerne des Generalisten mit Profil[615]

Als Generalist mit Profil liegt sein Leistungsvorteil nicht in der Generierung eines speziellen Leistungsvorteils, sondern explizit in einem breiten Spektrum an Leistungsvorteilen (Informieren, Integrieren, Problemlösen). Den speziellen Charakter erhält die Informationsplattform, indem sehr stark an imageprägende Komponenten des Print-Produktes angeknüpft wird. So sind Marke und Art des Layout wichtige Komponenten. Eine weitere Komponente ist die Informationsarbeit. Ob der Generalist mit Profil nun im Rahmen der journalistischen Inhalte produzierend, handelnd oder vermittelnd tätig ist, ist weniger prägend für das Angebot als die Art und Weise, wie bzw. die Zulieferer diese Aktivitäten ausführen. Bei allen Leistungen ist es wichtig, dass der Nutzer die „Handschrift" erkennt. Dies können beispielsweise ein spezieller Schreibstil, eine bestimmte politische Ausrichtung oder eine spezielle Art von Humor sein. Als Informationsplattform bietet er drei Leistungskerne (siehe Abbildung 65) mit jeweils einer breiten Palette an Leistungsarten an.

(1) Leistungskern *Journalistische Information*

Der Generalist mit Profil bietet ein überaus breites Spektrum an journalistischen Informationen in verschiedenen Leistungsarten an. Schwerpunkt sind dabei zum einen klassische Leistungen. Die Informationsbreite deckt der Anbieter weitestgehend selbst ab. Sollen Themen tiefgehend behandelt werden, greift er u.U. auf Zulieferer zurück. Um als Informationsplattform auch Ausgangspunkt für Nutzer im Internet zu sein, wird er verstärkt im Rahmen der Vorratsvermittlung per Link auf weitere Angebote im Internet hinweisen. Um den unterschiedlichen Informationsbedürfnissen und Informationsfähigkeiten seiner Zielgruppe gerecht zu werden, bietet die Informationsleistung neben diesen passiv zu rezipierenden Inhalten auch schwerpunktmässig Individualisierungsleistungen an. Auftragsleistungen werden lediglich dort punktuell angeboten, wo konkrete Probleme von Nutzern gelöst werden sollen.

---

[615] eigene Darstellung

(2) Leistungskern *Marktplatz*

Von dieser Informationsplattform wird der Nutzer auch die Möglichkeit erwarten, sich über Produkte/Dienstleistungen zu informieren und Transaktionen zu tätigen. Um auch hier wieder das breite Interessenspektrum abdecken zu können, bietet der Generalist mit Profil verschiedene Marktplätze an. Klassische Leistungen bieten dem Nutzer dabei eine Übersicht über die Inhalte, Individualisierungsleistungen eine zielgenaue Suche. Um diese breite Palette an Inhalten bieten zu können, ist es denkbar, dass er mit bereits bestehenden Marktplätzen anderer Anbieter (z.B. elektronische Malls) kooperiert, d.h. diese Malls auch in seinem Angebot abbildet. Journalistische Informationen ergänzen die Marktplätze.

(3) Leistungskern *Kommunikation*

Aufgrund der Ausrichtung als Leistungsvorteils-Generalist werden auch Kommunikationsleistungen angeboten. Diese werden je nach Leistungsvorteil unterschiedlich eingesetzt: Im Rahmen des Leistungsvorteils „Informieren" sollen sie Diskussionen über Themen ermöglichen; den Leistungsvorteil „Problemlösen" unterstützen sie, indem sich Nutzer gegenseitig beraten können oder aber Experten zu bestimmten Problembereichen geladen werden. Demnach ist es auch hier wichtig, die Kommunikationsleistungen mit journalistischen Informationen zu verbinden.

Es ist auch denkbar, dass sich aus den Kommunikationsleistungen heraus Gemeinschaften bilden. Die breite Zielgruppe und damit die hohe Anzahl an Nutzern, die die telematische Informationsleistung erreicht, spricht gleichzeitig für und gegen den Aufbau von Gemeinschaften. Zum einen kann davon ausgegangen werden, dass sie im Rahmen von Kommunikationsleistungen schnell eine kritische Masse erreicht, so dass die Nutzer der Kommunikationsleistungen dann in verschiedene Gemeinschaften überführt werden können. Dagegen spricht allerdings, dass es kein allgemeinverbindendes Element unter den Nutzern in der breit angelegten Zielgruppe gibt. Fühlen diese sich weder über ein Themengebiet noch über ein gemeinsames Problem verbunden, so wird sich auch keine Gemeinschaft herausbilden.

4.4. Geschäftsfeldinterne und -übergreifende Integration: Ansatzpunkte

4.4.1. Geschäftsfeldinterne Integration (SGF-Online)

4.4.1.1. Leistungsinnovation unter Nutzerbindungs-, -akquisitions- und Leistungspflegeaspekten

Die Aufgabe Leistungsinnovation bzw. die Konzeption der telematischen Informationsleistung sollte derart ausgestaltet werden, dass auch die sich zwar zeitlich nachgelagerten, aber dadurch nicht weniger relevanten Aufgaben der Leistungspflege, der Nutzerbindung und -akquisition in ihrer Erfüllung unterstützten, zumindest aber nicht behindert werden.[616] Die Wirkungen einer geschäftsfeldinternen Integration dürfen jedoch nicht überschätzt werden: Wie im folgenden gezeigt wird, lassen sich durchaus Ansatzpunkte (siehe Abbildung 66) identifizieren, über deren Nutzung die Leistungsinnovation zur Erfüllung der weiteren Aufgaben beitragen kann; für jede Aufgabe muss jedoch ein eigener Instrumenteneinsatz bestimmt werden. Das Gelingen der geschäftsfeldinternen Integration wird vornehmlich über die Qualität der telematischen Informationsleistung bestimmt.[617]

SGF-Online-Aufgabe (Mittel)	SGF-Online-Aufgaben (Ziel): Leistungspflege	Nutzerbindung	Nutzerakquisition
Leistungsinnovation	• Redaktion-Nutzer-Kontakte • Beobachten des Nutzerverhaltens • ...	• Nuzterintegration • Leistungssystem • Individualisierung • pers. Kontakte • ...	• Informationsverbund • Testangebote • ...

Abbildung 66 Ansatzpunkte für die geschäftsfeldinterne Integration[618]

(1) Leistungspflege

Die Aufgabe der Leistungspflege wird im Internet erleichtert, weil über das Nutzerverhalten leicht Informationen gewonnen werden können, die Aufschluss über Verbesse-

---

616 siehe Abschnitt C 2.2.2.

617 siehe dazu ausführlich Abschnitt C 4.4.1.2.

618 eigene Darstellung

rungsmöglichkeiten der Leistungskonzeption geben.[619] Jeder Nutzer hinterlässt elektronische Spuren, wenn er die telematische Informationsleistung nutzt. Diese Spuren geben Aufschluss darüber, welche Leistungen vom Nutzer angenommen werden, und damit Hinweise, welche Teilleistungen ausgebaut, verändert oder aus dem Angebot herausgenommen werden sollten.[620] Kommunikations- und Beziehungsleistungen bieten zudem die Möglichkeit, das Nutzerverhalten direkt zu studieren.[621] Des weiteren können über direkte Redaktion-Nutzer-Kontakte im Rahmen von moderierten Chats, Leser-Foren und Beschwerdemöglichkeiten Anregungen des Nutzers aufgegriffen werden. Im Rahmen der Entwicklung der Leistungsinnovation sollten diese Kontaktpunkte explizit berücksichtigt und die technischen Voraussetzungen für die Generierung und Analyse der elektronischen Spuren der Nutzer geschaffen werden.

(2) Nutzerbindung

Die Bindung des Nutzers, in bezug auf das Internet auch als Lock-in bezeichnet,[622] kann auf *faktischen Bindungen* gründen, aus denen sich der Leser nur schwer bzw. mit Verlust lösen kann (z. B. die Bindung durch ein Abonnement), und auf *psychologischen Bindungen* wie Zufriedenheit, Vertrauen und innere Verpflichtung.[623] Neben faktischen Bindungen können Massnahmen folglich an drei Hebeln ansetzen:[624]

Nutzerzufriedenheit. Nutzerzufriedenheit „... ist das Ergebnis eines Bewertungsprozesses, bei dem die subjektiv wahrgenommenen Leistungen eines Anbieters mit den eigenen Erwartungen verglichen werden".[625] Es kann davon ausgegangen werden, dass Kunden, die mit einer Leistung zufrieden sind, eher bereit sind, Folgekäufe zu tätigen, die telematische Informationsleistung weiterzuempfehlen und weitere Leistungen des Anbieters zu kaufen.[626] Insbesondere über die *Individualisierung* von Teilleistungen können konkrete Nutzerbedürfnisse befriedigt und somit die Zufriedenheit gesteigert werden. Unter

---

[619] vgl. Klingsporn, B. (1997), S. 50-52; Klingsporn, B.; Hoffmann, M. (1997), 23-25; Abela, A. V.; Sacconaghi, A. M. jr. (1997), S. 216-219

[620] So ist generell bereits in der Praxis zu beobachten, dass die telematischen Informationsleistungen immer wieder neue oder veränderte Angebote beinhalten. Focus-Online hat auf geringe Nutzerzahlen des Feuilletonbereichs mit der Einstellung desselben reagiert (Expertengespräch Klaus). Vgl. Iansiti, M.; McCormack, A. (1997), S. 110-112 für eine beispielhafte Darstellung des Produktentwicklungsprozesses des Web Browsers (Softwareprogramm zum Lesen von www-Dokumenten; ermöglicht somit die Navigation im Internet) NAVIGATOR von Netscape 3.0.

[621] vgl. Leonard, D.; Rayport, J. F. (1998), S. 68-78, insbesondere S. 72

[622] vgl. Shapiro, C.; Varian, H. R. (1998), S. 103-134

[623] Tomczak, T.; Dittrich, S. (1997), S. 14

[624] vgl. Tomczak, T.; Dittrich, S. (1997), S. 26-35

[625] Tomczak, T.; Dittrich, S. (1997), S. 26

[626] vgl.: Esch, F.-R.; Billen, P. (1994), S. 409-410; Homburg, C.; Fassnacht, M. (1998), S. 415-419; Burmann, C. (1991), S. 253-257; Müller, W.; Riesenbeck, H.-J. (1991), S. 68-69

dem Aspekt der Steigerung der Nutzerzufriedenheit bzw. der Kundenbindung kommt damit im Rahmen der Konzeption der neuen Leistung den Leistungsunterarten Individualisierungs- und Auftragsleistungen ein besonderer Stellenwert zu.

Vertrauen. Telematische Informationsleistungen können wie Zeitungen/Zeitschriften als Erfahrungs- oder Vertrauensgüter bezeichnet werden, d. h., dass der Leser kaufrelevante Eigenschaften der Informationsleistung nur nach dem Kauf, also durch die Nutzung des Produktes, oder aber nur sehr schwer oder aber gar nicht beurteilen kann. Daher ist es wichtig, dass beim Nutzer ein Vertrauen zur telematischen Informationsleistung aufgebaut wird und somit kaufrelevante, für ihn nicht nachprüfbare Eigenschaften durch Vertrauen ersetzt werden.[627] Vertrauen stellt insofern eine bedeutende Wechselbarriere dar, als der Aufbau von Vertrauen ein gewisse Investition seitens des Nutzers bedingt, die beim Wechsel zu einer Konkurrenzleistung erneut getätigt werden muss.

Innere Verpflichtung. Innere Verpflichtung resultiert weniger aus rationalen Abwägungen des Nutzers als vielmehr aus emotionalen Gründen. So kann beispielsweise ein Nutzer sich einer virtuellen Gemeinschaft innerhalb einer telematischen Informationsleistung verpflichtet fühlen. In Folge eines über eine längere Periode andauernden Austausches wird er Teil dieser Gemeinschaft und weiss, dass auch andere Nutzer auf seinen Rat bauen. Hier kann ein „Wir-Gefühl" erzeugt werden, weil der Nutzer als Inhaltelieferant Teile der telematischen Informationsleistung mitgestaltet.[628] Durch die *Integration des Nutzers* über interaktive Anwendungen (Leistungsunterart Individualisierungsleistung), über die Leistungsarten Kommunikations- und insbesondere Beziehungsleistung kann somit die Bindung des Nutzers an die telematische Informationsleistung gesteigert werden.[629]

Während der Leser zu Zeitungen/Zeitschriften i.d.R. nur eine Bindung zu dem Blatt (Leserblattbindung), also zu der Leistung bzw. der Marke aufbauen kann (Wirkungsebene Leistung), besteht im Rahmen von telematischen Informationsleistungen aufgrund der Kommunikationsmöglichkeiten des Mediums zusätzlich über verschiedene Schnittstellen die Möglichkeit, persönliche Bindungen zu beispielsweise den Redakteuren oder aber anderen Nutzern aufzubauen (Wirkungsebene Personen).[630] Damit ermöglicht die Interaktivität des Mediums den Aufbau eines Beziehungsmarketings:[631] Nicht die einzelne Transaktion (Kauf/Nutzung einer Teilleistung) steht im Vordergrund,

---

627 vgl. Weissenberger, B. E. (1998), S. 618-619. Vertrauen kann dabei wesentlich über den Aspekt der Glaubwürdigkeit aufgebaut werden (siehe Abschnitt 4.4.1.2.).

628 vgl. Meier, K. (1998b), S. 86

629 vgl. Tomczak, T.; Dittrich, S. (1997), S. 37 u. 40-42

630 vgl.: Tomczak, T.; Dittrich, S. (1997), S. 15-16; Spar, T. (1997), S. 46-49; Blattberg, R. C.; Deighton, J. (1991), S. 8; Becker, J. (1998), S. 633

631 vgl.: Kierzkowski, A.; McQuade, S.; Waitman, R.; Zeisser, M. (1996), S. 5-21; Becker, J. (1998), S. 640

sondern es sollen möglichst langfristige Beziehungen zu den Nutzern aufgebaut werden.[632] „Alle im Laufe einer Geschäftsbeziehung gemachten Erfahrungen, ob bei der ersten Kontaktaufnahme, beim Verkauf (Freundlichkeit, Kompetenz), bei der Nutzung des Produktes, bei der Wartung, bei der Behandlung von Reklamationen, bei der Rechnungstellung etc. begründen das Zufriedenheitsurteil des Kunden."[633] Die Anwendung des Beziehungsmarketings auf den Bereich Nutzerbindung im Rahmen telematischer Informationsleistungen hat allerdings ihre Grenzen. So bilden klassische Leistungen im Rahmen von journalistischen Informationsleistungen in den meisten telematischen Informationsleistungen den Leistungskern.[634] Diese Leistungen sind weder interaktiv noch individualisiert, so dass sich hier wenig Anknüpfungspunkte für den Aufbau von Beziehungen über persönliche Kontakte oder Individualisierungen ergeben.[635] Auch muss ernsthaft der Frage nachgegangen werden, ob und wenn ja, unter welchen Umständen der Nutzer an dem Aufbau einer langfristigen Beziehung interessiert ist, die er auch aktiv gestaltet und die somit über das regelmässige Abrufen von Informationen hinausgeht.

(3) Nutzerakquisition

Die Aktivitäten der Nutzerakquisition richten sich auf Nutzer, die die telematische Informationsleistung bisher noch nicht oder nur selten gekauft haben. Sie richten sich auf die Vor-Konsumphase des Nutzers. Damit ergeben sich wenig Ansatzpunkte im Rahmen der Konzeption der Leistung, Aspekte der Nutzerakquisition zu berücksichtigen. Einige Ansatzpunkte lassen sich dennoch über die Betrachtung des Verhaltens von Nutzern in der Vor-Konsumphase (Informationsaufnahme und Entscheidung) identifizieren.[636] Telematische Informationsleistungen weisen wie generell publizistische Leistungen i.d.R. Eigenschaften auf, die der Nutzer vor dem Kauf nur schwer beurteilen kann. Diese Unsicherheit kann reduziert werden, indem dem Nutzer Informationen zur Verfügung gestellt werden. Bei der Konzeption von telematischen Informationsleistungen kann hier an zwei Punkten angesetzt werden.

Informationsverbund.[637] Über die Übertragung von Informationsmerkmalen (Marke, einheitliches Design etc.) vom Print-Produkt auf die telematischen Informationsleistungen entsteht ein Informationsverbund: Die Reputation des Print-Produktes kann vom Nutzer

---

632 vgl.: Possekel, S.; Olavarria-Berger, M.; Jenner, T. (1994), S. 220-223; Becker, J. (1998), S. 628-639, insbesondere Darstellung auf S. 632

633 Haedrich, G.; Tomczak, T. (1996), S. 56

634 siehe Abschnitt C 4.3.2.

635 zu den Grenzen eines Beziehungsmarketings im Konsumgütersektor vgl. Possekel, S.; Olavarria-Berger, M.; Jenner, T. (1994), S. 227-228

636 Zum Nachfrageverhalten bei Dienstleistungen im Beschaffungsprozess vgl. Kuhlmann, E. (1998), S. 165-194

637 Die Thematik Verbunde wird im Rahmen der geschäftsfeldübergreifenden Integration ausführlich behandelt (siehe Abschnitt C 4.4.2.1.)

auf die telematische Informationsleistung übertragen werden.[638] Print-Marken stellen somit ein wichtiges Vertrauenskapital dar, das im Internet über einen Markentransfer eingesetzt werden kann und dem Nutzer eine Orientierung in der Informationsfülle des Internets ermöglicht.[639]

Testangebote. Testangebote ermöglichen dem Nutzer, vor dem Kauf die telematische Informationsleistung kennenzulernen und Teilleistungen anzuwenden. So bietet beispielsweise das Handelsblatt-Interaktiv dem Nichtabonnenten die Möglichkeit, sich kostenlos durch eine Demonstrationsausgabe der Informationsleistung führen zu lassen. Struktur und mögliche Anwendungen werden dem Nutzer ausführlich erklärt. Über ein Gratis-Abonnement für vier Wochen kann er dann das Angebot testen.

4.4.1.2. Leistungsinnovation unter Qualitätsaspekten

Die Definition von Qualitätskriterien und deren Einhaltung kann als Voraussetzung für den Erfolg einer telematischen Informationsleistung eingestuft werden. Zum einen ist Qualität eine wesentliche Dimension der Präferenzstrategie.[640] Zum anderen bestimmt die Qualität wesentlich das akquisitorische und Nutzerbindungspotential einer telematischen Informationsleistung[641] und ist damit Voraussetzung für die Erfüllung der Aufgabe Leistungsinnovation, die geschäftsfeldinterne und letztlich auch die geschäftsfeldübergreifende Integration. Im folgenden werden drei Qualitätsaspekte beschrieben:

- Voraussetzung für Qualität ist zunächst eine *Kundenorientierung* der Redaktion.
- Auch wenn Qualität subjektiv aus der Sicht des Nutzers bestimmt wird und immer relativ zur Philosophie und den publizistischen Zielsetzungen der telematischen Informationsleistung ist, können auch für den Online-Markt zwei *generelle Qualitätsdimensionen* aufgestellt werden.
- Für Leistungen, die unter Mitwirkung des Nutzers generiert werden, gelten *spezielle dienstleistungstypische Qualitätsdimensionen*.

(1) Kundenorientierung

Erst eine Orientierung am Nutzer - also eine Kundenorientierung - schafft die Basis für die Qualität[642] von telematischen Informationsleistungen.[643] Die Konzeption neuer tele-

---

[638] vgl. Simon, H. (1985), S. 32

[639] Hier wird auch vom *Goodwill* als Vertrauenskapital gesprochen, über das ein Unternehmen bei aktuellen und potentiellen Kunden verfügt. (vgl. Simon, H. (1985), S. 15)

[640] vgl.: Becker, J. (1992), S. 158; Meffert, H.; Bruhn, M. (1997), S. 170-173. Siehe auch Abschnitt C 3.2.2.

[641] vgl. Irmscher, M. (1996), S. 243-249

[642] Der Begriff Qualität wird in der Literatur sehr unterschiedlich verwendet und definiert. (vgl. Meffert, H. ; Bruhn, M. (1997), S. 200-201) In bezug auf Produkte bezeichnet die Qualität die Produktspezifika. (vgl. Haedrich, G.; Tomczak, T. (1996), S. 29). Dieser Aspekt wurde bereits ausführlich in Abschnitt C 4.2. im Rahmen der

matischer Informationsleistungen, insbesondere die Umsetzung und damit die tägliche Informationsarbeit, basieren auf kreativen Prozessen innerhalb der Redaktion. Ein wesentlicher Erfolgsfaktor ist die interne Unabhängigkeit der Redaktion von Zielen des Leser- und Anzeigenmarketings. Nur so kann der Redaktion ein ausreichender Freiraum im Denken und Handeln gewährt werden, da erst dieser Freiraum kreative Prozesse ermöglicht. Ein Umdenken in den Redaktionen ist jedoch insofern notwendig, als Redakteure ihre Leser/Nutzer als Kunden verstehen müssen. Journalismus ist i.d.R. nicht L'art pour L'art, also nicht Selbstzweck, sondern soll dem Leser/Nutzer dienen. Insbesondere in einem konkurrenzintensiven Umfeld wie dem Internet sollten Redakteure *für* den Nutzer schreiben. Wie weit sich die Redaktion an den Bedürfnissen der Rezipienten orientieren soll, ist durchaus umstritten[644] und letztlich auch abhängig von der Philosophie des Verlages und den publizistischen Zielen.

(2) Generelle Qualitätsdimensionen

Generell gibt es keinen Grund, warum an die Wertaktivitäten und die erstellten Leistungen im Internet andere allgemeingültige Qualitätsmassstäbe angelegt werden sollten als solche, die bereits im Print-Markt bzw. generell im Medienmarkt gelten. Der Qualitätsbegriff wird damit nicht relativ auf das Medium angewandt, sondern vielmehr, wie das generell im Medienmarkt der Fall ist, relativ auf die Art der telematischen Informationsleistung (Philosophie, Positionierung)[645] und auf die einzelnen Stilformen (Nachricht, Reportage, Leitartikel). Zu diesen generellen Qualitätsmassstäben gehören *Glaubwürdigkeit* und *Medienadäquatheit*, die grundsätzlich für alle Teilleistungen gelten.

Glaubwürdigkeit. „Die Geschichten der Medien werden in der Praxis daran gemessen, ob man etwas damit anfangen kann und ob man den Journalisten, die sie erzählen, vertrauen kann."[646] Glaubwürdigkeit spielt bei Informationsleistungen insofern eine übergeordnete Rolle, als der Rezipient den Wahrheitsgehalt von Informationen i.d.R. gar

---

Konzeption von telematischen Informationsleistungen behandelt. In diesem Abschnitt soll die Qualitätswahrnehmung aus Sicht des Nutzers betrachtet werden.

643 vgl.: Becker, J. (1998), S. 40; Kreilkamp, E. (1987), S. 50-52

644 So sprechen Beobachter des US-amerikanischen Medienmarktes von der Pathologie des Journalismus (vgl. Russ-Mohl, S. (1992), S. 151) oder auch von der McDonaldisierung der Medien.

645 Die Qualität journalistischer Informationen wird von Lesern nach sehr unterschiedlichen Kriterien beurteilt. Deswegen erscheint es wichtig, Qualität nicht allgemein, sondern in bezug auf das konkrete Produkt zu definieren. Beispielsweise wird allgemein der „F.A.Z." und der „NZZ" eine hohe journalistische Qualität bescheinigt. Qualität wird hier gemessen an Kriterien wie beispielsweise Seriosität, Verlässlichkeit, analytische Tiefe. Gemessen an diesen Kriterien, müsste die Qualität der „Bild" und die des „Blick" als eher minderwertig bezeichnet werden. Doch auch diese können als Qualitätszeitungen bezeichnet werden, zieht man folgende Kriterien heran: Rezipierbarkeit, Schreibe, Themenwahl beachtet Stimmungen in der Leserschaft, Unterhaltsamkeit.

646 Weischenberg, S. (1995), S. 293

nicht oder nur unter sehr grossem Aufwand nachprüfen kann.[647] Glaubwürdigkeit ist dabei nicht nur auf die eigentlichen Texte bzw. Teilleistungen einer telematischen Informationsleistung bezogen, sondern auch auf die Glaubwürdigkeit des Absenders, die dann wiederum auf die Inhalte abstrahlt:[648] „Glaubwürdigkeit ist ein wichtiger *Imagefaktor* der Medien."[649]

Glaubwürdigkeit ist zudem ein wichtiger Faktor bei der Wahl der Informationsleistung[650] und damit ein wichtiges Qualitätsmerkmal, um verlagseigene telematische Informationsleistungen von Angeboten Branchenfremder/Neueinsteiger zu differenzieren. Informationsangebote von Branchenfremden im Internet, wie beispielsweise Banken, werden oft als zusätzlicher Service zu den eigentlichen Leistungen (Electronic-banking) angeboten. I.w.S. sollen sie den Absatz dieser Kernleistungen fördern. Zwar soll dies nicht grundsätzlich unterstellt werden, die Gefahr besteht jedoch darin, dass dem Nutzer nur diejenigen Informationen angeboten werden, die den Absatz der Kernleistungen unterstützen. Glaubwürdigkeit telematischer Informationsleistungen setzt in diesem Zusammenhang die Trennung publizistischer Zielsetzungen von anzeigenmarktorientierten Zielsetzungen voraus.

Glaubwürdigkeit wird von einem ganzen Bündel von Faktoren bestimmt, die WEISCHENBERG in drei Grundfaktoren zusammenfasst: *Fairness* in der beruflichen Einstellung des Kommunikators, *Unabhängigkeit* in der Wahrnehmung der Berufsrolle sowie *Professionalität* in der Berichterstattung.[651] Glaubwürdigkeit ist dabei eine subjektive, aus der Perspektive des Nutzers gesehene, Eigenschaft.[652] Dabei kann Glaubwürdigkeit nicht erzeugt werden, sondern wird vom Rezipienten der Informationsleistung erst nach einem längeren Lern- und Erfahrungsprozess zugebilligt und kann der telematischen Informationsleistung aber sehr schnell wieder entzogen werden.[653]

Medienadäquatheit. Die medialen Eigenschaften müssen derart im Rahmen der Informationsarbeit genutzt werden, dass die Rezeption der Inhalte für den Nutzer so weit wie möglich erleichtert wird. Dies gilt insbesondere für die Eigenschaften Hypertextualität und Multimedialität. So sind beispielsweise lange Texte am Bildschirm nur schwer zu lesen. Hier bietet sich eine Dekomposition an, bei der Inhalte in kleinere Einheiten aufge-

---

647 vgl.: Weischenberg, S. (1995), S. 303

648 vgl.: Gierl, H.; Stich, A.; Strohmayr, A. (1997), S. 31; Bentele, G. (1988), S. 408

649 Bentele, G. (1994), S. 296

650 vgl.: Bentele, G. (1994), S. 296; Bentele, G. (1988), S. 407

651 vgl. Weischenberg, S. (1995), S. 290

652 Bei sogenannten Kaufzeitungen, die i.d.R. Boulevard-Charakter haben (z.B. „Bild"), zeigen die hohen Auflagen, dass offenbar dort Glaubwürdigkeit eine untergeordnete Rolle spielt. (vgl. Bentele, G. (1994), S. 302)

653 Bentele, G. (1988), S. 408

spalten und damit nicht mehr linear, sondern in Form von Hypertexten dargeboten werden.[654]

(3) Dienstleistungstypische Qualitätsdimensionen

Telematische Informationsleistungen als Leistungssysteme/Leistungsbündel unterscheiden sich in vielen Punkten von printbasierten Informationsleistungen als Produkte (siehe Abbildung 67). Zeitungen/Zeitschriften sind Produkte, die von der Redaktion erstellt und dann vom Nutzer rezipiert werden. Es kann damit auch von einer Angebots-Dominanz gesprochen werden: Die Redaktion entscheidet, was der Leser lesen wird. Zwischen Redaktion und den Lesern gibt es i.d.R. keine Berührungspunkte. Im Internet verändert sich die passive Rolle des Nutzers hin zu einer aktiven: Neben der klassischen Rolle des Nutzers als Rezipient vergibt er Aufträge, durchsucht Datenbanken, nimmt an Kommunikationsleistungen teil und übernimmt somit Wertaktivitäten (z.B. im Rahmen von Individualisierungs- und Interaktionsleistungen). Produktion und Rezeption finden nicht mehr zeitlich getrennt statt.

Produktangebot printbasierte Informationsleistungen	**Leistungssystem telematische Informationsleistungen**
Angebots-Dominanz	Dominanz der Problemstellung bzw. der Nutzerbedürfnisse
Endprodukt steht im Vordergrund	Neben der Ergebnisorientierung, auch Prozessorientierung
produktions-technisch begründetetes Angebot (starr)	nutzer-bedürfnis begründetes Angebot (flexibel in Teilleistungen)
Wertschöpfung durch Verlag	Wertschöpfung auch durch Nutzer
Beziehung des Lesers zur Marke	Neben Markenbeziehung direkte Beziehungen zu Redakteuren und anderen Nutzern möglich
Produktqualität	Beziehungs- bzw. Dienstleistungsqualität

Abbildung 67 Unterschied von printbasierten Informationsleistungen als Produkte zu telematischen Informationsleistungen als Leistungssysteme[655]

Diese Integration des Nutzers hat vielfältige Konsequenzen für die Rolle der Redaktion: Die Qualität der Leistung wird nicht mehr nur von der Redaktion, sondern z.T. vom Nutzer mit beeinflusst; der Nutzer muss von der Redaktion in die Wertaktivitäten eingebunden werden, spezifische Bedürfnisse des Nutzers müssen befriedigt werden, neue Fähig-

---

[654] vgl.: Meier, K. (1998a), S. 50-55; Meier, K. (1998c), S. 27-45

[655] in Anlehnung an Belz, C. (1997), S. 17

keiten im direkten Umgang mit den Nutzern müssen entwickelt werden.[656] Telematische Informationsleistungen als Leistungsbündel müssen verstärkt von der Redaktion als Dienstleistungen verstanden werden. Damit muss sich die Redaktion an neuen Qualitätsdimensionen orientieren, wie z.B. Zuverlässigkeit, mit der Leistungen ausgeführt werden, Einfühlungsvermögen und Bereitschaft, den Nutzer bei der Lösung seiner Probleme zu unterstützen, Höflichkeit und Freundlichkeit im Umgang mit dem Nutzer.[657] Zur Ableitung von Qualitätsdimensionen orientieren sich MEYER/MATTMÜLLER am Prozess der Erstellung von Dienstleistungen bzw. am Prozess der Erstellung von Teilleistungen, die den Nutzer integrieren (siehe Abbildung 68). Es kann demnach zwischen *Potential-*, *Prozess-* und *Ergebnisqualität* unterschieden werden.[658]

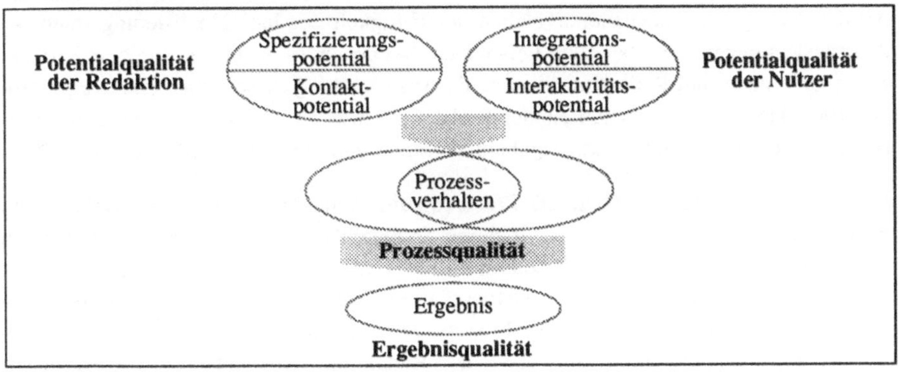

Abbildung 68 Modell der Dienstleistungsproduktion und Qualitätsdimensionen[659]

Potentialqualität (erwartete Qualität). Potentialqualität des Anbieters kann als Einschätzung der Qualität der Leistung durch potentielle Nutzer beschrieben werden. Diese Teilqualität wird bestimmt durch Leistungsfähigkeiten der Redaktion. Diese bestehen zum einen in der Fähigkeit, individuelle Leistungen zu erstellen (Spezifizierungspotential), und zum anderen darin, den direkten Kontakt zum Nutzer auszugestalten (Kontaktpotential). Die Potentialqualität der Nutzer wird wesentlich durch die Leistungsfähigkeiten der Redaktion bestimmt: Deren Fähigkeiten (Problemverständnis etc.) beeinflussen das Integrationspotential und Interaktivitätspotential. Diese beiden Dimensionen werden jedoch auch vom Nutzer selbst geprägt, nämlich von seinem Wunsch, überhaupt

656 vgl.: Engelhardt, W. H.; Kleinaltenkamp, M.; Reckenfelderbäumer, M. (1993), S. 421-423; Meyer, A. (1991), S. 199-203

657 vgl. Parasuraman, A.; Zeithaml, V. A.; Berry, L. L. (1985), S. 47

658 zu den folgenden Ausführungen vgl.: Meyer, A.; Mattmüller, R. (1987), S. 187-195; Meyer, A.; Westerbarkey, P. (1995), S. 81-103

659 in Anlehnung an Meyer, A.; Mattmüller, R. (1987), S. 192

in den Prozess integriert zu werden, und seiner Fähigkeit, Wertaktivitäten zu übernehmen bzw. zu unterstützen. Damit wird deutlich, dass die Qualität der Potentiale bereits im Vorfeld die Gesamtqualität aller Teilleistungen bestimmt, die den Nutzer integrieren.

Das Spezifizierungspotential (Teilqualität der Potentialqualität der Redaktion) als die Fähigkeit, Leistungen zu individualisieren, ist insbesondere bei Auftrags- und Individualisierungsleistungen wichtig. In beiden Fällen muss die Redaktion ein Gespür dafür entwickeln, welche Bedürfnisse die Nutzer haben. Im Rahmen von Auftragsleistungen müssen zudem genügend Leistungspotentiale vorgehalten werden, um Schwankungen in der Anzahl der Anfragen und der Art der Anfragen bewerkstelligen zu können[660] Auch muss das Leistungsspektrum dem Nutzer klar signalisiert werden, um so im Vorfeld die Art der Anfragen zu kanalisieren. Neben der Fähigkeit zur Individualisierung spielt bei Auftragsleistungen bzw. bei allen Leistungen, bei denen es zu einem direkten Kontakt zwischen Nutzer und Redaktion kommt, die Ausgestaltung dieser Schnittstelle eine grosse Rolle. Hier sind Eigenschaften der Redakteure wie z.B. Vertrauenswürdigkeit, Einfühlungsvermögen, Improvisationsgabe und Kontaktfähigkeit qualitätsbestimmend.[661]

Prozessqualität (erfahrene Qualität). Prozessqualität kann der Nutzer selbst erfahren und damit im Gegensatz zu anderen Qualitätskriterien auch beurteilen (Erfahrungseigenschaften). Prozessqualität ist eine relevante Qualitätsdimension der Individualisierungs- und Interaktionsleistungen. Im Rahmen von Individualisierungsleistungen übernimmt der Nutzer den Prozess der Leistungserstellung selbst (Rolle des Vollziehers), geleitet durch ein von der Redaktion vorgegebenes Prozessdesign (Abfragemechanismus). Noch höher ist das Aktivitätsniveau des Nutzers im Rahmen von Interaktionsleistungen, wo er die Rolle des Inhaltelieferanten einnimmt. In beiden Rollen wird der Nutzer neben dem eigentlichen Ergebnis beurteilen, wie er in der Übernahme seiner Rollen unterstützt wird. Es muss dem Nutzer klar signalisiert werden, welche Informationen er liefern muss, damit die Leistung erstellt werden kann (Schaffung eines Prozessbewusstseins), und zudem sollte ihm erklärt werden, wie der Prozess der Leistungserstellung, beispielsweise im Rahmen von interaktiven Anwendungen, aber auch in Diskussionsrunden abläuft (Herstellung von Prozesstransparenz).[662]

Ergebnisqualität (erhaltene Qualität). Insbesondere die Qualität von Individualisierungsleistungen wird an ihrem Ergebnis gemessen (*Effektivität* und *Effizienz*). *Effektivität* bedeutet zunächst, dass der Nutzer Zugang erhält zu den von *ihm* benötigten Informationen. Eine Individualisierungsleistung muss demnach nicht unbedingt den Zugang zu allen Informationen umfassen, sondern zu den von den Nutzern bzw. der Zielgruppe

---

660 Hier wird auch von der Varietät des externen Faktors gesprochen, die dann hoch ist, wenn die Anforderungen des Kunden/Nutzers von Fall zu Fall sehr unterschiedlich sind. (vgl. Engelhardt, W. E. (1989), S. 283)

661 vgl. Engelhardt, W. H.; Kleinaltenkamp, M.; Reckenfelderbäumer, M. (1993), S. 422

662 vgl. Fliess, S. (1996), S. 92-93; vgl. auch Normann, R.; Ramírez, R. (1993), S. 66-67

gewünschten. Als Messwert für den Grad der Effektivität kann der sogenannte Precision-Wert (*Genauigkeitsquote*) herangezogen werden, der das Verhältnis der Zahl der gefundenen relevanten Informationen zu der Zahl aller *gefundenen* Informationen in der Informationsbasis wiedergibt.[663] *Effizienz* bedeutet, dass der Nutzer gewünschte Informationen schnell findet. Datenbanken ermöglichen dies. Datenbanken entstehen, indem Datenbasen derart aufbereitet werden, dass sie recherchierbar bzw. direkt retrievalfähig sind.[664] Ein Messwert für die Effizienz des Informationsbeschaffungsprozesses ist der sogenannte Recall-Wert (*Vollständigkeitsquote*), der das Verhältnis der Zahl der gefundenen relevanten Informationen zu der Zahl aller *relevanten* Informationen in Relation wiedergibt.[665] Effizienz impliziert zudem einen gewissen Komfort des Suchprozesses und damit des Abfragedesigns (Prozessqualität).

4.4.2. Geschäftsfeldübergreifende Integration (SGF-Online und SGF-Print)

4.4.2.1. Integration über Wirkungsverbunde

Die geschäftsfeldübergreifende Integration knüpft zum einen an die auf Zielebene bestimmte Mission des neuen SGF-Online in bezug auf das bestehende SGF-Print an.[666] Die Mission ergibt sich aus Interdependenzrelationen der jeweiligen Zielsetzungen: Komplementäre Relationen sollen gefördert und substitutive vermindert werden. Dieser Aspekt wurde zum anderen auch auf der Entscheidungsebene Aufgaben betrachtet: Um diese Beziehungen zu beachten, müssen die Aufgaben bzw. die zu der Erfüllung der Aufgaben eingesetzten Instrumente der beiden SGF integriert, d.h. aufeinander abgestimmt werden.

Ziel der geschäftsfeldübergreifenden Integration ist die Förderung/Verhinderung von positiven/negativen Spill-over-Effekten:[667] Die Leistungsinnovation bzw. die Konzeption der neuen telematischen Informationsleistung soll derart ausgestaltet werden, dass über die Erfullung dieser Aufgabe hinaus sich positive Wirkungen auf die Erfüllung der Aufgaben bereits bestehender Print-Produkte (SGF-Print) entfalten. Solche Spill-over-Effekte setzen Wirkungsverbunde voraus. Wirkungsverbunde können im wesentlichen

663 vgl. Dratva, R. (1995), S. 98-99

664 vgl. Kuhlen, R. (1995), S. 289-290

665 vgl. Dratva, R. (1995), S. 98-99

666 siehe Abschnitt C 1.2.2.

667 *Spill-over-Effekte*, auch Überlaufeffekte genannt, bezeichnen die Tatsache, dass einzelne Marketingmassnahmen über ihren Zielbereich hinaus positive oder negative Wirkungen entfalten können (sachliche Wirkungsübertragungen). *Carry-over-Effekte* hingegen bezeichnen intertemporale Verbundeffekte: Ein Teil der Wirkungen des Instrumentaleinsatzes manifestiert sich mit einer temporalen Verzögerung. (vgl. Möhlenbruch, D. (1995), S. 2547-2548

über *Nachfrage*, *Angebots-* oder *Informationsverbunde* aufgebaut werden (siehe Abbildung 69).

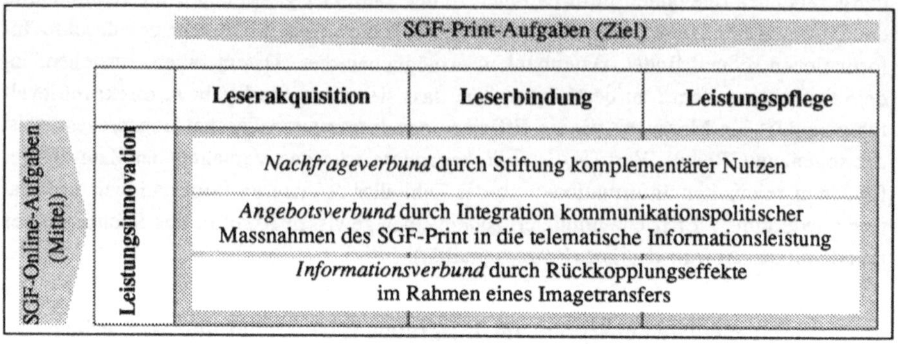

Abbildung 69 Ansatzpunkte zur geschäftsfeldübergreifenden Integration[668]

Im folgenden wird untersucht, wie der Verlag diese Wirkungsverbunde im Rahmen der Konzeption der Leistung herstellen kann. Es sei darauf hingewiesen, dass hier keineswegs der Eindruck entstehen soll, dass über die Erfüllung der Aufgabe Leistungsinnovation im Online-Markt die Ziele auf der SGF-Print-Ebene erfüllt werden sollten oder gar könnten. Massnahmen auf Print-Ebene dürften einen höheren Wirkungsgrad haben als Massnahmen auf Online-Ebene und deren Spill-over-Effekte. Zudem muss berücksichtigt werden, dass Verbundeffekte in Theorie und Praxis nur sehr schwer zu messen und damit nachzuprüfen sind.[669]

Auch muss berücksichtigt werden, dass in diesem Abschnitt lediglich untersucht wird, wie Wirkungsverbunde über Massnahmen innerhalb der Aufgabe Leistungsinnovation bzw. der Konzeption der Leistung verwirklicht werden können. Damit wird nur ein Ausschnitt möglicher Massnahmen zur geschäftsfeldübergreifenden Integration beleuchtet. In einem weiteren Schritt müssten die zur Erfüllung der SGF-Online-Aufgaben Leistungspflege, Nutzerakquisition und -bindung eingesetzen Massnahmen auf mögliche Spill-over-Effekte in bezug auf die SGF-Print-Aufgaben hin untersucht werden (z.B. Nutzerbindung: gekoppelte bzw. verbilligte Online-Print-Abonnements).[670]

---

668 eigene Darstellung

669 vgl. z.B. Hruschka, H. (1983), S. 165-169; Hruschka, H. (1991), S. 418-434; Hruschka, H. (1985), S. 218-231; Böcker, F. (1978)

670 vgl. Morein, J. A. (1975), S. 56-64

4.4.2.2. Nachfrageverbund

Nachfrageverbund „... umfasst die nachfragewirksame Bedarfsverbundenheit, die nicht durch Zufallseinflüsse oder im Distributionssystem bedingte Kaufverbundenheit sowie die durch Kommunikation des Herstellers erzeugte Perzeption von ... Verbundenheit beim Verwender".[671] Diese Bedarfsverbundenheit resultiert vornehmlich aus der Komplementarität der Leistungen.[672] Die telematische Informationsleistung sollte unter dem Aspekt derart gestaltet werden, dass den natürlichen Wechsel- und Transferbedürfnissen der Nutzer/Leser entsprochen wird.[673] Die Verbundbeziehung kann zusätzlich über einen Imagetransfer markenmässig abgedeckt werden.[674]

Es muss daher beachtet werden, dass telematische und printbasierte Informationsleistungen „... nicht als lose Aneinanderreihung unterschiedlicher Leistungsangebote innerhalb definierter Bedarfsfelder konzipiert sein dürfen, sondern eine systematische Struktur mit aufeinander abgestimmten Leistungsbestandteilen aufweisen müssen, um den spezifischen Kundenbedarfen entsprechend massgeschneiderte Angebote liefern zu können".[675] Sind die Nutzen des Print-Produktes und der telematischen Informationsleistung komplementär, d.h. sich gegenseitig ergänzend, kann es zum einen für den Nutzer vorteilhaft sein, neben der telematischen Informationsleistung auch das Print-Produkt zu erwerben (Leserakquisition), und zum anderen kann die Zufriedenheit der Leser erhöht werden, indem durch die telematische Informationsleistung Nutzen gestiftet werden, die an die durch das Print-Produkt gestifteten Nutzen anknüpfen. Ein ausreichend hohes Medienbudget im zeitlichen und monetären Sinn vorausgesetzt, steht dann der Kunde nicht vor einer Entweder-Oder-Wahl, sondern vor einer Sowohl-Als-Auch-Entscheidung. Dies ist auch die Idee der Online-Ausgabe des „Handelsblatts". Über Archivfunktionen, Unternehmensprofile etc. wird die Informationstiefe für den „Handelsblatt"-Leser erweitert. Des weiteren werden eine Reihe von Applikationen auf Kurse angeboten, wie Werkzeuge zur technischen Analyse oder aber eine persönliche Depotverwaltung. Lange Analysen im Bereich Unternehmen und Wirtschaftspolitik hingegen sind die Stärke der Print-Ausgabe.[676]

---

671 Brockhoff, K. (1993), S. 74.

672 vgl. Nieschlag, R.; Dichtl, E.; Hörschgen, H. (1997), S. 258. Der Begriff Nachfrageverbund wird in der Literatur nicht einheitlich verwendet und damit nicht einheitlich von anderen Wirkungsverbunden abgegrenzt. Generell zu den verschiedenen Verbundeffekten vgl.: Simon, H. (1985), S. 25-32; Diller, H. (1994), S. 1906; Nieschlag, R.; Dichtl, E.; Hörschgen, H. (1997), S. 258; Böcker, F. (1978), S. 16-22; Engelhardt, W. H. (1976), S. 77-90; Müller-Hagedorn, L. (1978), S. 181-193

673 vgl. Simon, H. (1985), S. 204

674 vgl. Hätty, H. (1989), S. 301. Siehe auch Abschnitt C 4.4.2.4.

675 Meyer, A.; Dullinger, F. (1998), S. 723

676 vgl.: Expertengespräch Puvogel; Expertengespräch Fleischmann

4.4.2.3. Angebotsverbund

Vom *Angebotsverbund* wird dann gesprochen, wenn der Verlag verschiedene Leistungen zusammen anbietet, um den Beschaffungsbedürfnissen der (potentiellen) Nutzer/Leser zu entsprechen[677] und Cross-selling-Möglichkeiten zwischen print- und onlinebasierten Leistungen zu schaffen.[678] Ein Angebotsverbund kann durch einen Informations- oder Nachfrageverbund unterstützt werden.

Unter diesem Aspekt sollte die Leistungsinnovation derart gestaltet werden, dass über die telematische Informationsleistung Interessen am Print-Produkt geweckt und Kaufimpulse gegeben werden. Dazu können beispielsweise Flächen innerhalb der telematischen Informationsleistung für Kommunikations- und distributionspolitische Massnahmen im Rahmen der strategischen Markenführung des SGF-Print freigegeben werden. Auf der Homepage von Focus-Online finden sich beispielsweise unter der Rubrik Focus ein Inhaltsverzeichnis der aktuellen Ausgabe der Zeitschrift sowie einige kurze Artikel. Diese Übersicht wird bereits am Freitag, also vor dem Erscheinungstermin (Montag), in das Angebot gestellt. Direkte Abonnementsmöglichkeiten oder Probeabonnementsmöglichkeiten sind dort ebenfalls gegeben.

Die Erfahrungen bisher zeigen allerdings, dass diese Massnahmen nicht überschätzt werden dürfen, aber dennoch wirksam sind.[679] Da diese Massnahmen zur Lesergewinnung allerdings nur wenig Ressourcen erfordern und darüber hinaus Nutzer in bestimmtem Mass diese Massnahmen als Service erwarten, sollten sie in die telematische Informationsleistung integriert werden.

4.4.2.4. Informationsverbund

Übertragen Nutzer Informationsinhalte von der telematischen Informationsleistung auf das Print-Produkt, besteht ein *Informationsverbund*.[680] Die Informationsinhalte können

---

677 vgl. Möhlenbruch, D. (1995), S. 2548. Angebotsverbunde können neben der Erzielung von vertriebsdurchführungsbedingten Synergieeffekten, z.B. Cross-selling (vgl. Fussnote 678), auch die Schaffung von fertigungsprozess-, anlagen-, beschaffungs- oder logistikbedingten Synergieeffekten zum Ziel haben. (vgl. Möhlenbruch, D. (1995), S. 2548)

678 Generell steht hinter Cross-selling der Gedanke, dass der Anbieter bestehenden Kunden weitere Leistungen anbietet, wobei dabei i.d.R. auf die bereits erworbenen oder zu erwerbenden Leistungen Bezug genommen wird (vgl.: Bergheimer, M. (1991), S. 227; o.V. (1994 Cross-selling)). Hier wird auch von One-stop-shopping oder One-shop-stopping gesprochen. (vgl.: Benölken, H.; Greipel, P. (1990), S. 91; Meffert, H.; Bruhn, M. (1997), S. 301-302)

679 vgl. Expertengespräch Schreiber. So konnte die „Süddeutsche Zeitung" viele Probeabonnenten über das Internet gewinnen, wobei die Probeabonnements eine sehr hohe Umwandlungsrate hatten. (vgl. Expertengespräch Schreiber)

680 vgl. Simon. H. (1985), S. 32

dabei aus eigenen/fremden Erfahrungen mit der jeweiligen Leistung stammen (produktabhängiger Informationsverbund) oder aber vom Verlag mit Hilfe verschiedener Marketinginstrumente übermittelt werden (instrumentaler Informationsverbund).[681] Damit ein solcher Informationsverbund gegeben ist, müssen Print-Produkt und telematische Informationsleistung ein gemeinsames Identifikationsmerkmal aufweisen, welches auch von den Nutzern/Lesern wahrgenommen werden kann.[682] Ein erster Ansatzpunkt bietet ein sogenannter Imagetransfer und sich daran anschliessende Rückkopplungseffekte. Bei einem *Imagetransfer* wird das Image (bzw. Bestandteile des Image) auf die neue telematische Informationsleistung übertragen.[683] Ein Imagetransfer kann sich nur in der Psyche des Lesers vollziehen und soll durch die Übertragung von imageprägenden Merkmalen der bestehenden Marke/Produkt, wie beispielsweise der Marke selbst oder des Layouts, bewirkt werden.[684] Der Markentransfer kann allerdings als das wichtigste Instrument zur Übertragung des Images bzw. Bestandteilen des Images gewertet werden.[685]

Bevor ein Imagetransfer angestrebt wird, muss zunächst geprüft werden, ob die Marke überhaupt ein sogenanntes Transferpotential besitzt, d.h., ob die Marke in andere Produktbereiche übertragen werden kann und wenn ja, in welche.[686] Damit sollen Risiken des Imagetransfers, wie z.B. Verwässerung der Marke, ausgeschlossen bzw. minimiert

---

681 vgl. Simon, H. (1985), S. 32-43

682 vgl. Simon, H. (1985), S. 24

683 vgl. Reiter, G. (1991), S. 212. Je nach Zugehörigkeit des Transferproduktes zu derselben oder einer anderen Kategorie der Stammproduktes wird unterschieden, ob es sich bei einem Imagetransfer um eine Brand extension (unterschiedliche Kategorie) oder eine Line-extension (dieselbe Kategorie) handelt. (vgl.: Wölfer, U. (1994), S. 528-529; Aaker, D. A.; Keller, K. L. (1990), S. 27) Diese Unterscheidung soll jedoch hier nicht vorgenommen werden, da sie zum einen keinen Beitrag zur Lösung der Problemstellung leistet und überdies immer auf einer subjektiven Beurteilung fusst, da zu der Einordnung je nach Autor unterschiedliche Kriterien angewendet werden.

684 vgl. Mayer, A.; Mayer, R. U. (1987), S. 109-165 für eine detaillierte Darstellung von Realisierungsmöglichkeiten des Imagetransfers, wie beispielsweise neben dem Markentransfer der Imagetransfer durch die Herausstellung der gemeinsamen Produktwelt bzw. -ideologie

685 vgl. Reiter, G. (1991), S. 212. Damit sind Imagetransfer und Markentransfer nicht Synonyme, sondern bezeichnen Ziel (Imagetransfer) und Mittel (Markentransfer).

Im Gegensatz zum Imagetransfer wird bei einer *Markeninnovation* für die telematische Informationsleistung eine Markierung gewählt, die in dieser oder ähnlicher Form nicht für andere Produkte oder Dienstleistungen verwendet wurde. (vgl. Hätty, H. (1989), S. 23) Der Bedeutungsgehalt der Marke muss folglich über das konkrete Produkt und das absatzpolitische Instrumentarium völlig neu aufgebaut werden. (vgl. Hätty, H. (1989), S. 23)

686 vgl. Hätty, H. (1994), S. 566-567

werden.[687] Nach HÄTTY lassen sich folgende Bestimmungsfaktoren des Transferpotentials einer Marke ausmachen:[688]

Markenimage. Generell eignen sich nutzengeprägte Markenimages besser zum Imagetransfer als produktgeprägte Markenimages. Da bei produktgeprägten Images die Marke immer mit einem bestimmten Produkt assoziiert wird, begrenzt sich der Kreis möglicher Transferprodukte auf Produkte ähnlicher Machart.[689] Marken mit einem nutzengeprägten Image hingegen werden mit einer Problemlösung assoziiert.[690] Diese tragende Imagekomponente kann nun auf solche Produkte übertragen werden, die eine ähnliche Problemlösung versprechen. Zeitungs- und Zeitschriftenmarken können als nutzengeprägt beschrieben werden und besitzen damit in bezug auf diesen Aspekt ein Transferpotential.[691]

Transferklammer. Neben der Marke als formale Klammer sollte über eine inhaltliche Klammer, die dem Imagekern der Marke entspricht, das Stamm- und das Transferprodukt zusammengebunden werden. Diese inhaltliche Klammer entspricht i.w.S. dem Kaufgrund. „Eine Marke kann sich nicht zweiteilen; in diesem Produktbereich dieses Bedürfnis befriedigen, in jenem Produktbereich ein anderes Bedürfnis. Profillosigkeit wäre die Folge."[692] Wichtig erscheint, dass diese Transferklammer, bzw. der herausgestellte Kaufgrund, auch im Transferproduktbereich einstellungsrelevant ist. Das bedeutet, dass der durch die telematische Informationsleistung gestiftete Nutzen dem Nutzenversprechen der Marke ungefähr entsprechen sollte. Dies kann allerdings dann problematisch werden, wenn die angestrebte Position des Transferproduktes nicht den Erfordernissen des Marktsegmentes entspricht. Eine Minimaldistanz zwischen den gestifteten Nutzen der beiden Angebote ergibt sich allerdings aus der Problematik der Entstehung von Kanni-

---

687 zu Risiken des Imagetransfers und unter welchen Umständen diese bestehen vgl.: Aaker, D. A.; Keller, K. L. (1990), S. 27-41; John, D. R.; Loken, B.; Joiner, C. (1998), S. 19-32; Loken, B.; John, D. R. (1993), S. 71-84; Devin, B. (1993), S. 536-539

688 Im folgenden wird vor allem auf Ergebnisse von HÄTTY (vgl. Hätty, H. (1989)) eingegangen, da diese auf empirischen Erkenntnissen beruhen. Für weitere Modelle und Untersuchungen vgl.: Meffert, H.; Heinemann, G. (1990), S. 5-10; Schweiger, G. (1983), S. 157-166; Hätty, H. (1989); Mayer, A.; Mayer, R. U. (1987); Sattler, H. (1998), S. 141. Für eine kurze Übersicht über die Modelle vgl. Reiter, G. (1991), S. 215-217

689 So wäre es beispielsweise bei der Marke Tempo schwierig, das durch das eigentliche Produkt - nämlich Papiertaschentücher - geprägte Markenimage der Marke auf beispielsweise Creme zu übertragen: Die tragende Imagekomponente würde damit nicht übertragen werden können.

690 So wird die Marke Nivea mit der Problemlösung Pflege verbunden.

691 Zwar wird mit der Marke „Süddeutsche Zeitung" immer auch eine Zeitung verbunden. Aber es handelt sich dennoch nicht um ein produktgeprägtes Image, weil nicht automatisch mit dem Begriff Zeitung auch „Süddeutsche Zeitung" assoziiert wird, sondern vielmehr um ein nutzengeprägtes Image, welches dem Leser tagesaktuelle Berichterstattung auf einem hohen journalistischen Niveau mit einer bestimmten Weltanschauung verspricht.

692 Hätty, H. (1994), S. 572

balisierungseffekten. Eine Maximaldistanz wiederum sollte nicht überschritten werden, um eine Verwässerung der Marke zu verhindern.

Markenstärke. Es kann davon ausgegangen werden, dass nur Marken mit einem äusserst positiven Image und einer hohen Bekanntheit (zumindest in der relevanten Zielgruppe) sich auch in einem neuen Bereich durchsetzen können.

Innovationsgrad. Ein Imagetransfer hat ein um so höheres Erfolgspotential, wenn die von der Transferklammer angesprochene Dimension sich signifikant von der der Mitbewerber unterscheidet.

Während ein Imagetransfer wesentlich zum Erfolg der telematischen Informationsleistung beitragen kann, können Rückkopplungseffekte wiederum die Marke und somit das Print-Produkt stärken.[693] Es kann davon ausgegangen werden, dass sich Verhaltensmuster oder Einstellung von dem Online-Produkt auf die Marke generell und auf das Print-Produkt übertragen[694] und insbesondere die Aufgabe Leistungspflege auf SGF-Print-Ebene unterstützt werden kann. Die Aufgaben muss jeder Verlag aus der Zielsetzung auf SGF-Print-Ebene ableiten und Schwerpunktaufgaben bestimmen. Die auf der Entscheidungsebene Ziel beschriebenen SGF-Print-Ziele werden im folgenden kurz aufgegriffen, und es wird erläutert, wie Rückkopplungseffekte zur Erfüllung dieser Ziele beitragen können.[695]

Variation. Ziel ist es, den Rückkopplungseffekt derart zu gestalten, dass entweder neue Imagekomponenten zu der Marke hinzugefügt werden oder aber bestehende Komponenten, die jedoch nicht den Wertekern der Marke betreffen, verstärkt werden. Über eine telematische Informationsleistung in dem modernen und als fortschrittlich geltenden Medium Internet erscheint es hier vor allem möglich, den Aspekt der Zeitgemässheit bzw. der Modernität zu betonen.[696] So konnte beispielsweise über dem Markentransfer folgende Rückkopplungseffekte bei der „Rheinischen Post" in der Region der Aspekt der Modernität die Marke „Rheinische Post" wesentlich gestärkt werden. Dazu hat auch beigetragen, dass der Verlag einer der ersten war, die eine regionalzentrierte Zeitung im Internet abgebildet hatten, was zu einem entsprechenden Medieninteresse geführt hat. Wesentlich zum Erfolg des Rückkopplungseffektes dürfte die hohe Bekanntheit der Marke in der Region beigetragen haben.[697]

---

693 vgl.: Reiter, G. (1991), S. 211-212; Hätty, H. (1989), S. 299-302; Spinnarke, V. (1994), S. 202-205

694 vgl. Böcker, F. (1978), S. 48-54

695 Ein Markentransfer kann überdies wesentlich zum Erfolg der neuen telematischen Informationsleistung beitragen, indem die übertragene Marke einen wesentlichen Orientierungspunkt im Internet für Nutzer bietet, die mit der Marke bereits aus dem Print-Markt vertraut sind. (vgl. Simon, H. (1985), S. 196-199)

696 vgl. Simon, H. (1985), S. 104-105

697 siehe Expertengespräch Krause

Profilschärfung. Ziel ist es, den Rückkopplungseffekt derart zu gestalten, dass die tragende Imagekomponente der Marke verstärkt bzw. verfestigt wird. Dazu muss das Transferprodukt, in diesem Fall die neue telematische Informationsleistung, konsequent auf die zu verstärkende Imagekomponente ausgerichtet werden: „Eine parallele Abstellung auf diesen Wertekern bei Stamm- und Transferprodukt kann eine Festigung der tragenden Imagekomponente bewirken und damit zu einer Profilierung der Marke beitragen."[698]

Bekanntheitsgrad. Wird die (Print-)Marke auch im Online-Markt eingeführt und beworben, so kann davon ausgegangen werden, dass der Bekanntheitsgrad der Marke generell steigt. So hat man beispielsweise bei der „Rheinischen Post" festgestellt, dass 80% der Nutzer, die über den Service-provider der „Rheinischen Post" ins Internet bzw. zunächst zur RP-Online gelangen, nicht Abonnenten der Print-Ausgabe sind. Es kann zwar davon ausgegangen werden, dass die Nutzer bereits die Marke „Rheinische Post" kannten. Dennoch werden diese Nutzer so an die Marke herangeführt und können eigene Erfahrungen machen.[699]

Neue Leser. Über eine Erhöhung des Bekanntheitsgrades bzw. Veränderung oder Stärkung des Markenimages wird das akquisitorische Potential der Marke erhöht, und somit können u.U. neue Leser für die Zeitung/Zeitschrift gewonnen werden. Hier dürfte wiederum der Aspekt der Modernität eine Rolle spielen: Insbesondere Lokal- und Regionalzeitungen versuchen, über eine Positionierung als moderne Medienmarke die Attraktivität der Zeitung in jungen Bevölkerungsschichten - eine Zielgruppen, die sie immer schlechter erreichen - zu erhöhen.

Bestehende Leser. Werden über Rückkopplungseffekte tragende Imagekomponenten gestärkt, so kann der Effekt eintreten, dass sich der Leser in der Einschätzung der Marke bestärkt fühlt[700] und sich die Bindung an die Zeitung/Zeitschrift erhöht.

---

698 Hätty, H. (1989), S. 299-300

699 siehe Expertengespräch Krause. Krause weist überdies darauf hin, dass die gewonnenen Daten der Abonnenten des Service-provider eine wertvolle Datenbasis für weitere Aktivitäten des Lesermarketings darstellen.

700 vgl. Hätty, H. (1989), S. 300

D Zusammenfassung

In dieser Arbeit wird ein Entscheidungsmodell vorgestellt, welches den Prozess der Entwicklung telematischer Informationsleistungen von der Festlegung der Ziele über die Entscheidungen auf marketinggrundsatzstrategischer Ebene bis zur eigentlichen Konzeption der Leistung nachvollzieht. Dieses Vorgehen, angewandt auf typische Ausgangssituationen, führt zu der Konzeption von vier situationsgerechten telematischen Informationsleistungen. Es wird gezeigt, dass es unter bestimmten Bedingungen sinnvoll ist, die Gestaltungspotentiale des Internets durch den Einsatz bestehender Ressourcen zu nutzen und in verwandte Bereiche zu diversifizieren und dass dieses Vorgehen es Verlagen ermöglicht, sich im Internet als bevorzugter Informationsvermittler zu positionieren.

(1) Analyse der Ausgangssituation

Die Entwicklung neuer Leistungen setzt eine Analyse der Ausgangssituation voraus. Diese wird anhand von vier typischen Ausgangssituationen (mit jeweils einem konkreten Beispiel) beschrieben:

- das regionalzentrierte Angebot („Rheinische Post")
- das Traditionsangebot mit gesellschaftspolitischer Funktion („Süddeutsche Zeitung"),
- das themenzentrierte Nischenangebot (Wirtschaftspresse von Gruner + Jahr) und
- der Generalist mit Profil („Focus")

Allen Anbieter ist gemein, dass sie aufgrund ihrer Ressourcen die Voraussetzung für den Eintritt in den Online-Markt besitzen. Sie unterscheiden sich jedoch in den Implikationen, die das Internet für den jeweiligen Verlag hat. So ergeben sich zum einen für die neu zu entwickelnde Leistung im Internet und zum anderen für bestehende printbasierte Informationsleistungen (Zeitungen/Zeitschriften) jeweils unterschiedliche Chancen und Risiken.

Um die Implikationen des Internets für den Verlag ableiten zu können, wird eine Analyse des Informationsmarktes - in Form einer Einführung in die Besonderheiten und Schlüsselentwicklungen der Medienbranche - und seiner Teilmärkte Print und Online vorangestellt.

- Im Rahmen der Analyse des Print-Marktes wird eine ressourcen- und eine marktorientierte Betrachtung vorgenommen. Die journalistischen Ressourcen bestehen aus handwerklichem Know-how, Beziehungen zum Ereignismarkt, Koordination des Produktionsprozesses und der Kultur eines Verlages. Die Ressourcen des Marketings bestehen u.a. in der Fähigkeit des Brandings von Inhalten, dem Bestand an Marken und der hohen Leserblattbindung. Im weiteren wird eine auf diesen Ressourcen basierende duale Wertkette für Verlage entworfen, die sowohl die Wertschöpfung im Anzeigenals auch im Lesermarkt beschreibt. Die marktorientierte Betrachtung zeigt, dass Verlage in gesättigten Märkten mit eher statischen Wettbewerbsstrukturen tätig sind, und dass insbesondere Zeitungen meist eine marktbeherrschende Stellung inne haben, während sich Zeitschriften in einem sehr konkurrenzintensiven Umfeld behaupten müssen.

- Im Gegensatz dazu ist der Online-Markt - als Markt in der Entstehung - von einer hohen Dynamik gekennzeichnet. Verlage treffen dort in einem sehr wettbewerbsintensiven Umfeld auf Konkurrenten, die aus anderen Branchen kommen, die erst mit der Entwicklung des Online-Marktes gegründet worden sind und vor allem auf Konkurrenten, die im Print-Markt ehemals Kunden oder Zulieferer waren. Diese neue Wettbewerbssituation ist vor allem auf die Tatsache zurückzuführen, dass sich der Online-Markt als elektronischer Markt durch geringe Markteintrittsbarrieren, eine hohe Transparenz und niedrige Transaktionskosten auszeichnet. Anhand der Eigenschaften des Internets als Trägermedium werden die wesentlichen Gestaltungspotentiale des Internets für telematische Informationsleistungen aufgezeigt.

Nach der Analyse der Ausgangssituation muss der Verlag im Rahmen der Entwicklung neuer telematischer Informationsleistungen Entscheidungen auf den folgenden Ebenen treffen: Ziele, Aufgaben, Marketinggrundsatzstrategie und Konzeption der Leistung (siehe Abbildung 70).

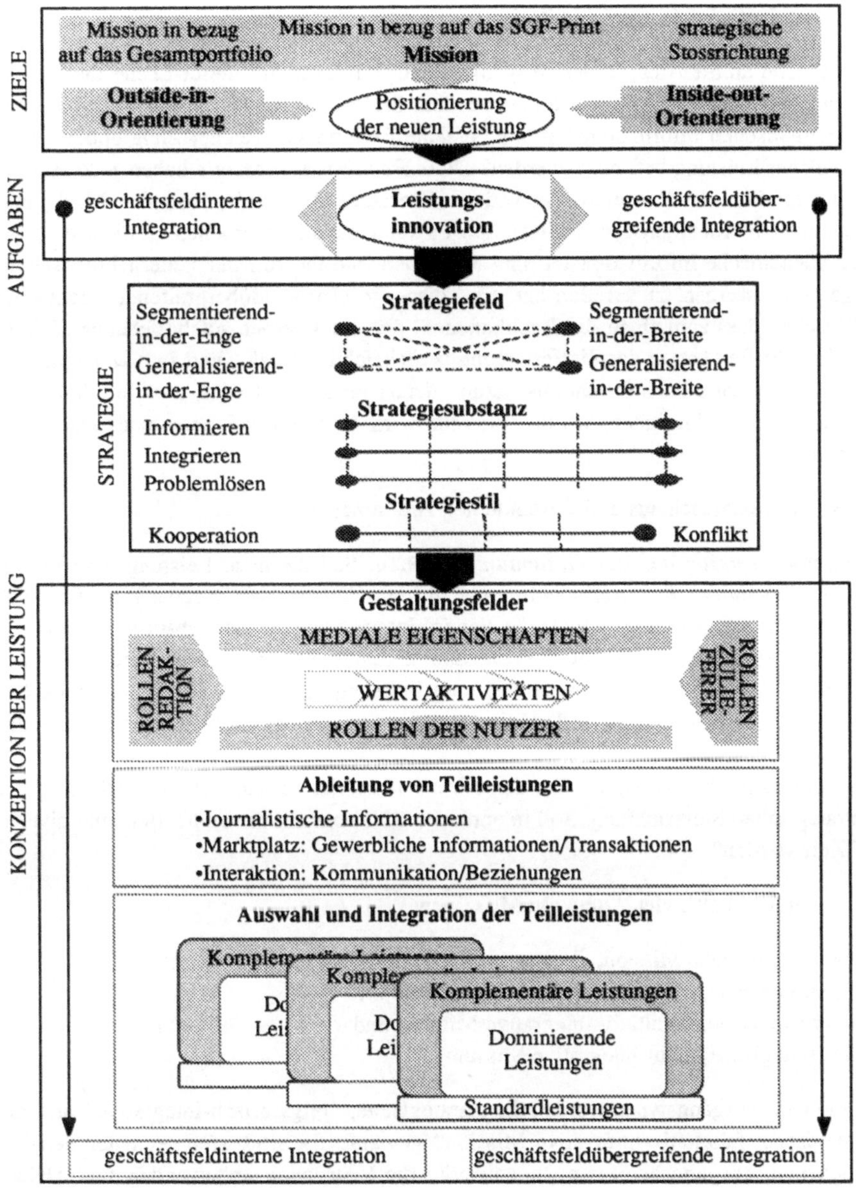

Abbildung 70 Zusammenfassende Darstellung[701]

[701] eigene Darstellung

(2) Entscheidungsebene Ziele

Anknüpfend an die Analyse der Ausgangssituation müssen auf dieser Ebene die Marketingziele der neuen Leistung definiert werden. Im Vordergrund steht die Positionierung der telematischen Informationsleistung: Welche Bedürfnisse welcher Zielgruppen sollen mit welcher Leistung befriedigt werden? Diese *Positionierungsziele* haben jedoch nicht einen originären sondern einen derivativen Charakter: Sie werden von den Marketingzielen auf Unternehmensebene abgeleitet. Es kann davon gesprochen werden, dass die neue telematische Informationsleistung Missionen, die ihr von der Unternehmensebene aufgetragen werden, zu erfüllen hat. Erst diese geschäftsfeldübergreifende Sichtweise stellt sicher, dass zum einen die Implikationen, die das Internet auf bestehende Zeitungen/Zeitschriften hat, in der Zielfestlegung berücksichtigt werden und zum anderen, dass die neue telematische Informationsleistung derart positioniert wird, dass im Verlag ein ausgeglichenes Aktivitätenportfolio erreicht wird und Synergiepotentiale geschaffen werden.

Die *Mission* setzt sich aus drei Bestandteilen zusammen:

- *Mission in bezug auf das Gesamtunternehmen*: Soll die neue Leistung eine Bedrohung abwenden, die durch das Internet für den Verlag bzw. einzelne Print-Produkte entstanden ist, oder aber soll sie die sich im Internet eröffnenden Chancen nutzen?
- *Mission in bezug auf das SGF-Print*. Zum anderen muss festgelegt werden, ob und wenn ja welche Mission die neue Leistung in bezug auf bestehende printbasierte Geschäftsfelder übernehmen soll (Unterstützung der strategischen Markenführung des SGF-Print).
- *Strategische Stossrichtung*. Der dritte Bestandteil der Mission ist die Festlegung der strategischen Stossrichtung: Soll in entfernte oder aber in verwandte Bereiche diversifiziert werden?

Hieraus ergeben sich vier Arten von Missionen:

- die instrumentelle Mission,
- die strategische, obligatorisch-integrative Mission,
- die strategische, fakultativ-integrative Mission und
- die strategische, nicht-integrative Mission.

Für die vier Ausgangstypen werden die „strategische, obligatorisch-integrative" und die „strategische, fakultativ-integrative Mission" gewählt: Sie sind geeignet unter den beschriebenen Ausgangsbedingungen entweder die Bedrohung abzuwenden und gleichzeitig das SGF-Print zu unterstützen oder aber die Chancen des Internets zu nutzen und dabei Synergiepotentiale aufzubauen.

(3) Entscheidungsebene Aufgaben

Verlage stehen zunächst vor der Herausforderung, Inhalte-Formate für das neue Medium zu entwickeln. Somit ist die Leistungsinnovation die Schwerpunktaufgabe. Diese ist aber derart auszugestalten, dass zum einen ein möglichst grosses akquisitorisches und Nutzerbindungspotential geschaffen wird, damit die Erfüllung zeitlich nachgelagerter Aufgaben (Nutzerbindung, Nutzerakquisition) unterstützt werden kann (geschäftsfeldinterne Integration). Zum anderen muss die Leistungsinnovation derart dimensioniert werden, dass die Geschäftsfelder Print und Online sich gegenseitig unterstützen (geschäftsfeldübergreifende Integration).

(4) Entscheidungsebene Marketinggrundsatzstrategie

Hier muss der Verlag entscheiden, wie die Aufgabe Leistungsinnovation nach Vorgabe der Positionierungsziele auf marketinggrundsatzstrategischer Ebene umgesetzt werden soll. Es werden drei Entscheidungsdimensionen betrachtet. Auf der Entscheidungsdimension *Strategiefeld* wird festgelegt, ob der Gesamt- oder Teilmarkt abgedeckt werden soll, und inwiefern innerhalb des gewählten Marktausschnittes weitere Segmente gebildet werden sollen. Die Entscheidungsdimension *Strategiesubstanz* legt fest, welcher Leistungsvorteil generiert werden soll. Dabei wird an die medialen Eigenschaften des Internets angeknüpft, die die Interaktion des Nutzers und die Individualisierung ermöglichen. Daraus lassen sich drei Leistungsvorteile ableiten: Informieren, Integrieren und Problemlösen. Die Entscheidungsdimension *Strategiestil* widmet sich dem Verhalten des Verlages gegenüber den Konkurrenten und beinhaltet die Entscheidungsoptionen Kooperieren und Konflikt. Kooperationen kommt im Internet eine neue und grosse Bedeutung zu. Zum einen werden sie durch die Form des elektronischen Marktes erleichtert, und zum anderen sind Kooperationen erforderlich, um z.B. die Position gegenüber Dritten zu stärken oder um ein vom Nutzer gefordertes Leistungsspektrum abdecken zu können.

Anknüpfend an die Ausgangstypologien, werden vier situationsadäquate Strategie-Chips abgeleitet, mit denen die Aufgabe der Leistungsinnovation und die jeweiligen Positionierungsziele auf marketinggrundsatzstrategischer Ebene umgesetzt werden.

(5) Entscheidungsebene Konzeption der Leistung

Auf der Entscheidungsebene Konzeption der Informationsleistung wird die Aufgabe Leistungsinnovation unter den Vorgaben der Marketinggrundsatzstrategie auf instrumenteller Ebene umgesetzt. Verlage stehen bei der Konzeption der Leistung zunächst vor der Frage, auf welche Teilleistungen sie zurückgreifen können. Während im Print-Markt lediglich massenkommunikative und nichtindividualisierte Teilleistungen möglich sind, die linear angeordnet sind, bietet das Internet aufgrund seiner medialen Eigenschaften eine Fülle von Gestaltungsmöglichkeiten. Um mögliche Teilleistungen abzuleiten, werden fünf Gestaltungsfelder identifiziert: die Wertaktivitäten, die medialen Eigenschaften, die Rollen der Nutzer, der Redaktion und der Zulieferer. Durch eine jeweils bestimmte Ausgestaltung dieser Felder lassen sich fünf Leistungsarten ableiten, die wiederum unterschiedliche Teilleistungen beinhalten:

- Journalistische Informationen,
- Gewerbliche Informationen,
- Transaktionen,
- Kommunikation und
- Beziehung.

In einem nächsten Schritt steht der Verlag vor der Frage, welche Leistungen in welchem Umfang in die telematische Informationsleistung integriert werden sollen. Dabei muss der Anbieter vermeiden, dass die telematische Informationsleistung aus einer Fülle wenig zusammenhängender Teilleistungen besteht. Die Gefahr einer ziellosen Agglomeration ist aufgrund der Fülle unterschiedlicher Teilleistungen und der im Internet möglichen nahezu unbegrenzten Informationstiefe und -breite sehr hoch. Daher wird eine wirkungsbezogene Gewichtung der Teilleistungen vorgeschlagen. Zunächst muss der Verlag überlegen, welche Leistungsarten er schwerpunktmässig einsetzen will. Diese Leistungsarten bilden sogenannte Leistungskerne, die das Nutzenversprechen der telematischen Informationsleistung begründen und ausschlaggebend dafür sind, dass das Angebot den Konkurrenzangeboten vorgezogen wird. Innerhalb dieser Leistungskerne können neben den Schwerpunktleistungen (dominierende Leistungen) dann jeweils weitere Teilleistungen eingesetzt werden, welche die Aufgabe haben, die Schwerpunktleistungen zu unterstützen (komplementäre Leistungen).

Anknüpfend an die Ausgangstypologien werden marketingstrategiegerechte telematische Informationsleistungen entwickelt. Diese unterscheiden sich durch die gewählten Leistungskerne und deren jeweilige Ausgestaltung.

Telematische Informationsleistungen sollten nicht nur derart konzipiert werden, dass unter der Nutzung verlagseigener Ressourcen und der medialen Besonderheiten des Internets nutzerbedürfnisgerechte Leistungsbündel entstehen. Vielmehr lassen sich bereits im Rahmen der Leistungsinnovation einige Ansatzpunkte identifizieren, deren Ausgestaltung zur Erfüllung nachgelagerter Aufgaben wie etwa der Nutzerbindung beitragen (z.B. Individualisierung, Integration des Nutzers). Auch sollten die neue telematische Informationsleistung und die bestehende printbasierte Leistung in einem Wirkungsverbund gesehen werden. Spill-over-Effekte von der telematischen auf die printbasierte Informationsleistung sollten erzielt und damit die geschäftsfeldübergreifende Integration realisiert werden.

Literaturverzeichnis

Aaker, D. A. (1989): Strategisches Markt-Management. Wiesbaden 1989

Aaker, D. A.; Keller, K. L. (1990): Consumer Evaluations of Brand Extensions. In: Journal of Marketing, Vol. 54, January 1990, S. 27-41

Abela, A. V.; Sacconaghi, A. M. Jr. (1997): Value exchange: The secret of building customer relation on line. In: The McKinsey Quarterly, Number 2, 1997, S. 216-219

Adamson, M.; Pearce, F. (1995): Online-Services in Europe. The impact of the Internet on business information services. London 1995

Albarran, A. B. (1996): Media Economics: understanding Markets, Industries and Concepts. Ames, 1996

Albers, S.; Peters, K. (1997): Die Wertschöpfungskette des Handels im Zeitalter des Electronic Commerce. In: Marketing ZFP, Heft 2, 2. Quartal 1997, S. 69-80

Alpar, P. (1998): Kommerzielle Nutzung des Internet. 2. Auflage, Berlin 1998

Althans, J. (1989): Verlagsmarketing. In: Bruhn, M. (Hrsg.) (1989): Handbuch des Marketing: Anforderungen an Marketingkonzeptionen aus Wissenschaft und Praxis. München 1989, S. 759-776

Althans, J. (1994): Markenpolitik im Verlagsmarkt. In: Bruhn, M. (Hrsg.) (1994): Handbuch Markenartikel. Band III, Stuttgart 1994, S. 1539-1547

Altmeppen, K.-D. (1996 Märkte der Medienkommunikation): Märkte der Medienkommunikation. Publizistische und ökonomische Aspekte von Medienmärkten und Markthandeln. In: Altmeppen, K.-D. (1996): Ökonomie der Medien und des Mediensystems. Opladen 1996, S. 251-272

Altmeppen, K.-D. (1996): Medien und Ökonomie - Medienökonomie. In: Altmeppen, K.-D. (Hrsg.) (1996): Ökonomie der Medien und des Mediensystems. Opladen 1996, S. 9-24

Ansoff, H. I. (1966): Management-Strategie. München 1966

Ansoff, H. I. (1987): Corporate Strategy. Revised Edition, London 1987

Antoni, M. (1993): Verlagsbetriebe. In: Wittmann, W. et al. (Hrsg.) (1993): Handwörterbuch der Betriebswirtschaft. Band 3. 5., völlig neu gestaltete Auflage, Stuttgart 1993, S. 4559-4569

Antoni, M. (1995): Verlagsmarketing. In: Tietz, B.; Köhler, R.; Zentes, J. (Hrsg.) (1995): Handwörterbuch des Marketing. 2., völlig neu gestaltete Auflage, Stuttgart 1995, S. 2574-2588

Armstrong, A.; Hagel, J. (1995): Real profits from virtual communities. In: The McKinsey Quarterly, 1995, Nummer 3, S. 127-141

Armstrong, A.; Hagel, J. (1996): The Real Value of On-Line Communities. In: Harvard Business Review, May-June 1996, S. 134-141

Arthur, W. B. (1996): Increasing Returns and the New World of Business. In: Harvard Business Review, July-August 1996, S. 100-109

Auer, M.; Diederichs, F. A. (1993): Werbung-below the line, TV-Sponsoring, Product placement. Landsberg/Lech 1993

Backhaus, K. (1997): Investitionsgütermarketing. 5. Auflage, München 1997

Ball-Rokeach, S. J.; Reardon, K. (1988): Monoloque, Dialoque, and Telelog: Comparing an Emergent Form of Communication with Traditional Forms. In: Hawkins, R. P. et al. (Hrsg.) (1988): Advancing Communication Science: Merging Mass and Interpersonal Processes. Newbury Park 1988, S. 135-161

Baubin, T; Bruck, P. A. (Hrsg.) (1996): Electronic Publishing. Strategische Entwicklungen für die Europäische Verlagsindustrie im Hinblick auf das Jahr 2000. Brüssel 1996

Bauer, I. (1996 a): Jugend und Tageszeitung. Ergebnisse quantitativer und qualitativer Studien. In: Media Perspektiven, 1/1996, S. 8-17

Bauer, I. (1996 b): Zur Entwicklung der Reichweiten der Tageszeitungen. In: Bundesverband Deutscher Zeitungsverleger (Hrsg.) (1996): Zeitungen ´96. Bonn 1996, S. 332-340

Bauer, I. (1998): Zur Entwicklung der Reichweiten der Tageszeitungen. In: Bundesverband Deutscher Zeitungsverleger (Hrsg.) (1998): Zeitungen ´98. Bonn 1998, S. 128-136

Becker, J. (1992): Marketing-Konzeption. Grundlagen des strategischen Marketing-Managements. 4., verb. und erw. Aufl. München 1992

Becker, J. (1993): Marketing-Konzeption. Grundlagen des strategischen Marketing-Managements. 5., verb. und erg. Aufl. München 1993

Becker, J. (1998): Marketing-Konzeption: Grundlagen des strategischen Marketing-Managements. 6., vollständig überarbeitete und erweiterte Auflage, München 1998

Behrens, G. (1996): Werbung: Entscheidung-Erklärung-Gestaltung. München 1996

Bell, D. (1975): Die nachindustrielle Gesellschaft. Frankfurt/M 1975

Belz, C. (1989): Konstruktives Marketing. St. Gallen 1989

Belz, C. (1994): Leistungs- und Kundensysteme. In: Spiess, S.; Fisseler, D. (Hrsg.) (1994): Produkte mit Profil: Spitzenmanager und ihre Wege zum Erfolg. Wiesbaden 1994, S. 45-79

Belz, C. (1997): Leistungssysteme. In: Belz, C. (Hrsg.) (1997): Leistungs- und Kundensysteme: Kompetenz für Marketing-Innovationen. Schrift 2. St. Gallen 1997, S. 12-39

Belz, C.; Bircher, B.; Büsser, M.; Hillen, H.; Schlegel, H. J.; Willée, C. (1991): Erfolgreiche Leistungssysteme - Anleitungen und Beispiele. Stuttgart 1991

Benjamin, R.; Wigand, R. (1995): Electronic Markets and Virtual Value Chains on the Information Superhighway. In: Sloan Management Review, Winter 1995, S. 62-72

Benölken, H.; Greipel, P. (1990): Dienstleistungs-Management: Service als strategische Erfolgsposition. Wiesbaden 1990

Benölken, H.; Greipel, P. (1994): Dienstleistungs-Management: Service als strategische Erfolgsposition. 2. Auflage, Wiesbaden 1994

Bentele, G. (1988): Der Faktor Glaubwürdigkeit. In: Publizistik, 33. Jg., 1988, S. 406-426

Bentele, G. (1994): Objektivitätsanspruch und Glaubwürdigkeit. In: Jarren, O. (Hrsg.) (1994): Medien und Journalismus. Eine Einführung. Band 1. Opladen 1994, S. 295-312

Bentele, G.; Beck, K. (1994): Information - Kommunikation - Massenkommunikation: Grundbegriffe und Modelle der Publizistik - und Kommunikationswissenschaft. In: Jarren, O. (Hrsg.) (1994): Medien und Journalismus. Eine Einführung. Band 1. Opladen 1994, S. 15-49

Berens, H.; Kiefer, M.-L.; Meder, A. (1997): Spezialisierung der Mediennutzung im dualen Rundfunksystem. In: Media Perspektiven , 2/1997, S. 80-91

Berg, K. (1995): Konsumentenverhalten im Umbruch: die Entdeckung des „unvernünftigen Verbrauchers“ im modernen Marketing. Berlin 1995

Berger, P. A. (1997): Individualisierung und sozialstrukturelle Dynamik. In: Beck, U.; Sopp, P. (Hrsg.)(1997): Individualisierung und Integration. Neue Konfliktlinien und neuer Integrationsmodus? Opladen 1997, S. 81-95

Bergheimer, M. (1991): Cross-Selling. In: Marketing Journal, 3/1991, S. 226-229

Blattberg, R. C.; Deighton, J. (1991): Interactive Marketing: Exploiting the Age of Addressability. In: Sloan Management Review, Fall 1991, S. 5-14

Böcker, F. (1978): Die Bestimmung der Kaufverbundenheit von Produkten. Berlin 1978

Böcker, F.; Gierl, H. (1989): Die Diffusion neuer Produkte - Vom endogenen sozialen Prozess zum exogen determinierten Prozess. In: Hax, H. (Hrsg.) (1989): Zeitaspekte in betriebswirtschaftlicher Theorie und Praxis. Stuttgart 1989, S. 169-185

Bonn, M. (1997): Käufermarktforschung: Den Käufer von Presse kennenlernen. In: Verband Deutscher Zeitschriftenverleger (1997): Die Zeitschriften ´97. Unveröffentlichte Publikation. Bonn, S. 27-28

Bonoma, T. V. (1985): Case Research in Marketing: Opportunities, Problems, and a Process Modell. In: Journal of Marketing Research, Nr. 5/85, S. 199-208

Booz, Allen & Hamilton (Hrsg.) (1997): Zukunft Multimedia: Grundlagen, Märkte und Perspektiven in Deutschland. 4., erw. und aktualisierte Auflage, Frankfurt/M. 1997

Bosshart, L. (1990): Fernsehunterhaltung aus Sicht von Kommunikatoren. In: Kunczik, M.; Weber, U. (Hrsg.) (1990): Fernsehen. Aspekte eines Mediums. Köln 1990, S. 53-61

Bosshart, L. (1994): Überlegungen zu einer Theorie der Unterhaltung. In: Bosshart, L.; Hoffmann-Riem, W. (Hrsg.) (1994): Medienlust und Mediennutz. Unterhaltung als öffentliche Kommunikation. München 1994, S. 28-40

Brandtweiner, R.; Greimel, B. (1998): Elektronische Märkte. In: WiSt, Heft 1, Januar 1998, S. 37-42

Branegan, J. (1996): Bertelsmann bets big. In: Time, 15. April 1996, S. 50

Brentani, U. de (1991): Success Factors in Developing New Business Services. In: European Journal of Marketing, Vol. 25, No. 2, 1991, S. 33-59

Breyer, T. (1998): Entwicklungen auf dem Online-Markt. In: Bundesverband deutscher Zeitungsverleger (Hrsg.) (1998): Zeitungen '98. Bonn 1998, S. 214-223

Brockhoff, K. (1993): Produktpolitik. 3., erweiterte Auflage, Stuttgart 1993

Bruck, P. (Hrsg.) (1993): Print unter Druck: Zeitungsverlage auf Innovationskurs Verlagsmanagement im internationalen Vergleich. München 1993

Bruck, P. A.; Selhofer, H. (1996): Sind die fetten Jahre vorbei? In: Altmeppen, K.-D. (Hrsg.) (1996): Ökonomie der Medien und des Mediensystems, Opladen 1996, S. 179-202

Bundesverband deutscher Zeitungsverleger (1998): Kommunale Öffentlichkeitsarbeit und Zeitung. In: Bundesverband deutscher Zeitungsverleger (Hrsg.) (1998): Zeitungen '98. Bonn, S. 186-199

Bundeszentrale für politische Bildung (Hrsg.) (1996): Grundgesetz für die Bundesrepublik Deutschland. Bonn 1996

Burmann, C. (1991): Konsumentenzufriedenheit als Determinante der Marken- und Händlerloyalität. Das Beispiel der Automobilindustrie. In: Marketing ZFP, Heft 4, IV. Quartal 1991, S. 249-258

Canter, L. A. (1995): Profit im Internet. Düsseldorf 1995

Chandler, A. D. (1990): Scale and scope: the dynamics of industrial capitalism. London 1990

Chatterjee, S.; Wernerfelt, B. (1991): The link between resources and the type of diversification: theory and evidence. In: Strategic Management Journal, Vol. 12, 1991, S. 33-48

Clement, M.; Litfin, T.; Vanini, S. (1998): Ist die Pionierrolle ein Erfolgsfaktor? In: ZfB, 68 Jg., 1998, Heft 2, S. 205-226

Cooper, A. C.; Smith, C. G. (1992): How established firms respond to threatening technologies. In: Academy of Management Executive, 1992, Vol. 6, No. 3, S. 55-70

Cooper, R. G. (1984): The Performance Impact of Product Innovation Strategies. In: European Journal of Marketing, Vol. 18, No. 5, 1984, S. 5-54

Corsten, D. S. (1997): Gestaltungsmodelle für Marketingaufgaben. Entwurf und Umsetzung im Investitionsgütermarketing. Dissertation, St. Gallen 1997

Corsten, H. (1990): Betriebswirtschaftslehre der Dienstleistungsunternehmungen: Einführung. 2., durchgesehene Auflage, München 1990

Corsten, H. (1995): Externalisierung und Internalisierung als strategische Optionen von Dienstleistungsunternehmen. In: Bruhn, M.; Stauss, B. (Hrsg.) (1995):

Dienstleistungsqualität: Konzepte, Methoden, Erfahrungen. 2., überarbeitete und erweiterte Auflage, Wiesbaden 1995, S. 189-206

Craig, A.; Hart, S. (1992): Where to Now in the New Product Development Research? In: European Journal of Marketing, Vol. 26, No. 11, 1992, S. 1-46

Cronin, M. J. (1994): Doing business on the internet. How the electronic highway is transforming american companies. New York 1994

Csikszentmihalyi, M. (1998): Flow. In: Cashual, 10/1998, S. 63-65

Day, C. (1993): Economics of Electronic Publishing. Paper presented at AAUP/ARL Symposium on Electronic Publishing, November 1993. (URL: http://www.press.umich.edu/jep/works/colin.econ.html). Ausdruck vom 23.03.1999

Day, C. (1994): Pricing Electronic Products. Paper presented at AAUP/ARL Symposium on Electronic Publishing, November 1994. (URL: http://www.press.umich.edu/jep/works/colin.eprice.html). Ausdruck vom 23.03.1999

Day, G. S. (1984): Strategic Market Planning: The Pursuit of Competitive Advantage. New York 1984

Day, G. S. (1990): Market Driven Strategy. Processes for Creating Value. New York 1990

Delaney, K. J. (1999): There Isnt't Always Safety in These Numbers. In: The Wall Street Journal Europe. March 18, 1999, S. 15

Deutscher Direktmarketing Verband e.V. (1997): Fakten, Geschichte, Organisation, Kommunikation. Pressemitteilung vom 17.05.1997

Devin, B. (1993): Wann Brand Extension die Marke schwächt. In: Markenartikel, 11/1993, S. 536-539

Diesler, P. (1997): Mit virtuellen Kühen auf Kundenfang. Virtuelle Städte sind beliebte Treffpunkte für Surfer. In: Handelsblatt, 11. November 1997

Diller, H. (1994): Sortimentsverbund. In: Dichtl, E.; Issing, O. (Hrsg.) (1994): Vahlens Grosses Wirtschaftslexikon. Band 4, 2., überarbeitete und erweiterte Auflage, München 1994, S. 1906

Donati, P (1988): Zwischen „Gesellschaft" und „Gemeinschaft": Die informellen Netze in der gegenwärtigen Gesellschaft. In: Annali die Sociologia. Soziologisches Jahrbuch. 4, 1988 - I, Trento. S. 249-275

Donsbach, W. (1995): Mit kleinen Schritten voran. Zum Stand der Medienwirkungsforschung zu Beginn der neunziger Jahre. In: : Jarren, O. (Hrsg.) (1995): Medien und Journalismus. Eine Einführung. Band 2, Opladen 1995, S. 51-74

Dratva, R. (1995): Elektronische Informationsdienste: Zukunftsweisende Konzepte und prototypische Umsetzung im Bankenbereich. In: Schmid, B. et al. (Hrsg.) (1995): Electronic Mall: Banking und Shopping in globalen Netzen. Stuttgart 1995, S. 95-179

Drewes, D. (1997): Die Online-Gesellschaft. Die virtuelle Zukunft hat begonnen. München 1997

Drucker, P. F. (1989): Neue Realitäten - Wertewandel in Politik, Wirtschaft und Gesellschaft. Düsseldorf 1989

Ebeling, W. E. (1969): Illustres Marketing für illustrierte Unterhaltung. Verlage beginnen umzudenken. Auch Zeitschriften brauchen ein Marketing-Konzept. In: Absatzwirtschaft, 2. Ausgabe 1969, S. 9-14

Eisenhardt, K. M. (1989): Building Theories from Case Study Research. In: Academy of Management Review, Nr. 4/1989, S. 532-550

Eisenhardt, K. M.; Brown, S. L. (1998): Time Pacing: Competing in markets that won't stand still. In: Harvard Business Review, March/April 1998, S. 59-69

Elsner, F. (1996). Der Fernsehsender im Aktiendepot. Medienbranche rückt ins Blickfeld des Kapitalmarktes. In: Börsen-Zeitung, 31.12.1996

Emery, V. (1996): Internet im Unternehmen. Praxis und Strategien. Heidelberg 1996

Engelhardt, W. H. (1976): Erscheinungsformen und absatzpolitische Probleme von Angebots- und Nachfrageverbunden. In: zfbf, 28, 1976, S. 77-90

Engelhardt, W. H. (1989): Dienstleistungsorientiertes Marketing. In: Adam, D.; Backhaus, K.; Meffert, H.; Wagner, H. (Hrsg.) (1989): Integration und Flexibilität: eine Herausforderung für die allgemeine Betriebswirtschaftslehre. Wiesbaden 1989, S. 269-288

Engelhardt, W. H.; Kleinaltenkamp, M.; Reckenfelderbäumer, M. (1993): Leistungsbündel als Absatzobjekte. Ein Ansatz zur Überwindung der Dichotomie von Sach- und Dienstleistungen. In: zfbf, 45 (5/1993), S. 395-426

Esch, F.-R.; Billen, P. (1994): Ansätze zum Zufriedenheitsmanagement: Das Zufriedenheitsportfolio. In: Tomczak, T.; Belz, C. (Hrsg.) (1994): Kundennähe realisieren. Ideen - Konzepte - Methoden - Erfahrungen. St. Gallen 1994, S. 407-424

Evans, P. B.; Wurster, T. S. (1997): Strategy and the new economics of information. In: Harvard Business Review, September-Oktober 1997, S. 71-82

Faulstich, W. (1991): Medientheorien: Einführung und Überblick. Göttingen 1991

Faulstich, W. (1994): Zeitschrift. In: Faulstich, W. (Hrsg.) (1994): Grundwissen Medien. München, S. 355-361

Faulstich, W. (1994): Zeitung. In: Faulstich, W. (Hrsg.) (1994): Grundwissen Medien. München, S. 362-375

Fehr, B. (1998): Fernsehen, Computer und Internet sollen verschmelzen. In: F.A.Z., 06.01.1998, S. 16

Fittkau, S.; Maass, H. (1997): Nutzerdaten als Basis eines erfolgreichen Online-Marketing. Ergebnisse der World Wide Web-Nutzerbefragungen „W3B". In: Thexis 1/1997, S. 12-15

Flick, U. (1996): Qualitative Forschung. Theorie, Methoden, Anwendungen in Psychologie und Sozialwissenschaften. 2. Auflage, Reinbek bei Hamburg 1996

Fliess, S. (1996): Prozessevidenz als Erfolgsfaktor der Kundenintegration. In: Kleinaltenkamp, M.; Fliess, S.; Jacob, F. (Hrsg.) (1996): Customer-Integration: von der Kundenorientierung zu Kundenintegration. Wiesbaden 1996, S. 91-103

Franzmann, B.; Löffler, D. (1993): Leseverhalten in Deutschland 1992/93. In: Media Perspektiven 10/93, S. 454-464

Freter, H. (1980): Strategien, Methoden und Modelle der Marktsegmentierung bei der Markterfassung und Marktbearbeitung. In: Die Betriebswirtschaft 40 (1980) 3, S. 453-463

Funk, A. (1996): Das Risiko für neue Zeitschriften wächst. In: F.A.Z., 06.11.96

Gälweiler, A. (1990): Strategische Unternehmensführung. 2. Auflage. Frankfurt/Main 1990

Gapper, J. (1998): In shadow of uncertainty. In: Financial Times 13. Januar 1998

Gassdorf, D. (1997): Zeitungsmarketing auf der Zielgraden, In: Bundesverband Deutscher Zeitungsverleger (Hrsg.) (1997): Zeitungen '97. Bonn. S. 120-133

Geretschlaeger, E; Leinschitz, A. (1993): Zeitungsvertrieb. In: Bruck, P. A. (Hrsg.) (1993): Print unter Druck. Zeitungsverlage auf Innovationskurs. München. S. 507-595

Gerpott, T. J.; Heil, B. (1997): Wettbewerbsstrategien von Online-Diensteanbietern. In: Die Unternehmung, 4/1997, S. 297-314

Geschka, H. (1984): Marketingkonzepte für Innovationen. In: Harvard Manager, 4/1984, S. 7-16

Gierl, H.; Stich, A.; Strohmayr, A. (1997): Einfluss der Glaubwürdigkeit einer Informationsquelle auf die Glaubwürdigkeit der Information. In: Marketing ZFP, Heft 1, 1. Quartal 1997, S. 27-31

Glabus, W. (1997a): Der deutsche Zeitschriftenmarkt bleibt hart umkämpft. In: F.A.Z., 02.01.97.

Glabus, W. (1997b): Die Werbeindustrie spürt die schwache Konjunktur. In: Blick durch die Wirtschaft, 14.05.97

Glabus, W. (1997c): Regionalzeitungen verlieren Leser und Anzeigen. In: F.A.Z., 27.06.97.

Göldi, A. (1996): Elektronisches Publizieren im Internet. Arbeitsbericht (Nr. IM HSG/CCEM/31, Version 1.0, 5. März 1996) des Instituts für Wirtschaftsinformatik der Universität St. Gallen. St. Gallen 1996

Gosh, S. (1998): Making business sense of the internet. In: Harvard Business Review, March-April 1998, S. 126-135

Goslich, L. (1987): Zeitungs-Innovationen. München 1987

Gräf, H. (1998): Verlagsgruppe Milchstrasse: Erfolgreich auf umkämpften Märkten. In: Tomczak, T.; Reinecke, S. (Hrsg.) (1998): Best Practice in Marketing: Erfolgsbeispiele zu den vier Kernaufgaben im Marketing. St. Gallen, S. 163-171

Gräf, H.; Tomczak, T. (1997): Online-Marketing. Chancen und Risiken der Nutzung elektronischer Märkte für Kunden und Unternehmungen am Beispiel der Electronic Mall Bodensee. St. Gallen 1997

Grant, R. M. (1991): The Resource-Based Theory of Competitive Advantage: Implications for Strategy Formulation. In: California Management Review, Spring 1991, S. 114-135

Griese, J.; Sieber, P. (1996): Internet: Nutzung für Unternehmungen. Bern 1996

Grimm, R. (1972): Verlagsmarketing- was ist das? In: ZV+ZV, Heft 41/1972, S. 1844-1846

Gruner + Jahr Wirtschaftspresse (1999): Bizz Capital zeigt Profil. Imagebroschüre, Köln 1999

Gussek, F. (1992): Erfolg in der strategischen Markenführung. Wiesbaden 1992

Gussek, F. (1994): Zur Entwicklung von Leistungssystemen unter Low- and High-Involvement-Bedingungen. In: Tomczak, T.; Belz, C. (Hrsg.) (1994): Kundennähe realisieren. Ideen - Konzepte - Methoden - Erfahrungen. St. Gallen 1994, S. 311-327

Hachmeister, L: Rager, G. (1997): Wer beherrscht die Medien? Die 50 grössten Medienkonzerne der Welt. München 1997

Haedrich, G.; Tomczak, T. (1990): Strategische Markenführung: Planung und Realisierung von Marketingstrategien für eingeführte Produkte. Berlin 1990

Haedrich, G.; Tomczak, T. (1994): Strategische Markenführung. In: Meffert, H. (Hrsg.) (1994): Handbuch Markenartikel. Teilband II, Stuttgart 1994, S. 925-948

Haedrich, G.; Tomczak, T. (1996): Produktpolitik. Stuttgart 1996

Hagel, J.; Armstrong, A (1997): Net gain: expanding markets through virtual communities. Boston 1997

Hagel, J.; Bergsma, E. E.; Dheer, S. (1996): Placing your bets on electronic networks. In: The McKinsey Quarterly, Number 2, 1996, S. 57-67

Haller, P. (1996): Wie effektiv ist die Werbung noch? Fragmentierung des Medienmarktes. In: Markenartikel 8/1996, S. 348-353

Hamel, G.; Prahalad, C. K. (1995): Wettlauf um die Zukunft: Wie Sie mit bahnbrechenden Strategien die Kontrolle über ihre Branche gewinnen und die Märkte von morgen schaffen können. Wien 1995

Hanfeld, M. (1997): Europas grösstes Fernsehunternehmen gegründet. In: F.A.Z., 15. Januar 1997

Hansen, H. R. (1996): Klare Sicht am Info-Highway. Geschäfte via Internet & Co. Wien 1996

Hanssen, R. A.; Schneider, M. (1992): Geschäftsfeldübergreifende Integration. In: Hanssen, R. A.; Kern, W. (Hrsg.) (1992): Integrationsmanagement für neue Produkte. zfbf Sonderheft, 30, 1992, S. 103-117

Harnischfeger, M. (1990): Merkmale und Trends der globalen Medienwirtschaft in den 90er Jahren. In: Mahle, W. A. (Hrsg.) (1990): Medien in Deutschland. Nationale und internationale Perspektiven. München 1990, S. 31-37

Hätty, H. (1989): Der Markentransfer. Heidelberg 1989

Hätty, H. (1994): Markentransferstrategie. In: Meffert, H. (Hrsg.) (1994): Handbuch Markenartikel. Teilband I, Stuttgart 1994, S. 561-582

Hauschildt, J. (1993): Innovationsmanagement - Determinanten des Innovationserfolges. In: Hauschildt, J.; Grün, O. (Hrsg.) (1993): Ergebnisse empirischer betriebswirtschaftlicher Forschung: Zu einer Realtheorie der Unternehmung. Stuttgart 1993, S. 295-326

Heeter, C. (1989): Implications of New Interactive Technologies for Conceptualizing Communication. In: Salvaggio, J. L.; Bryant, J. (Hrsg.) (1989): Media Use in the Information Age: Emerging Patterns of Adaption and Consumer Use. Hillsdale 1989, S. 217-235

Heffler, M. (1996): Moderates Wachstum und konsolidierte Marktanteile der klassischen Werbeträger. In: Media Perspektiven 6/1996, S. 286-293

Henkel, C. (1998): Deutlich zurück. In: Wirtschaftswoche Nr. 11, 1998, S. 112-115

Henkel, C. B. (1992): Akquisitionen und Kooperationen als strategische Alternativen aus Sicht der deutschen Automobilindustrie. Dissertation, St. Gallen 1992

Hensmann, J. (1975): Verlagsmarketing. In: Meffert, H. (Hrsg.) (1975): Marketing heute und morgen - Entwicklungstendenzen in Theorie und Praxis. Wiesbaden 1975, S. 391-420

Hensmann, J. (1980): Verlagsmarketing. In: Marketing ZFP, Heft 4/Dezember 1980, S. 239-249

Hergesell, O. (1996): ...der Vielfalt. Die Medienkonzerne dürfen expandieren, wie sie wollen. In: Die Woche, 12. Juli 1996

Heuser, U. J. (1994): Bits ohne Grenzen - Auf dem Weg zum integrierten Medienmarkt. In: Hoffmann, H. (Hrsg.) (1994): Gestern begann die Zukunft. Entwicklung und gesellschaftliche Bedeutung der Medienvielfalt. Darmstadt 1994, S. 57-70

Hinterhuber, H. H. (1982): Wettbewerbsstrategie. Berlin 1982

Hinterhuber, H. H. (1996): Strategische Unternehmensführung. 1. Strategisches Denken. 6., neubearb. und erw. Aufl., Berlin 1996

Hirzel, M. (1993): Bewertung von Innovationen im Geschäftsfeldverbund. In: Hirzel, Leder & Partner (Hrsg.) (1993): Synergie Management: Komplexität beherrschen - Verbundvorteile erzielen. Wiesbaden 1993, S. 91-100

Hof, R. D.; Browder, S.; Elstrom, P. (1997): Internet Communities. Forget Surfers. A new class of Netizen is settling right in . In: Business Week, May 5, 1997, S. 38-45

Hoffman, D. L.; Novak, T. P. (1996): Marketing in Hypermedia Computer-Mediated Environments: Conceptual Foundations. In: Journal of Marketing. Vol. 60 (July 1996), S. 50-68

Hoffman, D. L.; Novak, T. P.; Yung, Y.-F. (1997): Modeling the Structure of the Flow Experience Among Web Users. December 1997. (URL: http://www.2000.ogsm.vanderbilt). Ausdruck vom 23.03.1999

Höflich, J. R. (1994): Der Computer als „interaktives Massenmedium". In: Publizistik, 39. Jahrgang, Heft 4, 1994, S. 389-408

Höflich, J. R. (1998): Perspektiven der Online-Aktivitäten lokaler Tageszeitungen - oder: Das Wagnis Internet und der Verlust des Lokalen? In: Publizistik, 43. Jahrgang, Heft 2, 1998, S. 111-129

Homburg, C.; Fassnacht, M. (1998): Kundennähe, Kundenzufriedenheit und Kundenbindung bei Dienstleistungsunternehmen. In: Bruhn, M.; Meffert, H. (Hrsg.) (1998): Handbuch des Dienstleistungsmanagement. Von der strategischen Konzeption zur praktischen Umsetzung. Wiesbaden 1998, S. 405-428

Hruschka, H. (1983): Folgegeschäfte. In: Marketing ZFP, Heft 3, August 1983, S. 165-169

Hruschka, H. (1985): Der Zusammenhang zwischen paarweisen Verbundbeziehungen und Kaufakt- bzw.- Käuferstrukturmerkmalen. In: zfbf, 37, 3/1985, S. 218-231

Hruschka, H. (1991): Bestimmung der Kaufverbundenheit mit Hilfe eines probabilistischen Messmodells. In: zfbf, 43, 5/1991, S. 418-434

Huly, H.-R.; Raake, S. (1995): Marketing Online. Gewinnchance auf der Datenautobahn. Frankfurt/Main. 1995

Hünerberg, R.; Heise, G. (Hrsg.) (1995): Multi-Media und Marketing. Grundlagen und Anwendungen. Wiesbaden 1995

Hünerberg, R.; Heise, G.; Mann, A. (1996): Handbuch Online Marketing. Wettbewerbsvorteile durch weltweite Datennetze. Landsberg/Lech 1996

Huxold, S. (1990): Marketingforschung und strategische Planung von Produktinnovationen. Ein Früherkennungsansatz. Berlin 1990

Iansiti, M.; MacCormack, A. (1997): Developing Products on Internet Time. In: Harvard Buiness Review, September-October 1997, S. 108-117

Informationsgemeinschaft zur Feststellung der Verbreitung von Werbeträgern (1999): Online-Nutzungsdaten. Februar 1999. (URL: http://www.ivw.de). Ausdruck vom 14.03.1999

Institut für Demoskopie Allensbach (1995): Die Deutschen und die Informationsgesellschaft. Allensbach 1995

Institut für Demoskopie Allensbach (1997): Allensbacher Computer und Telekommunikations-Analyse (ACTA '97). Allensbach 1997

Institut für qualitative Markt- und Wirkungsanalysen (1996 a): Jugendkultur und Mediennutzung. Im Auftrag des Bundesverbandes Deutscher Zeitungsverleger e.V., Bonn, und der Regionalpresse e.V., Frankfurt. Bonn 1996

Institut für qualitative Markt- und Wirkungsanalysen (1996): Die Seele im Netz. Köln 1996

Irmscher, M. (1997): Markenwertmanagement. Frankfurt/M. 1997

Jacob, W. (1986): Neuentwicklung von Zeitschriften. Eine kritische Analyse unterschiedlicher Vorgehensweisen von der Idee bis zum Leser. München 1986

John, D. R.; Loken, B.; Joiner, C. (1998): The negative Impact of Extensions: Can Flagship Products Be Diluted? In: Journal of Marketing, Vol. 62, January 1998, S. 19-32

Kaas, K. P. (1995 Marketing zwischen Markt und Hierarchie): Marketing zwischen Markt und Hierarchie. In: zfbf Sonderheft 39, 1995, S. 19-42

Keller, D. (1996): Zur wirtschaftlichen Lage der deutschen Zeitungen. In: Bundesverband Deutscher Zeitungsverleger (Hrsg.) (1996): Zeitungen '96. Bonn 1996, S. 17-95

Keller, D. (1997): Zur wirtschaftlichen Lage der deutschen Zeitungen. In: Bundesverband Deutscher Zeitungsverleger (Hrsg.) (1997): Zeitungen '97. Bonn 1997, S. 18-91

Keller, D. (1998): Zur wirtschaftlichen Lage der deutschen Zeitungen. In: Bundesverband Deutscher Zeitungsverleger (Hrsg.) (1998): Zeitungen '98. Bonn 1998, S. 18-93

Kiefer, M.-L. (1996 Schwindende Chancen): Schwindende Chance für anspruchsvolle Medien? In: Media Perspektiven 11/1996, S. 589-597

Kiefer, M.-L. (1996): Massenkommunikation 1995. In: Media Perspektiven, 5/1996, S. 234-248

Kierzkowski, A.; McQuade, S.; Waitman, R.; Zeisser, M. (1996): Marketing to the digital consumer. In: The McKinsey Quarterly 1996, Number 3, S. 5-21

Kleinaltenkamp, M.; Ginter, T. (1998): Dienstleistungsprogrammpolitische Entscheidungen. In: Meyer, A. (Hrsg.) (1998): Dienstleistungs-Marketing. Band 1, Stuttgart 1998, S. 751-765

Klingsporn, B. (1997): Wenn Kunden mehr als nur Nummern sind. In: Gablers Magazin, 6-7/1997, S. 50-52

Klingsporn, B.; Hoffmann, M. (1997): Starke Kundenbindung - trotz oder über Internet? In: Gablers Magazin, 5/1997, S. 23-25

Knoblich, H. (1972): Die typologische Methode in der Betriebswirtschaftslehre. In: WiSt, Heft 4, April 1972, S. 141-147

Koch, M. (1996): Business-Blätter machen mobil. In: Werben & Verkaufen, Heft 14, 1996

Köhler, R. (1993): Produktpolitik - Strategische Stossrichtung und Erfolg von Produktinnovationen. In: Hauschildt, J.; Grün, O. (Hrsg.) (1993): Ergebnisse empirischer betriebswirtschaftlicher Forschung: Zu einer Realtheorie der Unternehmung. Stuttgart 1993, S. 255-293

Kotler, P. (1982): Marketing-Management: Analyse, Planung und Kontrolle. 4., völlig neu bearb. Auflage, Stuttgart 1982

Kotler, P.; Bliemel, F. W. (1992): Marketing-Management: Analyse, Planung, Umsetzung und Steuerung. 7., vollst. neu bearb. und für den deutschen Sprachraum erw. Auflage, Stuttgart 1992

Kreilkamp, E. (1987): Strategisches Management und Marketing. Berlin 1987

Kreilkamp, E. (1994): Kundenorientierung und Positionierung. In: Tomczak, T.; Belz, T. (Hrsg.) (1994): Kundennähe realisieren. Ideen - Konzepte - Methoden - Erfahrungen. St. Gallen 1994, S. 81-99

Kroeber-Riel, W. (1987): Informationsüberlastung durch Massenmedien und Werbung in Deutschland. In: DBW, 47 (1987) 3, S. 257-264

Kroeber-Riel, W. (1993): Strategie und Technik der Werbung: verhaltenswissenschaftliche Ansätze. 4. Aufl., Berlin 1993

Kroeber-Riel. W.; Weinberg, P. (1996): Konsumentenverhalten. 6., völlig überarb. Auflage, München 1996

Kubicek, H. (1977): Heuristische Bezugsrahmen und heuristisch angelegte Forschungsdesigns als Elemente einer Konstruktionsstrategie empirischer Forschung. In: Köhler, R. (Hrsg.) (1977): Empirische und handlungstheoretische Forschungskonzeptionen in der Betriebswirtschaftslehre. Stuttgart 1977, S. 3-36

Kubicek, H.; Reimers, K. (1996): Hauptdeterminanten der Nachfrage nach Datenkommunikationsdiensten. In: Marketing ZFP, Heft 1, I. Quartal 1996, S. 55-67

Kübler, H.-D. (1994): Kommunikation und Massenkommunikation. Münster 1994

Kuhlen, R. (1991): Hypertext. Ein nicht-lineares Medium zwischen Buch und Medium. Heidelberg 1991

Kuhlen, R. (1995): Informationsmarkt: Chancen und Risiken der Kommerzialisierung von Wissen. Konstanz 1995

Kuhlmann, E. (1998): Besonderheiten des Nachfragerverhaltens bei Dienstleistungen. In: Bruhn, M.; Meffert, H. (Hrsg.) (1998): Handbuch Dienstleistungsmanagement. Von der strategischen Konzeption zur praktischen Umsetzung. Wiesbaden 1998. S. 165-194

Kühn, R. (1979): Marketing-Mix. In: Poth, L. G. (Hrsg.) (1979): Marketing Handbuch. 3/1979, Neuwied, S. 1-46

Kühn, R. (1984): Heuristische Methoden zur Bestimmung des Marketing-Mix. In: Mazanec, J.; Scheuch, F. (Hrsg.) (1984): Marktorientierte Unternehmensführung. Wien 1984, S. 183-202

Kühn, R. (1985): Marketing-Instrumente zwischen Selbstverständlichkeit und Wettbewerbsvorteil. In: Thexis 4/1985, S. 16-21

Kühn, R. (1986): Das Dominanz-Standard Modell. Ein Ansatz zur wirkungsbezogenen Gewichtung der Instrumente des Marketing-Mix. In: IHA-News. 1/1986, S. 4-9

Kühn, R. (1995): Marketing-Mix. In: Tietz, B.; Köhler, R.; Zentes, J. (Hrsg.) (1995): Handwörterbuch des Marketing. 2., völlig neu gestaltete Auflage, Stuttgart 1995, Sp. 1615-1628

Kupsch, P. (1979): Unternehmungsziele. Stuttgart 1979

Kuss, A.; Tomczak, T. (1998): Marketingplanung: Einführung in die marktorientierte Unternehmens- und Geschäftsfeldplanung. Wiesbaden 1998

Lahr, H. von der (1996): Lesen: Verlust einer Schlüsselqualifikation für die Informationsgesellschaft. In: Media Perspektiven 1/1996, S. 2-7

Lambin, J.-J. (1987): Grundlagen und Methoden Strategischen Marketings. Hamburg 1987

Lanzrath, H. (1987): Der Wettbewerb der Medien in der Bundesrepublik Deutschland aus Sicht der Zeitungsverleger. In: Röper, B. (Hrsg.) (1987): Wettbewerb im Medienbereich. Berlin 1987, S. 187-197

Lavine, J. M.; Wackman, D. B. (1988): Managing Media Organizations: Effective Leadership of the Media. White Plains 1988

Leonard, D.; Rayport, J. F. (1998): Innovative Produkte durch emphatische Kundenbeobachtung. In: Harvard Business Manager, 3/1998, S. 68-78

Leonard-Barton, D. (1992): Core Capabilities and Core Rigidities: A Paradox in Managing New Product Development. In: Strategic Management Journal, Vol. 13, Summer Special Issue, 1992, S. 111-125

Levitt, T. (1960): Marketing Myopia. In: Harvard Business Review, July-August 1960, S. 45-56

Levitt, T. (1965): Exploit the Product Life Cycle. In: Harvard Busines Review, November-December 1965, S. 81-94

Löffelholz, M.; Altmeppen, K. D. (1994): Kommunikation in der Informationsgesellschaft. In: Merten, K.; Schmidt, S. J.; Weischenberg, S. (Hrsg.) (1994): Die Wirklichkeit der Medien. Opladen 1994, S. 570-591

Loken, B.; John, D. R. (1993): Diluting Brand Beliefs: When Do Brand Extensions Have as Negative Impact? In: Journal of Marketing, Vol 57, July 1993, S. 71-84

Ludwig, J. (1994): Medienökonomie - Eine Einführung in die ökonomischen Strukturen und Probleme von Medienunternehmen. In: Jarren, O. (Hrsg.) (1994): Medien und Journalismus. Eine Einführung. Band 1, Opladen 1994, S. 145-209

Ludwig, J. (1996 Kosten, Preise): Kosten, Preise und Gewinne. Zur Betriebswirtschaft von Medienunternehmen: Das Beispiel Der Spiegel. In: Altmeppen, K.-D. (Hrsg.) (1996): Ökonomie der Medien und des Mediensystems. Grundlagen, Ergebnisse und Perspektive medienökonomischer Forschung. Opladen 1996, S. 81-99

Ludwig, J. (1996 publizistische Hochkultur): Wie sich publizistische Hochkultur rechnet. Ein ökonomisches Portrait der „Zeit". In: Publizistik, Heft 3, 1996, S. 277-297

Luyken, G.-M. (1990): Das Medienwirtschaftsgefüge der 90er Jahre. Horizontale und vertikale Unternehmensverflechtungen-Neue strategische Allianzen-Öffentliches Interesse. In: Media Perspektiven 10/1990, S. 621-640

Mahajan, V.; Wind, Y. (1988): Business Synergy does not always pay off. In: Long Range Planning, Vol. 21, No. 1, 1988, S. 59-65

Mahajan, V; Muller, E.; Bass, F. M. (1990): New Product Diffusion Models in Marketing: A Review and Directions for Research. In: Journal of Marketing, Vol. 54, January 1990, S. 1-26

Makadok, R. (1998): Can first-mover and early-mover advantages be sustained in an industry with low barriers to entry/imitation? In: Strategic Management Journal, Vol. 19, 1998, S. 683-696

Martini, B.-J. (1996): Relaunches - Mehr als ein neues Layout. In: Bundesverband Deutscher Zeitungsverleger (Hrsg.) (1996): Zeitungen '96. Bonn, 1996, S. 131-139

Mattmüller, R.; Tunder, R. (1998): Diversifikations-, Reduktions- und Konversionsstrategien von Dienstleistungs-Anbietern. In: Meyer, A. (Hrsg.) (1998): Dienstleistungs-Marketing. Band 1, Stuttgart 1998, S. 589-606

Mayer, A.; Mayer, R. U. (1987): Imagetransfer. Hamburg 1987

MC Informationssysteme/Target Group (1996): MC Online-Monitor I/96. Executive Edition. Bad Homburg 1996

McKnight, L. W.; Bailey, J. P. (Hrsg.) (1997): Internet Economics. Cambridge 1997

Meffert, H. (1994): Marketing-Management: Analyse, Strategie, Implementierung. Wiesbaden 1994

Meffert, H. (1998): Marketing. Grundlagen marktorientierter Unternehmensführung. 8., vollständig neu überarbeitete und erweiterte Auflage, Wiesbaden 1998

Meffert, H.; Bruhn, M. (1997): Dienstleistungsmarketing: Grundlagen - Konzepte - Methoden. 2., überarb. und erw. Aufl. Wiesbaden 1997

Meffert, H.; Heinemann, G. (1990): Operationalisierung des Imagetransfers. Begrenzung des Transferrisikos durch Ähnlichkeitsmessungen. In: Marketing ZFP, Heft 1, I Quartal 1990, S. 5-10

Meier, A.; Schanne, M.; Trappel, J. (1993): Produktstrategien und Marktnischenpolitik. In: Bruck, P. (Hrsg.) (1993): Print unter Druck - Zeitungsverlage auf Innovationskurs. Verlagsmanagement im internationalen Vergleich. München 1993, S. 195-291

Meier, K. (1998a): Die Kombination der Elemente. In: Medium Magazin, 9/1998, S. 50-55

Meier, K. (1998b): Lust auf Kommunikation. In: Medium Magazin, 10/1998, S. 86-88

Meier, K. (1998c): Neue journalistische Formen. In: Meier, K. (Hrsg.) (1998): Internet-Journalismus. Konstanz 1998, S. 21-109

Meier, K. (1998d): Grundlagen journalistischer Recherche im Internet. In: Meier, K. (Hrsg.) (1998): Internet-Journalismus. Konstanz 1998, S. 165-213

Melcher-Smejkal, I. (1992): Marketing im Zeitungsverlag. Ein Vergleich zwischen der Bundesrepublik Deutschland und Österreich. Dissertation, Wien 1992

Merten, K. (1994): Wirkungen von Kommunikation. In: Merten, K.; Schmidt, S. J.; Weischenberg, S. (Hrsg.) (1994): Die Wirklichkeit der Medien. Opladen 1994, S. 291-328

Meyer, A. (1991): Dienstleistungs-Marketing. In: DBW, 51 (1991) 2, S. 195-209

Meyer, A.; Dullinger, F. (1998): Leistungsprogramm von Dienstleistungs-Anbietern. In: Meyer, A. (Hrsg.) (1998): Dienstleistungs-Marketing. Band 1, Stuttgart 1998, S. 711-735

Meyer, A.; Mattmüller, R. (1987): Qualität von Dienstleistungen. In: Marketing ZFP, Nr. 3/1987, S. 187-195

Meyer, A.; Westerbarkey, P. (1995): Bedeutung von Kundenbeteiligung für die Qualitätspolitik von Dienstleistungsunternehmen. In: Bruhn, M.; Stauss, B. (Hrsg.) (1995): Dienstleistungsqualität: Konzepte, Methoden, Erfahrungen. 2., überarbeitete und erweiterte Auflage, Wiesbaden 1995, S. 81-103

Meyn, H. (1992): Massenmedien in der Bundesrepublik Deutschland: alte und neue Bundesländer. Überarb. und aktualisierte Neuauflage. Berlin 1992

Miller, S. E. (1996): Civilizing cyberspace: policy, power and the information. New York 1996

Mohaupt, M. (1998): Profilierung eines Fernsehsenders als Marke: Das Beispiel ProSieben. In: Meyer, A. (Hrsg.) (1998): Handbuch Dienstleistungs-Marketing. Band 2, Stuttgart 1998, S. 1777-1787

Möhlenbruch, D. (1995): Verbundeffekte. In: Tietz, B.; Köhler, R.; Zentes, J. (Hrsg.) (1995): Handwörterbuch des Marketing. 2., völlig neu gestaltete Auflage, Stuttgart 1995, S. 2545-2554

Morein, J. A. (1975): Shift from brand to product line marketing. An efficient strategy for growth, product line marketing demands a coordinated marketing effort. In: Harvard Business Review. September/October 1975, S. 56-64

Morningstar, C.; Farmer, F. R. (1991): The lessons of Lucasfilm´s Habitat. In: Benedikt, M. (Hrsg.) (1991): Cyberspace: first steps. Cambridge 1991, S. 273-301

Morris, M.; Ogan, C. (1996): The Internet as a Mass Medium. In: Journal of Communication, 46 (1), Winter, 1996, S. 39-50

Müller von Blumencron, M. (1999): Märchen der Generation X. In: Der Spiegel, Heft 13, 1999, S. 100-101

Müller von Blumencron, O. (1994): Zielgruppenorientierte Massenmedienkonzepte. Eine Untersuchung der Ursprünge, Möglichkeiten und Chancen zielgruppenorientierter Massenkommunikation im deutschen tagesaktuellen Presse-, Hörfunk- und Fernsehmarkt. Dissertation Hochschule St. Gallen, Schweiz 1994

Müller, S. (1983): Das Anzeigenblatt. Ein neuer Werbeträger im Widerstreit der Interessen. In: Marketing ZFP, Heft, 3, August 1983, S. 161-164

Müller, W.; Nickel, H. (1984): Das Marketing von Informationsprodukten, am Beispiel von Versicherungen. In: Mazanec, J.; Scheuch, F. (Hrsg.) (1984): Marktorientierte Unternehmensführung. Wien. 1984, S. 731-752

Müller, W.; Riesenbeck, H.-J. (1991): Wie aus zufriedenen Kunden auch anhängliche Kunden werden. In: Harvard Manager, 3/1991, S. 67 79

Müller-Hagedorn, L. (1978): Das Problem des Nachfrageverbundes in erweiterter Sicht. In: zfbf, 30, 1978, S. 181-193

Mullins, J. W.; Sutherland, D. J. (1998): New Product Development in Rapidly Changing Markets: An Exploratory Study. In: Journal of Product Innovation Management, 1998, 15, S. 224-236

Neidhart, T. (1996): Junge Leser gewinnen-reife Leser halten. In: Horizont, 25.10.1996

Neuberger, C.; Tonnemacher, J.; Biebl, M.; Duck, A. (1997): Die deutschen Tageszeitungen im Word Wide Web. In: Media Perspektiven, 12/1997, S. 652-662

Nielsen, J. (1990): Hypertext and Hypermedia. San Diego 1990

Nieschlag, R.; Dichtl, E.; Hörschgen, H. (1997): Marketing. 18., durchgesehene Auflage, Berlin 1997

Noelle-Neumann, E. (1997): Wegweiser: Wie Jugendliche zur Zeitung finden. Bonn 1997

Noelle-Neumann, E.; Schulz, W.; Wilke, J. (Hrsg.) (1997): Fischer Lexikon Publizistik Massenkommunikation. Aktualisierte, vollständig überarbeitete Neuausgabe, Frankfurt/M. 1997

Normann, R. (1987): Dienstleistungsunternehmen. Hamburg 1987

Normann, R.; Ramírez, R. (1993): From Value Chain to Value Constellation: Designing Interactive Strategy. In: Harvard Business Review July-August 1993, S. 65-77

o.V (1994): Cross selling. In: Dichtl, E.; Issing, O. (Hrsg.) (1994): Vahlens Grosses Wirtschaftslexikon. 2., überarbeitete und erweiterte Auflage, Band 1, München 1994, S. 403

o.V. (1969 Marketing der Presse): Marketing der Presse. Eine Umfrage der „absatzwirtschaft" bei fünf Führungskräften in Verlagen. In: Absatzwirtschaft, 2. Ausgabe 1969, S. 17-25

o.V. (1994 Vahlens Lexikon): Vorprodukt. In: Dichtl, E.; Issing, O. (Hrsg.)(1994): Vahlens Grosses Wirtschaftslexikon. 2., überarbeitete und erweiterte Auflage, München 1994, S. 2285

o.V. (1996 Erlösstruktur): Die stärksten Zeitschriften nach Marktumsätzen. In: Kress Report, Nr. 16 vom 1.08.1996, S. 22

o.V. (1996 Kress Report): Die stärksten Zeitschriften nach Markumsätzen. In: Kress Report, Nr. 22, 24.10.1996, S. 19-20

o.V. (1996a): TV-Werbung hilft nicht allein am Kiosk. In: Horizont, 29.11.1996

o.V. (1997 Grosse Auflagenschwankungen): Grosse Auflagenschwankungen. In: Horizont, 12 Juni 1997

o.V. (1997 Werbemarkt): Am Wendepunkt. In: Medienspiegel. Nr. 18, 05.05.1997

o.V. (1998 Brands bite back): Brands bite back. In: The economist, March 21st 1998, S. 80-84

o.V. (1998 Das deutsche): Das deutsche Internet boomt. In: Horizont, 15.02.1998

o.V. (1998 Lokalpresse): Lokalpresse verliert Werbung ans Internet. In: Handelsblatt, 4. März 1998

o.V. (1998 Neugründungen): Zeitschriften bleiben auch 1998 ein Wachstumsmarkt. In: Handelsblatt Nr. 1, 2. Januar 1998

Oberender, P. (1994 externe Effekte): Externe Effekte. In: Dichtl, E.; Issing, O. (Hrsg.) (1994): Vahlens Grosses Wirtschaftslexikon. 2., überarbeitete und erweiterte Auflage, Band 1, München 1994, S. 642-643

Oberender, P. (1994 Nutzen): Nutzen. In: Dichtl, E.; Issing, O. (Hrsg.) (1994): Vahlens Grosses Wirtschaftslexikon. 2., überarbeitete und erweiterte Auflage. Band 3, München 1994, S. 1541

Oberender, P. (1994 Scope): Economies of scope. In: Dichtl, E.; Issing, O. (Hrsg.) (1994): Vahlens Grosses Wirtschaftslexikon. 2., überarbeitete und erweiterte Auflage. Band 1, München 1994, S. 487

Oenicke, J. (1996): Online-Marketing. Kommerzielle Kommunikation im interaktiven Zeitalter. Stuttgart 1996

Olesch, G. (1995): Kooperation. In: Tietz, B.; Köhler, R.; Zentes, J. (Hrsg.) (1995): Handwörterbuch des Marketing. 2., völlig neu gestaltete Auflage, Stuttgart 1995, Sp. 1273-1284

Opaschowski, H. (1996): Die multimediale Zukunft. Analysen und Prognosen. Hamburg 1996

Ospel, S. (1988): Ökonomische Aspekte elektronischer Massenmedien. Frankfurt/M. 1988

Pabst, O. (1993): Vertikales Marketing in schnellebigen und dynamischen Märkten - Distributive Leistungssysteme im Damenoberbekleidungsmarkt. Dissertation, St. Gallen 1993

Page, G. ; Campbell. R.; Meadows, J. (1987); Journal publishing. Principles and practice. London 1987

Palepu, K. (1985): Diversification Strategy, Profit Performance and the Entropy Measure. In: Strategic Management Journal, Vol. 6, 1985, S. 239-255

Panzar, J. C.; Willig, R. D. (1981): Economies of scope. In: American Economic Review, Vol. 71, No. 2, 1981, S. 268-272

Parasuraman, A.; Zeithaml, V. A.; Berry, L. L. (1985): A Conceptual Model of Service Quality and Its Implications for Future Research. In: Journal of Marketing, Vol. 49 (Fall 1985), S. 41-50

Parks, M. R. (1996): Making friends in cyberspace. In: Journal of Communication, 46 (1), 1996, S. 80-97

Parsons, T. (1982): Talcott Parsons on institutions and social evolution. Chicago 1982

Pernul, G.; Röhm, A. W. (1997): Neuer Markt - neues Geld?. In: Wirtschaftsinformatik, 39 (1997) 4. S. 345-355

Peters, R.-H. (1997): Nicht mithalten. Online-Angebote der Kommunen gefährden das Anzeigengeschäft der regionalen Tageszeitungen. In: Wirtschaftswoche, Nr. 41, 02.10.1997, S. 84-85

Pispers R.; Riehl, S. (1997): Digital Marketing. Funktionsweisen, Einsatzmöglichkeiten und Erfolgsfaktoren multimedialer Systeme. Bonn 1997

Porter, M. E. (1980): Competitive Advantage. New York 1980

Porter, M. E. (1989): Wettbewerbsvorteile, Spitzenleistungen erreichen und behaupten. New York 1989

Porter, M. E. (1991): Towards a dynamic theory of strategy. In: Strategic Management Journal, Vol. 12, 1991, S. 95-117

Porter, M. E. (1992): Wettbewerbsstrategie. Methoden zur Analyse von Branchen und Konkurrenten. 7. Auflage. Frankfurt/M. 1992

Possekel, S.; Olavarria-Berger, M.; Jenner, T. (1994): Möglichkeiten und Grenzen des Beziehungsmarketing im Konsumgütersektor. In: Tomczak, T.; Belz, C. (Hrsg.) (1994): Kundennähe realisieren. Ideen - Konzepte - Methoden - Erfahrungen. St. Gallen 1994, S. 217-229

Prahalad, C. K.; Hamel, G. (1990): The Core Competence of the Corporation. In: Harvard Business Review, May-June 1990, S. 79-91

Preissner, A. (1999): Warten auf online.de. In: Manager Magazin. März 1999, S. 188-1995

Presse- und Informationsamt der Bundesregierung (Hrsg.) (1994): Bericht der Bundesregierung über die Lage der Medien in der Bundesrepublik Deutschland. Bonn 1994

Presse- und Informationsamt der Bundesregierung (Hrsg.) (1998): Bericht der Bundesregierung über die Lage der Medien in der Bundesrepublik Deutschland. Bonn 1998

Pümpin, C. (1989): Das Dynamik Prinzip: Zukunftsorientierungen für Unternehmer und Manager. Düsseldorf 1989

Rafaeli, S. (1988): Interactivity. From New Media to Communication. In: Hawkins, R. P. et. al. (Hrsg.) (1988): Advancing Communication Science: Merging Mass and Interpersonal Processes. Newbury Park 1988, S. 110-134

Rager, G. (1994): Mehr Dienst am Kunden. In: Rager, G.; Schaefer-Dieterle, S.; Weber, B. (1994): Redaktionelles Marketing - Wie Zeitungen und Zeitschriften die Zukunft meistern. Bonn 1994, S. 7-38

Reischauer, C.; Peters, R.-H. (1997): Ganz nach Lust und Laune. Viele Unternehmen vernachlässigen ihre Darstellung in elektronischen Medien - mit schlimmen Folgen. In: Wirtschaftswoche, 23.10.1997, S. 164-169

Reiss, M.; Beck, T. C. (1995): Mass Customization-Geschäfte: Kostengünstige Kundennähe durch zweigleisige Geschäftssegmentierung. In: Thexis 3/1995, S. 30-34

Reiter, G. (1991): Strategien des Imagetransfers. In: Jahrbuch der Absatz- und Verbrauchswirtschaft, 37 Jg, 1991, Nr. 3, S. 210-222

Remmerbach, K.-U. (1989): Integrierte Markteintrittsplanung. In: Marketing ZFP, Heft 3, III. Quartal 1989, S. 173-178

Rheingold, H. (1994): Virtuelle Gemeinschaft: Soziale Beziehungen im Zeitalter des Computers. Bonn 1994

Riedel, D. (1996): Nur wenige Player werden auf Europas privatem Fernsehmarkt spielen. In: Handelsblatt, 31.12.1996

Riedl, J.; Busch, M. (1997): Marketing-Kommunikation in Online-Medien. Anwendungsbedingungen, Vorteile und Restriktionen. In: Marketing ZFP, Heft 3, 3. Quartal 1997, S. 163-176

Ronneberger, F. (1990): Funktionen des Systems Massenkommunikation. In: Haas, H. (Hrsg.) (1990): Mediensysteme: Struktur und Organisation der Massenmedien in den deutschsprachigen Demokratien. Wien 1990, S. 158-164

Roosdorp, A. (1998): Positionierungspflege. Phänomen, Herausforderung und Konzept. Dissertation, St. Gallen 1998

Ropella, W. (1989): Synergie als strategisches Ziel der Unternehmung. Berlin 1989

Röper, H. (1994): Das Mediensystem der Bundesrepublik Deutschland. In: Merten, K.; Schmidt, S. J.; Weischenberg, S. (Hrsg.) (1994): Die Wirklichkeit der Medien. Opladen 1994, S. 506-569

Röper, H. (1996): Konzentration im Zeitschriftenmarkt gestiegen. Media Perspektiven, Heft 6/1996, S. 309-323

Röper, H. (1997 Medienmultis): Formationen deutscher Medienmultis 1996. Media Perspektiven, Heft 5/1997, S. 226-255

Röper, H. (1997 Zeitungsmarkt): Zeitungsmarkt 1997: Leichte Steigerung der Konzentration. Media Perspektiven, Heft 7/1997, S. 367-377

Röper, H. (1998): Konzentration im Zeitschriftenmarkt leicht rückläufig. In: Media Perspektiven, 7/1998, S. 337-351

Rosenfeld, K. (1998): Die Zeitung - ein Markenartikel mit Zukunft. In: Bundesverband Deutscher Zeitungsverleger (Hrsg.) (1998): Zeitungen ´98. Bonn 1998, S. 96-111

Rück, H. R. G. (1995): Dienstleistungen - ein Definitionsansatz auf Grundlage des „Make or buy"-Prinzips. In: Kleinaltenkamp, M. (1995): Dienstleistungsmarketing. Konzeptionen und Anwendungen. Wiesbaden 1995, S. 1-31

Ruf, W. (1991): Das 3x3 Verfahren zur Entwicklung von Verlagsobjekten. Mering 1991

Rumelt, R. P. (1982): Diversification Strategy and Profitability. In: Strategic Management Journal, Vol. 3, 1982, S. 359-369

Russ-Mohl, S. (1995): Redaktionelles Marketing und Management. In: Jarren, O. (Hrsg.) (1995): Medien und Journalismus. Eine Einführung. Band 2. Opladen 1995, S. 103-138

Sarkar, M. B.; Butler, B.; Steinfield, C. (1996): Intermediaries and Cybermediaries: A Continuing Role for Mediating Players in the Electronic Marketplace. (URL: http://shum.huji.ac.il/jcmc/vol1/issue3/sarkar.html). Ausdruck vom 23.03.1999

Sattler, H. (1998): Markentransfers bei Dienstleistungen. In: Tomczak, T.; Schögel, M.; Ludwig, E. (Hrsg.) (1998): Markenmanagement für Dienstleistungen. St. Gallen 1998, S. 134-146

Schaefer-Dieterle, S. (1997): Zeitungen sind Markenartikel. In: Schaefer-Dieterle, S. (Hrsg.) (1997): Zeitungen: Markenartikel mit Zukunft. Bonn 1997, S. 17-32

Schanz, G. (1977): Grundlagen der verhaltenstheoretischen Betriebswirtschaftslehre. Tübingen 1977

Schickling, T. (1997): Internet-Krücken für Programm-Illustrierte. In: Werben & Verkaufen Background, 12/1997, S. 116-117

Schindler, S. (1998): Die Werbung im Internet soll wirkungsvoller werden. In: F.A.Z., 23. April 1998

Schinzer, H. (1998): Elektronische Marktplätze. In: WiSt, Heft 11, November 1998, S. 593-596

Schmalen, H.; Binninger, F.-M. (1994): Ist die klassische Diffusionsmodellierung wirklich am Ende? In: Marketing ZFP, Heft 1, I. Quartal 1994, S. 5-11

Schmid, B. (1993): Elektronische Märkte. In: Wirtschaftsinformatik, 35 (1993), S. 465-480

Schmid, B. (1994): Elektronische Märkte im Tourismus. In: Schertler, W. (Hrsg.) (1994): Tourismus als Informationsgeschäft. Wien 1994, S. 499-523

Schmid, B. (1995): Elektronische Einzelhandels- und Retailmärkte. In: Schmidt, B. et al. (Hrsg.) (1995): Electronic Mall: Banking und Shopping in globalen Netzen. Stuttgart 1995, S. 17-32

Schmid, B. (1997): Elektronische Märkte: Globales Marketing. In: Belz. C.; Tomczak, T. (Hrsg.) (1997): Marktbearbeitung und Distribution: Kompetenz für Marketinginnovationen. Festschrift, Band 4. St. Gallen 1997, S. 30-38

Schmidt, H. (1998 Nutzung): Jeder sechste Deutsche nutzt das Internet. In: F.A.Z., 21.09.1998, Nr. 219, S. 34

Schmidt, H. (1998 Zugang): Internet-Zugang. In: F.A.Z, 5.10.1998, S. 30

Schmidt, H. (1999): Die Unternehmen entdecken das Internet als Werbemedium. In: F.A.Z., 18. Januar 1999, S. 14

Schmidt, S. J. (1996): Der Umgang mit „Informationen", oder das Nadelöhr Kognition. In: Tauss, J.; Kollbeck, J.; Mönikes, J. (Hrsg.) (1996): Deutschlands Weg in die Informationsgesellschaft. Herausforderungen und Perspektiven für Wirtschaft, Wissenschaft, Recht und Politik. Baden Baden 1996, S. 183-203

Schnibben, C. (1994): Die Tortenschlacht. In: Die Zeit, Nr. 38, 16.09.1994, S. 60

Schoder, D. (1995 Netzeffekte): Netzeffekte und Telekommunikationsdienste. In: Stoetzer, M.-W.; Mahler, A. (Hrsg.) (1995): Die Diffusion von Innovationen in der Telekommunikation. Heidelberg 1995, S. 71-98

Schoder, D. (1995): Diffusion von Netzeffektgütern. In: Marketing ZFP, Heft 1, I. Quartal 1995, S. 18-28

Schönbach, K. (1997): Zeitungen in den Neunzigern: Faktoren des Erfolgs. In: Bundesverband Deutscher Zeitungsverleger (Hrsg.) (1997): Zeitungen '97. Bonn 1997, S. 136-149

Schönbach. K. (Hrsg.) (1997): Zeitungen in den Neunzigern. Faktoren ihres Erfolgs. 350 Tageszeitungen auf dem Prüfstand. Bonn 1997

Schrape, K. (1995): Medienwettbewerb und neue Märkte für Zeitungen, Strategische Perspektiven. Vortrag anlässlich des Zeitungskongresses '95 des BDZV am 10. Oktober 1995 in Leipzig (unveröffentlichtes Manuskript),

Schrape, K. (1996): Künftige Entwicklungen des Medien- und Kommunikationssektor in Deutschland. Deutsches Institut für Wirtschaftsforschung (Hrsg.). Beiträge zur Strukturforschung, H. 164. Berlin 1996

Schröder, G. (1997): Die Ökonomie des Fernsehens - eine mikroökonomische Analyse. Münster 1997

Schuh, C. (1996): Fit For Fun - Erstpositionierung und erfolgreiche Markteinführung eines innovativen Zeitschriftenkonzeptes. In: Tomczak, T.; Rudolph, T.; Roosdorp, A. (Hrsg.) (1996): Positionierung. Kernentscheidung des Marketing. St. Gallen 1996, S. 234-241

Schulz, F.; Faltin, C. (1996): Wachstum trotz Konjunkturflaute. Medien-Marktübersicht. In: Werben & Verkaufen Compact Extra, 15/1996, S. 4-8

Schulz, W. (1994): Medienwirklichkeit und Medienwirkung. Aktuelle Entwicklungen in der Massenkommunikation und ihre Folgen. In: Hoffmann, H. (Hrsg.) (1994): Gestern begann die Zukunft: Entwicklung und gesellschaftliche Bedeutung der Medienvielfalt. Darmstadt 1994, S. 122-144

Schwaninger, B. (1983): Unternehmenspolitik in der Informationsunternehmung. Dissertation Universität Zürich. Zürich 1983

Schweiger, G. (1983): Imagetransfer. In: Haase, H.; Köppler, K. F. (Hrsg.) (1983): Fortschritte der Marktpsychologie. Band 3, Frankfurt/M. 1983, S. 157-166

Schweiger, G.; Schrattenecker; G. (1995): Werbung. 4., völlig neu bearb. und erw. Aufl., Stuttgart 1995

Seufert, W. (1992): Die Entwicklung des Wettbewerbs auf den Hörfunk- und Fernsehmärkten in der Bundesrepublik Deutschland. Deutsches Institut für Wirtschaftsforschung (Hrsg.). Beiträge zur Strukturforschung, Heft 133, Berlin 1992

Seufert, W. (1996): Rundfunkunternehmen - Gewinner beim Strukturwandel der Medienwirtschaft. In: Altmeppen, K.-D. (Hrsg.) (1996): Ökonomie der Medien und des Mediensystems. Grundlagen, Ergebnisse und Perspektive medienökonomischer Forschung. Opladen 1996, S. 165-178

Shannon, C. E.; Weaver, W. (1972): The mathematical Theory of Communication. London 1972

Shapiro, C.; Varian, H. R. (1998): Information Rules. A Strategic Guide to the Network Economy. Boston 1998

Silberer, G. (Hrsg.) (1997): Interaktive Werbung: Marketingkommunikation auf dem Weg ins digitale Zeitalter. Stuttgart 1997

Silbermann, A.; Hänseroth, A. (1989): Medienkultur, Medienwirtschaft, Medienmanagement. Frankfurt/M. 1989

Simon, H. (1985): Goodwill und Marketingstrategie. Wiesbaden 1985

Simon, H. (1986): Herausforderungen an die Marketingwissenschaft. In: Marketing ZFP, Heft 3, August 1986, S. 205-213

Simon, H. (1989): Die Zeit als strategischer Erfolgsfaktor. In: ZfB 59. Jg. (1989), Heft 1, S. 10-93

Sjurts, I. (1996): Die deutsche Medienbranche: eine unternehmensstrategische Analyse. Wiesbaden 1996

Spar, T. (1997): Online und Internet im Einsatz: Der direkte Draht zu Ihren Kunden. In: Gablers Magazin, 6-7/1997, S. 46-49

Spinnarke, V. (1994): Trading-up. Entwicklung eines situativen Entscheidungsmodells zur Aufwertung von Marken. Dissertation, St. Gallen 1994

Staehle, W. H. (1979): Deutschsprachige situative Ansätze in der Managementlehre. In: WiSt, Heft 5, Mai 1979, S. 218-222

Staehle, W. H. (1994): Management. 7. Auflage, München 1994

Stalk, G. (1988): Time - The next source of competitive advantage. In: Harvard Business Review, July-August 1988, S. 41-51

Stalk, G.; Pecaut, D. K.; Burnett, B. (1997): Wachstumschancen? Nutzen Sie Ihr Know-how für neue Geschäfte. In: Harvard Business Manager, 1/1997, S. 81-89

Stark, S. (1992): Stilwandel von Zeitschriften und Zeitschriftenwerbung: Analyse zur Anpassung des Medienstils an geänderte Kommunikationsbedingungen. Heidelberg 1992

Stern Anzeigenabteilung (1996): Marken-Profile 6: Telekommunikation-Computer-Online. Hamburg 1996

Stolte, D. (1996): Markenkommunikation und Medienwirtschaft. In: Markenartikel, 8/1996, S. 357-358

Stone, A. R. (1991): The lessons of Lucasfilm´s Habitat. In: Benedikt, M. (Hrsg.) (1991): Cyberspace: first steps. Cambridge 1991, S. 81-118

Strangelove, M. (1994): How to advertise on the internet. Ottawa 1994

Tartler, J. (1996): Grosse haben bessere Chancen beim Kampf um Inhalte und Kanäle. In: Handelsblatt, 15. Mai 1996

Tauss, J.; Kollbeck, J.; Mönikes, J. (1996): Einführung: Wege in die Informationsgesellschaft. In: Tauss, J.; Kollbeck, J.; Mönikes, J. (Hrsg.) (1996): Deutschlands Weg in die Informationsgesellschaft - Herausforderungen für Wirtschaft, Wissenschaft, Recht und Politik. Baden Baden 1996, S. 17-31

Teece, D. J.; Pisano, G.; Shuen, A. (1997): Dynamic Capabilities and Strategic Management. In: Strategic Management Journal, Vol. 18, Nr. 7, 1997, S. 509-533

Teuteberg, F. (1997): Effektives Suchen im World Wide Web: Suchdienste und Suchmethoden. In: Wirtschaftsinformatik 39 (1997) 4, S. 373-383

Tomczak, T. (1989): Situative Marketingstrategien. Grundsatzstrategien für Dogs. Berlin 1989

Tomczak, T. (1991): Vom Nutzen der Marketingwissenschaft in der Praxis. In: Thexis, 4/1991, S. 25-33

Tomczak, T. (1992): Forschungsmethoden in der Marketingwissenschaft: Ein Plädoyer für den qualitativen Forschungsansatz. In: Marketing ZFP, Heft 2, II. Quartal 1992. S. 77-87

Tomczak, T. (1994): Relationship-Marketing - Grundzüge eines Modells zum Management von Kundenbeziehungen. In: Tomczak, T.; Belz, C. (Hrsg.) (1994): Kundennähe realisieren. Ideen - Konzepte - Methoden - Erfahrungen. St. Gallen. S. 193-216

Tomczak, T.; Dittrich, S. (1997): Erfolgreich Kunden binden. Eine kompakte Einführung. Band I der Reihe GfM-Manual. Zürich 1997

Tomczak, T.; Reinecke, S. (1995): Die Rolle der Positionierung im strategischen Marketing. In: Thommen, J.-P. (Hrsg.) (1995): Management-Kompetenz. Zürich 1995, S. 499-517

Tomczak, T.; Reinecke, S. (1996): Der aufgabenorientierte Ansatz. Eine neue Perspektive für das Marketing-Management. Thexis, Fachbericht für Marketing, 5/1996, St. Gallen

Tomczak, T.; Reinecke, S. (1997): Marketing im Cockpit. In: Marketing und Kommunikation, 1/1997, S. 18-19

Tomczak, T.; Reinecke, S. (1998): Aufgabenorientiertes Marketingcontrolling. In: Reinecke, S.; Tomczak, T.; Dittrich, S. (Hrsg.) (1998): Marketingcontrolling. Thexis Fachbericht. St. Gallen 1998, S. 90-109

Tomczak, T.; Reinecke, S. (Hrsg.) (1998): Best Practice in Marketing: Erfolgsbeispiele zu den vier Kernaufgaben im Marketing. St. Gallen 1998

Tomczak, T.; Roosdorp, A. (1996): Positionierung. Neue Herausforderungen verlangen neue Ansätze. In: Tomczak, T.; Rudolph, T.; Roosdorp, A. (Hrsg.) (1996): Positionierung. Kernentscheidung des Marketing. Thexis. St. Gallen. S. 25-42

Tönnies, F. (1922): Gemeinschaft und Gesellschaft. Grundbegriffe der reinen Soziologie. Vierte und fünfte Auflage. Berlin 1922

Ulmann, R. (1997): Alles für die Leserbindung. Marketing & Kommunikation, Heft 4/1997, S. 30-31

Ulrich, H. (1981): Die Betriebswirtschaftslehre als anwendungsorientierte Sozialwissenschaft. In: Geist, M.; Köhler, R. (Hrsg.) (1981): Die Führung des Betriebes. Stuttgart 1981, S. 1-26

Uphaus-Wehmeier, A. (1997), Im Blickpunkt: die Jugend. In: Bundesverband Deutscher Zeitungsverleger (Hrsg.) (1997): Zeitungen ´97. Bonn. S. 208-217

Varian, H. R. (1996): Pricing Electronic Journals. In: D-Lib Magazine, June 1996. (URL: http://www.dlib.org/dlib/june1996/06varian.html). Ausdruck vom 23.03.1999

Verband Deutscher Zeitschriftenverleger e.V. (Hrsg.) (1996): Zeitschriftenpresse in Zahlen. Verbandsbroschüre, Bonn 1996

Verlag Frankfurter Allgemeine Zeitung GmbH (Hrsg.) (1994): Alles über die Zeitung. Frankfurt/M. 1994

Vierkandt, A. (1923): Gesellschaftslehre. Hauptprobleme der philosophischen Soziologie. Stuttgart 1923

Wagner, M. (1995): Interaktive Hypertext-Anwendungen in Vertrieb und Marketing. Essen 1995

Wallraf, G. (1998): Zur rechtlichen Zulässigkeit von Online-Aktivitäten der Kommunen. In: Bundesverband deutscher Zeitungsverleger (Hrsg.) (1998): Zeitungen '98. Bonn, S. 202-211

Waschek, J. (1997): Verhaltenes Wachstum. In: Werben & Verkaufen Background, Heft 20/97

Weber, B. (1992): Medienkonzentration, Marktzutrittsschranken und publizistische Vielfalt. In: Rager, G.; Weber, B. (Hrsg.) (1992): Publizistische Vielfalt zwischen Markt und Politik: Mehr Medien - mehr Inhalte? Düsseldorf 1992, S. 251-269

Wehrli, H. P. (1991): Marketing im Verlag. In: Der Markt, 4/1991, 30. Jahrgang, Nr. 119, S. 165-171

Wehrli, H. P. (1994): Strategisches Verlagsmarketing. In: Werbeforschung & Praxis, 2/1994, S. 62-70

Weiber, R. (1993): Chaos: Das Ende der klassischen Diffusionsmodellierung? In: Marketing ZFP, Heft 1, I. Quartal 1993, S. 35-46

Weiber, R. (1995): Systemgüter und klassische Diffusionstheorie - Elemente einer Diffusionstheorie für kritische Masse-Systeme. In: Stoetzer, M.-W.; Mahler, A. (Hrsg.) (1995): Die Diffusion von Innovationen in der Telekommunikation. Heidelberg 1995, S. 39-70

Weiber, R.; Adler, J. (1995): Informationsökonomisch begründete Typologisierung von Kaufprozessen. In: zfbf, 1, 1995, S. 43-65

Weinhold-Stünzi, H. (1996): Navigation im Cyberspace mit Tastatur statt Kompass. In: Köhler, R. et al. (Hrsg.) (1996): Jahrbuch Marketing-Kommunikation. St. Gallen 1996, S. 46-50

Weinreich, F. (1998): Nutzen- und Belohnungsstrukturen computergestützter Kommunikation. In: Publizistik, 43. Jahrgang, Heft 2, 1998, S. 130-142

Weischenberg, S. (1992): Journalistik. Band 1: Mediensysteme, Medienethik, Medieninstitutionen. Opladen 1992

Weischenberg, S. (1995): Journalistik. Band 2: Medientechnik, Medienfunktionen, Medienakteure. Opladen 1995

Weissenberg, P. (1997): 1997 wird zum Jahr der Pflichtübung. Werben & Verkaufen Background, Heft 3/1997

Weissenberger, B. E. (1998): Zur Bedeutung von Vertrauensstrategien für den Aufbau und Erhalt von Kundenbindung im Konsumgüterbereich. In: zfbf, 50, Heft 7/8 1998, S. 614-640

Werner, A.; Stephan, R. (1997): Marketing Instrument Internet. Heidelberg 1997

Wernerfelt, B. (1984): A Resource-based View of the firm. In: Strategic Management Journal, Vol. 5, Nr. 2., 1984, S. 171-180

Wharton, J. (1992): Managing Magazine Publishing. London 1992

Whinston, A. B.; Stahl, D. O.; Choi, S.-Y. (1997): The Economics of Electronic Commerce. Indianapolis 1997

Wickmann, R. (1996): Markenkommunikation und Medienwirtschaft. In: Markenartikel, 8/1996, S. 360-362

Will&Partner MarktForschung (1996): ALICE 2. Die 2. Reise ins Wunderland. Augsburg 1996

Winterhoff-Spurk, P. (1994): Land unter? Medienpsychologische Anmerkungen zur Informationsflut. In: Hoffmann, H. (Hrsg.) (1994): Gestern begann die Zukunft: Entwicklung und gesellschaftliche Bedeutung der Medienvielfalt. Darmstadt 1994, S. 198-216

Wirtz, B. W. (1994): Neue Medien, Unternehmensstrategien und Wettbewerb im Medienmarkt - eine wettbewerbstheoretische und -politische Analyse. Frankfurt/M. 1994

Wolf, M. (1983): Verlagsmarketing: Marketing - Konzeption im Zeitschriften-Verlag. Dissertation, Zürich 1983

Wolf, M. (1986): Anmerkungen zur Lancierung einer neuen Zeitschrift. In: Rühli, E.; Wehrli, H. P. (Hrsg.) (1986): Strategisches Management und Marketing. Bern 1986, S. 184-203

Wolf, M.; Wehrli, H. P. (1990): Verlagsmarketing. Zürich 1990

Wölfer, U. (1994): Produktlinienerweiterung (Line extension). In: Meffert, H. (1994) (Hrsg.) (1994): Handbuch Markenartikel. Teilband I, Stuttgart 1994, S. 527-541

Woolf, G. (1991): How to start and produce a magazine. 2nd edition, Victoria 1991

Yin, R. K. (1994): Case Study Research: design and methods. Second edition, London 1994

Zanger, C. (1995): Diversifikation. In: Tietz, B.; Köhler, R.; Zentes, J. (Hrsg.) (1995): Handwörterbuch des Marketing. 2., völlig neu gestaltete Auflage. Stuttgart 1995, Sp. 515-528

Zentralverband der deutschen Werbewirtschaft (1998): Investitionen in Werbung überspringen im kommenden Jahr die Hürde von 60 Mrd. Mark. Pressemitteilung vom 9. Dezember 1998

Zentralverband der deutschen Werbewirtschaft (Hrsg.) (1996): Werbung in Deutschland 1996. Bonn 1996

Zentralverband der deutschen Werbewirtschaft (Hrsg.) (1997): Werbung in Deutschland 1997. Bonn 1997

Zentralverband der deutschen Werbewirtschaft (Hrsg.) (1998): Werbung in Deutschland 1998. Bonn 1998

Zimmer, J. (1996): Profile und Potentiale der Online-Nutzung. Ergebnisse erster Online-Marktstudien in Deutschland. In: Media Perspektiven, 9/1996, S. 487-492

Zimmermann, H.-D.; Kuhn, C. (1995): Grundlegende Konzepte einer Electronic Mall. In: Schmidt, B. et al. (Hrsg.) (1995): Electronic Mall: Banking und Shopping in globalen Netzen. Stuttgart 1995, S. 33-94

Zimmermann, K. W. (1997 NZZ): Das Internet - eine Bedrohung. In: Neue Zürcher Zeitung (Internationale Ausgabe), 31. Januar 1997, Ausgabe Nr. 25, S. 28

Zohlnhöfer, W. (1987): Zur Ökonomie des Pressewesens in der Bundesrepublik Deutschland. In: Röper, B. (Hrsg.) (1987): Wettbewerb im Medienbereich. Berlin 1987, S. 45-87

Anhang

Liste der Gesprächspartner und Gesprächsleitfaden

Die Expertengespräche wurden zum überwiegenden Teil im Zeitraum von Mai bis September 1997 geführt und dauerten zwischen einer und zwei Stunden.

- Herr Frederik *Birghan*, Focus Online GmbH, München, Leiter Ressort TraXXX, am 10. Februar 1999 per Telefon;
- Herr Thomas *Breyer*, Bundesverband Deutscher Zeitungsverleger e.V., Bonn, Referent Multimedia, am 6. Mai 1997 in Bonn;
- Herr Kai *Büchsenmann*, Axel Springer Verlag AG, Berlin/Hamburg, Leiter Electronic Publishing und Herr Frank *Bachér*, Axel Springer Verlag AG, Berlin/Hamburg, Koordinator Electronic Publishing, am 22. Mai 1997 in Hamburg;
- Herr Holger *Busch*, Verband Deutscher Zeitschriftenverleger e.V., Bonn, Geschäftsführer Publikumszeitschriften: Marketing und Anzeigen, Zeitschriften und Online, am 12. Mai 1997 per Telefon;
- Herr Simon *Fahr*, BurdaCom GmbH, München, Mitarbeiter TraXXX, am 23. September 1997 in München;
- Herr Philipp J. *Fleischmann*, Verlagsgruppe Handelsblatt GmbH, Düsseldorf, Objektleiter Handelsblatt, am 9. Mai 1997 in Düsseldorf;
- Herr Dr. Friedhelm *Haak*, Verlagsgesellschaft Madsack GmbH & Co., Hannover, Vorsitzender der Geschäftsführung und Herr Hans-Jürgen *Theinert*, Dialog Medien GmbH & Co., Hannover, Geschäftsführung, am 26. September 1997 in Hannover;
- Herr Ulrich *Hegge*, Gruner + Jahr AG & Co., Hamburg, Projektleiter Stern-Online, am 21. Mai 1997 in Hamburg;
- Herr Ralf *Herrmanns*, Gruner + Jahr AG & Co., Hamburg, Unternehmensbereich Zeitungen, am 15. Mai 1997 in Hamburg;
- Herr Christian G. *Hirsch*, BurdaCom GmbH, München, Geschäftsführer, am 11. Juni 1997 in München;
- Herr Dr. Martin *Jastorff*, Axel Springer Verlag AG, Hamburg, Strategische Unternehmensplanung und Gesamtprojektleitung GO ON, Berlin/Hamburg, am 23. Mai 1997 in Hamburg;

- Herr Manfred *Klaus*, Focus Online GmbH, München, Leiter Marketing, am 10. Juni 1997 in München;
- Herr Dr. Ralf *Kogeler*, Axel Springer Verlag AG, Hamburg, Leiter Strategische Unternehmensplanung, Zentrales Controlling und Interactive Media, am 16. Mai 1997 in Hamburg;
- Herr Klaus D. *Krause*, RP-Online Verlagsgesellschaft mbH, Düsseldorf, Projektleitung, am 9. Mai 1997 in Düsseldorf und am 12. Mai 1997 per Telefon;
- Herr Joachim *Kreibich*, Gruner + Jahr Business Channel GmbH, Köln, Projekt Manager, am 21. Mai 1997 in Hamburg;
- Herr Thomas *Künstner*, Booz, Allen & Hamilton, Düsseldorf, Projektleiter der Communications, Media and Technology Practice, am 8. Mai 1997 in Düsseldorf;
- Herr Dr. Thomas *Laukamm*, Consulting Trust Gesellschaft für Strategische Beratung GmbH, Geschäftsführender Gesellschafter, Ratingen, am 9. Mai 1997 in Ratingen;
- Herr Dr. Hans-Hendrik *Puvogel*, Verlagsgruppe Handelsblatt GmbH, Düsseldorf, Leiter Electronic Publishing, am 8. Mai 1997 in Düsseldorf und am 12. Januar 1998 per Telefon;
- Herr Gunnar *Scheuer*, Heinrich Bauer Verlag KG, Hamburg, Product-Manager Online/Offline, am 14. Mai 1997 in Hamburg;
- Herr Matthias *Schmolz*, Spiegel-Verlag Rudolf Augstein GmbH & Co. KG, Hamburg, Projektleitung und Kurt *Otto*, Spiegel-Verlag Rudolf Augstein GmbH & Co. KG, Hamburg, Leiter Marktkommunikation, am 23. Mai 1997 in Hamburg;
- Herr Gerhard A. *Schreiber*, Süddeutscher Verlag GmbH, München, Leiter Multimedia und Electronic Publishing, am 11. Juni 1997 in München;
- Herr Jürgen *Schwarzelühr*, Cityweb Online GmbH, Essen, Leiter Marketing, am 7. Mai 1997 in Essen;
- Herr Hans *Wachtel*, G+J Electronic Media Service GmbH, Hamburg, Geschäftsführer, am 15. Mai 1997 in Hamburg;
- Herr Rainer *Wiesner*, Südkurier GmbH, Konstanz, Geschäftsführer, am 7. August 1997 in Konstanz;
- Herr Roger *Zbinden*, Neue Zürcher Zeitung AG, Zürich, Leiter Neue Medien, am 8. August 1997 in Zürich;

- Herr Dr. Stefan *Ziffzer*, Verlagsgruppe Georg von Holtzbrinck GmbH & Co., Stuttgart, Mitglied der Geschäftsführung und Leiter Neue Medien, am 23. September 1997 in München;
- Herr Kurt W. *Zimmermann*, TA-Media AG, Zürich, Geschäftsleiter, am 12. August 1997 in Zürich.

Grundlage der Gespräche war folgender Gesprächsleitfaden, der je nach Tätigkeit des Experten modifiziert wurde:

Themenkreis 1: Ausgangslage des Print-Produktes

- Ausgangslage des Kernproduktes (Leserblattbindung; Auflagen- u. Anzeigenentwicklung; Marke);
- Positionierung des Kernproduktes im Leser- und Anzeigenmarkt (Zielgruppe, Nutzen);
- Fähigkeiten/Ressourcen (journalistischer Bereich, Marketing);

Themenkreis 2: Internet als Markt für Medien

- Gründe für das Engagement im Internet (Bedrohung/Chance etc.);
- Wettbewerbsumfeld im Internet (Wettbewerber, Wettbewerbsintensität);

Themenkreis 3: Ziele, Vorgehen, Produkte

- Ziele (strategische oder instrumentelle Sichtweise);
- Positionierung (Zielgruppe; Nutzen);
- Positionierung in Relation zum Kernprodukt;
- Strategie (Verhalten gegenüber Konkurrenten, Leistungsvorteil);
- Inhalte (Bestandteile des Online-Produktes);
- Produktpolitik (Vom Presse-Produkt zur Presse-Dienstleistung);

Themenkreis 4: Bilanz und Aussicht

- Zielerreichung (Erlöse, Visits, Effekte Print-Produkt etc.);
- Erfolgs- und Misserfolgsfaktoren;
- Ziele und Vorgehen in der Zukunft;

GPSR Compliance

The European Union's (EU) General Product Safety Regulation (GPSR) is a set of rules that requires consumer products to be safe and our obligations to ensure this.

If you have any concerns about our products, you can contact us on ProductSafety@springernature.com

In case Publisher is established outside the EU, the EU authorized representative is:

Springer Nature Customer Service Center GmbH
Europaplatz 3
69115 Heidelberg, Germany

Batch number: 10816188

Printed by Printforce, the Netherlands